中国铝业集团有限公司　编

中国铝业集团有限公司年鉴

The Yearbook of Aluminum Corporation of China

（2021）

CHINALCO

方志出版社
Publishing House of Local Records

图书在版编目（CIP）数据

中国铝业集团有限公司年鉴. 2021 / 中国铝业集团有限公司编. —北京 : 方志出版社, 2022.12
ISBN 978-7-5144-5431-4

Ⅰ. ①中… Ⅱ. ①中… Ⅲ. ①铝工业－企业集团－中国－2021－年鉴 Ⅳ. ①F426.32-54

中国国家版本馆 CIP 数据核字(2023)第 051847 号

责任编辑：李静
责任校对：刘玉霞
责任印制：梅中英
出 版 者：方志出版社
地　　址：北京市朝阳区潘家园东里 9 号（国家方志馆 4 层）
邮　　编：100021
网　　址：http://www.zgfzcb.cn
发　　行：方志出版社图书营销中心（010-67110500）
印　　刷：北京中科印刷有限公司
开　　本：889 毫米×1194 毫米　1/16
印　　张：20.5
字　　数：566 千字
版　　次：2022 年 12 月第 1 版
印　　次：2022 年 12 月第 1 次印刷
定　　价：180.00 元

《中国铝业集团有限公司年鉴（2021）》编纂委员会

编辑部

撰稿人

（排名不分先后）

编辑说明

《中国铝业集团有限公司年鉴（2021）》是中国铝业集团有限公司（简称中铝集团或集团）的第 17 卷年鉴。

在中铝集团年鉴编纂委员会的领导下，年鉴编辑部（设在集团办公室）负责年鉴的编纂工作，坚持以马克思列宁主义、毛泽东思想、邓小平理论、“三个代表”重要思想、科学发展观、习近平新时代中国特色社会主义思想为指导，坚持辩证唯物主义和历史唯物主义的立场、观点和方法，本着对历史负责、对后人负责的态度完成集团年鉴（2021）编纂工作。

本卷年鉴全面、客观、系统反映中铝集团建设具有全球竞争力的世界一流有色金属企业所取得的新成果、新突破。展示了 2020 年集团、战略单元及所属企业坚持党的领导，加强党的建设，推进国有资本投资公司试点改革，全要素对标先进，推行以价值创造为目标的管理提升，加快创新驱动转型升级等高质量发展的突出成就。汇辑了 2020 年集团的重要时事、文献和统计资料等，力求全方位展现集团 2020 年工作全貌，方便读者查阅，起到鉴史作用。

本卷年鉴时间跨度为 2020 年 1 月 1 日至 2020 年 12 月 31 日。

本卷年鉴主要内容包括以下 8 个篇目：

1. “影像篇” 收录了集团 2020 年重要事件、重要活动在内的影像资料。

2. “特载篇” 收录了年度特事媒体报道、2020 年中铝集团年度工作会议工作报告等重要文献。

3. “大事记” 收录了 2020 年集团的大事、要事。

4.“综述篇” 记述了 2020 年集团概况、党的建设、产业运营等方面的工作综述。

5.“企业篇” 记述了 2020 年战略单元及实体企业的生产经营、企业管理与改革、科技创新、党建与企业文化建设、履行社会责任等内容。

6.“荣誉篇”收录集团及所属企业 2020 年度获得国家级、省部级、集团级的综合性荣誉称号。

7.“人物篇”展示年度做出突出贡献的全国劳动模范、全国五一劳动奖章获得者典型事迹。

8.“附录”收录所属企业规范简称，主要经济指标表、主要指标数据对比图，全国氧化铝、电解铝、铝加工材、铜精矿、电铜、铜加工材产量等统计数据。

目　录

【影像篇】

【特载篇】

【大事记】

【综述篇】

【企业篇】

【荣誉篇】

【人物篇】

【附　录】

Contents

SNAPSHOTS

FEATURES

MAJOR EVENTS

OVERVIEW

ENTERPRISES

LIST OF HONORS

FIGURES

APPENDICES

2021

中国铝业集团有限公司年鉴

The Yearbook of Aluminum Corporation of China

【影像篇】

Snapshots

上级关怀

2020 年，国家有关部委、省市领导到中铝集团及所属企业调研指导工作，激发了广大干部员工坚定信心、真抓实干，为建设具有全球竞争力的世界一流有色金属企业而奋斗的决心。

1 月 4 日，广西壮族自治区党委书记、自治区人大常委会主任鹿心社（右二）到广西华昇调研

2 月 13 日，甘肃省委书记、省人大常委会主任林铎（右二）到西北铝业有限责任公司生产一线调研

9月7日，中央第四生态环境保护督察组组长黄龙云（前排中）到西南铝业（集团）有限责任公司督察生态环境保护情况

6月15日，全国总工会副主席闫京华（右三）到中铝青海分公司调研

7月16日，黑龙江省副省长、党组成员李毅(中)到东北轻合金有限责任公司调研，实地了解企业生产运营、改革发展等情况

9月10日，国务院国资委党委委员、秘书长彭华岗(前排中)到中铝青海分公司调研

3 月 18 日，国务院复工复产指导组到山西新材料调研

9 月 18 日，国家发展改革委外资司、国际合作中心调研组到中铝广西有色稀土国盛公司调研

合作交流

2020 年，中铝集团加强与各利益相关方合作，构建多边合作共享战略平台，与国内外企业、跨国公司密切合作，积极参加多边、双边高端论坛，推广行业技术与理念，推动中国有色金属行业发展进步，推动伙伴间“命运共同体”更加紧密，实现共赢发展。

5 月 12 日，集团党组书记、董事长姚林（右一）会见秘鲁驻华大使路易斯·克萨达

1 月 9 日，集团党组书记、董事长姚林（右一）会见艾芬豪资本集团创始人兼主席罗伯特·弗里兰德

10月14日，集团党组副书记、总经理余德辉（左三）、集团党组成员、总会计师叶国华（左二）出席中国国际铝业周暨重庆国际交通轻量化展览会开幕式

12月1日，集团党组副书记、总经理刘祥民（左一）与宁夏回族自治区党委书记、自治区人大常委会主任陈润儿会谈

8月17日，集团党组成员、副总经理陈琪（前排右一）到广西北部湾国际港务集团洽谈合作

1 月 15 日，集团党组成员、副总经理卢东亮（左一）会见中国驻韩国大使邢海明

5 月 28 日，中铝集团与中国东方电气集团有限公司签署深化战略合作框架协议

5 月 29 日，中铝集团与中国商飞、航空工业签署民机铝材战略专项合作框架协议

党的建设

2020 年，中铝集团党组以高质量党建引领保障高质量发展，坚定不移把党的领导融入公司治理各环节，实现制度化、规范化、程序化，以全面从严治党新成效为中铝集团改革发展、提供坚强政治组织保障。

1 月 9 日，中铝集团党组召开"不忘初心、牢记使命"主题教育总结大会

1 月 18 日，中铝集团党风廉政建设和反腐败工作会议在北京召开

1 月 15 日，中央电视台《焦点访谈》栏目播出了以中铝集团为代表的国有企业"党建引领强根固魂"专题新闻

5月14日，国家管网集团到中铝集团开展党建工作交流活动

10月27日，集团组织员工参观“铭记伟大胜利 捍卫和平正义——纪念中国人民志愿军抗美援朝出国作战70周年主题展览”

6月28日，中国铜业开展“全对标 好融合”党务人员技能比武决赛

6月30日，长沙有色冶金设计研究院有限公司召开“七一”表彰大会，全体党员重温入党誓词

1月9日，驰宏荣达矿业开展党员突击队拉电缆活动

领导调研

2020 年，中铝集团党组为推动集团高质量发展，围绕企业改革发展、经营管理、产业升级等各项工作，深入各企业现场办公、倾听员工诉求，解决企业发展和民生难题。

8 月 25 日，集团党组书记、董事长姚林（中）到中铝萨帕特种铝材（重庆）有限公司调研

1 月 7 日，集团党组副书记、总经理余德辉（前排左二）到中铝资产、中铝科学院三期项目调研

11 月 28 日，集团党组副书记、总经理刘祥民（前排中）到山东铝业有限公司氯碱厂检查指导工作

3 月 10 日，集团党组副书记、董事敖宏（左三）到中铝材料院调研

9月16日，集团党组成员、副总经理冯贵权（前排中）到洛阳院苏州新长光热能科技有限公司调研

11月25日，集团党组成员、纪检监察组组长许质武（前排中）到中国铝业贵州分公司调研

12 月 1 日，集团党组成员、副总经理刘建平（右一）到云南思茅山水铜业有限公司调研

12 月 1 日，集团党组成员、副总经理陈琪（左一）到西北铝业有限责任公司专题调研企业生产经营和依法治企情况

9 月 11 日，集团党组成员、总会计师叶国华（右）到西南铝业（集团）有限责任公司调研

8 月 17 日，集团党组成员、副总经理董建雄（前排中）到洛阳有色金属加工设计研究院有限公司调研

改革发展

2020 年，中铝集团以国有资本投资公司试点改革为牵引，以国企改革三年行动为契机，实施总部职能机构岗位优化调整，建立以战略目标和价值创造为主的管控模式，努力打造集团高质量发展新模式。

1 月 17—18 日，中铝集团召开一届三次职工代表大会暨 2020 年工作会议

12 月 14 日，集团年度发展战略研讨会在昆明召开

7月29日，集团领导余德辉（中）、敖宏（左三）、叶国华（右三）出席中铝金融大厦启用揭牌仪式

3月1日，中铝几内亚博法项目70万吨堆场1# 码头堆取料机生产线一次性投料联动试车成功

6月18日，中铝几内亚博法项目20万吨货轮满载到港，标志着中铝在几内亚投运的世界级铝土矿项目提前两个月实现达产达标

8月1日，秘鲁矿业二期项目一步正式投产

9月9日，云铝股份文山铝业50万吨/年水电铝项目电解槽通电投产

9月10日，广西华昇200万吨氧化铝项目建成投产

科技创新

2020 年，中铝集团充分发挥科技创新的引领作用，深化科技体制改革、提升军品保障能力、突破一批关键技术、培育未来技术，建立健全科技人员的激励机制，为中铝高质量发展提供人才和智力支撑。

12 月 9 日，集团党组书记、董事长姚林（中）到云铝股份调研，鼓励企业通过实施标准化、智能化、信息化管理，提升企业核心竞争力

12 月 11 日，集团党组副书记、总经理刘祥民（中）到昆明冶研院调研，鼓励企业发挥好国家重点实验室科技平台优势，引领行业绿色发展

11 月 26—27 日，中铝集团举办第四届创新创意大赛

2 月 23 日，中铝物流中部陆港铁路信号远程集中控制实现智能化、网络化

9 月 15 日，在中国铝加工产业年度大会上，中铝瑞闽股份有限公司荣获中国铝板带材十强企业称号

3 月 20 日，西南铝利用能源管理信息系统监控循环水使用情况

社会责任

2020年，中铝集团坚定不移走生态优先、低碳发展的新路，引领有色行业绿色转型。通过工艺优化、环保改造推动产业升级，营造“低碳生活”氛围，让“绿色中铝”成为集团高质量发展的底色。

9月4日，云南铜业股份有限公司开展渣浮选工序技术攻关，实现铜冶炼渣浮选尾矿含铜品位降至0.22%，达到国际先进水平

8月11日，中铝中州铝业有限公司精细氧化铝生产流程中增加新型蒸发器，年可降低能源成本近千万元

3月6日，遵义铝业股份有限公司对污水处理设施的水质变化情况进行监测

6月28日，中铝山东有限公司开展氨水泄漏事故专项演练

6月4日，中国铜业有限公司机关志愿服务队开展“六·五”世界环境日环保志愿者活动

9月26日，包头铝业有限公司开展“从我做起——健步行”降碳行动

3 月 26 日，云南迪庆矿业开发有限责任公司开展践行生态文明思想植树活动

2020 年 8 月，西南铝业（集团）有限责任公司获国家级“绿色工厂”称号

2020 年 8 月，驰宏荣达矿业铅锌银矿入选全国绿色矿山名录

2020年，中铝集团对外捐赠支出总额1.1亿元。其中，公益性捐款6818万元，救济性捐赠4235万元。14万中铝人积极投身扶贫帮困、支教助学、爱心捐款、义务献血等公益活动。获“2020实现可持续发展目标企业最佳实践”奖；获“中央企业抗击新冠肺炎疫情先进集体”称号，“中铝力量”创造了经济和社会价值。

7月29日，集团党组书记、董事长姚林（中）实地调研湖北阳新县洋港镇胡桥村茶场扶贫项目

6月24日，中铝集团向疫情重灾区捐款捐物总价超过4800万元，图为捐赠试剂盒和口罩

3月6日，中铝·绿萝美巢捐赠第一批驰援武汉物资口罩回收箱

12月7日，中铝集团援建秀吴村的“畲族文化广场”“仓储中心”验收投用

9 月 10 日，中国铜业荣获“中智合作抗疫特别贡献企业”奖

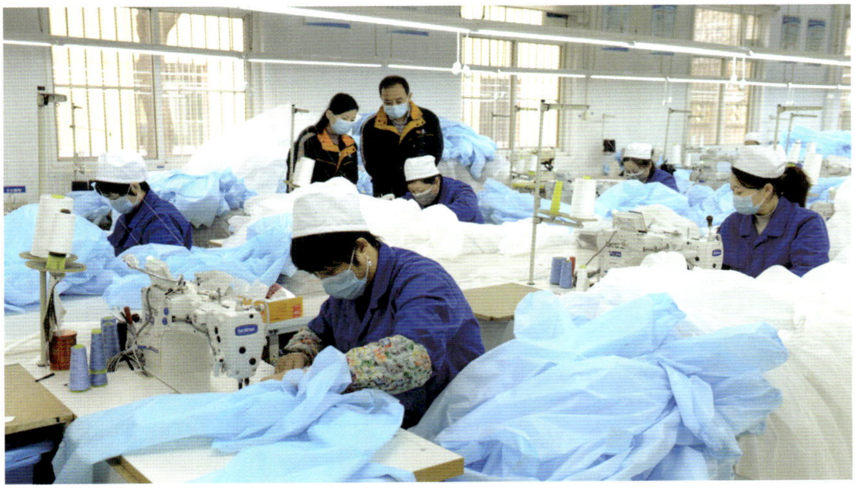

2 月 14 日，中铝山东企业银光服装厂紧急转产防护服助力疫情防控

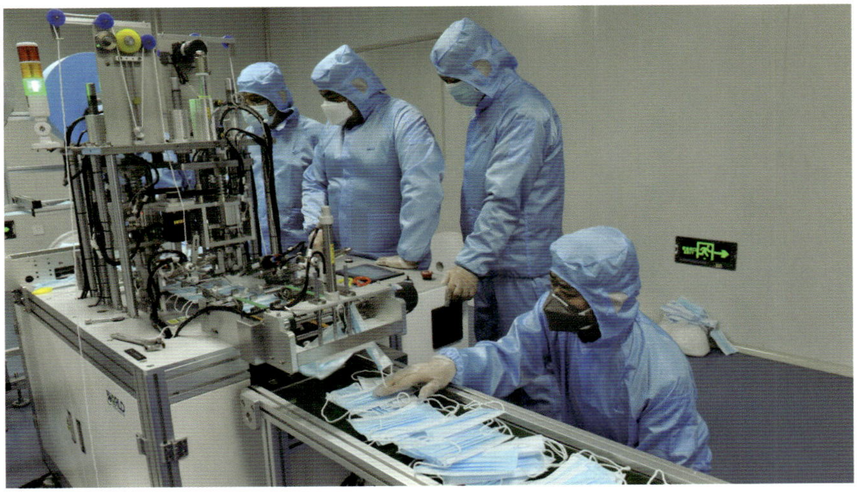

3 月 13 日，长城铝业医用口罩生产线投产

11 月 9 日，云南铜业到援建地云南迪庆州德钦县开展扶贫活动

7 月 31 日，贵州铝厂青年志愿者到贵铝智慧幸福苑开展慰问老人服务活动

2020 年，中铝集团尊重和保障员工合法权益，完善劳动用工管理，优化薪酬福利体系，保障员工职业健康，为员工提供广阔的发展平台与空间；为员工创造高效、健康、关爱的工作氛围，积极构建和谐劳动关系，保障企业和谐稳定。

11 月 21—23 日，中铝集团举办第十六届中铝工匠大赛

11 月 9 日，中铝集团开展安全管理培训

8 月 29 日，中国铜业举办第一届青年辩论赛

10 月 13—14 日，“中铝国际杯”首届工程技术职业技能大赛——项目管理专业技能大赛决赛在中色科技举办

11 月 2 日，中铝集团举办第二届职工乒乓球比赛，27 支企业代表队参赛

9 月 27 日，西南铝举办“中铝西南铝杯”职工篮球赛

2 月 10 日，云南铜业集团面对疫情常态化防控，关爱员工生命安全

8 月 20 日，中国有色金属长沙勘察设计研究院有限公司开展夏日送清凉活动，慰问坚守在项目一线的员工

【特载篇】

Features

践行初心使命对标世界一流
推动中铝集团高质量发展

——在中铝集团党组主题教育总结大会上的讲话（摘要）

党组书记、董事长　姚　林

（2020 年 1 月 9 日）

一、关于集团党组“不忘初心、牢记使命”主题教育的总结

根据中央关于开展“不忘初心、牢记使命”主题教育的统一部署，在中央第三十二指导组和中央第十二巡回督导组的有力指导下，党组结合实际，精心部署推动，创新方式方法，自 6 月份开始，利用 7 个多月时间，分两批组织 3168 个党组织，8 万余名党员，以 3380 名处级以上干部为重点，扎实开展了“不忘初心、牢记使命”主题教育，取得了重要阶段性成果。

（一）主要成效

一是理论学习更加深入。通过主题教育，集团广大党员干部对习近平新时代中国特色社会主义思想的丰富内涵、实践要求理解得更加深刻，对认真学习贯彻党的十九届四中全会精神，不断完善中国特色现代企业制度、增强“五力”的思想认识更加深入。集团 3 篇党建经验被中组部分别编入《贯彻落实习近平新时代中国特色社会主义思想在改革发展稳定中攻坚克难案例》党的建设篇、教学版和教学手册，1 篇基层党建经验被中组部、国资委党委编入《基层党组织书记案例选编（国企版）》。人民日报社“金台书声”读书会在集团举办，党报与央企携手深读时代。中央电视台《新闻联播》以“国际视角找差距追求创新谋发展”为题，对集团主题教育开展成效进行了报道。有关做法被中央主题教育《简报》3 次刊发。中组部、中宣部、国务院国资委党委组织《人民日报》、新华社等 7 家中央主流媒体集中采访报道了集团党建工作的做法和经验。

二是政治信仰更加笃定。通过主题教育，集团广大党员干部切实增强“四个意识”，坚定“四个自信”，做到“两个维护”。在习近平总书记对中铝党建工作批示一周年之际，召开集团党建工作会议，落实“六提升三转化”工作措施，坚决将总书记的厚望转化为更高目标、更强动力、更好成效。党组领导带头，组织党员干部观看《周恩来回延安》、参观新中国成立 70 周年成就展，邀请中央民族乐团原党委书记孙毅讲党课，举办“我和祖国共成长、我与中铝共奋进”“我与国旗合个影”等

主题活动，使广大党员干部的思想灵魂再受洗礼。各单位通过举办职工文化艺术节、主题歌咏诵读比赛、慰问老党员、红色观影等活动，进一步激发了爱党爱国爱企热情。

三是干事创业更加担当。通过主题教育，集团广大党员干部进一步增强担当本领、斗争精神和忧患意识，把干事创业的激情转化为攻坚克难的实际行动。党组制定修订《关于进一步关心关爱干部有关具体措施》《集团党组管理的领导人员异地交流后勤保障服务暂行规定》等激励干部担当作为、整治不担当不作为的措施办法6个，开展了“新时代新担当新作为”先进典型选树宣传活动，宣传先进典型40余个，通报反面案例3个。贯彻落实中央巡视选人用人专项检查反馈意见，深入查找存在的突出问题及原因，开展选人用人专项整治，对板块和企业党委自查自纠整改情况及选人用人工作情况进行监督检查。调查问卷显示，关于党员领导干部担当作为、力戒形式主义官僚主义的评价，第一批在“较好”以上的达99.3%，第二批在“较好”以上的达94.58%。

四是作风改进更加明显。通过主题教育，集团总部和各板块本部切实改进作风，特别是党组把力戒形式主义官僚主义为基层减负作为重要内容，印发《关于解决形式主义突出问题为基层减负若干措施》，开展“反对形式主义、反对网上抄袭、反对弄虚作假”自查整改工作，减轻企业报送负担，统筹规范督查检查考核。对集团发文、会议、督查检查考核、“一票否决”和签订责任状情况进行调研摸底，合并减少会议次数，压缩文件、简报，压减通知、统计报表，杜绝过度“留痕”。2019年以来，集团层面削减会议334次，削减文件193个，分别比上年同期减少36%和30%，减少督查检查考核事项11项，比上年同期减少52%，清理规范一票否决事项11项。

五是为民服务更加用情。集团各级领导干部深入基层一线，深入车间班组，深入职工群众，察实情、体民情、解难题，从职工的“衣食住行”着手，累计为职工群众办实事好事3500余件。问卷调查结果显示，关于主题教育期间解决群众反映强烈问题的评价，第一批在“较好”以上的达99.03%，第二批在“较好”以上的达92.98%。

六是廉洁意识更加牢固。通过主题教育，集团广大党员干部进一步增强了知敬畏、存戒惧、守底线的纪律规矩意识，把廉洁自律要求内化于心、外化于行。其间，党组进一步深入整治违反中央八项规定精神的突出问题，查处问题9个，涉及13人。其中，受到党纪政务处分9人，违规公款吃喝、违规收受礼品礼金、违规操办婚丧喜庆事宜被查处的问题5个，涉及7人。印发《关于开展领导干部亲属经商办企业专项整治的工作方案》，经集团总部和各单位自查整改和抽查核实，5人整改退出。召开两次党风廉政建设警示教育大会，通报21起违纪违规典型案例和纪律处分决定执行专项检查情况，通过持续的警示教育，各级党员领导干部的廉洁意识更加牢固。

七是央企责任更加凸显。通过主题教育，集团履行央企社会责任进一步强化。2019年8月29日，集团与重庆市签署合作协议，合资成立中铝高端制造集团，标志着建设“红旗工程”、服务国家战略又迈出重要一步。坚决履行保障国家重大工程项目建设需求的崇高使命和社会责任，着力破解了一批“卡脖子”难题，在国庆受阅装备都有“中铝制造”的惊艳亮相。党组深入学习贯彻习近平生态文明思想，党组领导深入基层企业开展安全环保工作调研

40余次，同时，全力配合中央环保督察组进驻集团有关企业开展专项督查工作。集团开展“中铝助学、奉献爱心、你我同行”爱心助学捐款活动，12万余人参加，募集捐款近800万元，彰显了央企的责任担当。在主题教育期间，中铝瑞闽派到福建顺昌县上元村的驻村干部叶群生，倒在脱贫攻坚的岗位上，年仅37岁，用生命谱写了共产党人的初心和使命。

（二）主要做法

1.“四个强化”抓实组织领导

一是强化部署安排。在两批主题教育中，党组先后召开动员大会、劳模工匠事迹报告会、推进交流会等7次全系统会议，定期召开巡回指导组培训会、工作座谈会、巡回指导组片区交流会12次，先后印发实施方案、专项整治方案等30多个通知，确保中央要求落实落地。9月30日，卢纯组长一行专门到集团指导主题教育工作，提出了明确要求。11月1日，我到任第一周，主持召开第二批主题教育推进情况暨中央巡视整改情况专题会，专门听取进展情况，研究部署下一步工作，确保力度不减、标准不降、务求实效，将中央要求落实到位。

二是强化责任落实。党组成立主题教育领导小组，党组书记任组长，党组副书记、纪检监察组组长任常务副组长，党组其他成员任副组长，下设领导小组办公室，加强组织领导，统筹谋划推动，多次召开领导专题会，及时传达学习中央有关精神和中央督导组最新要求，确保主题教育取得实效。各企业党委均及时成立领导小组及办公室，加强谋划部署、扎实推动落实。共计470余人参加了主题教育办公室专项工作，确保了工作有序推进。同时，集团把主题教育开展情况作为党建责任制考核的重要内容，督促企业扛起责任，抓好落实。2019年12月中旬，党组成立8个考核组，对所属企业党委进行了考核。

三是强化巡回督导。党组着力强化对主题教育的督促指导，在第一批期间成立2个巡回指导组，在第二批期间，针对涉及单位和人员范围广、类型多、数量大、情况复杂等特点，进一步配强人员，成立5个巡回指导组。各指导组对企业普遍进行了4轮督导，及时解答解决各类问题600余个，纠正了一些跑偏走样等现象。各单位党委成立87个指导组，共336人参与指导工作，为主题教育扎实有序开展提供了坚强组织保障。

四是强化氛围营造。建立“简报”工作机制，先后编发简报、日报、周报、月报205期，并积极向中央督导组和中央主题教育简报组报送经验材料。强化宣传引导，在《中国铝业报》、集团官网、“今日中铝”等媒体平台开设宣传专栏，刊发宣传报道350余篇。各单位在内外媒体刊发主题教育稿件1300余篇，在集团及以上媒体宣传先进典型90余个，并通过开展主题教育知识竞赛、演讲比赛、朗诵比赛等形式，营造了主题教育浓厚氛围。

2.“四个举措”创新督促引导

一是召开主题教育“早督会”。第二批主题教育期间，每天早上7:30，利用仿真视频系统，召开主题教育早督会，及时传达中央最新精神、中央第十二巡回督导组工作要求和党组部署安排，每次选择2—3家企业了解情况。这种小范围、面对面的督导，既了解了情况，也指出了问题，还解答了疑惑，针对性强，工作效果好。通过第一轮“面上”督，第二轮“点上”督，第三轮“专项”督，共听取166个党组织工作汇报，现场指出或解答问题400余个。其间，卢纯组长亲临会场进行指导，党组有关领导也多次参加早督会，11月20日，中央广播电视总台分别在集团总部和西南铝全程录制集团主题教育早督会。

二是创办主题教育“分享时刻”栏目。第二批主题教育期间，每天早上8：30，利用全级次企业调频广播，播放主题教育“分享时刻”音频。63家单位充分挖掘主题教育中的好做法、好经验、好典型、好案例，录制79期音频，并认真组织全体员工收听，传递到车间、班组，传递到职工群众身边。有的单位还组织员工分享收听体会，推动入耳、入脑、入心，为开展主题教育提供了强大的舆论支持和精神动力。

三是开展“不忘初心、牢记使命”党务人员技能比武。党组以“不忘初心我奋斗，牢记使命我担当”为主题，分党建理论测试、即兴演讲、公文写作和党建情景模拟剧展示四个项目，在集团全系统开展党务人员技能比武。东轻公司和包头铝业在决赛中荣获一等奖。通过比武，集团党务工作人员重温党的初心和使命，积极学业务、比技能、提素质、强本领，进一步增强了政治素养、业务技能。

四是举办系列“创新论坛”。主题教育期间，党组先后以“高质量发展之我见”“鼓励担当之我见”“对标一流之我见”为主题，举办3次创新论坛，进一步学习贯彻习近平新时代中国特色社会主义思想和党的十九大精神、十九届四中全会精神，深入交流学习心得，畅谈贯彻落实的创新举措，激励全体干部牢记初心使命，勇于创新实践，积极担当作为，为集团高质量发展建言献策。

3.“四项措施”贯穿工作始终

一是把学习教育贯穿始终。第一批主题教育中，党组带头示范，开展7天集中学习，围绕“不忘初心我奋斗”“牢记使命我担当”，结合集团改革创新转型升级实际，进行了2次深入研讨。制定《中铝集团党的十九届四中全会精神学习培训方案》，举办“中铝大讲堂”，切实抓好全会精神的学习宣传贯彻。

二是把调查研究贯穿始终。在第一批主题教育中，党组班子成员创新调研方式，跨工作分工、跨分管领域，围绕9个调研专题，深入17家企业的车间班组、生产一线开展调研、讲专题党课。在第二批主题教育期间，党组班子成员深入基层调研30余次，督促推动主题教育落实落地，坚决防止“沙滩流水不到头”问题。集团巡回指导组也通过各种形式开展指导性调研130余次。

三是把检视问题贯穿始终。党组坚持从主题教育一开始就抓好问题检视，通过学习对标检视、专题研讨检视、组织生活检视等深刻检视反思，明确整改方向。特别是在专题民主生活会中较真碰硬，深刻检视剖析，辣味十足。在第一批主题教育中，党组召开了高质量的专题民主生活会，得到中央第三十二指导组王炳华组长高度评价。

四是把整改落实贯穿始终。第一批主题教育中，党组班子成员调研检视问题81条，通过集团、板块、企业三个层面上下联动整改，目前已整改落实78条，剩余3条需长期整改的问题正在按计划有序推进。在第二批主题教育中，各单位查找问题8000余条，现已整改84.33%，破解了一批影响企业改革发展的难题，职工群众的获得感明显增强。

4.“四个注重”务求工作实效

一是注重分类推进。党组结合不同单位的实际，注重分类指导推进。针对破产重组困难企业，突出“导”字“精准”推进。如，山西华圣在每个员工分流安置点指派2名处级干部蹲点，负责分流安置点的主题教育工作，做好思想引导；针对境外企业，突出“隐”字“灵活”推进。如，秘鲁矿业党工委与当地大使馆紧密联系，在第一批主题教育中同步推进；驰宏（香港）国际矿业海外党支部，按“五不公开”要求，克服学习资料传递不便等困难推进主题教育。

二是注重开门搞教育。党组紧盯问题整改和成效，通过深入一线“看”整改、召开领导专题会“督”整改、召开早督会“听”整改、月度跟踪“查”整改、问卷调查“测”成效、实地访谈“问”成效、党建考核“验”成效等形式，狠抓整改落实，详细了解主题教育成效，接受职工群众监督反馈。在两批主题教育中，中央第三十二指导组深入中铝 7 家单位调研，中央第十二巡回督导组深入 17 个省市调研督导，有关单位报告了对集团开展主题教育的评价。据中央指导组和督导组反馈，各企业对党组推进主题教育、抓好整改落实等工作评价较高。

三是注重解决群众最急最忧最盼的紧迫问题。在第一批主题教育中，针对 130 户职工家庭生活困难问题，党组迅速制定解困脱困整改通知，全年列支 1134 万元，1562 名困难职工解困脱困。推动部分企业立行立改了道路设施、劳保用品、单身公寓等涉及员工生产生活和切身利益的 23 项问题。在第二批主题教育中，各单位共计解决职工群众最急最忧最盼的紧迫问题 1180 余项。

四是注重解决制约生产经营和改革发展的重难点问题。党组始终牢记中铝肩负的使命和责任，不断坚定做强做优做大的信心决心，在主题教育中，进一步发挥党建是搞好央企的重要法宝作用，不断推进党建与业务工作深度融合，着力解决制约生产经营和改革发展的瓶颈问题，各单位共破解生产经营难题 2700 余项，提升了盈利能力，成费比降到 100% 以内，提前超额完成了国资委全年目标任务，实现了经营业绩的“五连增”，综合实力明显增强，行业龙头地位更加凸显，社会影响力进一步提升，切实把习近平总书记的厚望转化为政治定力、实际行动和发展成果。

二、关于推动“不忘初心、牢记使命”常态化制度化的部署安排

（一）持续深入学习贯彻习近平新时代中国特色社会主义思想，推动党的十九届四中全会精神在企业落地生根

习近平新时代中国特色社会主义思想是我们做好一切工作的根本遵循。坚持以习近平新时代中国特色社会主义思想武装头脑、指导实践、推动工作是一项长期的重要政治任务。2019 年下半年以来，通过深入开展主题教育，我们把学习贯彻习近平新时代中国特色社会主义思想作为首要政治任务，推动各级党员领导干部增强“四个意识”、坚定“四个自信”、做到“两个维护”，解决了一批老大难问题，有力促进了企业发展。但与中央要求相比，我们在贯彻落实习近平新时代中国特色社会主义思想、党的十九大、十九届四中全会精神等方面还存在一定差距。比如，落实新发展理念有差距，市场竞争力和盈利能力不强，缺乏核心技术，距离世界一流企业差距较大，等等。对于这些问题，我们都要认真对照检查。

集团各级党组织要按照党组《关于深入学习宣传贯彻党的十九届四中全会精神的通知》和《中铝集团党的十九届四中全会精神学习培训方案》要求，认真抓好贯彻落实，切实把全会精神学习好、宣传好、贯彻好，进一步增强“四个意识”、坚定“四个自信”、做到“两个维护”，在思想上坚定制

度自信，按照建立中国特色现代企业制度的要求，不断深化企业是市场经济主体地位的丰富内涵，增强党的建设在公司治理体系中的作用，以实际行动推动全会精神在企业落地生根。

（二）把不忘初心、牢记使命作为终身课题，建立不忘初心、牢记使命的制度

要紧扣主题教育的总要求和目标任务，围绕学习教育、调查研究、检视问题、整改落实四项闭路循环的重点措施，总结主题教育的好经验好做法。建立学习教育机制，把《习近平新时代中国特色社会主义思想学习纲要》《习近平关于“不忘初心、牢记使命”重要论述选编》等重点学习内容，领导领学、带着问题学等学习方法固化下来，不断强化党员干部初心使命意识。建立调查研究机制，对调研对象、调研内容、调研方法、调研成果运用等方面进行规范，不断提高发现问题、解决实践问题的能力。建立检视问题机制，规范自己找、职工群众提、集体议等方法内容，切实把问题找准、把根源挖深，不断推动党员干部自我革命自我净化自我完善自我提高。建立整改落实机制，对立行立改、持续整改、长期整改等方面工作进行规范，防止纸上整改、应付整改，确保整改长效，不断巩固拓展主题教育的成果。

（三）以自我革命精神加强领导班子建设，牢记初心使命继续前行

开展主题教育，就是以自我革命精神加强领导班子建设的一次具体实践。下一步，各单位要认真学习贯彻总书记关于推进党的自我革命的重要论述，进一步发扬自我革命精神，加强领导班子建设，不断提高领导班子的凝聚力、战斗力。要在讲政治守规矩上作表率。要带头做到“两个维护”，始终在思想上政治上行动上与以习近平同志为核心的党中央保持高度一致，坚决做到有令必行、有禁必止，令行禁止。要在扛起全面从严治党主体责任上作表率。认真学习贯彻新出台的《中国共产党国有企业基层组织工作条例（试行）》，切实履行全面从严治党主体责任，层层传导压力，以高质量党建推动企业高质量发展。要在敢担当善作为上作表率。当前，集团上下改革创新转型升级的任务还十分艰巨，各级班子成员必须经得起考验，要按照总书记的要求，带头增强斗争精神和斗争本领，敢于直面困难，勇于攻坚克难，积极应对和化解各种风险挑战，为企业高质量发展贡献力量。要在重修身严自律上作表率。要始终坚持秉公用权、依法用权、廉洁用权，决不能擅自滥用，决不能搞“靠企吃企”、以权谋私。各级党委要高度重视，班子成员必须带头落实，推动形成风清气正的良好政治生态。要在力戒形式主义官僚主义上作表率。要通过整治形式主义、官僚主义问题，切实减轻基层负担，让大家从一些无谓的事务中解脱出来，让基层把更多时间用在抓落实上。

（四）扎实做好整改落实和专项整治工作，推动企业高质量发展

通过开展主题教育，我们查找出很多问题，立行立改问题均已得到了有效整改，剩下的都是制约企业改革发展的重大问题，都是“硬骨头”，对于这些问题，必须持续用力，按照既定的措施和节点计划，有力有序推进。特别是要持续抓好专项整治，对已经解决的，要抓好巩固提高；对尚未解决的，要按照进度时限，紧盯不放，细化完善整改措施，明确整改时限，落实整改责任，一项一项抓整改，一个一个改到位，做到问题不解决不松劲、解决不彻底不放手、群众不认可不罢休。

要把抓好问题整改和专项整治作为巩固提高主

题教育成效的重要措施，与推进国有资本投资公司改革结合起来，与做好当前中心工作结合起来，与完成新的一年各项任务结合起来，与应对各种风险挑战结合起来，把主题教育中激发出来的激情和热情转化为立足岗位、发奋工作的实际行动，转化为攻坚克难、干事创业的实际成效，以增强企业竞争力、创新力、控制力、影响力、抗风险能力为目标，全方位对标世界一流，大胆创新、勇于实践，加快建设具有全球竞争力的世界一流企业。

在社会主义现代化国家新征程中 铸就中铝高质量发展新模式

——在中铝集团发展战略研讨会上的讲话（摘要）

党组书记、董事长　姚　林

（2020 年 12 月 14 日）

一、“十三五”回顾及状况评估

（一）“十三五”回顾

2020 年是“十三五”规划收官之年。五年来，集团党组深入贯彻新发展理念，落实党中央决策部署，大力调整产业结构和资产结构，启动实施国有资本投资公司试点改革，加快推进产业基础高级化和产业链现代化，全面从严治党典型经验得到习近平总书记重要批示。通过“三强化四提升”，转变集团发展理念和经营模式，进一步保持生产经营向好态势，为集团可持续发展奠定基础。“三强化四提升”是 2020 年初工作会上提出的，这一年是磨合的过程。

一是把方向、明格局，强化了战略引领。我们确定了创建世界一流有色金属企业战略目标，构建了“4+4+4”高质量发展新格局，积极融入“一带一路”，“两海战略”取得突破，几内亚铝土矿项目、广西华昇氧化铝项目建成投产，都是“两海战略”取得的新进展，成立了中铝高端制造，强化了服务保障国家能力，正在向排头兵、主力军、引领者目标迈进。

二是抓统筹、强管控，提升了改革实效。启动实施了国有资本投资公司改革试点，建立了“三纵三横三个全覆盖”管控体系，完成了总部机关化问题 23 项整改任务，总部机构改革和职能优化调整基本到位，“双百企业”和“科改示范企业”等综合性改革取得明显进展。

三是夯基础、正风纪，发挥了党建优势。我们坚持党的领导，加强党的建设，规范了公司的治理。实施“双百分”考核，推动了党建与业务“双融合”。开展“两带两创”，推动了党建与业务“双提升”。全面从严治党，构建运行了大监督体系。

（二）状况评估

1. 检视战略方向三个环节

我们坚持“科学掌控上游、优化调整中游、跨越发展下游”的战略方向。在“科学掌控上游”方面，资源获取和开发取得新进展。几内亚铝土矿产量翻番得到落实，可用资源掌控量大大提升。铅锌开发方案进行了优化，形成了金鼎千万吨储量铅锌矿的优化发展方案，下一步就是做实。

在“优化发展中游”方面，把华昇基地的电解铝向前推进，打造为世界第一的铝生产基地。外部董事对华昇项目也比较满意，我们建设新项目就要建成最好的、更好的，要进一步提高华昇的智能化水平。

在“跨越发展下游”方面，高端制造成立，经过一年磨合，市场化意识有提升，但还有差距。加工环节的探索确实是我们艰难的一步，与相近规模的明泰铝业对比差距大。铜加工在华中铜搞了双百企业试点，强激励、硬约束，我们给出了出乎华中铜预料的政策，薪酬激励强度大大提升，但完不成目标职业经理人就直接下课，不是岗位下课，而是解除劳动关系，断了他的后路。目前华中铜运行没有完全达到期望值，但是有进步，正在接近目标，公司上下对这个艰难的目标都更有信心了。总体来讲，在加工方面的探索是艰难的，上午敖宏同志也讲了，在下游方面我们要服务国家战略，不搞好是不行的。

2. 体制效率、投资效率和运营效率问题

集团国有资本投资公司的改革还未到位，体制效率还没有充分发挥出来。投资效率有进步，但是没有形成标准和方法。2019 年年底开始压缩所有投资项目，坚持问题导向、目标导向、结果导向，坚持量力而行、尽力而为，率先在投资领域开展对标，投资优化初见成效。经过一年磨合，大家有了压缩投资的概念，但下一步要继续加码，加大压缩力度，概算上可能要压 50%。目前，最关键的是找到投资压缩的方法，要有目标、有标准。我们的运营效率还不高，成费比较高，盈利能力还不强，亏损企业还较多，亏损额还很高，实际负债率居高不下，“两金”问题十分突出。这些都是我们需要正视的问题，要认清面临的形势和挑战，知道我们站在哪，知道该如何出发。

二、“十四五”形势、任务及相应差距

（一）“十四五”面临的形势与任务

从国际形势看，我们要有清醒的认识，当今世界正经历百年未有之大变局，国际力量对比深刻调整，经济全球化遭遇逆流，全球产业链供应链面临冲击，不稳定性不确定性明显增加，新冠疫情全球大流行影响深远，2020 年世界经济陷入深度衰退，恢复正常增长水平需要时间。

从国内发展看，我国正处在“两个一百年”历史交汇期，经济已由高速增长阶段转向高质量发展阶段，正在加快构建以国内大循环为主体、国内国际双循环相互促进的新发展格局，提出了新征程怎么干的问题。

从行业形势看，主要有色金属行业市场震荡波动，新冠疫情暴发前的全球化是以效率为主的，现在受到新冠肺炎疫情、意识形态影响，叠加了安全的考量，各国都在缩短产业链，尽量减少与对手打交道，原来的全球化必然受到干扰。为此，习近平总书记提出要构建以国内循环为主体、国内国际双循环相互促进的新发展格局，经济发展才能可持续。

“十四五”期间，我们要继续打造具有全球竞争力的世界一流有色金属企业，强化国有企业的竞争力、创新力、控制力、影响力、抗风险能力。同时，中铝作为行业头部企业，还应该有塑造力和引领力。即使现在与一流企业比有差距，也不能简单跟随、停止思考，否则 5 年后可能机会就失去了。要进一步强化“排头兵、主力军、引领者”的战略定位，进一步提升使命感，特别是要坚定不移地服务国家战略，不遗余力地践行中铝集团作为央企的

使命。

（二）对照形势与任务存在的短板

一是债务负担重，财务弹性不强。所有者权益低，归母权益更低。经营积累不足，难以覆盖投资支出。二是涉诉问题多，金额大，可执行程度低。人工成本负担重，缺乏可持续性。三是创新体系亟待完善、创新能力较弱。

（三）产生问题的原因剖析

一是观念不适应。全要素对标现在大家开始接受了，但只是对标了数据，真正狠下心动手术的行动还没有落地，没有真正成为市场主体。

二是体制不合理。三层管控一般粗、责任定位不清，集团、战略单元、三级企业，都设 10 多个部门，层层传达文件，没这个必要。战略单元层级作用普遍发挥不准不足，实体企业自由裁量权过大。

三是机制不到位。大水漫灌，赏罚不明，做了贡献的得不到好处，犯了错误也没什么损失。有的电解铝企业，由于事故原因对产量影响很大。在这么好的市场情况下，产量减少对效益的影响是惊人的。

四是方法不科学。集团要求各级一把手汇报的时候讲三张财务报表，目的就是培养干部的系统思维和价值理念，但真正做到、开始实践的也只有 30%，大部分干部还是讲老一套，没法在一个系统内评价。精益管理的理念模式还未形成，中铝原来是推过精益管理的，但推得不够坚定，现在企业现场精益管理的痕迹很少了。这次调研中看到驰宏综合利用在推行阿米巴管理，这种精益管理思路是正确的，将来还要下功夫。数据管理模型及评价标准还未建立，数据管理落后，更谈不上大数据管理。集团的科研投入并不低，但“被科研”现象严重，很多数据都是总结出来的，没有真正落到创新项目上，导致科技创新能力不强。

五是作风不过硬。有的干部未做到令行禁止，你说你的，我干我的。有的班子用一整天的时间学习集团领导讲话，但真正干工作的时候和集团要求南辕北辙，这是立场问题。有的人不是真心真意维护集团利益，是在维护自己的小圈子，甚至维护个人利益。有的人是“半条心”，把集团的要求打个折扣，对自身有利的用一用，没有利益的就不用。有的人是“两条心”，搞利益输送，完全牺牲企业利益。对不能做到令行禁止的问题我们必须下大力气整治。有的干部工作不深入，不认真，这是官僚主义的表现，诉讼多也有这个原因。有的干部奉行好人主义，得过且过，分管工作出了什么问题都不认真考核，这是形式主义的表现。

三、打造中铝高质量发展新模式

高质量发展，首先就要贯彻新发展理念，市场化观念落实是基础，科技创新是支撑，更是引擎。这对中铝更具针对性，市场化观念落实是基础，没有市场化观念，作为竞争领域的企业，我们就不可能做好；科技创新是提升企业核心竞争力的战略支撑。补上了这两个短板，才能谈高质量发展。

新模式，就是坚持党的领导、加强党的建设，明确发展战略，追求价值创造，通过内涵式发展，集聚各类资源，依托信息化、智能化手段，打造可复制的发展方式。一是要坚决贯彻战略，不能走一走就跑偏，集团的顶层设计、资源配置都要围绕战略来做。二是要追求价值创造，这是针对部分项目投得太高的问题，只拿一个盈利数据作标准交差，在市场好的情况下，净资产收益率还达不到 2%，这样根本谈不上价值回报。三是要内涵式发展，只有企业真正自己强大了，才有能力去收购别人，才能吸引别人的兴趣。宝武收购了马钢、太钢，因为有资本实力，别人愿意“嫁”过去，同时宝钢的管理信息化复制做得很好，收购的企业很快融入它的管理体制，形成了良性循环。中铝也重组了不少企业，但没有形成可复制的模式，并购时付出的代价比较大，并购后管理融合整合不够好，主要是自身能力不足，吃得多了就成了“虚胖”，本质还是实力问题。四是重视信息化、智能化。这是“十四五”国家建设现代化经济体系的重要手段，也是中铝转型升级的关键支撑。中铝完成智能化构建的任务不难，关键是要加快进度，这样集团的复制能力才能提升。复制不仅是对外，内部也需要复制，现在内部企业的管理水平参差不齐，同一个指标表现都不一样，主要是整合协同不够。

（一）坚持党的领导，加强党的建设

要坚持党的领导，贯彻新发展理念，加强供给侧结构性改革，落实国企改革三年行动方案，促进构建新发展格局。要加强党的建设，强化组织力建设，关键在于和生产经营融合。要培育兼收并蓄、多元包容的企业文化，梳理整合集团所属企业特色文化，培育形成有共识的集团文化。要培养、引进担当尽责、德才兼备或有专长的干部队伍和高素质人才，加快引进有专长、能为我所用的人才。要营造风清气正、干事创业的政治生态。

（二）明确发展战略

1. 强化战略指引

坚持产业基础高级化，产业链现代化的发展方向，按照“4+4+4”高质量发展新格局的定位，明确战略单元的发展方向、定位、方法、考评，落实到改革发展全过程。

（1）核心产业

铝产业要落细落实。精细氧化铝我们有先发优势，在国内比较有影响力，在国际上也是占比最大的，做好了可以分拆上市。虽然股份的四家企业各有优势，但互不通气，协同性很差，必须解决这一问题，把这个独特优势发挥好。炭素阳极总量加起来比任何一家都大，是有进步空间的，如果做好了也可以上市。但目前是保姆式管理，每家都各干各的，标准不统一，投资也不统一，质量差、消耗高，内部企业用户体验不好，外部市场销售没有竞争力，最后导致衰落倒闭。电解铝也有如何发挥市场影响力的问题，要在铝的布局上加大力度，这是我们头部企业应该做的事。高端制造要在发展方式、资源调配上全力以赴，全面深化改革，时间不等人。中铝萨帕，有技术、有特长、员工精神面貌也很好，要向这样的企业学习，强化市场对接意识，加强体系化、模式化。要加强内部科技资源的整合，高端制造也要把技术、数据积累起来，加大智慧化企业建设力度，靠先进的智能制造，靠独有技术参与市场竞争。

铜、铅锌产业要做强做优。铜和铅锌产业都在中国铜业，上游要抓住资源，中游要通过改革提高效率，下游加工通过市场化强化能力。

稀有稀土要做精做特做响。中国稀有稀土作为国内六大稀土集团之一，要打造成为有影响力的品牌。目前在体制机制、发展模式、管理严谨性、科技支撑力、行业影响力方面，都有差距，改变这一现状的过程可能需要时间，但不能放弃。

（2）协同产业

中铝国际的经营态势很危险，战略上要大幅调整。国内工程领域已进入了比较饱和的状态，首先要落实科技资源综合优势，整合科技力量，探索新的工程模式，不能形成“借钱—垫资建设—应收账款收不回—再借钱”的恶性循环，否则日子越来越过不下去。中铝国际必须加大力度、做彻底的改革，应收缩国内市政建设规模，聚焦国内行业建设项目，从根本上解决应收账款多、涉诉案件多、合同资产假盈利的问题。

中铝资产要认真思考如何利用现有资源把企业做好。坚持有所为有所不为，分类管理、专业管理。对不符合集团战略的产业，即使现在赚钱，也要通过资本运作逐步退出。要重点围绕存量土地利用做好文章，根据不同区域多措并举，制定具体的年度性目标。

中铝资本要按照集团确定的战略目标，做好产融结合，为集团转型升级提供支撑和服务。

贸易物流产业，关键是要理顺和建立机制，为生产企业降成本，给集团创效益。中铝物资要找到参照系，要把集采盈利模式、降本服务的工作评价方法梳理清楚。中铝物流要对标先进企业，坚持市场化的导向，提供一体化的降本解决方案，不能靠行政化的方法，以市场化手段拿业务，建立能适应市场化生态的体例。贸易物流平台要打开眼界、拓宽思路。集中采购可以把标准的、低值的商品，用互联网平台采购代替招投标采购，真正市场化、真正降成本。物流的无车承运，可以用货车的“滴滴”代替运输承包，既能服务到位又可以大幅降低成本，这是真正的商业模式、盈利模式创新。这样的模式如果不推广，那就不是在降成本，而是在维护权力。此外，作为集团的平台，如果采购、物流、销售都是集中管控，除了通过利用互联网平台之外，首先考虑如何协调各战略单元的利益，如何发挥战略单元作为利润中心的作用，如何发挥好协同创效、降成本的作用，这都是我们需要思考的问题，在新的一年要有突破。

（3）新兴产业

中铝环保现有模式是不可持续的，不能从集团拿到项目，交给专业化公司运作，只收取管理费，投资得不到控制，技术也得不到积累创新，这种模式不符合成立环保公司的初衷。环保和工程的思路相近，在对内服务实体企业，集约化降低成本同时锻炼真本领，提升自身实力和能力，抓住机会开拓市场、迭代技术，到市场上挣钱、创品牌。

中铝开投聚焦新的产业模式和产业链延伸的方向是正确的，但一定要较量评估风险，谨防领域扩得太大，谨防做散、做乱，一定要做好项目筛选，在集团产业相关性上做文章，量力而行、尽力而为，选好介入的时间点，更稳健稳妥一些。

中铝智能肩负推进数字产业化的重任，要致力于打造有色行业的“宝信”。但目前进度较慢，方法和手段不多。集团对中铝智能的产业是支持的，信息化、智能化有助于推动资源要素综合利用，有利于推进流程再造和管理模式再造，希望各战略单元和实体企业要支持中铝智能的工作，中铝智能也要加快推进，做出示范和样板来。

中铝对海外发展路线有了一定认识，下一步就是如何把面推开的问题。仅靠几内亚项目养活海外平台不是问题，但机制是不对的。要加强人才培养，提高员工的能力素质，加快推进国际化。

2. 坚持创新推动发展

要完善创新体系，加快做实中铝中央研究院，研究院的方案制订已经有了大概思路，还需要打磨。要在2021年一季度进一步明确方案，上半年把架子搭起来，在科技领域推进改革、强激励、重评价，实行科技人员、有贡献管理层的激励机制，靠机制作用出成效。要加快产业数字化建设，在集团形成顶层设计、可覆盖的管理系统，加强对数据的收集和积累，有数据未来才有升级空间，才有智能化可能，否则就是自动化。

（三）全面深化改革

1. 坚持市场化改革方向，打造有竞争力的市场主体

要牢牢把握激发活力这个根本目的，进一步强化各级企业市场主体地位、调动干部职工的积极性创造性，加大改革力度，鼓励各战略单元争取试点，主动探索的可以容错。要牢牢把握深化拓展这个基本要求，在解决突出问题、增强改革成效、破解发展难题等方面下更大功夫，改变改革“上热下冷”的状况，杜绝讨价还价、报喜不报忧，要签“军令状”，不会干的、干不成的，都要淘汰。要牢牢把握系统推进这个重要方法，更加注重强化企业的改革主体责任、发扬基层首创精神、总结推广改革成果，加强改革举措的系统集成、协同高效，确保全面深化改革有力有序有效推进。

以具体业务为例，炭素要加快进度深化改革，范围越小优化空间就越小。铝灰循环利用的技术是成熟的，已经较量过了，应该早下手，要吃干榨尽地利用。镁合金原来是郑研院的项目，但由于架构设置不合理导致公司股权无法扩张、未来股份不断被稀释，中铝股份和郑研院要吸取这个教训。集团开展混合所有制改革，不是形式上改了就是改革了，而是必须做彻底、做仔细，通过改革解决实际问题，真正把改革落地、落到实处。

2. 完善整体架构，提升管理水平

要理清集团、战略单元、生产企业三级权责及工作方式。明确三级权责，集团各部门修订履职清单、履职办法，做好对各单元的战略指引、战略把控和考评。战略单元要变成“战区司令员”，管指挥、运营、协同、督促、考评、风控，指挥非常关键。生产企业要瞄技术、强管理、降成本、带队伍，对投资只有建议权。大家一定要明确，改革不是层层放权，企业要各司其职。

集团全系统要以对标为手段、以激励约束为动力，按照我们确定的时间表，推行价值管理，统一标准，强化收益分红意识，建立分红制度，按市场规律办事。2021 年集团将按照净资产收益率和现金流这两个要素，在中铝股份、中国铜业、中国稀有稀土三个业务单元开展试点，达到行业平均水平的 50%，班子在现有年薪基础上增加 1.2 倍；第二年达到 65%，加 1.5 倍；第三年达到 85%，就算一流，年薪加 2 倍，这个力度很大。但我们还要讲约束，有的人不在乎，就要调整，总是不进步就要耽误事。希望三个战略单元，通过三年努力进入行业第一梯队，先走出一步，其他战略单元尽快跟上。

3. 优化投资管理

要坚持有所为有所不为，突出主责主业，调整布局结构，不符合战略方向业务择机市场化退出、保价值退出。要通过“解剖麻雀”的方式，研究掌握投资控制的方法，切实把投资压下去，把回报率提上来。要坚持系统观念，增强发展的整体性协同性，着力固根基、扬优势、补短板、强弱项，促进产业合理布局和结构优化，明确新项目五年之内不再改造，要锁定项目经理责任。

（四）统筹发展和安全关系

一是防范安全环保风险。推动生态文明建设理念落地，环保督察问题已经反馈，很多问题是管理不到位、严谨性不够造成的，是没有技术含量的低级错误，现在责任已经分解到各单位，必须解决环保最后一厘米的落实问题。要总结 2020 年安全工作，扬长补短，坚持做好每年的重大危险源的全面

检查，坚决杜绝重大事故。

二是防范市场风险。认真思考新发展格局对行业的具体影响，不能被短期的价格向好冲昏头脑，后续的行业竞争将越发剧烈。汇率变化当前已开始强烈影响集团的资产结构，下一步人民币进一步增值，可能构成风险事件，要及早应对。

三是防范管理风险。要正视集团审计发现的管理漏洞和巡视遗留的整改问题，警惕法律诉讼问题，历史问题处理没有画上句号，就可能再次爆发。各级领导干部都要树立底线思维，把困难估计得更充分一些，把风险思考得更深入一些，把工作准备得更扎实一些。

山高人为峰。尽管我们还有很多差距，现在别人比我们高，但我们追赶超越过去，就比别人高了。希望大家坚定信心，共同奋斗。

坚定信心　真抓实干
强化战略引领　推动改革创新
奋进建设世界一流企业新征程

——在中铝集团一届三次职代会暨2020年工作会议上的讲话（摘要）

党组书记、董事长　姚　林

（2020年1月17日）

第一部分
关于2019年的工作

2019年是集团党组以习近平新时代中国特色社会主义思想为指导，在党中央的坚强领导下，在中组部、国务院国资委的正确领导下，团结带领广大干部员工，抢抓机遇，奋发有为，经营业绩实现了“五连增”，创金融危机以来最好水平。

一、管党治党坚强有力

集团党组坚持全面从严管党治党，扎实开展主题教育，全面落实中央巡视整改，狠抓党建责任落实，促进了党建与业务工作的深度融合，党风企风更加好转。

一是党建基础更加牢固。在习近平总书记对中铝党建作出重要批示一周年之际，召开集团党建工作会议，落实“六提升三转化”工作措施，以高质量党建引领高质量发展。党组中心组带头学习19次，举办创新论坛4次，扎实开展理论课题研究，不断深化理论武装。层层落实党建工作责任清单，持续抓党建述职评议，优化“双百分”考核体系，考核指标精简40%。创新开展“两带两创”“党员双提升”活动，表彰了40个优秀创新创效项目。推进党支部达标升级，标准化党支部达标率达到90%。集团党组在国务院国资委党建考核中获A级，党组中心组学习做法在中央企业宣传思想工作会上交流发言。集团3篇党建经验被中组部分别编入《贯彻落实习近平新时代中国特色社会主义思想在改革发展稳定中攻坚克难案例》党的建设篇、教学版和教学手册，1篇基层党建经验被中组部、国务院国资委党委编入《基层党组织书记案例选编（国企版）》。中组部、中宣部、国务院国资委党委组织《人民日报》、新华社等7家中央主流媒体集中采访报道了集团党建工作的做法和经验。

二是主题教育更加深入。“不忘初心、牢记使命”主题教育扎实开展，确保了中央要求在中铝落实落地。党组派出6个指导组全过程严督实导，确保主题教育不走样。建立每日早督会机制，每天督导 2—3 家企业，共听取 166 个党组织工作汇报，现场指出或答疑解惑 400 余个。开展“不忘初心我奋斗、牢记使命我担当”主题大讨论，举办了党务人员技能比武、劳模事迹报告会等主题活动。通过主题教育整改问题 8000 余项，其中员工急难愁盼问题 3500 余项，破解了一批影响改革发展的难题，增强了干部员工的获得感，得到中央指导组、中央巡回督导组的肯定。中央电视台《新闻联播》采访了集团主题教育的成效，有关做法被中央主题教育简报 3 次刊发。

三是干部人才队伍更加过硬。坚持问题导向，不折不扣做好中央巡视选人用人反馈意见整改落实，建章立制、治本促改，出台《集团党组管理领导人员管理规定》等一系列制度文件，选人用人突出问题得到有力整治。坚持重大政治理论集中轮训，实现企业中层及以上干部全覆盖。切实选优配强干部，把政治标准放在首位，完善优秀年轻干部发现和培养选拔机制，集团党组管理领导人员调整交流 95 人次，统筹推进了干部资源优化配置。持续抓好专业化能力培训，分类分级开展精准化培训，55 人次参加中组部等部委调训，举办了 15 期 932 名经营管理人才“合金”“锋刃”“飞跃”三大计划人选轮训班。狠抓干部日常监督管理，确认 10 名干部选任结果无效，提醒函询诫勉相关人员 38 人次，干部人事档案专项审核工作基本结束。积极创新和拓展人才事业平台，开展科技人才“钻石”“明星”计划人选摸底调查，产生初步人选 246 人，建立了集团党组、板块事业部党委、实体企业党委三个层次的 367 名联系服务专家库。推进技能人才“工匠计划”，2 人入选中央企业“百名杰出工匠”，新聘任“五级技师”2179 名，新建集团级技能大师工作室 15 个。突出正向激励，出台关心关爱干部具体措施。集团党组深入企业开展主题教育谈心谈话会，充分听取基层干部心声和意见建议，激励广大党员干部埋头苦干、真抓实干、奋发有为。

四是党风廉政建设更加扎实。集团党组全面配合中央巡视，立行立改存在的问题。建立整改周报机制，104 项整改措施已完成 97 项，整改完成率达 93%，其他事项正在加紧整改，整改工作得到中央纪委国家监委肯定。纪检监察体制改革稳步推进，明确了纪检监察组内设机构、人员编制和工作机制。对中央巡视组移交的 116 件问题线索快查快办，同时用好“四种形态”，加快办结存量线索 367 件、增量线索 173 件，给予组织处理 103 人次、党政纪处分 35 人次。召开警示教育大会 5 次，通报违规违纪典型案例 40 起。持续整治形式主义、官僚主义，集团层面会议次数同比减少 33%，正式发文同比减少 29%。建立巡视巡察上下联动机制，对 17 家单位开展两轮政治巡视，对 187 家所属企业开展巡察。对受处分的党员干部进行跟踪回访，并对真心认错悔错改错的干部给予关心和帮助。

五是宣传和群团工作成效显著。以庆祝新中国成立 70 周年为重点，组织开展了“中铝楷模”评选等系列主题宣传和先进典型评选表彰活动。加强主流媒体宣传工作，为集团经营发展营造良好的舆论氛围。成功举办了第十三届“中国铝业杯”全国有色金属行业职业技能竞赛等特色活动，群众性技术创新创效 3.7 亿元。关心关爱困难员工，投入资金 1134 万元，帮扶困难职工 1562 人次。评选表彰中铝大工匠、劳动模范、三八红旗手等 68 名先进个人和 29 个先进集体，36 个集体和个人获得国家级和央企级荣誉。

二、深化改革步伐加快

围绕国有资本投资公司试点改革，实施了一系列内部改革改制的新举措，推进了6个方面54项改革任务，一批重要改革事项落地见效。

一是获得了试点改革方案的批复。集团国有资本投资公司试点改革方案获得国务院国资委正式批复。分解落实有关试点改革任务，制定优化了“三横、三纵、三个全覆盖”的新型管控模式。

二是取得了“总部机关化”问题专项整改阶段性成果。制定了专项整改实施方案，修订了集团党组“三重一大”决策实施办法和董事会、总经理办公会决策权限管理办法，建立了集团总部授权放权事项清单、审批备案事项目录、流程及时限规定，9项立行立改清单任务完成阶段性整改。

三是深化了内部管理整合。中国铜业与原云冶集团实现了一体化管理，压减职能部门56%，优化人员34%，有关业务资产整合归并到相关业务板块。中铝股份整合物流、贸易、采购业务，完善了国贸、物流、物资三个经营平台，扩大供应链服务生态圈。

四是推进了重大专项改革。加快推进西南铝、华中铜业“双百企业”改革，中铝萨帕成为国有企业混合所有制改革第四批试点单位。在中铝国际试点开展市场化工资总额决定机制，完善了中铝国际领导班子“市场化契约化”薪酬分配改革。推进实施了中铝资本领导班子“市场创效”收益分享。在中铝山东、长沙院和六冶试点开展科技型企业分红激励。稳妥推进退休人员社会化管理，处理了历史遗留问题，在国务院国资委央企座谈会上介绍了退休人员社会化和厂办大集体改革的经验。

三、经营业绩持续向好

集团上下积极应对市场复杂多变的不利局面，对内狠抓固本强基，对外积极引领市场，生产经营保持了稳健发展的良好势头，全面超额完成了国务院国资委年度考核指标。

一是服务国家战略作出了新贡献。军品销量同比增长14.5%，销售收入同比增长17.91%，创历史新高。两种牌号铝合金预拉伸板通过中国商飞适航鉴定，纳入合格供应商目录，使民机铝材国产化率提高了27个百分点。嫦娥四号、长征五号、北斗导航、国产航母等国家重大工程，都有中铝的新贡献。

二是经营业绩实现了“五连增”。在实行精准考核、对标先进的基础上，解决了历史遗留问题，夯实了资产质量，实现利润总额50.8亿元，净利润31.7亿元，超考核目标26.3亿元，连续五年增长。实现营业收入3501.2亿元，同比增长16.6%，创历史最好水平。上交税费121.31亿元，同比增长20.93%。

三是固本强基提升了竞争力。集团成费比99.72%，资产负债率降至64.04%，债务结构进一步优化。首次国际信用评级获“A-”，为有色行业目前最高评级。国务院国资委重点关注的9户亏损企业阶段性减亏目标全部完成。中铝股份大力开展“三增三降”，实现降本增效11.21亿元，氧化铝、电解铝成本竞争力进入行业前40%。中国铜业以“3+3”专项工作为抓手，对标先进、降本增效11.5亿元。中铝资产严格落实依靠而不依赖内部市场要求，八大产品外部收入同比增长115%。

四是依法合规防范了风险。规章制度建设全面强化，制定实施合规管理办法。合同管理更加精细化，法律纠纷案件胜诉率达到72%，挽回和避免经济损失23亿元，同比增长44%。完成各类审计项目197个，发现问题2690个，整改率达97%。中国铜业、中铝国际、中铝资产、中铝国贸清回逾期账款21亿元。中铝资本实现了金融资产零不良、零逾期。

四、发展质量不断提升

积极落实新发展理念，强化投资管控和资本运作，加快了高质量发展步伐。

一是布局结构持续优化。广西华磊、贵州华仁、华云二期、东南铜业等项目达产达标，瑞闽蓝园一二期、赤峰云铜、刚果（金）火法铜冶炼等一批新建项目投产，几内亚Boffa铝土矿、秘鲁铜矿二期、广西华昇氧化铝项目、云南绿色水电铝项目等稳步推进。果断关停山东华宇、山西华圣等一批竞争力不强的电解铝生产线和阜宁稀土传统分离生产线。创建中铝高端制造集团，做实四大新兴产业。稀土板块获取广西花山采矿权，合资发展稀土永磁电机，延伸了产业链。

二是资本运营成效明显。N1项目评估报告已报国务院国资委。云铝股份非公开发行项目已顺利完成，其中外部投资者认购8.5亿元。集团加大内部资产优化重组，清理“中铝”字号企业33户，减少控股企业14户，处置参股企业27户。完成土地盘活项目8项，实现收入16.38亿元。

三是科技创新取得实效。实施科技项目600余项，1项成果获国家科技进步二等奖，9项成果获省级和有色行业科技进步一等奖。新增专利申请970件，获得专利授权728件，专利总数达6881件，有效发明专利数量居央企第23位。制（修）订国际标准2项，国家标准54项，行业标准74项。集团高新技术企业户数增至90家，居有色行业第一。郑州研究院研发并推广应用FHEST技术，累计改造591台电解槽，创效1亿元以上。

四是绿色发展成果突出。投入上百亿元，加快矿山复垦和环保提标改造，一批火电锅炉实现超低排放目标，矿山采空区复垦率达84%以上。绿色水电铝产能比例达37%，清洁能源发电装机容量达18%，铜冶炼实现了13种产品综合回收利用。稀土绿色开采工艺通过科技部验收并入选《产业结构调整目录（2019）》鼓励类。铝电解大修渣无害化处置、烟气除尘和脱硫、赤泥堆场生态修复等一批环保技术推广应用，集团主要污染物二氧化硫、氮氧化物、化学需氧量、氨氮排放量连续五年削减，2019年同比分别下降9%、22%、53%和44%。建成国家级绿色工厂5家、国家级绿色矿山试点单位14户。

集团加大扶贫工作力度，总部投入扶贫资金3490万元，湖北阳新县、青海海晏县、西藏察雅县实现脱贫摘帽。中铝股份对青海省属电解铝企业提供管理服务，开创了央企助力地方脱贫攻坚新模式，得到青海省委省政府高度赞扬，被国务院国资委作为经验推广。中国铜业在5个省（区）承担扶贫攻坚任务，投入扶贫资金2602万元，帮扶的云南德钦县、西畴县脱贫摘帽。

总结2019年的工作，我们也清醒地看到：

在党建工作方面，有的企业党建工作与生产经营融合不够紧密，“两张皮”问题解决还不到位。有的企业全面从严治党的政治责任没有夯实，党委落实主体责任还不到位。有的企业在重大事项请示报告上执行不到位、报告不及时。

在经营发展方面，集团盈利基础薄弱，成费比仍然没有明显改观，“两金”规模大，亏损户数多等问题还未得到根本解决。科技投入不足，对关键核心技术“卡脖子”问题攻关力度不够。有的企业转型升级步伐缓慢，发展后劲不足。一些企业事故频发、环保事件不断。

在深化改革方面，集团管理层级多、请示报告多、文件重复报批、审批流程长、管理职能错位越位不到位等问题依然突出。各方面对新时期深化国企改革的认识还不够深刻，有的板块探索多种分配方式、创新激励约束机制的改革举措还不多。有的企业市场化改革迟缓，还有“等靠要”思想。有的参股企业存在“重混轻改”甚至“只投不管”等问题。

第二部分
关于 2020 年的工作

2020 年集团工作的总体要求是：以习近平新时代中国特色社会主义思想为指导，深入贯彻党的十九大和十九届二中、三中、四中全会精神，全面落实中央经济工作会议、十九届中央纪委四次全会和中央企业负责人会议部署要求，坚持稳中求进工作总基调，坚持新发展理念，坚持以供给侧结构性改革为主线，坚持巩固、增强、提升、畅通的方针，坚持党的领导加强党的建设，推进国有资本投资公司试点改革，加快创新驱动转型升级，全要素对标先进，严细实精益管理，加减乘除进位升级，依法合规防范风险，开创高质量发展新格局，提高员工的获得感，实现“十三五”规划圆满收官，奋进建设世界一流企业新征程。

一、强化政治引领，坚持和加强党的全面领导

作为央企，我们要旗帜鲜明讲政治，坚决贯彻落实习近平总书记重要批示指示精神和党中央重大决策部署，增强“四个意识”，坚定“四个自信”，做到“两个维护”，把坚持和加强党的全面领导，落实到把方向、管大局、保落实具体工作中，向国家给中铝集团国有资本投资公司定位的“排头兵、主力军、引领者”目标迈进。

一要讲政治，坚决践行“两个维护”。要把贯彻习近平新时代中国特色社会主义思想作为首要政治任务，把落实习近平总书记重要批示指示和党中央重大决策部署作为“第一议题”，进一步提高管党治党、治企兴企的能力和水平。要结合试点改革，强化全面从严治党主体责任落实，制定各级党组织落实前置程序指导意见。各板块、实体企业要主动适应集团管控模式变革，及时修订完善党委会、董事会、总经理办公会议事规则和权责清单，强化党组织把关定向作用。

二要把方向，服务保障国家战略。要按照国务院国资委对中铝试点改革批复的战略定位，紧紧围绕主责主业，主动对接国家资源战略和重大工程，不断开发需求、满足需要。认真总结秘鲁矿业、几内亚铝土矿项目的经验，加强海外投资管理体系建设，提升海外资源获取和开发建设能力。做优红旗工程，用好中铝高端制造平台，在大飞机等重大专项方面，攻克一批“卡脖子”环节，进一步巩固国防军工材料保供的主力军地位。

三要明格局，增强企业实力。集团的根基在板块和企业。企业好，板块的竞争力才更强；板块强，集团的发展才更优；集团优，整体的未来才更好。做强做优做大国有企业，就是要增强国有经济的竞争力、创新力、控制力、影响力、抗风险能力，集团、板块和企业都要以此为行动指南，提高政治站位，系统思考、谋划和推动本单位党的建设

和改革发展问题。要坚持把提高企业效益、增强企业竞争实力、实现国有资产保值增值作为各级党组织工作的出发点和落脚点，找准各自定位，回归市场主体，用好市场评价，想问题、做决策、干事情都要遵循市场经济规律和企业规律，把自己锤炼得更强，用实力在市场中打拼。

四要重实效，强化干部队伍建设。突出政治建设，着力建设政治过硬的领导班子和干部队伍。坚持教育培训与实践锻炼并重，围绕试点改革，聚焦提升专业能力，培养专业精神，深入实施经营管理三大人才计划。更加注重强化班子整体功能，围绕改革发展和核心主业，一企一策合理搭配领导班子，有序推进企业经理层成员任期制和契约化管理。优化领导班子配备和干部队伍结构，加强梯队建设，注重改善专业结构，积极拓宽干部来源渠道，突出选优配强“一把手”和关键岗位领导干部。本着对事业负责的态度，对在大是大非面前政治清醒、经过实践锻炼、敢于攻坚克难、做出创新创造贡献的优秀年轻干部坚决使用。扎实抓好干部日常监督管理，用好提醒、函询和诫勉等方式。充分发挥综合考评指挥棒作用，坚持实干实绩导向，突出担当作为，对不作为、慢作为、乱作为的干部坚决予以调整，引导干部在基层一线、急难险重任务中发扬斗争精神、增强斗争本领。

二、强化战略引领，推进产业基础高级化、产业链现代化

习近平总书记强调，要打好产业基础高级化、产业链现代化的攻坚战。这对集团工作具有很强的针对性，每一名管理者都要深入思考本单位在产业基础高级化、产业链现代化进程中的工作内涵，认真总结过往，围绕“排头兵、主力军、引领者”的战略定位，不断推进质量变革、效率变革、动力变革，做好“十三五”规划收口和“十四五”规划编制工作，实现集团高质量发展。

一要推进产业基础高级化。就是要瞄准短板，做好点上的事情。突出强化基础研究，为产业提供战略支撑。突出强化重点共性技术和前瞻性、颠覆性技术研究，攻克“卡脖子”环节。把创新放在转型升级的首位来思考和谋划，把科技作为项目和发展的最重要支撑。运用现代信息技术改造传统产业，加快数字化转型和智能化改造，为传统产业赋能，走向绿色化、高端化、智能化、国际化。

二要推进产业链现代化。就是要紧盯弱项，做好链上的事情。进一步调整优化集团发展布局，包括资源布局、产能布局，既有每个环节的布局，又有相互之间的布局。进一步提升现有产能的技术含量和效率，解决参差不齐、自动化程度不高、科技含量不足等问题，瞄定一流水平，以技术进步促进产业发展。进一步加强内部产业链之间的协同，探索用市场化运营机制，着力破解市场主体不到位、内部权责不清、人浮于事等问题，为集团产业链的现代化，奠定坚实基础。

三要实现加减乘除进位升级。过去五年来，集团上下创新运用加减乘除，实现了起死回生扭亏脱困。在奋进建设世界一流企业的新征程中，我们要深化加减乘除进位升级。

加法要更有回报。获取和掌控资源，既关注“量”更注重“质”，还要把握获取时机，掌握科学运作资源的能力。项目建设运营要干着眼前，想着长远，广西华昇、秘鲁铜矿等所有新项目都要打造行业标杆。要抓住国内产能转移和国际产能合作机遇，推进“海外＋沿海”战略，对于能源洼地的产能置换项目，要在加快落实建设条件的基础上

快速推进。要引领高端市场拓展，中铝高端制造要明晰主攻方向，在保持国防军工领域绝对优势的前提下，实现产业健康可持续发展。

减法要更有力度。在持续减掉亏损源、堵住出血点、用小震化大震的基础上，进一步减少资源能源消耗和环境污染，提高发展质量。要建立压减长效机制，狠抓僵特企业治理、困难企业转型。对于对标整改后仍处于行业成本平均水平后50%的生产线，要坚决有序关停。及早研究处于资源和环境承载能力薄弱地区的企业转型，宜改快改、应改尽改。

要抓好固本强基专项工作，坚决完成降杠杆减负债目标，确保实体企业成费比力争降一个点，“两金”规模控制在年初水平，存量逾期应收款清收进度达到70%，不再发生新增逾期款项。全面梳理非主责主业的业务和低效无效资产，该退出的坚决退出，加快非主业、非优势业务的“两非”剥离，清理长期不分红，甚至亏损的参股股权，清理未出资、不控制却冠以中铝名号的“冒牌企业”。

乘法要更求创新。在强化科技创新的基础上，进一步激活各类创新要素，完善创新体系，营造创新氛围。建立对接机制，与国家攻关计划、国家重大工程、国家重点项目紧密对接，主动承担任务，全力开展攻关。建立咨询机制，与两院院士对接，充实扩大集团专家委员会，及时深入了解国家需求，找准创新方向。加大研发投入力度，提升自主创新能力，充分发挥中铝中央研究院的功能作用，瞄准世界科技前沿，锻造“杀手锏”成果和产品。建立创新联合体，以我为主、开放合作，完善国际化、市场化、产学研用深度融合的创新体系。深化“双创”活动，加大科研人员和各类人才的激励，加快科研成果的形成和转化。支持扩大技能大师工作室，营造万众创新的良好氛围。

除法要更讲效率。推进资本运作、资产整合，进一步围绕提高资本回报率、劳动生产率，运用好资本运作的工具，在并购、重组、整合、盘活等方面做文章。要通过管理的透明化、高效化，加强授权放权，完善权责对等的机制，激活各层级的积极性和创造性，进一步提升效率和效益，营造“上下同欲者胜”的氛围。特别是在体制设计上，形成部门协同、横向互动、纵向贯通、协同作战的合力。

三、强化三个导向，开展全要素对标

要按照国务院国资委对标一流管理提升行动部署要求，坚持目标导向、问题导向、结果导向，把市场评价和运营考核结合起来，深化精益管理，提高竞争力。

一要选好标杆。要把对标先进、赶超一流作为重要手段，以更加开放的心态，跳出中铝看全球、看行业生态、看先进企业，选好对标的标杆。要选好对标的维度，板块是产业的代表主体，要在行业里对标一流。实体企业要与同类企业的先进要素对比，博采众长。要在自身发展的坐标系上找准方位，清晰标定未来发展的目标和路径，主动与标杆企业比品质、比效率、比效益，找到影响质量、效率的关键要素进行解码，通过动态的、全时段的对标，查问题、找差距，扬长补短，最终赶超先进。

二要突出全要素。全要素的概念涵盖了企业人、财、物各类资源，突出了管理创新、技术创新带来的效率提升。我们要通过对标，比效率、比效益，而不是比投资、比规模。要把这样的理念传递给所有员工，形成层层传递压力、人人关心创新、人人改进指标的氛围。

三要做到严细实。对标是方法和途径，关键在于严细实抓好落实，这也是精益管理的具体体现。工作要严要求，树立“以一流目标定位、追求完美、讲求极致”的观念，指标要有挑战性，瞄准最高水平去干，盯住不放，一抓到底。紧紧围绕关键环节、重要部位、重点工作，一环紧扣一环持续用劲。管理要精细化，在基础工作上下实功，精算细账，不找客观理由。通过对标，对照别人的优势，设定分阶段的量化奋斗目标。结果要有实效，坚决杜绝“把说的当做了，把做了当做成了”，在内部工作交流时，要少讲口径，多讲对标情况、多讲差距、多讲不足、多讲办法，把全要素对标做细做实，实现超越自我、跑赢大盘、追求卓越。

四、提升改革实效，加快试点改革步伐

集团推进国有资本投资公司试点改革，起点高、方向明、任务重，对各级领导干部来说，是一项重大的政治任务，是全新的挑战，我们要以落实国企改革三年行动方案为契机，克难攻坚，推动试点改革走深走实。

一是抓好试点改革的统筹谋划。即将出台的国企改革三年行动方案，将在完善中国特色现代企业制度、推进混合所有制改革等方面，作出一系列的顶层设计，规划出改革的目标、时间表、路线图。我们要结合试点改革，大力推进综合性改革，完善现代企业制度，健全各层级的治理结构，加强行权能力建设，确保各项权力授得出、接得住、行得稳。要紧扣自身实际，紧贴干部员工对改革的关切，稳健扎实地推进一系列改革举措，用好用足各项改革政策，充分激发各层级的积极性和创造性。

二是建立集团新型管控模式。从当前的情况看，总部、板块和企业对改革都有强烈的期盼，大家希望通过改革，放权搞活，减负解压，提高效率。党组认为，应当积极回应呼声，多听大家的意见，先从管控模式改起，围绕“三横、三纵、三个全覆盖”新型管控模式，明晰各层级的功能定位，推动“投资运营权力上移、生产经营职能下沉”，让总部轻装，为基层松绑，逐步解决大家工作中的难点、堵点和痛点，增强板块和企业的活力。需要强调的是，大家反映总部决策效率低，希望有更多的自由裁量权，但是我们也要明白，责任从来都与权力同在，只有权责一致，方能行稳致远。

三是率先推进集团总部改革。落实国务院国资委开展“总部机关化”问题专项整改部署要求，按照集团国有资本投资公司试点改革方案，率先对集团机构职能设置进行优化调整。坚持做强总部、做实板块，管放结合、精简高效，党建引领、监督有力的原则，按照新型管控功能定位，组建精干高效、专业权威的职能部门，提高管控的有效性。要精简审批事项，强化市场化考评监督机制。探索推行项目管理，消除部门间的壁垒。要完善总部人员选拔任用和交流机制，畅通渠道。

四是完善市场化激励机制。国企改革的经验证明，三项制度改革搞得好，企业就有生机和活力。我们要先从激励机制入手，完善市场化选人用人机制，探索任期制和契约化管理，推进职业经理人试点。虽然前期个别试点效果不理想，但仍然要向前走，未来要逐步推行强制末位淘汰，鼓励大家力争上游。要注重市场化评价基础上的激励与约束并重，跳出以往“指标讨价还价”的思维定式，用市场化评价绩效，让大家觉得有奔头。要在市场化评价到位的单位，探索收益分享机制。要强化约束，对于没有完成契约任务的，坚决做到业绩降薪酬降。

要用好各项改革的激励政策，完善“薪酬市场化、管理契约化、退出制度化”机制。对板块领导人员，以分解集团战略目标和“两利三率”指标为牵引，研究建立年度与任期相结合的考核指标体系。对集团所属上市公司，加强业绩市场对标，对符合激励条件的，加快推进股权激励，选择股票期权、限制性股票、股票增值权等合适激励工具，分类实施激励。全面推行岗位分红激励，针对科技型企业的业绩和发展前景，基本符合条件的，要全部纳入激励范围。板块和实体企业要研究落实集团科技项目团队激励、科研成果产业化收益分享政策落地实施的措施，加大对科技人员的激励力度。对不同功能和类别的企业，合理设置经营业绩考核权重，实行差异化考核和分类考核。

改革往往牵一发而动全身，势必触及利益和格局。随着国企改革三年行动方案和国有资本投资公司试点改革的推进，总部、板块和企业都将面临脱胎换骨的重塑性再造，每个企业、每一名干部员工都是改革的参与者和亲历者，大家都要全力支持、积极投身改革，为改革出计献力，共同把我们自己的事情办好。

五、提升风控能力，做到合规经营

习近平总书记反复强调要做好防风险工作，这也是集团实现高质量发展重中之重的工作。无论是国内项目投资，还是海外战略布局，我们都必须坚守依法合规底线，以实现降杠杆、减负债目标为重点任务，着力防范化解重大风险。

一要有效防范各类风险。防范法律风险，加强合规管理，切实发挥总法律顾问和法律部门的审核把关作用。防范债务风险，严禁超越财务承受能力的投资行为。防范境外经营风险，加强对敏感国家、敏感行业项目的风险评估。防范金融风险，加强基金、担保等金融业务的监测和检查清理，高度重视票据承兑风险、货币汇兑风险、期货业务风险、基金业务风险等，一切以现金为王，防止出现大额度资金风险。集团层面要加强资金风险的统筹管理，发挥好专业机构的专业优势。

二要全面依法合规经营。一流企业必须把合规经营作为一项长期工作来抓，这是每项专业管理和每个层级企业最基本的职责。依法治企就是要按照国家法律法规、政策规定和企业规章制度办事，要强化合规意识，杜绝越界、变通等蛮干行为，及时查处明知故犯、屡禁不止的违法违规行为。要健全内控体系，强化投资、采购、资金管理、工程项目、销售等风险易发多发领域和环节的管控，增强企业内控的针对性和有效性。对有令不行、有禁不止的，要严肃查处。要搭建内控信息化平台，强化各类风险的实时监测预警，提高风险研判处置能力。

三要打造大监督体系。坚持有效监督，发挥好“三个作用”，即纪检、巡视、审计等专责监督作用，各管理部门的专业监督作用，派出的董事、监事履行出资人监督的作用。需要强调的是，大监督不是在现有监督体系之外再设监督机构，而是整合现有的监督资源，通过信息共享，群策群力，系统联运，提高监督效率和效果，形成监督合力。

六、提升党的组织力，推进全面从严治党

党建是中铝的法宝，是中铝建设世界一流企业的独特优势。我们要牢记习近平总书记的重要批示，落实党建工作总要求，巩固扩大主题教育成果，着力提升党的组织力，以高质量党建引领高质量发展。

一是在夯实党建基础上下功夫。坚持思想建

党、理论强党，各级党组织要认真及时学习习近平总书记最新重要讲话精神，以党的创新理论滋养初心、引领使命，推动学习往深里走、往实里走，强化理想信念和使命担当。全面落实集团党组《关于学习宣传贯彻党的十九届四中全会精神重点任务工作方案》，认真贯彻落实《中国共产党国有企业基层组织工作条例（试行）》，在试点改革中优化组织设置。要贯彻落实中央主题教育总结大会精神，实施《关于巩固和提升主题教育成果、全要素对标先进、推进党建与业务深度融合的指导意见》，建立常态化制度化机制。落实领导干部党建联系点制度，夯实“三型”党组织，确保标准化党支部达标率100%。

二是在人才队伍建设上下功夫。坚持党管人才原则，以深化集团人才发展体制机制改革为动力，以落实重点人才工程为抓手，着力培养造就、吸引聚集、用好用活各类优秀人才，充分激发人才队伍活力。针对试点改革需要，完善人才培养规划，大力引进国际化、关键科研等领域骨干人才。以首席工程师队伍建设为牵引，推进科技人才“钻石计划”“明星计划”，依托重大军工工程、科技专项研究项目，培育国家级有影响力的科技领军人才，进一步完善科技人才的管理评价体系，防止简单套用经营管理人才办法管理科技、技能人才，让他们感到有地位、有前途。推进技能人才“工匠计划”，继续发挥“五级技师”职业通道激励作用，加快培养大国工匠，培养造就一支爱岗敬业、技艺精湛，善于创造性解决工艺难题、提升产品质量的技能人才队伍。

三是在宣传思想工作上下功夫。充分发挥思想政治工作的引领作用，开展增强“五力”大讨论，把干部员工的积极性、主动性引导到生产经营中心工作上来，凝聚到企业改革发展的大局上来。加强新闻宣传工作，深入开展正面宣传和舆论引导，选树先进企业典型和先进人物典型，讲好中铝故事。广泛开展全员创新创效系列活动，将劳动和技能竞赛体系、创新创效活动体系、先进评选表彰激励体系有机衔接，做实劳动竞赛品牌。按照集团企业文化“四统一”和“品牌提升年”的要求，规范品牌形象，加强品牌塑造。以“砥砺二十载，奋进新时代”为主题，举办丰富多彩的文体活动，为庆祝中铝成立20周年营造氛围。

四是在正风肃纪上下功夫。要一体推进不敢腐、不能腐、不想腐，继续保持反腐败的高压态势，聚焦选人用人、工程建设、营销贸易、资产处置等重点领域，有针对性地开展专项整治，使各级领导干部知敬畏、明法纪，坚决做到有令即行，有禁即止。继续深入推进纪检体制、监察体制、纪检监察机构“三项改革”，做实板块纪委、直属纪委，规范企业纪委运行，明确职责权限。要坚持一切从实际出发，更好地运用“四种形态”，明确政策界限，区分不同情况，坚持分类处置，落实好惩前毖后、治病救人的方针，把监督挺在前面，抓早抓小，遏制增量，削减存量。

加强对中央巡视反馈问题整改情况的监督，集中力量完成中央巡视移交问题线索的核查。突出成果转化，在查办案件上努力做到“三个延伸”，即查办案件要向提升管理水平延伸，深入研究制度和管理上的漏洞，探索加强防范的途径和方法，预防类似问题的发生；查办案件要向提高治理效能延伸，对带有苗头性、倾向性和普遍性的问题开展专项治理，查处一起案件、解决一类问题，针对暴露出来的深层次问题，结合试点改革探索有效监督的途径和方法，健全权力运行的制约和监督机制，加大对失职渎职行为的查处和责任追究；查办案件要向筑牢思想堤坝延伸，追根溯源、诊断病因，发展积极健康的党内政治文化。

七、提升社会贡献力，为全面建成小康社会作贡献

2020年是全面建成小康社会的决胜之年。集团上下要认真履行社会责任，在打赢脱贫攻坚战、实现安全绿色发展、提高员工的获得感等方面走在前、作表率。

一是打赢脱贫攻坚战。要深入贯彻落实习近平总书记关于脱贫攻坚的重要指示，继续加大资金投入支持力度，进一步构建教育扶贫＋就业扶贫＋产业扶贫长效机制，持续推进援藏援青和湖北阳新扶贫工作，持续推进各板块和实体企业定点扶贫和结对帮扶工作，全面打赢脱贫攻坚战。集团总部和各单位要切实提高政治站位，积极采购定点帮扶县农产品，推动扶贫性农产品进食堂活动，把消费扶贫当作一项重要政治任务，切实组织好、落实好。

二是加强安全环保工作。着眼于实现本质安全，持续开展隐患排查、现场安全评价等工作，补短板、强基础、遏事故，实现安全生产形势明显好转。要按照中央环保督察要求，即知即改存在的问题，全面做好相应工作。要践行“绿水青山就是金山银山”的理念，将达标排放作为企业的生存底线，不容任何侥幸，不找任何借口。

三是提高员工的获得感。要以效益为中心，完善员工收入的“合理、有序”增长机制，通过科学对标，进一步加大对核心人才、骨干员工的激励，让企业发展的成果惠及广大员工。要时刻关心员工冷暖，改善生产工作环境，提高职业安全卫生条件，确保员工健康工作、快乐生活。

保持战略定力　深化改革创新
为推动集团高质量发展砥砺奋进

——在中铝集团一届三次职代会暨2020年工作会议上的工作报告（摘要）

党组副书记、总经理　余德辉

（2019年1月17日）

一、2019年工作回顾

过去的一年，集团以习近平新时代中国特色社会主义思想为指导，在党中央、国务院的坚强领导下，在中组部、国务院国资委的正确领导下，坚持改革创新转型升级总基调，全面落实各项工作任务，经营改革发展取得一系列新突破。

（一）经营业绩稳步提升

积极应对中美贸易摩擦和市场波动影响，全面推进固本强基，强化财务价值创造，加大资本运作力度，促进了集团生产经营提质增效，市场竞争力明显提升。

一是利润实现五连增。全年完成营业收入3501.2亿元，同比增长16.6%，创历史最好水平。实现利润50.8亿元，同比增长0.8%，创2008年以来最好水平。

二是国务院国资委考核目标全面完成。净利润完成31.7亿元，优于考核目标26.3亿元；EVA完成−49.7亿元，优于国资委年度考核目标20.3亿元。成本费用占收入比重99.72%，优于考核目标0.06个百分点；资产负债率64.04%，较年初降低2.48个百分点，完成了国资委“降杠杆减负债”阶段目标。

三是经济技术指标持续优化。坚持全面对标，10项主要经济技术指标有5项优于行业平均水平。强化生产降本，消化原辅材料价格上涨因素，氧化铝、电解铝平均成本分别进入行业前42%、40%，行业竞争力持续提升。精细氧化铝产量同比增长17.3%，销量同比增长15%，电解铝合金化率37.2%，同比提高0.2个百分点。铝加工产能利用率87.1%，同比提高2.1个百分点。电解铜完全成本同比降低7.6%。铜冶炼总回收率98.5%，同比提高0.2个百分点，继续保持国内领先水平。

四是财务管理创效显著。首次开展了国际主体信用评级，取得了“A-”的全球有色金属行业最高级别，国内信用评级连续两年上调至AAA-，集团整体融资成本下降，节约年化财务费用超过3亿元。

五是资本运营再上台阶。资本运作全年创收27亿元，贡献利润19亿元。

六是经营创效再增亮点。发挥大采购、大营销、大物流优势，大幅增加氧化铝外部采购，增效3200万元，发挥了市场引领作用。成功举办全球铝产业贸易和金融发展论坛，积极参与第二届中国国际进口博览会，与12个国家的14家国际供应商集中签订了190亿元的采购协议。

（二）产业布局更加优化

深化供给侧结构性改革，实施第二轮加减乘除，加快产业结构和战略布局调整，发挥了行业引领者作用，增强了保障国家战略的能力。

一是核心产业集群化布局成型见效。加快推动核心产业向绿色化、智能化、高端化、国际化迈进，形成了大型产业基地和先进制造业集群布局。

二是新兴产业现代化格局初步形成。中铝环保完成了北京铝能清新等7家企业的重组，开展了多个项目建设运营。中铝智能整合了九力科技、华成科技等业务，积极推动智能制造研究与实践。中铝开投拓展打造了“中铝绿萝美巢”绿色环保家居、“开投烯铝”铝空气电池金属新能源等提升了中铝品牌影响力。中铝海外完成几内亚等七国法律及政策指引研究和一批重点项目研究，成立工程服务公司，搭建后勤保障平台，为打造海外中铝创造了条件。

三是红旗工程主力军作用更加凸显。坚持国家有所需、集团有所为的政治担当，把军工自主保障作为红旗工程。

（三）改革创新拓展深化

坚持稳中求进深化改革，制定的年度54项改革任务台账已落实50项，通过强化试点改革顶层设计，持续加大科技创新力度，增强了改革牵引力和创新驱动力。

一是试点改革稳步推进。集团国有资本投资公司试点改革方案获得正式批复。组织分解落实试点改革任务，优化完善了“三横三纵三个全覆盖”新型管控模式。

二是创新驱动不断强化。高新技术企业总数增至90家，稳居有色金属行业第一名。

三是经营机制加快转换。战略重组完成股权无偿划转、剩余股权增资，实现了中国铜业对铜产业和铅锌产业的集中管理，明确了管理层级。

四是专项改革全面完成。建立法人户数控制的长效约束机制。

（四）风险管理不断加强

全面排查治理安全环保质量隐患，查漏补缺，防控风险，筑牢了“防火墙”。

一是持续深化安全环保质量三大攻坚战。制定了《集团安全生产奖励管理规定》，填补了集团安全正向激励空白。

二是严格防控经营风险。实施业务外包承包商评价闭环管理，制定了铝、铜、稀有稀土、铝加工板块生产区域禁止外包核心业务清单，清退不合格承包商，制定印发合同管理“五不准”，推进业务外包管控标准化。

三是积极应对国际贸易摩擦。密切跟踪研判行业市场形势，评估核心技术风险，反映行业市场变化和政策建议。

四是持续强化法律合规与审计管理。推动落实法治建设第一责任人职责，加强三大法律审核工作，确保规章制度、经济合同、重大决策法律审核率达到100%。

（五）党的建设筑牢根基

持续深入贯彻落实习近平总书记对集团的重要批示精神，坚决落实中央从严管党治党要求，推进了党建与业务工作深度融合。

一是深入开展主题教育强化了使命担当。通过开展“不忘初心、牢记使命”主题教育，加强政治引领和思想洗礼，及时将中央要求转化为具体落实举措，强化了集团上下励精图治、创新求强的使命担当。

二是落实中央巡视整改推动了问题解决。把中央巡视作为提升集团全面从严治党水平的政治任务，全力支持配合巡视组工作，制定巡视整改方案，已经完成整改 97 项，整改完成率达 93.27%，解决了一批重点难点问题，促进了集团改革创新和转型升级。

三是加强党建基础管理推进了创新创效。充分发挥党组织把方向、管大局、保落实的作用，通过落实“六提升三转化”工作措施，优化“双百分”考核体系，有效促进了党建工作与业务工作深度融合，集团在国资委 2018 年度党建考核中获得 A 的好成绩。

四是强化巡视巡察监察促进了正风肃纪。利用 5 次警示教育大会，通报违规违纪案例和问责事例 40 起，发挥查办案件的警示教育功能。

扶贫工作全年投入资金 3490 万元，定点扶贫资金同比增长 4 倍，集团定点帮扶的湖北省阳新县，西藏自治区昌都市卡若区、察雅县，青海省海晏县全部实现脱贫摘帽。政务信息工作连续 10 年保持中央企业有色行业和国家发改委有色行业信息工作第一名。强化信访维稳工作，未发生较大群体性不稳定事件。集团社会责任管理模块和负面清单覆盖全部业务板块，举办了第三届降碳节和主题论坛，社会责任发展指数连续 3 年排名金属行业第一名，社会责任报告连续 6 年获评五星最高评级。

总结回顾一年来的工作，得益于以下六条经验：

——坚持党建引领。把坚持和加强党的全面领导作为重大政治原则，推动加强党的领导与完善公司治理有机统一，党建工作与生产经营深度融合，党的建设全面加强，筑牢了国有企业的“根”和“魂”。

——保持战略定力。坚决贯彻新发展理念，坚定发展思路，围绕“4+4+4”发展战略，保持定力、久久为功，布局结构调整持续优化，创新发展能力不断增强，市场竞争实力显著提升。

——深化改革创新。坚定落实供给侧结构性改革“八字方针”，大力实施加减乘除、瘦身健体、提质增效，发挥国有资本投资公司试点改革牵引作用，不断完善新型管控体系，推动集团改革进入新阶段。

——加大资本运作。发挥资本运作和财务管理对集团价值创造的功能作用，加大资本运作，调整融资结构，降低财务成本和资产负债率，大幅提高了集团效益，为集团结构调整、转型升级赢得了时间和空间。

——持续优化管理。围绕年度奋斗目标，坚持低成本战略，实施降本增效专项行动，强化“两金”压控，推进处僵治困，以钉钉子精神狠抓落实，全面超额完成国资委考核目标。

——强化风险管控。积极应对中美贸易摩擦，科学研判市场，严把投资和债务管控，依法合规经营，完善内控体系和风险评估体系，整治安全环保隐患，提升风险预警能力和管控水平，确保了集团经营发展平稳运行。

存在的问题和不足：

一是集团经营性企业盈利能力有待提升。若剔除资本运作和其他收入对集团利润的弥补，集团的生产经营仍然处于亏损状态。集团实际归母净资产逐年减少，有些新建项目的EVA指标仍然为负，集团整体资产质量仍有待提高。

二是亏损企业亏损总额居高不下。集团亏损企业的亏损额仍位列央企前十名；由盈转亏的企业有36户，增亏的企业有30户；前十家亏损企业亏损总额达到74.4亿元，治亏压力依然较大，集团整体成费比仍然偏高。

三是集团管控仍存在错位越位不到位问题。集团总部功能定位不够清晰，决策权限划分过于笼统，执行中存在模糊，对业务板块和实体企业放权不够，决策流程长、效率低。

四是安全环保风险点薄弱点依然较多。全年发生安全事故17起，共造成22人工亡，其中1起为较大铁路交通事故，给集团形象造成严重影响。中央环保督察集团所属企业仍暴露出不少问题，与绿色发展要求和全体员工的期盼仍有差距。

二、2020年工作安排

2020年工作目标：

经营目标：全年实现营业收入3600亿元，营业利润率提高0.2个百分点；利润总额60亿元，力争达到68亿元，实现利润总额与净利润同步增长；资产负债率控制在65%以内。

改革目标：国有资本投资公司试点改革全面推进，产业重组进度加快，授权经营体系改革基本落实，组织架构和管控模式实现优化，板块和实体企业市场主体作用更加彰显。

管理目标：较大及以上安全生产事故、突发环境事件、职业病危害事故为零，不发生重大群体性上访事件。

为确保以上目标的完成，重点要做到“六个坚持”：

（一）坚持转型升级为纲，加快集团高质量发展步伐

要坚定不移贯彻新发展理念，把精力集中到解决各种不平衡不充分的问题上，坚定推进“4+4+4”发展战略，坚持一张蓝图绘到底，保持战略定力，做到久久为功，坚决避免原地踏步喊口号现象。

一是做强做优四大核心产业。这是我们必须做好的主业，也是集团生存发展的根基。要根据国务院国资委明确的“排头兵、主力军、引领者”战略定位，加快铝、铜、铅锌、稀有稀土四大核心产业转型升级。一要加大布局调整。按照党中央推动形成高质量发展的区域经济布局的部署，以推进产业基础高级化、产业链现代化为方向，重点在具有资源、能源、环境容量、市场等综合优势的地区布局大型产业基地，实现基地化、集群化发展。对因资源枯竭、能源价格较高等原因失去竞争力的产能，要逐步有序退出，抓紧向优势地区转移。二要加快技术进步。把创新作为引领发展的第一动力，着力攻克一批技术难题，引领行业技术发展，打造更多的行业技术和产品标准，增强集团的行业话语权和影响力。三要促进管理提升。坚持以全面精益管理理念为指导，以开展基础管理达标升级为平台，以建立数据化的基础管理评价体系为主要手段，持续深化精益管理，向管理的严细实要效益。

二是加快发展四大协同产业。协同产业依靠但不依赖核心产业，关键要为四大核心产业转型升级提供服务。工程技术板块当前发展遇到了较大困难，2020年要以深化改革为突破口，重新整合资源，回归主业、聚焦主业、做精主业，争取早日重振雄风。工服物业板块要大力实施“2+2+X”发展战略，通过优势业务整合，提高工业产品和工业服务的竞争力和拓展能力；重点发力做好优质物业和工业园区两大业务单元，为提升集团归母利润作出贡献；发挥全资子公司优势，打造资本运作、资产处置实施平台。资本金融板块要面对当前行业“寒冬”，坚定走产业型发展道路，稳中求进、苦练内功，服务集团财务“一体两翼”体系建设，充分发挥产融结合优势，努力拓展内外发展空间。物流贸易产业要发挥三大经营平台优势，实现增收增效，同时积极探索构建物商平台，促进买卖运和资金流、资源流、人才流的有机结合。

三是积极发展四大新兴产业。这是我们抓住新时代催生新业态的重要契机，践行五大发展理念的重要产业平台，是引领集团迈向绿色化、智能化、高端化、国际化的重要支撑。中铝环保当前总体发展势头良好，2020 年要以发展战略为引领，以能力建设为主线，统筹推进资源整合、业务布局、创新研究和项目落地，努力打造集团新的支柱产业。中铝智能要重点做好总体规划、总体设计，把工业装备智能化作为突破口，积极开发可复制推广的智能产品，积极跟踪新技术、新模式，快速提升赋能企业的能力。中铝开投要充分融入国家先进制造产业集群的建设大潮中，发现新机遇，培育新产业，构造新业态，朝着高端化、终端化、国际化迈进。中铝海外要以资源获取、优化布局为目标，坚持开发区域的战略性，完善“三基地一平台”建设，为集团加快“走出去”作出应有贡献。

（二）坚持改革创新为要，推动集团管控系统性重塑

2020 年是集团推进国有资本投资公司试点改革元年，要通过落实国企改革三年行动方案，构建“三横三纵三个全覆盖”新型管控模式，优化调整集团总部和板块的职能机构岗位，推进集团改革走深走实，努力实现“四个突破”。

一要在管控体制改革方面实现突破。要坚定不移地推进“三横三纵三个全覆盖”新型管控模式，把“三横”作为基础，横向完善三层管控，建立集团总部资本层、板块公司资产层、出资企业运营层三层管控体系。把“三纵”作为抓手，纵向强化三个穿透，加强集团总部战略投资、财务产权、运行评价等穿透监管。把“三个全覆盖”作为保障，围绕“三横、三纵”，实现“全面保障、全面合规、全面监督”。通过建立“三横三纵三个全覆盖”管控模式，不断完善公司治理体系，健全现代企业制度，增强战略执行能力和运营管控能力，明晰责任、狠抓落实，提高管控质量和运营效率。要更加突出产业导向，按照管资本为主的要求，进一步明确总部功能定位，加快制定实施方案，确保上半年完成总部机构及岗位调整优化，努力打造价值创造和战略管控相结合的高效总部。有关板块也要同步完成调整，实现做强总部、做实板块的目标。

二要在加大授权放权方面实现突破。要以完成“总部机关化”问题专项整改阶段性任务为契机，完善集团决策权限管理办法，制定健全总部权责事项清单、总部授权放权事项清单，厘清权责界面，加大对所出资企业授权放权力度，推动投资运营权利上移、生产经营职能下沉，扭转总部“一把抓”，错位、越位、不到位的现象，板块公司也要相应制定授权放权措施，进一步激发企业活力。要整合多头审批、多头报备的相同或相近事项，确保审批备案事项减少 20% 以上。要对审批事项流程、时限作出明确规定，优化工作流程，提升决策效率，切实解决管理链条长、审批周期长、办事效率低的问题。要制定会议、文件和检查管理计划，减少不必要的文件、会议和检查考核，减轻基层企业负担。

三要在建立市场化机制方面实现突破。探索实施板块经营班子薪酬制度试点改革，将板块经营班子的薪酬与所在板块业绩和资产回报率挂钩，加大激励力度，严格考核兑现。板块公司也要大胆运用超额利润分配等多种有效激励方式，对实体企业干部员工进行针对性的正向激励，促使企业经济效益增长与干部员工收入增长同步共享，激发各级干部的担当作为，激发企业员工的活力动力，进一步提高干部员工的获得感。按照国资委关于开展工资总额备案制管理的相关要求，积极申请工资总额备案制管理。结合 2019 年试点工作经验，全面推进科技型企业分红激励。对市场化引进的高端人才，积极推进落实“关于市场化引进人才薪酬激励”的政策，进一步完善“薪酬市场化、管理契约化、退出制度化”机制。积极发展混合所有制经济，制定出台《混合所有制及员工持股实施意见》《项目跟投管理办法》等制度，加快推进一批混改项目落地，实现多种所有制经济取长补短、共同发展。

四要在推进重大专项改革方面实现突破。继续抓好“双百行动”，西南铝各项改革事项年底前要全部完成，华中铜业要尽快完善综合改革优化方案，确保年底前取得阶段性成果，完成国务院国资委考核目标。按照国务院国资委关于“百户科技型企业深化市场化改革提升自主创新能力专项行动”安排，组织入选企业制定改革方案，用好用足改革政策，切实转换经营机制，努力打造科技型企业改革样板和自主创新尖兵。继续开展“压减”工作，部署集团法人户数总控 2 年目标任务，落实压减责任，形成长效机制。尽快完成“三供一业”项目移交扫尾，加快中央财政补助资金清算工作。紧紧抓住政策窗口期，按期完成退休人员社会化管理。多渠道筹集资金，确保完成国务院国资委下达的厂办大集体改革目标。

（三）坚持赋能提质为上，打造集团综合竞争力

集团作为中央直接管理的国有骨干企业，必须把绿色发展和创新发展摆在更加突出的位置，以科技创新为集团发展赋能，努力在建设创新型国家中发挥骨干中坚作用。

一要全面布局“四个化”。以发展四大新兴产业为抓手，以四大新兴产业为核心产业赋能，推动核心产业转型升级、提质增效，增强综合竞争力。加快布局绿色化，通过对传统产业进行升级改造，减少污染物排放，降低能耗物耗，建设环境友好型企业，实现可持续发展。加快布局智能化，通过对企业进行数字化、网络化、智能化改造，推进信息化与工业化深度融合，把员工从繁杂、重复、危险的操作中解脱出来，提高劳动效率，降低工作强度，减少安全事故。加快布局高端化，通过产业结构调整，加大高附加值产品研发生产力度，努力向产业链和价值链高端延伸。加快布局国际化，用全球化的视野和思维，既立足国内稳根基，更放眼全球谋发展，努力实现再造一个海外中铝的目标。

二要加大核心技术攻关。要以深化科技体制改革为契机，完善三层管理架构，建立具有中铝特色的技术创新模式，着力提升总部对关键核心技术方向的判断能力，对关键核心技术攻关的组织能力和监管能力。要做实中铝中央研究院，加强集团对科技创新体系的管控，引导创新资源向前瞻性、战略性、关键性技术研发聚集，形成创新合力。编制好“十四五”科技发展规划，做好科技研发的总体设计和布局，使集团主导产业技术指标、生产效率和生产成本达到国际领先水平，做行业创新和绿色发展的引领者。按照“探索一批、研发一批、示范一批、推广一批”的工作思路，围绕集团急需的重大关键共性技术，有计划、分步骤、持续滚动地开展研发攻关，尽快突破关键核心技术，孵化培育“杀手锏”，实现科技创新驱动高质量发展。

三要推动“红旗工程”建设。坚持国家有所需、集团有所为，聚焦国家政策，以用户需求为导向，积极争取国家部委和军工企业的支持，全面提高自主可控能力，加强培育一批潜在的新技术和新产品。聚焦核心关键，全面落实国家任务，突破重点关键核心技术研究，加快推进军品配套科研项目研制进度。聚焦军品保供，全力打好质量攻坚战，积极应对国家政策变化带来的采供模式改变，巩固和扩大市场份额，确保军品年销量达到6万吨，不发生重大质量事故。聚焦大飞机专项，全面推进民机铝材国产化攻关，进一步提高民机铝材国产化率。坚持问题导向、目标导向，以重点任务带动整体水平。中铝高端制造要加快推进资产整合，制定高质量发展战略，引领我国高端材料研发制造转型升级，迈向世界一流。

（四）坚持增值增效为王，实现集团业绩稳中有进

要统筹抓好内部挖潜、外部开拓，统筹用好考核评价、激励约束，努力保持生产经营平稳运行、稳健发展。

一要发挥预算引领作用。在经济下行压力加大的情况下，确保全年利润目标同比增长18%，奋斗目标同比增长34%，具有很大的挑战性。要按照国资委“两利三率”考核指标，相应调整板块和实体企业的考核指标和预算方案。各板块都要科学制定全年目标和计划安排，确保完成基本目标、力争实现奋斗目标，有条件的板块要尽最大努力多增效益、多作贡献。要将稳增长目标层层分解、压力层层传递、责任层层落实，算细账、算实账、算紧账，只争朝夕、务求实效。要制定高质量的绩效考核方案，健全激励约束紧密结合的考核机制，通过竞争力评价对考核结果修正，将利润总额与企业工资总额、领导班子薪酬及任职评价“三挂钩”联动考核，强化结果运用，严格考核奖惩，实现强激励、硬约束。

二要抓好固本强基工作。要坚定不移地推进三年降本增效行动，全方位全要素开展行业对标，找准影响成本的关键因素，从业务源头对成本要素实施管控，力争集团整体成费比控制在99.2%以内，实体企业成费比力争下降1个百分点，贸易类企业成费比不得劣化，这是最低要求。要持续开展“两金”压控专项行动，制定定额标准，加大奖惩力度，确保应收账款周转率提升0.3次/年，存货周转率提升0.04次/年，在平衡收益增长和风险的前提下，实现集团利益最大化。要继续开展三年亏损治理，进一步夯实企业盈利基础，加快清理扭亏无望企业，遏制盈利薄弱企业返贫，确保亏损面控制在12%以内，其中国务院国资委统筹治理的9户企业减亏额要全部完成阶段性减亏目标。要一企一策制定降杠杆减负债管控措施，通过经营积累和引入权益资金，将集团资产负债率控制在65%以内，进一步优化资产结构，提高资产质量。

三要提升资本运营能力。优化集团资本运营模式，加快建立“融、投、管、退”全流程资本经营体系，实现集团从产业经营向资本经营的重大转变。抓紧实施集团三年资本市场计划，2020年上半年全面启动“6+2+X”资本市场工作计划，力争完成N1项目。加大并购重组力度，积极推进高山项目、C3项目反向划转工作。继续实施牡丹工程，加大贵州铝厂、长城铝业等企业土地资产的处置，培育并储备若干个重点土地项目，加快推进经营性土地资产注入集团上市公司，依托自有土地的独特优势，充分释放土地资源潜力。

四要加大营销创效力度。坚持营销集中管理，打造集团营销集中管理运营模式，在不同专业领域推进销售、采购和物流集中统一运作，更好地实现产、供、销、运、财等要素优化配置、高效运行。围绕“大采购”战略目标，改革和优化集中采购、供应保障、质量管控等运营机制，把采购平台打造成为持续提升集团竞争力的重要支撑。优化营销策略，加大市场开发力度，促进产业发展向产业链终端和高端转型；积极应对市场波动，强化市场引领能力和影响力，把握好销售节奏；提高合同执行率，防控经营风险，实现产品顺畅销售。紧密围绕国家重点区域物流网络节点布局规划，加快物流节点建设，推进中铝物流管理改革创新，大力拓展外部物流市场，防控国际海运市场经营风险，不断提高物流降本创效能力。

（五）坚持管理提升为本，夯实企业发展的根基

管理是企业永恒的主题，没有一流的管理就没有一流的企业。要主动同行业领先企业对标，找差距、补短板、强弱项，为建设世界一流企业奠定坚实基础。

一要不断夯实管理基础。坚持低成本竞争战略，实现氧化铝、电解铝成本进入行业前 38% 区间目标。强化冶炼、加工主要生产环节的精益管理，持续消除三大损失。要从最基本的记录、数据、现场管理等方面入手，强化基础管理和基本功训练，建设坚强有力的基层队伍。全面梳理优化业务流程，建立系统科学实用的标准和制度体系，信息化平台尽快启动财务共享中心建设，推动企业管理进一步精细化、数字化、智能化。要树立过紧日子的思想，广泛开展增收节支专项行动，严格压缩各项非生产性支出，把有限的钱花在刀刃上。

二要继续推进三大攻坚。安全环保健康工作要对症下药、补齐短板，切实夯实安全环保工作基础。要着眼于本质安全，更多采用技术手段，发动全员参与现场安全评价，对重大危险源、危险化学品、发生过重大事故的同类现场，实施更加严格的管理。要奖惩并举，对安全先进单位和个人实行正向激励，对失职单位和个人惩处到位，引导各级人员切实履行好安全责任。要坚持党政同责、一岗双责、齐抓共管，做到管工作必须管安全，管安全必须管行为。要高度重视环境保护工作，秉持先进、适用的原则，强化输入减量化、资源循环利用、余能回收工作，实施好废气超低排放治理、工业废水零排放、固废资源化、绿色矿山建设、无组织排放深度治理五项污染治理工程，加快推进资源全面节约和循环利用。健全完善并运行好全面质量管理体系，加强全员、全过程、全方位的质量控制，广泛开展质量改进、质量攻关，形成品质优势，打造质量担当的中铝品牌。

三要全面强化合规管理。要以合规管理为抓手，深入落实集团《合规管理办法》，建立健全合规管理组织体系，全面开展合规审查工作，持续提升依法合规经营管理水平。全面梳理集团内控工作现状，分类完善内控体系建设和运行维护，建立体系完整、全面控制、执行有效、监督有力的内控体系，推动内控体系信息化建设，增强风险防控能力。深入贯彻落实法治建设第一责任人履职规定，优化完善集团法律管控体系，重点推进中国铜业、中铝国际三级及以下企业的法律机构集约化管理模式建设，确保三大法律审核在三级及以上企业实现

100%全覆盖。坚持不懈推进法律纠纷案件“去存量、防增量”工作。要围绕集团中心任务，扎实开展各类审计，扩大审计成果应用，继续推进投资项目后评价工作，制订违规经营投资责任追究工作细则，对违规经营投资行为严肃追责问责。

（六）坚持党的建设为魂，为改革发展提供根本保证

要牢牢把握新时代党的建设总要求，以“中央企业党建巩固深化年”专项行动为抓手，坚持加强党的领导与完善公司治理有机统一，促进党建工作与生产经营深度融合，以高质量党建引领高质量发展。

一是进一步强化党建与业务的深度融合。要认真学习贯彻党的十九届四中全会精神，开展增强“五力”大讨论，以增强竞争力、创新力、控制力、影响力、抗风险能力为目标，结合扭亏脱困转型升级深入研讨，凝聚企业发展共识。要制定党建与业务深度融合的指导意见，不断构建符合中国特色现代企业制度需要的党建制度体系。持续推进“两带两创”，让党建与业务融合更加有效，举办成果发布表彰会，评选表彰“双二十”项目，在全集团树起标杆；推选一批申请专利项目，做实一批优质项目。要紧紧围绕集团改革发展中心工作，创新舆论宣传形式，强化内外舆论引导能力，为集团建设世界一流企业营造良好的舆论环境。

二是进一步营造风清气正的政治生态。强化政治监督，坚持围绕中心、服务大局，把巡视与纪检、监察、审计等监督贯通起来，深入查找政治偏差，促进巡视巡察上下联动、上下贯通，充分发挥利剑作用。要把强化党内监督与加强业务监督有机结合起来，坚决反对“四风”特别是形式主义、官僚主义，促进各项目标实现。要紧盯重大工程、重点领域、关键岗位，严肃查处靠企吃企、关联交易、内外勾结侵吞国有资产问题，巩固和发展反腐败斗争压倒性胜利，实现集团党风企风进一步好转。

三是进一步发挥群团工作凝心聚力作用。继续完善“工会搭台、专业管理、群众唱戏”的机制，将劳动和技能竞赛体系、创新创效活动体系、先进评选表彰激励体系有机衔接，增强职工参与感、获得感，助力指标优化、管理提升。发挥劳模工匠人才模范带头作用，抓好结对子、解难题工作，及时总结推广操作法、管理法，提高劳模、工匠的政治经济待遇，发挥好劳模、工匠作用，让更多劳模、工匠脱颖而出。继续办好创新创意大赛，优化组织方式，做亮青年创新品牌。要高度重视品牌建设，开展品牌提升年活动，树立与“建设具有全球竞争力的世界一流企业”相适应的“中铝”品牌新形象。

2021
中国铝业集团有限公司年鉴
The Yearbook of Aluminum Corporation of China

【大事记】
Major Events

2020年中铝集团大事记

1月

2日 集团党组书记、董事长姚林会见东方电气总经理俞培根一行。

3日 集团召开2020年安全环保质量大会。

4日 全国人大常委会委员、中华全国总工会副主席张少琴一行到东北轻合金有限责任公司慰问劳动模范和困难职工，向他们致以节日的问候和诚挚的祝福。

是日 广西壮族自治区党委书记、自治区人大常委会主任鹿心社到广西华昇新材料有限公司调研。

6日 集团召开2019年度干部集中述职大会。

8日 集团党组书记、董事长姚林参加中央“不忘初心，牢记使命”主题教育总结大会。

是日 集团党组副书记、总经理余德辉会见中欧经济技术合作协会副理事长兼欧盟工作委员会会长潘锋。

9日 集团召开“不忘初心，牢记使命”主题教育总结大会，中央主题教育第十二巡回督导组组长卢纯出席会议并讲话。

10日 集团党组书记、董事长姚林会见艾芬豪资本集团创始人罗伯特·弗里兰德。

是日 集团党组书记、董事长姚林拜访中国建材集团党委书记、董事长周育先。

13日 集团党组书记、董事长姚林出席中央纪委国家监委四次全会。

14日 集团党组书记、董事长姚林到华润集团调研，并与华润集团总经理王祥明会谈。

15日 集团召开2020年安全环保质量大会，动员广大干部员工，坚定必胜信念，保持攻坚定力，再接再厉，扩大战果，坚决打赢安全环保质量攻坚战，推动集团高质量发展。

是日 中央电视台《焦点访谈》栏目播出了“党建引领强根固魂”专题新闻，报道了以中铝集团为代表的国有企业党建工作成效与经验。

16日 集团党组书记、董事长姚林会见力拓集团首席执行官夏杰思一行。双方就全球矿业发展趋势等共同关心的话题交换了意见，就进一步深化双方合作，实现共赢发展等事宜进行深入探讨。

是日 集团召开技能大师工作室总结汇报视频会，中铝集团累计建成各类、各级职工创新工作室328个。

17—18日 集团在京召开一届三次职工代表大会暨2020年工作会议、党风廉政建设和反腐败工作会议。

23日 集团在总部以仿真视频形式举行2020年新春团拜会。

27日 集团成立预防控制新型冠状病毒感染肺炎工作领导小组，并召开第一次会议。此后每天召开例会。

29日 中铝集团捐款3000万元助力抗击疫情。

是月 国务院国资委发布2019年中央企业科技成果转化典型案例，中铝集团《风险抵押收益共享——中铝集团科技创新激励机制的探索与实践》入选。

是月 由国务院国资委举行的“大国顶梁柱阔步新时代——庆祝新中国成立70周年”中央企业故事大赛中，中铝集团《加减乘除法救了中铝》获三等奖，长沙有色冶金设计研究院有限公司《万里赴非洲，坚毅有色人》获优秀奖。

是月 中国有色金属工业协会公布2019年度中国有色金属工业科学技术奖获奖名单，中铝集团以第一完成单位获一等奖7项、二等奖12项、三等奖14项。

是月 在第十八届中国企业发展高层论坛上，中铝集团再次上榜“中国企业社会责任500优”，名列第17位。

2月

4日 集团召开特殊时期资金安全电话会议。

9日 中铝几内亚博法项目的咽喉工程——法塔拉河大桥全线合龙贯通，标志着博法项目全面进入调试验收阶段。

24日 几内亚博法铝土矿首船矿石抵达日照港。满载5.4万吨矿石，跨越“三大洋两大洲”历经50天运达国内。

26日 集团党组副书记、总经理余德辉主持召开集团在建拟建重大项目协调推进会。

3月

2日 集团党组书记、董事长姚林主持召开集团民机铝材研制进展情况汇报会。

3日 集团召开传达贯彻落实国务院国资委关于中央企业支持配合北京市疫情防控工作精神会议。

4日 集团党组书记、董事长姚林与中国商飞召开视频会议。

5日 集团召开境外新冠肺炎疫情防控工作部署会。

7日 集团召开支持配合北京疫情防控工作视频会。

是日 身处疫情中高风险区的中铝华中铜业有限公司，在最严禁令下封闭工厂，产量最高达190吨，创历史新高。

10日 集团召开提质增效专项工作启动会。

13日 集团党组书记、董事长姚林，党组副书记、总经理余德辉出席中央企业决战决胜脱贫攻坚视频会议。

是日 长城铝业日产10万只医用口罩生产线投产。

18日 集团召开社会责任工作委员会2020年第一次会议。

20日 集团召开决战决胜脱贫攻坚视频会。

23日 集团党组书记、董事长姚林与力拓集团董事长陶慕森进行电话会谈。

26日 集团召开2020年投资计划汇报会，“两金”压控工作推进会。

31日 集团召开资金管理专项审计调查工作启动会，中铝集团构建“大监督”体系工作启动会。

是月 中铝郑州研究院、长沙院入选国家“科改示范行动”企业。

是月 中铝集团编制的《变形铝及铝合金化学

成分》《船用铝合金板材》两项国家标准，由国家市场监管总局、国家标准委发布。

是月 中铝秘鲁矿业向秘鲁政府捐款54.7万索尔（约合人民币110万元），助力抗击疫情。

是月 第十六届全国职工职业道德建设评选表彰活动揭晓，驰宏综合利用员工徐成东荣获“全国职工职业道德建设标兵”称号。

4月

3日 集团召开2020年度法治与合规管理工作会议。

4日 中国铜业向智利驻华使馆捐赠3M医用防护口罩1万个、一次性口罩10万个，测温仪2台、防护服500套。

6日 中国在几内亚投资建设的最大铝土矿项目——中铝几内亚博法项目全线贯通投运。

7日 集团召开2020年度财务工作会议。

8日 集团召开2020年科研项目研讨会。

9日 集团党组书记、董事长姚林到中铝材料院调研。

15日 集团党组书记、董事长姚林会见五矿集团党组书记、董事长唐复平一行。

16日 中国银行间市场交易商协会发布《非金融企业债务融资工具公开发行注册工作规程》，中铝集团成为首批21家成熟层（TDFI）第一类企业。

是日 云南驰宏锌锗团委荣获“全国五四红旗团委”，西南铝毛煦铭获“全国优秀共青团员”称号。

是日 云铝股份通过国家首批“绿色工厂”现场复核。

29日 集团召开一届二次工会会员代表大会。

是月 中铝集团荣获2019年中国企业高管培训发展两项荣誉奖。

5月

11日 集团党组书记、董事长姚林参加国务院国资委关于部分重点企业境外疫情防控工作视频会。

12日 集团党组书记、董事长姚林会见秘鲁驻华大使路易斯·克萨达一行。

是日 集团党组书记、董事长姚林参加国务院国资委剥离国有企业社会职能和解决历史遗留问题工作视频会。

是日 集团召开安全环保工作专题视频会。

14日 集团召开重大技术装备攻关工程项目及科技工作研讨会。

15日 集团党组成员、副总经理卢东亮调任山西省副省长。

22日 集团新一届外部董事宣布，党组书记、董事长姚林主持召开外部董事宣布会，钟俊、任书辉、聂晓夫、曹远征任中铝集团外部董事。

25日 集团召开党组2020年第一轮巡视工作动员部署会。

28日 中铝集团与东方电气集团签署深化战略合作框架协议。

是月 西南铝荣获2018—2019年度中国航天突出贡献供应商称号。

是月 中铝集团东南铜业冶炼基地项目和中铝齐鲁工业园铝基新材料产业一期被评为中国有色金属工业2018—2019年度优质工程。

是月 美国《福布斯》网站发布2020年度全球企业2000强榜单，中铝股份再次上榜，位列第1168位。

是月 中铝集团4家企业蝉联中国上市公司500强，分别是中铝股份第58位，云南铜业第165位，中铝国际第329位，云铝股份第402位。

是月 中铝集团入围“520”责任品牌指数TOP50。

6月

3日 集团党组书记、董事长姚林会见国防科工局军品配套与监管司司长简明。

是日 集团党组书记、董事长姚林会见重庆市副市长郑向东一行。

是日 云南铜业股份有限公司在深圳证券交易所首次发行5亿元小公募公司债券。

8日 秘鲁矿业二期项目正式复工复产。

15日 集团党组书记、董事长姚林到广西华昇调研。

18日 集团举办2019年社会责任专题发布会暨第四届降碳节。

是日 中铝几内亚博法项目20万吨货轮满载到港，标志着中铝在几内亚投运的世界级铝土矿项目提前两个月实现达产达标。

19日 集团党组书记、董事长姚林到南宁，会见广西壮族自治区党委书记鹿心社、主席陈武，就深化企地合作等事宜进行会谈。

是日 集团召开2020年提质增效专项工作推进会。

30日 集团召开学习贯彻习近平总书记重要批示精神、2020年党建工作暨两优一先表彰大会，热烈庆祝中国共产党成立99周年。

是月 惠誉国际评级有限公司确认中铝集团保持“A-/稳定”主体国际信用评级。

是月 广西分公司历时8年，取得平果教美铝矿采矿许可证。

是月 中铝集团维稳信访工作获国务院国资委表彰，集团信访办获“中央企业信访工作先进集体”。

7月

9日 集团党组书记、董事长姚林会见中国矿业联合会党委书记、会长彭齐鸣。

15日 集团党组书记、董事长姚林会见中信证券党委书记、董事长张佑军。

16日 集团召开“十四五”规划工作务虚会。

17日 集团主要领导参加国务院国资委中央企业负责人会议。

22日 集团召开干部大会，中组部进行分组谈话，评议推荐副总候选人。

23—24日 集团召开2020年年中工作会议、第25次党风廉政建设警示教育大会。

27日 北京市政协主席、党组书记吉林到中铝集团调研，详细了解中铝集团统筹推进疫情防控与复工复产等有关情况。

是日 财富中文网发布2020年《财富》中国500强排行榜，中铝集团4家企业上榜。中铝股份第56位，云南铜业第160位，云铝股份第312位，中铝国际第376位。

28日 中铝集团召开会议，宣布中央关于中国铝业集团有限公司领导班子调整的决定：董建雄同志任中国铝业集团有限公司副总经理、党组成员，免去张程忠同志中国铝业集团有限公司副总经理、党组成员职务。

是日 集团主要领导以视频形式参加“建设壮美广西，共圆复兴梦想”央企入桂大会，并与广西壮族自治区政府签署战略合作协议。

29日 集团党组书记、董事长姚林到湖北调研。

是日 中铝资本新办公区举行揭牌仪式，党组副书记、总经理余德辉出席并讲话。

31日 集团党组书记、董事长姚林到郑州研究院调研。

是日 集团党组副书记、总经理余德辉参加全国安全生产电视电话会议。

是月 中铝西南铝青年员工何希家荣获“全国青年岗位能手”称号。

是月 中铝集团贵阳院、东轻的两项技术获中国专利优秀奖。

是月 2019年中国有色金属企业营业收入50强发布，中铝集团再次夺冠。

是月 中铝集团团委发布《标准化团支部规范》。

8月

3日 集团召开科技创新工作讨论会。

5日 集团党组书记、董事长姚林会见重庆市副市长郑向东，双方就进一步加强合作，推动中铝高端制造集团高质量发展，共同打造央地融合、高端制造的典范等进行友好交流，达成多项共识。

10日 财富中文网发布2020年《财富》世界500强排行榜，中铝集团以516.494亿美元的营业收入位列217位，比2019年上升34位。这是中铝集团连续13年上榜世界500强榜单。

10—12日 集团党组书记、董事长姚林到沈阳调研。

12—17日 集团党组成员、副总经理陈琪一行到中铝广西稀土调研。

13日 山西省副省长卢东亮到山西中铝华润有限公司调研，并主持召开铝镁新材料产业园区发展座谈会。

14日 集团党组成员、总会计师叶国华在集团总部会见摩根大通全球投行部中国区副主席陈岚一行，摩根大通全球投行部亚太区联席主席保罗等通过电话形式参加会谈。双方就当前及未来宏观经济走势、全球矿业市场及主要金属矿业公司经营发展情况充分交换意见。

是日 宁夏回族自治区副主席吴秀章到宁夏能源所属企业银星能源风电设备制造基地调研，现场查看设备组装和产品生产线。

19日 集团党组成员、总会计师叶国华在集团总部会见巴克莱银行董事总经理、中国区债务资本主场主管张蕾。双方就进一步深化合作进行了深入交流，并就新冠肺炎疫情、地缘政治风险对全球资本市场、集团融资环境、大宗商品价格等方面的影响进行充分探讨。

24日 集团党组副书记、总经理余德辉到浙江调研。

27—28日 集团党组副书记、总经理余德辉参加中国经济社会理事会会议。

31日 中央第四生态环境保护督察组督查中铝集团动员会在京召开。

是月 美国《工程新闻记录》发布2020年度“全球工程设计公司150强”和“国际工程设计公司225强”榜单，中铝国际再次上榜，分获94位和163位。

是月 广西分公司“以点检标准化为抓手，创建平安绿色工厂”管理创新成果获全国设备管理与技术创新成果特等奖。

9月

2日 集团党组书记、董事长姚林与力拓集团首席执行官夏杰思召开视频会议。

3日 集团党组副书记、总经理余德辉听取几内亚博法项目汇报。

7日 集团召开网络安全专项行动工作动员视频会。

9日 集团党组书记、董事长姚林会见金山办公软件CEO章庆元。

是日 文山铝业50万吨/年水电铝项目电解槽通电。

9—11日 集团党组成员、纪检监察组组长许质武到中铝驻运城企业和十二冶调研。

10日 国务院国资委党委委员、秘书长彭华岗到中铝股份青海分公司调研，考察生产现场，听取企业生产经营、新产品研发等方面情况汇报。中铝集团党组副书记、董事敖宏一同调研。

10—11日 集团党组书记、董事长姚林到山东调研，党组副书记、总经理余德辉到广西华昇调研。

11日 集团党组副书记、总经理余德辉在南宁会见广西壮族自治区主席陈武、百色市市长周异决。

是日 集团党组成员、总会计师、中铝高端制造董事长叶国华到西南铝调研并召开座谈会，听取西南铝领导班子关于企业提产增效、环保督察相关情况汇报。

14日 集团党组书记、董事长姚林主持召开环保督察专题汇报会。

15日 云南省副省长董华率调研组到云铝海鑫就绿色铝材产业项目建设情况进行调研。

15—17日 集团党组书记、董事长姚林到内蒙古、山西等地的企业调研。

17日 集团党组成员、副总经理董建雄主持召开中铝国际生态环境保护督导专题会议。

16—17日 集团党组成员、副总经理陈琪到洛阳铜业、洛阳铜加工调研，并到基层党建联系点讲党课。

16—17日 集团党组成员、副总经理冯贵权到苏州新长光热能、苏研院和中铝国贸集团调研。

18日 集团召开提质增效暨亏损企业治理专题会。

23日 集团召开2021年预算启动会。

24日 集团召开中央生态环境保护督察警示案例通报督办会。

是日 集团组织包机接回231名几内亚博法项目团队员工。

是日 集团举办第二届QC成果发布会并通报中国质量协会2020年全国QC成果赛结果，中铝23项成果获奖。其中，“示范级”1项，“专业级”9项，“改进级”13项，为历年来最好成绩。

26日 集团党组副书记、总经理余德辉参加“深化央地融合，助力追赶超越”央企进陕推进大会。

28日 中国企业联合会、中国企业家协会发布“2020年中国企业500强”“2020中国制造业企业500强”“2020中国100大跨国公司”“2020战略性新兴产业领军企业100强”榜单，中铝集团分别排名第58位、17位、13位和30位。

29日 集团领导班子成员、外部董事参加国务院国资委国企改革三年行动方案布置视频会。

是月 中国有色金属建设协会公布第六届全国有色金属行业工程勘察设计大师名单。中铝集团5人入选。昆勘院余绍维、长勘院龚福初荣获“全国有色金属行业工程勘察大师”称号，昆明有色院祝瑞勤、中铝智能曹斌、长沙院谭荣和荣获“全国有色金属行业设计大师”称号。

10月

13日 国务院国资委召开中央企业社会责任报告集中发布会，中铝集团等7家企业获评“五星佳”最高评级。

14日 集团党组副书记、总经理余德辉出席在重庆举办的2020年中国国际铝业周开幕式并致辞。

15日 集团党组副书记、总经理余德辉出席中铝高端制造干部大会。

19日 集团党组副书记、总经理余德辉出席集团党组第二轮巡视工作动员部署会。

20日 集团班子成员参加国务院国资委中央企业前三季度经济运行情况通报视频会。

21日 集团党组副书记、董事敖宏在集团总部会见三峡集团党组成员、副总经理张定明一行，双方就进一步深化项目合作进行交流并达成共识。

是日 集团召开“两金”专项工作推进会。

22日 集团党组副书记、董事敖宏参加中央企业抗击新冠肺炎疫情表彰大会暨先进事迹报告会。

是日 集团党组成员、副总经理冯贵权出席2020年中国国际矿业大会，在主题论坛作了题为《勇担责任使命 创新绿色发展 构建矿业命运共同体》的报告。

是日 中铝几内亚有限公司荣获“中央企业抗击新冠肺炎疫情先进集体”称号，中铝秘鲁矿业总裁栾书伟、云南冶金医院医疗部社区卫生服务组组长李宁忠荣获“中央企业抗击新冠肺炎疫情先进个人”称号。

22—23日 集团在苏州组织召开航空用有色金属材料技术交流研讨会。

是日 中铝集团荣获第二届全国应急管理普法知识竞赛决赛优胜奖。

23日 集团党组副书记、董事敖宏参加纪念中国人民志愿军抗美援朝出国作战70周年大会。

26—27日 集团党组成员、副总经理，中国铜业党委书记、董事长刘建平到驰宏锌锗调研。

27日 集团组织员工赴中国人民革命军事博物馆参观“铭记伟大胜利　捍卫和平正义——纪念中国人民志愿军抗美援朝出国作战70周年主题展览”。

28日 集团党组副书记、董事敖宏到广西华昇调研。

11月

4日 集团党组成员、副总经理冯贵权出席中国国际进口博览会虹桥国际经济论坛。

是日 中央政治局委员、重庆市委书记陈敏尔到西南铝调研。

5日 集团党组副书记、总经理余德辉会见北京大学武常岐教授。

9日 集团召开领导班子（扩大）会。宣布领导班子调整，刘祥民任集团董事、总经理、党组副书记。

是日 集团党组副书记、董事敖宏参加国务院国资委学习贯彻党的十九届五中全会中央宣讲团报告会。

11日 集团党组副书记、总经理刘祥民参加集团国有资本投资公司建设情况汇报会。

13日 集团党组副书记、总经理刘祥民会见鞍山市委书记韩玉起。

18 日 集团党组成员、副总经理陈琪出席 2020 中外知名企业四川行投资推介会暨项目合作协议签署仪式。

21—23 日 第十六届“中铝集团工匠赛”在中铝山西企业举行。

23 日 集团党组副书记、总经理刘祥民会见内蒙古自治区委常委、包头市委书记孟凡利。

是日 集团党组副书记、总经理刘祥民会见麦肯锡资深董事合伙人艾家瑞。

24 日 集团党组副书记、总经理刘祥民会见中信建投党委书记、董事长王常青。

26—28 日 集团党组副书记、总经理刘祥民到山东调研，26 日在魏桥创业集团调研并与董事长张波会谈，27 日在信发集团调研并与董事局主席张学信会谈，28 日在中铝山东企业调研。

26—30 日 集团党组书记、董事长姚林到广西企业调研。

27 日 集团党组书记、董事长姚林出席第 17 届中国－东盟博览会、商务与投资峰会开幕式。

28 日 集团党组副书记、总经理刘祥民到基层联系点中铝山东氧化铝厂生产二区党支部，就学习贯彻党的十九届五中全会精神为全体党员讲授专题党课，并与党员及员工群众代表面对面座谈交流。

11 月 30—12 月 1 日 集团党组成员、副总经理陈琪到兰州铝业、西北铝、陇西铝箔及西北区域法律中心，就区域法律中心建设和企业生产经营与依法治企情况进行专题调研。

是月 《企业社会责任蓝皮书（2020）》公布中国企业 300 强社会责任发展指数排名，中铝集团位列第 14 位。

是月 第五届全国 119 消防先进集体表彰大会在京召开，中铝集团宁夏王洼煤业救护中队荣获“第五届全国 119 消防先进集体”称号。

是月 中铝集团 7 人荣获“全国劳动模范”称号。分别是：山西中铝工服王建伟、西南铝刘永刚、遵义铝业李其贵、青海分公司董文、宁夏银仪电力工程有限公司汲洪民、东南铜业于健和玉溪矿业缪沅振。

是月 中铝集团云铝文山获第六届“全国文明单位”称号，西南铝陈丽芳家庭获第二届“全国文明家庭”称号。

12 月

1 日 集团党组副书记、总经理刘祥民在银川与宁夏回族自治区党委书记、人大常委会主任陈润儿举行会谈。

1 日 集团党组书记、董事长姚林在南宁，会见广西壮族自治区党委副书记、代主席蓝天立。

3 日 中铝股份荣获中国证券金紫荆“最佳上市公司”奖。

是日 第十三届中国企业社会责任报告国际研讨会召开。发布了 2020 年优秀企业社会责任报告获奖名单。中铝集团、中国铜业获“优秀企业社会责任报告·长青奖”。

是日 国务院国资委政策法规局局长林庆苗一行到中铝集团，就法治央企建设工作进行验收检查。

是日 集团党组书记、董事长姚林会见中国一重董事长刘明忠，双方就进一步深化合作进行交流。

5—9 日 集团党组书记、董事长姚林到中铝驻云南企业调研。

9 日 集团举办宣传贯彻党的十九届五中全会精神“中铝大讲堂”，邀请中共中央党校（国家行政学院）经济学部主任韩保江教授作学习贯彻党的十九届五中全会精神专题讲座。

10 日 集团党组书记、董事长姚林，党组副书记、总经理刘祥民调研西南铜业，下午会见云南省委书记阮成发、代省长王予波。双方围绕进一步加强央地合作，深化拓展有色金属、新材料、智能制造、创新研发、数字经济等方面合作交换了意见。

是日 中铝集团荣获 2020 联合国全球契约企业最佳实践奖。

11 日 集团党组书记、董事长姚林出席“央地谋篇‘十四五’，合作共建新格局”2020 央企助力贵州发展大会。

是日 由《证券日报》社主办的第四届新时代资本论坛在京举行。会议颁发了第四届中国证券市场金骏马奖，中铝股份、云南铜业双双荣获“金骏马奖·扶贫先锋奖”。

13—14 日 集团 2020 年度发展战略研讨会在昆明召开，围绕中铝集团开展全要素对标世界一流，编制实施“十四五”发展规划，推进国企改革三年行动实施方案，研讨实施路径和举措，加快推进集团高质量发展。

15 日 集团党组副书记、总经理刘祥民出席“构建新发展格局、助力首都高质量发展”国务院国资委与北京市政府进一步深化合作共同推进落实国家战略落实会。

17 日 2020 年全国企业员工全面质量管理知识竞赛活动评选结果揭晓。集团再次荣获优秀组织奖，集团 7 名员工获个人奖，其中 6 人获二等奖、1 人获三等奖。

23 日 集团召开外汇风险管理研讨会。会议邀请中国银行总行全球市场部专家对当前利率汇率走势、2021 年汇率趋势、企业汇率利率风险管理过程中涉及的衍生产品结合实践案例进行讲解。

是日 “全面小康　央企担当”第三届中央企业优秀故事发布活动在京举行，中铝集团共有 4 件作品获奖。

29 日 2020 中国企业改革发展峰会暨成果发布会在京召开。中铝集团选送的《基于国有资本投资公司试点改革的集团管控模式创新》荣获中国企业改革发展优秀成果一等奖。

30 日 中铝集团获中央企业智库联盟“十佳理事单位”称号。

2021

中国铝业集团有限公司年鉴

The Yearbook of Aluminum Corporation of China

【综述篇】

Overview

集团概述

一、概述

2020年，中铝集团以习近平新时代中国特色社会主义思想为指导，在党中央、国务院的坚强领导下，坚持“三强化四提升”，沉着应对多重困难和严峻挑战，高质量完成了各项目标任务。经营业绩创近13年来新高，关键材料打破国外垄断，战略资源掌控能力持续提升，新发展理念有效贯彻落实，国有资本投资公司试点改革有序推进，实施以价值管理为核心的全要素对标，党的建设和经营改革发展取得新成效，实现了“十三五”圆满收官。

二、重点工作简述

（一）战胜各种挑战，经营业绩再创新高

面对疫情带来的严峻挑战，集团党组统筹谋划，战略单元迅速行动，生产企业坚决执行，全体干部员工第一时间响应，有力有序推进疫情防控和复工复产，高质量完成了2020年的各项目标任务。实现营业收入3685亿元，同比增长3.3%。实现利润总额67.5亿元，同比增加33.4%，剔除主动消化历史遗留问题的影响，经营利润超过120亿元。实现净利润42.2亿元，同比增加39.4%，创近13年来新高。集团在国际主体信用跟踪中被惠誉国际确认为A-，保持了全球有色金属行业的最高评级。

2020年中铝集团主要产品产量产能一览表

表1

名称	单位	产量	产能
氧化铝	万吨	1771	2200
电解铝	万吨	652	797
铝加工材	万吨	138.3	141
铜精矿含铜量	万吨	32.7	36.6
精炼铜	万吨	130.9	130
铜加工材	万吨	32.9	38
铅精矿含铅量	万吨	11.3	14.1
锌精矿含锌量	万吨	35.4	42.9
电铅	万吨	11.7	18
电锌	万吨	60.6	67
稀土矿	万吨	0.25	0.31
稀土分离产品	万吨	1.27	1.72
稀土磁材	万吨	0.14	0.25

（二）强化战略导向，保障能力显著增强

把方向、明格局，紧紧围绕全球有色金属产业排头兵、行业创新和绿色发展引领者的定位，优化布局结构。着力提升国家战略资源掌控能力，几内亚铝土矿项目实现投产并达产达标，新增产能1200万吨，秘鲁铜矿二期一步、拉拉铜矿落凼矿建成投产，新增铜精矿含铜产能4.4万吨，中铝稀土成功取得广西花山采矿权。着力提升产业链供应

链自主可控能力，广西华昇、云南文山水电铝、鹤庆二期等项目建成投产，产业集群化和绿色发展能力进一步增强，电解铝清洁能源占比达到47%。中铝高端制造引入战略投资52.5亿元，为铝加工产业升级创造了条件。坚决落实国家重大专项工程和重点装备型号任务，攻克了一系列“卡脖子”关键技术，有力保障了长征5B火箭顺利发射和新一代载人飞船试验船飞行任务，助力天问起航、嫦五探月、北斗三号全球组网，荣获型号办书面表扬。在国资委领导下，集团与中国商飞、航空工业集团合作推进民机铝材国产化，多个产品通过适航符合性验证，大飞机机翼板等5项产品打破国际垄断，成为国内唯一合格供应商，铝材可供率由首飞的不足1%提高到28%。着力提升科技战略支撑力，承担的3个国家级重大专项涉及24项研制任务按计划推进，“航空铝材7050厚板质量过程控制技术”获全国质量技术奖二等奖，国家绿色集成项目“离子型稀土矿绿色提取分离一体化关键技术与应用”通过工信部验收。

中铝集团主要经济指标一览表

表2

项目	单位	2019年	2020年	增长（%）
资产总额	亿元	6544.11	6324.04	−3.36
所有者权益	亿元	2366.24	2275.45	−3.84
营业收入	亿元	3568.17	3670.2	2.86
利润总额	亿元	50.62	67.83	34
净利润	亿元	30.25	41.88	38.45
归属于母公司所有者的净利润	亿元	18.88	22.14	17.27
技术开发投入	亿元	63.5	65.24	2.74
利税总额	亿元	167.27	190.7	14.01
应交税金总额	亿元	116.65	122.87	5.33
全员劳动生产率	万元/人·年	27.57	36.32	31.74
净资产收益率（不含少数股东）	%	2.56	3.64	增加1.08个百分点
总资产报酬率	%	3.1	3.09	减少0.01个百分点
国有资本保值增值率	%	113.6	100.64	减少12.96个百分点

（三）坚持价值导向，投资管理系统优化

落实“量力而行、尽力而为”的投资理念，促进投资管理提档升级，年度投资计划优化率达到17.3%，在起跑线上保障新项目成本竞争力达到行业领先。坚持压小保大，对标行业先进，全流程优化投资，集中资源向回报率高的重点项目配置。

（四）发挥协同优势，资产质量明显提升

铝、铜、铅锌、稀有稀土核心产业，强化运营管理职能，全面推进提质增效，以中铝国贸和驰宏

中铝集团领导班子成员一览表

表3

姓名	职务	2020年职务变动
姚　林	党组书记、董事长	—
余德辉	党组副书记、总经理、董事	2020年11月离任
刘祥民	党组副书记、总经理、董事	2020年11月任职
敖　宏	党组副书记、董事	—
张程忠	党组成员、副总经理	2020年7月离任
冯贵权	党组成员、副总经理	—
许质武	党组成员、纪检监察组组长	—
刘建平	党组成员、副总经理	—
陈　琪	党组成员、副总经理	—
卢东亮	党组成员、副总经理	2020年5月离任
叶国华	党组成员、总会计师	—
董建雄	党组成员、副总经理	2020年7月任职

综合利用公司为代表的一部分企业开展商业模式创新效果明显，资产运营质量和效率明显提升。工程技术、工服物业、资本金融、贸易物流协同产业，服务集团主责主业，开拓外部市场取得积极进展，有效发挥了对内服务降本作用，市场盈利能力明显增强。中铝环保、中铝开投、中铝智能、中铝海外等新兴产业着力提升资质能力建设，赋能集团主责主业转型升级。

（五）深化管理改革，发展动能有效激活

制定实施深化改革三年行动方案，完成年度深化改革暨国有资本投资公司试点改革任务台账58项，完善了“三横三纵三个全覆盖”的新型管控模式，“总部机关化”专项整改和职能机构改革如期完成，集团部门数减幅31.58%，处室数减幅50%。完善公司治理体系，进一步厘清了党组、董事会、经理层各治理主体的权责界面和决策流程，建立核心人才和战略单元领导人员市场化对标激励约束机制，47户科技型企业制定实施分红激励方案，华中铜业开始试行职业经理人制度，郑州研究院、长沙院入选“科改示范企业”，中铝萨帕混改增资项目在上交所挂牌。圆满完成企业办社会职能剥离工作，厂办大集体改革人员安置率超过95%，移交退休人员14.75万人，移交率99.4%。

（六）推进提质增效，基础管理得到夯实

30项提质增效重点任务全部完成阶段性目标，集团整体成费比首次降至99%以下，为13年来最好水平。亏损企业治理成效明显，国资委监管的9户企业超额完成治亏目标，集团重点监管的30户企业实现了控亏目标。“两金”规模同比下降6.3%，超额完成国资委总体管控要求。持续推进瘦身健体，全年压减控股法人23户、“两非”剥离18户、参股权处置21户。安全生产管

社会责任绩效数据一览表

表4

序号	指标	单位	2020年
1	员工工亡	起	11
2	新增职业病数	例	0
3	新建项目环保总投入	亿元	47.03
4	工业固体废物综合利用率	%	27.88
5	重复用水率	%	92.92
6	重大环境污染事故	起	0

理聚焦短板，深入开展作业前安全风险评价，强化重要危险源管控，生产安全责任事故和工亡人数实现同比减半。全面落实中央生态环境保护督察整改任务，完成整改问题166项。持续开展联合降碳行动，举办第四届降碳节，社会责任报告连续第7年获评五星级，责任指数排名采矿业第二，进入卓越企业行列。风险防控能力持续增强，重大决策、经济合同、规章制度三项法律审核质量不断提高，及时化解疫情影响合同风险215项。深入推进法律纠纷案件“去存量、控增量”，挽回和避免经济损失33.87亿元，同比提高46%。内部控制体系进一步健全完善，开展各类审计项目180个，督促企业回收逾期应收款项12.78亿元，盘活清理闲置资产3.59亿元，挽回各类损失2.58亿元。

（七）全面从严治党，党建优势充分发挥

坚决贯彻落实习近平总书记重要指示批示精神和党中央决策部署，强化理论武装和行动自觉。坚持党的领导加强党的建设，常态化开展“不忘初心、牢记使命”主题教育，推动党建与业务“双融合”，实现了党建与业务“双提升”，党建考核蝉联中央企业A级。援青援藏和定点扶贫共投入基

础设施等项目资金 4750 万元，如期实现脱贫攻坚目标。抓班子带队伍，优化调整各层级班子结构，调整补充干部 21 人，实施“三大人才计划”，新增 1 名入选国家重大人才工程专家，7 人荣获全国劳动模范。集团纪检监察体制改革全面到位，问题线索处置的精准度和核查质量不断提高，强化境外项目监督和专项整治工作，召开第 25 次警示教育大会，构建“大监督”体系，防范重大风险，集团总部的信访举报量同比下降 47.8%。深化巡视整改，针对 26 个反馈问题制定 104 项整改措施，整改完成率 95.2%，完成两轮内部巡视工作，党组书记约谈 4 个整改不力的党委班子，营造风清气正的政治生态。

撰稿／韩　露

党的建设

2020年，集团党组以习近平新时代中国特色社会主义思想为指导，坚决贯彻落实党中央决策部署，狠抓党建责任落实，扎实推进党建与业务工作双向融合，不断创新党建工作方式方法，纵深推进党风廉政建设和反腐败工作，为推动集团高质量发展提供坚强政治、组织和思想保证。

一、政治建设有了新加强

一是坚定不移落实请示报告制度。坚持把党的政治建设摆在首要位置，制订集团党组落实全面从严治党主体责任清单、向中央请示报告事项清单，做到应请尽请、应报尽报。

二是坚定不移提升党的领导融入公司治理的规范化水平。深入推进企业党委研究讨论前置程序的指导意见，修订完善集团党组议事规则等制度11个，提高党组织制度化规范化水平。2020年，集团党组会前置审议事项67项，切实把“把管促”的要求贯穿落实到具体工作中。

三是坚定不移抓好疫情防控工作。召开专题会议106次，成立突击队和服务队2245个，组织捐款捐物共计4800万元。境内确诊病例2例，境外中方员工0例。积极跨界转产医用口罩和防护服，全力扩产体温快速筛查设备、铝制口罩条等防疫物资材料。面对严峻市场挑战，及时协调资金资源，帮助支持境内外所属企业成功渡过资金紧张、物流受限、防控物资短缺等“卡脖子”难关，稳定产业链供应链。3月初集团全级次548家子企业复工率达到99%。

二、理论武装有了新深化

集团党组始终把学习贯彻习近平新时代中国特色社会主义思想作为首要政治任务。

一是落实第一议题制度。对习近平总书记重要讲话精神和党中央重大决策部署，做到第一时间对标对表校偏差、找差距定措施补短板。全年集团党组中心组集中学习研讨14次，编发学习简报38期，通报各单位党委中心组学习情况2次。召开深入贯彻落实习近平总书记对中铝党建重要批示精神会议。制定深入贯彻落实习近平总书记重要指示批示的实施办法，建立三本工作台账。

二是抓好理论武装工作。制定党组学习教育、调查研究、检视问题、整改落实四个常态化实施办法，制定党员教育培训工作清单，明确43条具体措施，形成长效机制。“党课开讲啦”获得基层党员广泛好评。在中铝党校举办各类培训班504期、4万余人次，发挥了提升党员干部素质的主阵地作用。

三是抓好中共十九届四中、五中全会精神贯彻落实。制定“六个一”方案和四项举措。实现学习、培训、宣讲、研讨等四个全覆盖。举办深化改革专题“读书班”，明确集团深化改革三年行动6大方面改革任务97项改革举措。开展增强“五力”大讨论，累计组织3529场。

三、组织建设有了新提升

一是聚焦重点抓落实。围绕国有企业基层组织工作条例、基层组织选举工作条例等制度，组织了党建全要素对标、党务人员技能大比武、基层党组织按期换届专项排查等活动，标准化党支部达到98%以上。建立党组（党委）班子成员党支部联系点1994个。全级次548家子企业在并购、重组、设立、撤销过程中，严格落实“四同步”“四对接”和党建入章程“应入必入”要求，把党的领导融入改革发展全过程。明确境外单位党建应该做、必须做、禁止做30项具体工作，境外党建工作稳步推进。

二是聚焦问题抓整改。建立国务院国资委党建工作责任制考核反馈问题整改台账，月月进行跟踪督办，抓整改落实。扎实开展软弱涣散党组织集中整治，对标40条整治内容，累计查出问题989项，逐个支部下发整改“菜单”，整改完成100%。持续优化集团党建工作责任制考核体系，创新开展效果评估，强化考核结果运用，减少“盒子党建”“过度痕迹管理”等问题。

三是聚焦深度融合抓制度。创新制定推进党建工作与业务工作“双向融合”指导意见，明确10个方面30项内容，为全方位推进党建与业务双向融合提供方法和途径。持续深化“两带两创”、党员“双提升”活动，全年立项创新创效项目6200余个，直接创效近12亿元。

四、“四风”问题有效抑制

落实中央八项规定精神，营造风清气正、鼓励干事创业的政治生态。集团党组在常规巡视中，各巡视组紧盯“四风”和隐形变异问题，纪检监察组在重要时间节点，都下发通知重申纪律规矩，各级党委以多种形式及时向党员干部提出要求，各级纪委开展明察暗访463次，防止“四风”问题反弹回潮。全系统共查处违反中央八项规定精神问题11起，处理处分60人次，释放越往后盯得越紧、执纪越严强烈信号。

进一步改进督查检查考核方式方法。解决文山会海、督查检查考核过多过频过度留痕现象，深入16家单位进行下沉服务和调研，开展履职待遇、业务支出等情况进行专项检查。抓住普遍性问题和反复出现的问题，找准症结、分类解决，推动完善津贴补贴发放、开会发文、公务接待、督查检查等制度规定。召开第25次党风廉政建设警示教育大会，通报违反新冠肺炎疫情防控规定、违反中央八项规定精神或违反工作纪律给企业造成重大损失的典型案例10个、问责23人，督促党员、干部引为镜鉴，从价值观、政绩观上消除错误思想根源。

五、提高了治理腐败效能

持续保持高压态势，精准运用“四种形态”，不断提高治理腐败效能。加大问题线索分析研判力度，有效处置化解存量、强化监督遏制增量。2020年办结增量79件、办结率66.4%。对集团纪检监察组负责审查调查的案件强化审理，对涉及处分的转办企业纪委报结果问题线索严格审核，推动全系统案件质量不断提升。加大对积弊长久、错综复杂、影响改革发展和政治生态建设的区域性、领域性问题的查处力度，针对市场营销、工程建设、财务金融、矿产资源等重点领域和单位涉及面大、严重的重点问题，成立专项核查组，集中力量进行重点突破。全系统处理处分集团部门副职级以上干部17人，留置5人、移送检察机关3人。

探索办案、整治、警示一体贯通的制度机制，提出监察建议17项。针对境外项目实施、混合所有制改革、重大项目并购重组、领导干部亲属经商办企业等问题，开展了专项整治，发现利益输送风险点6项、设租寻租风险点20项、化公为私问题线索6项，提升了监督效能。运用“四种形态”处理412人次，其中第一、第二、第三、第四种形态分别占74.6%、18.4%、5.8%、1.2%。对受处理的干部，加强跟踪回访教育，鼓励从“有错”到“有为”的转变。

六、打造高素质纪检队伍

注重固本培元，建立高素质专业化干部队伍。推动全系统纪检监察干部跟进学习、融会贯通、自觉践行。对重要“走读式”谈话进行现场监督，督促立行立改问题308项。推进集团廉政教育中心建设，安全执纪执法硬件得到进一步保障。组织全系统学习中央纪委国家监委领导讲话、重要文件和系列培训课程。分两期选派35名企业纪委书记，到中国纪检监察学院北戴河校区培训。坚持“以干代训、以案代训”，积极选送优秀年轻干部到中央纪委国家监委机关参加专项工作，遴选审查调查骨干到监督中心参与线索核查；在审理人才库中“一案一选”，参与中铝集团层面审理工作，推动干部在实战中锻炼提高。

把从严管理干部作为全面从严治党、加强党的建设的大事来抓。对照《纪检监察机关处理检举控告工作规则》，在全系统开展信访举报工作自查自纠、立行立改。推动纪检干部“接地气”，深入车间班组进行“穿透监督”，主动发现群众身边的党纪党风问题，基层监督的直接保障作用进一步强化。

七、开展“不忘初心、牢记使命”主题教育

一是集团党组以“不忘初心我奋斗，牢记使命我担当”为主题，分党建理论测试、即兴演讲、公文写作和党建情景模拟剧展示四个项目，在集团全系统开展党务人员技能比武，东轻公司和包头铝业在决赛中荣获一等奖。通过比武，集团党务工作人员重温党的初心和使命，积极学业务、比技能、提素质、强本领，进一步增强了政治素养、业务技能。

二是党组领导带头，组织党员干部观看《周恩来回延安》、参观新中国成立70周年成就展，邀请中央民族乐团原党委书记孙毅讲党课，举办“我和祖国共成长、我与中铝共奋进”“我与国旗合个影”等主题活动，使广大党员干部的思想灵魂再受洗礼。各单位通过举办职工文化艺术节、主题歌咏诵读比赛、慰问老党员、红色观影等活动，进一步激发了爱党爱国爱企热情。

撰稿 / 米　金　李　哲　李　野

产业运营

2020年，集团实现利润总额67.8亿元，净利润41.9亿元，经营现金净流入292.7亿元，营业收入利润率达到1.9%，资产负债率控制在64.02%，成费比控制在98.59%，研发投入强度达到2.36%，多项指标创2008年以来最优水平，连续五年超额完成国务院国资委考核目标，实现“十三五”的圆满收官。

一、全面预算管理引领生产经营全局

2020年，集团以“早快灵准”的全面预算管理应对新冠疫情冲击，提升预算引领的时效性、预算目标的先进性和市场化对标的精准性，充分发挥全面预算管理在目标引领、过程管控、资源优化、绩效考核和风险防范中的作用。年初，按照国务院国资委“两利三率”的要求，坚持“业财融合、业务先行”的原则，确定积极的经营目标。疫情发生后迅速测算影响，提出降本控支节费措施建议和目标缺口建议方案，坚定集团“紧紧咬住年度目标”的决心。面对上半年有色金属价格的大幅震荡，及时明确经营策略，做出抢市场、压投资、降成本、控支出等决策，通过精准分析强化业务过程管控。下半年，有色金属价格回升，预算管理再次调整思路，从保目标转为努力完成国务院国资委“两个力争”、高质量完成全年经营目标。全面摸排历史遗留问题夯实资产质量，围绕国有资本保值增值统筹各项指标实现圆满收口。根据财务决算，集团2020年营业收入、利润总额、净利润同比分别增长3%、34%和38%，营业收入利润率同比提升0.35个百分点。在人民币兑美元汇率升值对归母权益造成重大影响的情况下，实现国有资本保值增值。在2020年圆满收官的基础上，科学谋划2021年经营安排，创新性地基于ROE市场化对标建立“五步法”的目标引领式预算管理新模式，通过“ROE差距缩小20%～30%”，确定集团整体2021年经营目标，引导各战略单元和实体企业缩小行业差距，追赶领先企业，实现“十四五”良好开局。

二、提质增效阶段性目标圆满完成

2020年，集团统筹推进疫情防控和生产经营，以提质增效专项行动为抓手，集团财务部门牵头、业务部门配合、战略单元和实体企业共同努力，顺利推进提质增效6大领域30项重点任务。

一是全面降本控支成效明显。集团加大全员、全要素、全过程成本管控力度，集团总部带头降费控支，中国铜业创新实行“4+2+1”成本管控模式，各级企业认真落实《降成本控支出指导意见》要求，在消化历史遗留问题56亿元的情况下，集团成费比同比优化1.03个百分点，中铝股份、中铝高端制造分别优化 1.22 和 1.67 个百分点。

二是亏损企业治理稳步推进。确定“9+30”和“6585”治亏双目标，形成了财务、业务和资本运作联动机制，落实了战略单元和实体企业“双责任人”制度，全面完成治亏目标。

三是“两金”增长势头得到遏制。全面梳理了逾期应收款和非正常存货，开展了全集团存货的盘点，建立了应收款项和存货管理台账，形成了业务源头可控、职责分工清晰的“两金”管控体系。扎实做好民营企业清欠工作。截至 2020 年末，集团全口径“两金”降至 995 亿元，较年初下降 6.3%。

四是资金使用效率逐步提高。2020 年，中铝集团进一步加强内部资金集中管理，加强现金流管理、融资管理、资金风险管理。2020 年末集团资金集中度达到 54%，较年度目标提升 4 个百分点。全年实现融资规模和融资成本“双下降”，融资渠道和期限结构“双优化”。截至 2020 年末，集团带息融资规模较年初下降 134 亿元，降幅 2.8%。平均融资成本 3.97%，较 2019 年下降 0.82 个百分点。财务费用同比下降 16 亿元，降幅 10.8%。

五是完成“降杠杆减负债”管控目标。各战略单元从集团大局出发，服从降杠杆减负债总体安排，多措并举降资产负债率。截至 2020 年末，集团资产负债率为 64.02%。

三、全要素对标提升管理水平

一是精心筹划，找准切入点。以对集团管控体系、管理架构、管理制度、管理流程实施全面重构为切入点，以探索形成具有行业特色的国有资本投资公司运营模式作为行动目标，坚持全要素对标，坚持系统推进，坚持三个结合等工作原则。

二是发挥专业作用，做实行动方案。国务院国资委对标提升安排 8 个方面重点任务，企业管理部结合实际，细化为 12 个专业领域，编制分专业对标实施方案。

三是坚持问题导向，细化工作清单。结合集团推进精益管理过程中“策略性实施计划控制图”做法，对标 11 个要素，通过工作清单梳理，集团 12 个专业共查找差距 62 项，提出改善目标 64 项，制定改善举措 103 项，计划实现 101 项提升成果。

四是坚持分层推进，做到上下贯通。对照集团、本板块全要素对标中发现的差距、短板、漏洞，提出本板块对标提升行动实施方案和工作清单。各分、子公司层面，以提升成本竞争力为主要方向，围绕工艺技术，选定内部、外部两个标杆，瞄准一流企业标准，有针对性地提出对标提升行动实施细则和工作清单。

四、绩效评价

（一）主动求变适应新形势新要求

突出国务院国资委对中央企业“两利四率”指标的考核要求，学习国务院国资委绩效考核的最新精神。

（二）坚定贯彻市场化对标精神

1. 引入净资产收益率（ROE）市场对标机制，与同行业标杆企业对标确定净利润目标。

2. 引入人工成本利润率、人事费用率两个维度对标行业平均水平，作为效益工资调节系数，引导战略单元提升劳动投入产出效率。

3. 新兴产业、协同产业在不同角度上设置市场化创效考核指标，引导战略单元在成长初期和业务模式建立一开始就用市场化理念做事，抛弃“依赖情结”。

（三）突出价值创造和价值管理

1. 对核心产业：主要围绕净资产收益率（以下简称 ROE）设置业绩指标，引导战略单元提升价值创造能力和市场竞争力，逐步缩小与标杆企业的差距。

2. 对新兴产业和协同产业：如中铝国际设置探索产城融合、提供运行技术服务、完成两院（沈阳院、贵阳院）融合、优化与分包商、供应商的金融支付手段等考核指标，以探索合作模式、商业模式和发展模式，促进中铝国际集约化发展；中铝资本设置投融资产业孵化考核指标，以形成产融联动的良性循环和培育新的利润增长点；中铝开投设置推动其他战略单元业务资源整合，拓展销售渠道，提升流通效率类考核指标，以协同集团内其他战略单元推动高纯、高导、高性能、高科技材料、有色稀有金属等产业向下游和高端发展；中铝海外设置了获取境外绿地项目、在境外布局等考核指标，促使发挥好“外交部”“情报员”“商务部”作用；中铝智能设置赋能传统产业核心应用技术及产品开发、复制推广类考核指标，以提高自身价值创造能力和集团智能化制造水平；中铝资产设置协同创效考核指标，促使集团不同战略单元之间在同一基地协同发力，创造价值。

（四）注重业绩质量和强化风险管控

集团重点关注事项、风险事项作为业绩指标修正因素，目的是要保证高质量业绩成效。将依法治企、合规事项、风险防控、负债规模、“两金”占用、亏损企业等事项纳入负面清单管理，硬约束要求牢固树立风险管控意识，严格防范各类风险。

（五）有效落实精准即时激励要求

精准激励在提升战略单元竞争力、增强抗风险能力、提高科技创新力等方面作出突出贡献的团队和个人。

（六）以新高度审视安全环保工作

结合央企安全环保督察对集团督察工作的要求，将其考核权重提高至 8%。

（七）定时跟踪定时监控预警

1. 引入“四色”管理方法，将战略单元净利润平均完成进度、对标标杆企业 ROE 差距缩小结果，分绿、蓝、黄、红四色标识，适时监控预警，过程管理，保障集团工作部署按时高质量落地见效。

2. 战略单元按月预报主要经营指标完成结果，将信息及时反馈到集团管理决策层，支撑集团及时应对各类不确定因素，不断优化运营绩效。

（八）增强战略单元在集团绩效考核工作上的参与度

1. 运营优化部在制定绩效考核方案时，充分倾听各方意见，将可行性强的建议纳入绩效考核方案之中。

2. 对为集团内部提供服务的中铝资本、中铝环保、中铝海外、中铝智能等战略单元增设客户满意度指标，引导进一步找准并优化服务满意度关键要素，提升产品质量或服务能力。

撰稿／李兆刚　高国平　孙雯雯

安全生产及环境保护

2020年，集团认真贯彻落实党中央、国务院关于安全生产和环境保护的各项决策部署，坚持问题导向、目标导向和效果导向，抓好抓实安全生产工作，较好地完成了任务，集团未发生重大及以上生产安全事故。2020年自然资源部公布的全国绿色矿山名录中，集团有13家矿山入选。

一、安全生产

（一）强化安全责任考核

为进一步压实战略单元安全责任，督促各战略单元主动积极履责，集团首次对各战略单元领导班子成员实施强化安全责任考核，根据战略单元生产安全责任事故工亡、重伤、轻伤人数相对考核基数上升或下降幅度进行考核。各战略单元也对所属实体企业领导班子都实施安全责任抵押考核，安全责任压力得以逐级传导。

（二）开展安全补短板工作

2020年，集团安全工作的主要任务是“补短板、强基础、遏事故”，致力于补强作业现场安全评价未真正落地、安全技能欠缺、自主安全意识不强三个短板。一是作业前必须开展现场安全评价。优化安全风险辨识评估表，为作业前有效开展安全风险辨识评价提供有力支撑。严格做到每班每项工作作业前对当班作业任务开展现场作业安全评价，辨识危害、评价风险、制定控制风险的措施，作业负责人、管理上级定期进行检查点评，及时纠偏，切实筑牢现场作业风险管控防线。二是强化“我会安全”技能。班组人员对岗位规程必须熟练掌握，组织开展“三大规程”修订工作。以安全月为契机，实施全员三大规程安全培训考试过关，全集团培训14万余人次，集团总结西南铜业、山东铝业使用葡萄图安全管理工具的典型案例，在全集团推广葡萄图安全管理工具，提高员工“我会安全”技能。三是用好事故违章资源，警示提升干部员工意识。2020年发生的7起工亡事故，都及时召开警示大会。

（三）强化重要危险源安全管控

一是分级管控。建立了企业级、单元级、集团级三级重要危险源清单，进一步摸清了各级重要危险源底数。二是落实重要危险源管控责任，实施“源长”制。三是每年三季度集团领导到企业调研时将集团级重要危险源安全管控情况纳入调研督导内容。四是每年三季度集团组织重要危险源安全隐患排查治理行动。五是扩充重要危险源管控范围。实施一体化管控，并更新完善重要危险源清单台账。

（四）开展安全生产专项整治

按照全国安全生产专项整治三年行动部署，结合实际，制定集团安全生产专项整治三年行动计划实施方案。做到“党政同责、一岗双责、齐抓共管、失职追责”；解决抓落实存在很大差距的问题，针对集团所处业务领域，对照国家法律法规、标准和集团安全规章制度规定，严查是否落实到位，杜绝有章不循、有禁不止的问题；切实补齐现场作业安全评价未落实、自主安全意识不强和安全管理技能欠缺三个短板，提升基层基础安全管理；持续推进 CAHSE 体系建设，实现现场管理、操作行为、设备设施和作业环境规范化。铝加工事业部结合单元实际，细化熔铸工序、设备检维修、临时处理异常问题等 6 个方面专项整治任务。中铝资产围绕起重吊装作业开展安全专项整治，观看了 400 个起重吊装作业视频，针对每个作业寻找问题并提出整改措施，总结共性，制订起重吊装作业规范。

（五）强化安全督察提升执行力

集团首次对战略单元开展安全督察。组织督察组对中国铜业进行督察，对中铝股份、中国铜业下属 8 家企业进行下沉督察。针对督察出的问题，追溯上级管理责任，并对问题实行“归零”管理，追踪整改，对督察发现的 7 项严重问题，责成相关单元进行责任追责。中铝股份组织对 7 家企业进行了现场专项督导，通过视频会对 13 家企业进行了重点指导；中铝资产对 8 家企业开展了督查，中铝国际组织对 2 个重点项目部开展安全督查。云铜股份组建安全督查组，对所属企业开展帮扶性督查，提高督查质量和成效。

（六）推进 CAHSE 体系建设

集团自 2018 年发布职业健康安全环保精准管理体系（CAHSE）以来，连续三年组织开展了全覆盖的体系审核考评，逐步迈入“体系化”“精准化”的管理道路。为疫情防控及配合保障中央生态环境保护督察工作安排，对 2020 年考评内容做出适当调整，在六大战略单元选取 14 家三级实体企业作为下沉考评对象，最终考核各战略单元。

二、环境保护

（一）接受中央生态环境保护督察

2020 年 8 月 30 日至 9 月 30 日，中央第四生态环境保护督察组（以下简称督察组）对中铝集团开展进驻督察。督察分为三个阶段，一是 8 月 30 日至 9 月 6 日走访问询阶段，二是 9 月 7 日至 9 月 22 日下沉督察阶段，三是梳理汇总阶段。督察期间，督察组共收到 330 件信访投诉件，发布《包头铝业有限公司环境管理粗放 污染扰民问题突出》《广西稀土整改不到位 环境污染问题突出》两起警示案例。

为配合保障督察工作顺利开展，集团制定《配合中央生态环境保护督察协调保障工作方案》，成立党组书记、董事长为组长的配合中央生态环境保护督察协调保障工作领导小组，领导小组下设协调联络组和办公室，组建综合组、边督边改组、业务组、宣传组四个专业工作组。督察期间，集团按要求提供 649 份资料，无一拖延；编制《生态环境保护督察简报》27 期、《环保督察舆情报告》8 期、《包头铝业环保信访动态》28 期。

集团坚持压力不减、节奏不变，全力做实做细做好边督边改工作。330 件信访投诉件全部按要求在规定的时限内通过督察组的审核并在集团官网公示。召开党组会研究部署整改工作，分别成立由党组成员、副总经理为组长的两个调查整改工作组，立即前往问题企业督导、协调整改。同时，集团召开全级次企业通报督办会，要求各板块、企业深刻汲取教训，举一反三，认真开展“自查自纠”。督察期间，约谈 2 人，问责 26 人。

督察组进驻结束后，集团成立了中央生态环境保护督察问题整改领导小组，全面落实整改工作。按要求编制整改方案，确保科学整改、系统整改、高质量整改。

（二）深入开展废气超低排放治理

中铝股份完成 12 台氧化铝焙烧炉（中铝矿业 2 台、兴华科技 2 台、山西新材料 4 台、中州铝业 4 台）氮氧化物特别排放限值改造；广西分公司 5 台煤气炉完成脱氨改造。中国铜业完成凉山矿业昆鹏公司低空污染治理。5 台氧化铝焙烧炉（山西新材料 1 台、中州铝业 1 台、山西华兴 3 台）氮氧化物特排改造、山西新材料 3 套电解净化烟气脱硫超低排放改造正在推进中。

（三）积极推动工业废水零排放治理

遵义铝业完成了电解区雨污分流项目改造；中铝矿业赤壁炭素完成脱硫废水及锅炉排放废水的治理；金鼎锌业雨污分流系统已经进入收尾阶段；包头铝业电解二期和三期雨污分流改造正在推进。

（四）实现固废资源化治理

兰铝固废处理中心建成投用；贵州电解铝铝灰处置基地年底建成；打通了广西和云南的电解铝大修渣跨区域处置渠道，广西的部分电解铝大修渣已转运至云南得到处置。

（五）加快矿山治理

金沙矿业尾矿库完成闭库；中州铝业后山尾矿库闭库项目除坝面排水沟子项外，其余子项均完成。2020 年自然资源部公布的全国绿色矿山名录中，集团有 13 家矿山入选。

（六）无组织排放深度治理

中国铜业驰宏综合利用、赤峰云铜和中国稀有稀土常州公司 3 家企业建成绿色隔离带；中铝山东矿场全封闭项目正在推进中。

撰稿 / 赵寅宇

节能低碳

2020年9月22日，习近平主席在第七十五届联合国大会一般性辩论发言中提出中国将提高国家自主贡献力度，采取更加有力的政策和措施，二氧化碳排放力争于2030年前达到峰值，努力争取2060年前实现碳中和。中铝集团不折不扣地落实党中央、国务院的决策部署，有效控制碳排放，科学管理碳资产，推进绿色低碳循环发展。

在重点生产领域开展专项治理，改善能效水平，减少大气污染物、温室气体排放，规范废弃物排放，节约水资源使用，建设环境友好企业。安全环保投入32.8亿元，持续推进联合降碳行动，组织开展节能、环保技术开发研究项目56项，污染物二氧化硫、氮氧化物排放总量同比分别下降10.92%、67.06%。接受中央生态环境保护督察，针对反映生态环境问题积极整改，全面完成年度节能目标，全年未发生一般以上突发环境事件。

一、积极推进节能管理工作

一是持续深入开展节能管理工作。“新型稳流保温铝电解槽节能技术”被国家发展改革委评为中国“双十佳”最佳节能技术。集团第六任期（2019—2021年）节能考核指标细化分解为各战略单元年度节能考核目标。

二是积极推进节能成果转化，主要产品能耗均呈现下降趋势。2020年，集团能源消费总量为2902万吨标煤，可比价万元产值综合能耗为1.1307吨标煤/万元，同比下降0.43%，反映出集团在贯彻新发展理念、推进高质量发展方面取得了积极成效，实现了单位产值能耗水平的下降。主要载能产品单位能耗水平继续下降，氧化铝综合能耗为357.4千克标准煤/吨，同比下降0.35%；原铝液交流电耗为13069.74千瓦时/吨，同比下降0.7%。

三是不断完善节能监测报表管理工作。按照国务院国资委要求，开发应用了“节能信息化平台”系统，实现了数据收集、自动汇总、审核报送所有流程的信息化。

二、“双碳”目标实施与管理

一是12月18日，中铝集团党组书记、董事长姚林主持召开党组中心组学习会，传达学习中央经济工作会议精神，要求集团及相关部门和战略单元要抓紧研究制订碳排放达峰行动方案，形成科学实现碳达峰的目标、时间和路径。建立碳排放绿色发展台账，从源头上推动形成经济结构、产业结构、能源结构绿色低碳转型的倒逼机制，健全碳减排制度，建立碳排放权交易制度。加快培育节能环保技术、示范项目和环保产业，支持有条件的企业率先达峰，重点企业碳排放强度逐渐下降，为集团早日达峰奠定基础。

二是集团作为牵头单位，在中国有色金属工业协会的委托下，制定《电解铝企业碳排放权交易技术指南（报批稿）》《电解铝行业年度碳市场建设进展报告》《电解铝行业重点企业节能降碳工作进展调研报告》，为电解铝行业参与碳市场打下坚实的工作基础。集团自主研发的“复杂多金属物料协同冶炼及综合回收关键技术”入选国家《绿色技术推广项目目录（2020）》。

三是进一步加快碳排放信息管理系统（简称碳信息管理平台）建设，在2019年对集团77家排放企业进行碳排放数据盘查的基础上，加快组织开展碳信息管理平台的项目建设，为集团（热）电厂优先进入碳市场创造条件。

四是持续开展联合降碳行动，6月18日，集团举办第四届降碳节，发布中铝集团年度降碳报告，表彰集团年度降碳优秀案例、降碳好新闻。集团降碳节宣传片《铝娃》采用动漫形式展示集团在低碳、绿色发展中取得的成效，获得好评。2020年社会责任报告连续第7年获评五星级，责任指数排名采矿业第二，进入卓越企业行列。

2020年，中铝集团万元产值综合能耗同比降低1.23%，工业产值节能量达到1112.29万吨标准；重复用水量46.79亿吨，重复用水率达92.92%；二氧化硫、氮氧化物累计排放量同比分别下降10.92%、67.06%。中铝集团坚决贯彻落实绿色发展理念，率先设立降碳节，与供应链伙伴联合开展降碳行动，通过理念降碳、生产降碳、管理降碳、科技降碳、生活降碳五种途径，大幅度降低能耗和碳排放，为有色金属行业提前实现碳达峰、碳中和目标贡献中铝力量。

撰稿／李　浩

科技创新

2020年，在集团党组的坚强领导下，科技创新重点围绕深化科技体制改革、提升军品保障能力、加快突破一批关键技术、加快培育未来技术等开展工作，全年累计开展科技研发项目1494项，研发投入经费65亿元，比上年增长9%。全年共申请专利1544件，其中，发明专利644件；开展标准制修订178项（其中国际标准3项），获得省部级科技进步一等奖8项。

一、科技研发与成果转化

为加快推进具有自主知识产权的关键核心技术攻关，围绕集团关键领域短板环节，制定《关键核心技术短板攻关计划》，形成集团“6+8”重点研发任务：布局“航空航天及国防工业用高性能铝合金、极大规模集成电路引线框架用铜合金进口替代、深地资源安全高效开发、复杂铜矿资源高效分离利用、有色金属低碳增值再生利用、有色金属冶炼数字孪生智能生产系统”六项关键核心技术攻关方向；布局“高硫高有机物铝土矿利用、无炭渣阳极技术研究、铝冶炼固体废弃物综合处置技术研究、铝电解连续阳极、电解铝柔性生产技术、兰坪铅锌矿难处理氧硫混合资源高效综合利用、大型高效节能稀土金属清洁生产技术、汽车用铝合金一致稳定性攻关及新材料开发”八项行业关键共性技术研发方向。

2020年，一批关键核心技术取得新突破。

实现我国铝合金从第三代向第四代的跨越式发展，大飞机机翼上、下壁板用7××× 和2×××厚板、2××× 蒙皮板和7××× 预拉伸厚板废品率分别降低24.6%、11.9%、10.2%、17.4%，实现单机铝材成本下降32%目标。

铝矿山与冶炼方面，开发铝土矿安全高效综合开采技术，工业试验实现回收率从60%提升至70%以上；开发氧化铝熟料干法烧结、大型无传动浮选槽技术，工业试验工艺节能分别达到30%和39.72%以上，推动氧化铝综合能耗降低到358.7千克标准煤/吨（降幅达18.4%）。新型稳流保温铝电解槽节能技术得到推广，平均吨铝节电约500千瓦时，创效1.1亿元；智能打壳、精准出铝等一批推动生产精准管理的技术得到推广应用，推动电解铝原液交流电耗降低到13162千瓦时/吨；在包头铝业建成国内首条1万吨/年废槽衬无害化处理示范线。成功开发A-AG-70、低钠拟薄水铝石、PVC稳定剂专用沸石等一批新产品，打破国际垄断，部分产品填补国内空白，实现出口；锂离子电池隔膜用陶瓷浆料、DMO/MTO催化剂用一水软铝石及衍生产品等新产品主要技术和产品指标达到国际先进水平。

民用铝材方面，成功开发高铁薄壁铝型材并获得了应用。汽车板取得多家认证，实现批量供货。开发薄型罐盖料和罐身料，并向国内外知名制罐企业批量供货。系列化的5xxx系3C铝材已为华为、小米、OPPO批量供货，实现进口产品替代。

铜冶炼与加工方面，开发铜冶炼全流程生产工艺优化系列技术并实现产业化，综合回收率由98.2%提升至98.51%，铜冶炼资源价值综合利用率从60%提升至75%，铜冶炼综合能耗由285千克标准煤/吨降低至220千克标准煤/吨。开发微合金化无氧铜、造币用耐蚀铜合金、新能源汽车用铜合金、高性能海洋工程用耐蚀铜合金等4个年产千吨级的高附加值产品群，核心技术接近或达到国际先进水平。开展铜加工熔铸等关键共性技术研究，推动铜加工材综合成品率提升至75.94%。

铅锌方面，开发出铅优先－锌硫等可浮再分离－锌浮选工艺技术，提高了铅锌及共伴生资源综回收利用率，建成了2000吨/天铅锌复杂矿及共伴生资源高效选矿综合回收示范工程；形成铜渣多金属综合回收技术，并整体实现产业化应用；建成10万吨/年高硫渣有价组份协同提取与无害化处置技术工程示范生产线并稳定运行。铅锌锗下游深加工品种不断增加。

稀有稀土方面，开发新型复合浸取剂协同浸取与稀土高效绿色富集与净化技术，工业试验稀土回收率大于95%、氯化稀土REO浓度不小于230g/L；开发低品位离子型稀土矿浸取工艺技术，稀土浸出液收集率92%，综合回收率80%以上；建立一条3000吨/年特殊物性稀土化合物高效清洁制备技术产业化示范线，材料成本较传统工艺降低30%以上，稀土平均回收率大于94%。开发了多种高纯、超高纯稀土氧化物以及高性能磁性材料并实现产业化。

二、技术创新体系与能力建设

集团形成了以国家级工程研究中心、重点实验室以及国家认定企业技术中心为基础的多层次、多平台自主创新体系。截至2020年底，集团拥有1个国家重点实验室、2个国家工程技术研究中心、12个国家级企业技术中心、1个国家地方联合工程研究中心、6个国家博士后科研工作站以及高新技术企业95家。

集团组建中铝中央研究院，核心研发能力已实现铝、铜、铅锌、稀有稀土4大支柱产业从矿山到冶炼到材料加工产业链全覆盖，正在逐步推进专业化管理，产学研用合作向纵深发展。

三、科技体制机制改革

一是完善创新体系建设。完成了《做实中央研究院的初步方案建议》。提出了《关于构建中铝集团科技创新评价体系的初步构想》。

二是深化科技项目管理改革。制定强化项目顶层设计，完善项目形成机制等方案措施，建立职责功能定位清晰的科技项目决策咨询和计划管理体系。

三是优化科技激励机制。修订集团科技奖励管理办法，首次将计算机软件著作权纳入奖励范畴，2020年度集团科技奖励金额730万元。

四是组织开展“十四五”科技发展规划研究与编制。形成《集团“十四五”科技发展规划（初稿）》。

四、质量强企专项行动

一是夯实质量管理目标，14项质量指标累计值全部优于2019年实际完成值，平均优化率达3.3%，累计年度达标率92.9%。

二是积极开展质量管理评价试点工作，中铝瑞闽、东轻、包头铝业等29家企业以卓越绩效模式为标准推行全面质量管理；包头铝业、驰宏锌锗、西南铜业生产的重熔用精铝锭、铅锭、锌锭、金锭、银锭、阴极铜等六个产品经认证达到国际同类产品实物质量水平，获得中国有色金属工业协会颁发的认证证书。集团首次进入“国家标准样品咨询委员会”，作为2家央企之一参与修订国家《企业标准化管理办法》，两项质量成果获得全国质量技术奖，1人首次获得全国质量技术奖，提升了集团在国家和行业质量管理体系中的影响力。

三是群众性集团质量管理活动成效明显。在中国有色金属工业协会评出的2019—2020年157个“有色金属行业优秀质量管理小组”中，有77个来自中铝集团；40个“有色金属行业质量信得过班组”中，中铝集团占22席；26名“有色金属行业质量管理小组活动优秀推进者”中，9人为中铝集团员工。2020年国务院国资委开展企业员工全面质量管理知识竞赛活动，集团综合成绩位列第二，连续四年获得中央企业“最佳组织企业”荣誉称号。

撰稿/李　浩

投资发展

2020 年，集团坚持“量力而行、尽力而为”的投资理念，按照“压小保大，集中资源实施结构调整、转型升级重大项目”的具体要求，对标行业先进，优化项目投资，全年下达投资计划 147.8 亿元，实际完成 136.8 亿元，完成率 92.56%。

一、重大投资项目管理

（一）国内项目进展

完善投资管理制度体系。一是战略单元开展投资项目全要素对标，保证新建项目做到行业最优；二是战略单元在项目建设过程中，在保功能、高质量的前提下，将投资控制责任落实到位；三是战略单元落实项目资本金，加强项目概算执行情况监管，规范概算调整审批流程，避免项目超概。

持续加强投资项目全过程监管。重点检查项目关键外部条件落实、投资控制、工程进度、施工质量等情况，督促限期整改；督促各战略单元及项目单位严格落实投资管控责任，确保项目投资控制在优化额度内；实现投资项目从“储备、立项、决策、实施、达产达标、竣工验收”的全生命周期管理等具体情况的跟踪监管。

建成一批重大投资项目。广西华昇新材料有限公司 200 万吨氧化铝项目总投资 59.2 亿元，2018 年 10 月开工建设，2020 年 7 月第一条生产线投产，10 月份第二条生产线投产；云南文山绿色低碳水电铝材一体化项目总投资 44.3 亿元，为并购云冶带入项目，建设规模为年产 50 万吨水电铝项目，2020 年 8 月全部建成投产；云铝溢鑫铝业绿色低碳水电铝加工一体化鹤庆项目二期总投资 13.36 亿元，为并购云冶带入项目，建设规模为年产 20.77 万吨水电铝项目，2020 年 5 月全部建成投产；鲁甸 6.5 级地震灾后恢复重建水电铝项目（昭通二期）总投资 27.22 亿元，为并购云冶带入项目，建设规模为年产 38 万吨水电铝项目，2020 年 9 月电解一段投产，2020 年 12 月电解二、三段建成。

（二）海外发展及项目进展

2020 年，集团境外资产总额 2102 亿元，占总资产的 33.2%，境外营业收入 615 亿元，占总营业收入的 16.76%。

秘鲁特罗莫克铜矿二期扩建项目。2020 年，扩建项目一步工程建成投产，释放产能约 4 万吨，待项目全部投产后，可大幅降低集团铜矿山生产成本，提升项目整体竞争力，缓解国内铜精矿供应短缺局面。

几内亚博法铝土矿项目及其配套港口项目。集团积极响应国家“一带一路”倡议，实施全球化发展布局，不断提升可持续发展能力。2018 年 9 月，项目正式开工，一期建设1200万吨铝土矿产能及配套港口，2020年项目全面建成投产并实现达产达标。

二、矿产资源基本情况

集团及所属企业拥有及合作的矿业权共计371处，其中采矿权195处、探矿权176处，按矿种铝土矿155处、铜矿68处、铅锌矿112处、稀土4处、铁矿1处、煤炭6处、其他25处。

主要稀土矿有广西钟山—富川县花山矿区南矿段。主要铁矿几内亚西芒杜铁矿3、4号矿段。主要煤矿有甘肃省正宁县罗川；宁夏灵武积家井银星一号、固原银洞沟、王洼。

三、建设项目招投标管理

2020年，集团紧扣“一个服务平台、两级管理决策、三重监督管理”要求，全力压实战略单元监督管理职责、企业主体责任、中铝招标服务监督职责，进一步规范招投标行为、提升招投标管理水平。

一是持续开展建设项目招投标督察，向广西分公司、文山铝业等10家企业派驻督察专员组，对中铝股份、中国铜业开展招投标履职履责情况专项督察。严抓问题整改，推动招投标制度落地，提高招投标运作规范性。

二是指导中铝招标加强能力建设，完善远程评标系统建设，实现招标采购全流程电子化，将疫情影响降到最低，保障招投标正常开展，通过集中招标节约投资比例10.6%。

三是持续开展工程建设承包商评价，将21家列入预警清单，限期整改；163家列入负面清单，三年内禁止参加集团工程建设，强化承包商管理，防控项目风险。

四、信息化发展及项目进展

2020年，集团进一步深化信息化管控改革，全面提升集团网络安全整体联防联控能力。2020年荣获国家网络与信息安全信息通报中心授予的年度国家网络安全和信息通报工作先进单位荣誉称号。2020年12月，国务院国资委组织对中央企业国资监管信息化建设“三年行动计划”验收评估，集团的验收结果为优秀。

（一）中铝集团私有云IaaS层建设项目

2020年，集团统一综合办公系统、集团投资管理系统等业务系统实现迁移上云，为集团实现信息化基础设施资源的敏捷调配、即需即用、充分共享和实现基础资源精益化管理奠定基础。

（二）中铝集团统一综合办公系统建设项目

2020年实现公文、会议、督办的全生命周期管理，提升协同办公效率，提高集团文事会管理能力，通过业务协同和信息共享，实现公文、督办等业务“横向到边、纵向到底”的统一应用。

（三）中铝集团视频会议系统升级项目

项目于2020年启动，全面完成集团视频会议系统的升级，视频会议系统与综合办公系统共同作用，推动集团业务在线、员工在线，助力实现远程办公常态化。

（四）中铝集团网站群建设项目

项目于2020年启动实施，现已上线集团主站和企业子站83个，形成了以中铝集团门户网站为中心主站、各单位网站为基础支撑。

五、兼并重组

高端制造项目。2020年，中铝集团和重庆市全力推进相关资金资产注入中国铝业集团高端制造股份有限公司相关工作。至2020年末，双方应缴出资150亿元全部实缴到位。其中，中铝集团以12家铝加工企业股权、现金出资97.5亿元，持股65%；重庆铝开投集团以现金出资52.5亿元，持股35%。

中国铜业内部资产整合取得进展。中国铜业完成云南铜业（集团）钛业有限公司股权对外转让，云铜勘查和云冶资源整合。

按计划推动C3项目收尾。已就相关问题与国务院国资委、云南省国资委等各方进行沟通协调，积极协商解决合作中的未决事项。

六、资本市场业务

制定完善集团昆仑计划。2020年在《中华人民共和国证券法》迎来正式修订、资本市场宏观体系及配套制度更新的背景下，资本运营部及时深入学习新政新规，结合政策及市场情况修订完善集团资本市场昆仑计划，即做好6家控股上市公司再融资工作、2家企业拟上市工作、X项其他资本市场运作项目，明确了集团未来三年资本市场工作方向和重点。

云铝股份非公开发行股票项目。2020年完成昆仑计划中云铝股份非公开发行事宜，发行股份数量521367759股，募集资金总额约21.38亿元，新增股份于2020年1月完成上市并公告。本次发行工作完成后，云铝股份一体化产业链得到进一步完善，云铝股份主营业务得到进一步拓展，有利于提升上市公司抗风险能力、加强上市公司可持续盈利能力，集团产业布局得到优化。

中铝国际非公开发行股票项目。2020完成集团立项及中介机构聘请工作。

上市公司市值管理。2020年初股票二级市场普遍下行、集团持股比例较低的背景下，资本运营部充分论证、及时上报，经集团决策后展开增持中铝股份H股工作。截至2020年底，累计增持中铝股份H股1,631.4万股，占中铝股份总股本0.1%。

撰稿／费　凡　李立新

深化改革

集团以国有资本投资公司试点改革为牵引，以国企改革三年行动为契机，实施总部职能机构岗位优化调整，建立以战略目标和财务效益为主的管控模式，努力打造集团高质量发展新模式。

一、加强改革顶层设计

制定印发了《中铝集团深化改革三年行动实施方案（2020—2022年）及任务台账》。确定“完善中国特色现代企业制度”“推进集团产业布局优化和结构调整”“积极稳妥深化混合所有制改革”“健全市场化经营机制”“抓好国企改革专项工程”“加强党的领导和党的建设”等6个方面的工作，“把党的领导融入公司治理各环节，实现制度化、规范化、程序化”等27项具体改革任务，制定97项具体改革措施，明确各项措施的责任单位和完成时间。指导11家战略单元制定深化改革三年行动推进方案和任务台账。

二、明确集团总部核心职能

按照集团总部管资本为主的定位，把集团总部的核心职能确定为战略决策、资本运营、资源配置、风险监控、管党治党等5个方面，做到投资运营功能上移、生产经营事项下沉，使总部功能定位更加清晰、核心职能更加突出。在干部管理方面，集团党组主要管理总部部门负责人、各战略单元及直管单位班子、主要战略单元本部部门正职、部分重点骨干企业党政主要负责人。行政办公、安全环保、科技创新、法律合规等专业管理职能，原则上集团总部只管至二级企业。同时，做实战略单元的运营管理职能，承接好集团下放的职能，优化实体企业生产经营，加强内部协同管理，落实好投资回报责任。

三、完成总部职能机构岗位优化

适应国有资本投资公司试点改革需要，对总部机构岗位进行调整优化。集团总部部门从19个精简合并为13个，减幅31.6%，内设处室从92个精简为46个，减幅50%。集团部门总编制从384人精减为220人，减幅42.7%。其中，部门负责人从45人精减为22人，处室负责人从114人精减为66人，业务主管从225人精减为132人，建立了精简高效的总部机关。

四、推进“总部机关化”专项整改

加强统筹组织、调度指导，6月底，全部完成《中铝集团“总部机关化”问题专项整改实施方案》确定的6个方面23项整改任务。加大授权放权力度，印发《党组会董事会总经理办公会决策事项清单》《总部授权放权事项清单》。在集团总部开展“总部机关化”问题专项整改取得较好成效的基础上，将专项整改向所属企业延伸，明确各单位目标任务，推进上下协同整改。印发《推进集团子企业“总部机关化”问题专项整改工作方案》，指导11家战略单元制定专项整改方案，集中整改在管理作风、管理体系、管理效能等方面存在的12个突出问题，至年底取得了阶段性成果。

五、深化专项改革

一是郑州研究院、长沙院分别制定“科改示范行动”改革方案，报国务院国资委备案。指导“双百企业”西南铝、华中铜业分别制定了2021—2022年“双百行动”综合改革方案及任务台账，报国资委备案。华中铜业开始试行职业经理人制度。西南铝案例被国务院国资委编入2020年《改革样本——国企改革“双百行动”案例集》。

二是“两非”剥离完成。“两非”企业专项治理工作是集团贯彻落实国资委三年改革行动方案和高质量发展的重要举措。中铝集团党组高度重视“两非”剥离专项治理工作，成立由集团党组书记、董事长担任组长；党组副书记、总经理担任副组长的领导小组，并设立工作小组办公室，由资本运营部承担办公室职责。领导小组定期召开会议，解决“两非”企业治理和剥离过程中的重大问题；专项工作小组组织落实领导小组的决定，定期将进展情况及需要决策和关注的事项报“两非”剥离工作领导小组。2020—2022年国务院国资委下达中铝集团“两非”企业剥离任务20户，2020年完成7户，全面完成年度任务。

三是压减工作完成。2020年中铝集团按照国务院国资委要求，结合实际情况持续开展法人户数压减工作，坚持压减工作与提质增效等紧密结合。2020年初控股子公司563户，截至2020年12月末，控股子公司541户，年内通过吸收合并、股权转让、注销、破产清算等方式净压减22户。管理层级保持在五级以内。

撰稿／王德国　王若愚　李立新

合作交流

一、国内交流合作

（一）集团重要签约、调研活动顺利实施。响应国家战略，推动民机铝材合作交流，集团与商飞、航空工业集团三方签订《民机铝材战略合作协议》。与东方电气签订战略合作协议。集团领导克服新冠肺炎疫情不利影响，根据工作需要，适时开展调研走访工作，集团领导先后到 17 个省市、自治区调研活动 25 次，累计调研下属企业 82 家。

（二）集团重要公务接待和领导拜访活动有序开展。全年接待国务院国资委郝鹏书记、北京市政协主席、党组书记等领导到集团调研拜访 7 次；航空工业集团、中国商飞、东方电气和信发集团、山东魏桥等企业拜访、来访接待等活动 22 次，接待来访客人近百人次。

（三）高质高效完成中央环保督察组进驻集团开展工作期间的配合保障工作。

二、国际交流合作

（一）主动适应疫情防控新常态，积极通过“云端”“线上”开展国际交流合作。集团领导进行外事会谈 13 次，参加战略单元外事会谈 6 次，其中视频和电话会谈 15 次。集团全年共审批办理因公出访团组 167 个，办理邀请来华团组 15 个。

（二）积极参加第三届中国国际进口博览会、第 17 届中国—东盟博览会等国际会展活动，与来自澳大利亚、俄罗斯、智利等 10 余个国家的供应商开展合作洽谈，签署合作协议。

（三）集团指导有关下属单位做好对外捐赠，助力驻在国政府抗击新冠肺炎疫情，在国际上树立中铝集团全面履行责任的企业形象。其中，中国铜业向智利驻华使馆捐赠 3M 医用防护口罩 1 万个、一次性口罩 10 万个，测温仪 2 台、防护服 500 套。中铝秘鲁矿业向秘鲁政府捐款 54.7 万索尔（约合人民币 110 万元），助力抗击疫情。几内亚博法项目从国内组织采购运送十批次、总价值超过 500 万元的生活及防疫物资，向几内亚博法省政府和周边社区捐赠口罩、试剂盒等防疫物资。组织包机从几内亚顺利接回 231 名员工，现场员工零感染。

中国铜业获得“具备国际影响力铜企业”“中智合作抗击疫情特别贡献企业”荣誉。中铝几内亚有限公司荣获“中央企业抗击新冠肺炎疫情先进集体”称号。中铝秘鲁矿业栾书伟、李宁忠荣获“中央企业抗击新冠肺炎疫情先进个人”称号。

撰稿／凡青平

人力资源开发

一、人力资源管理改革

（一）精简总部机构设置

认真贯彻落实国务院国资委开展“总部机关化”问题专项整改要求，强化总部战略管控职能，按照集团国有资本投资公司试点改革方案，组建精干高效、专业化职能部门，严格落实战略管控型总部部门数量原则上不超过10个（不含党组织的工作机构）的目标要求。总部部门从19个精简合并为13个（含3个党组织工作机构），减幅31.6%；处室从92个精简为46个，减幅50%。

（二）优化总部岗位设置

围绕总部核心职能，制定完成机构编制及人员配置方案，优化部门内设机构和编制设置。在优化合并部门机构基础上，剥离总部操作性职能和与有关业务板块的共享职能，确保总部履行好核心职能，强化管理集成，发挥管理协同效应。按照“扁平化”“大部门制”改革要求，明确了部门负责人职数和处室设置原则，核减总部岗位设置，优化岗位结构。

（三）严控总部人员编制

改革后，总部部门总编制从384人，精减为220人，减幅达42.7%。其中，部门负责人从45人精减为22人，减幅51.1%；处室负责人从114人精减为67人，减幅41.2%；业务主管从225人精减为131人，减幅41.7%。

二、推进干部队伍建设高质量发展

（一）稳步推进干部管理体制改革

明确专职董事监事工作职责，初步建立董监事人才库，形成科学规范的法人治理工作体系、高素质专业化的董监事干部队伍和强实践重阅历的人才发展通道，努力建设科学决策，有效监督董事会、监事会，为培育具有全球竞争力的世界一流有色金属企业奠定体制基础。

（二）优化调整各层级班子结构

突出政治素质和政治能力考察，综合研判年龄、专业、经历等结构因素，提出集团各层级班子调整优化方案，及时补充有丰富实践经历、突出工作业绩的干部21人。对市场化选聘的新任干部进行试用期考察，研究制定中铝高端制造领导班子设置方案，选派具有丰富工作经验的实体企业党务干部充实集团直属纪委、巡视组领导班子，推进中铝海外、中铝开投等4户新兴平台全部配备工会主席，持续强化总部和直属单位的党群工作力量，调整优化企业班子年龄和专业结构。全年共优化调整干部117人。

（三）加快发现和培养优秀年轻干部

总结分析集团贯彻落实《2019—2023 年全国党政领导班子建设规划纲要》情况，研究提出未来五年优秀年轻干部队伍建设规划思路。选派党组管理的优秀年轻干部到革命老区挂职锻炼。深入落实集团加强优秀年轻干部队伍建设有关要求，压实各级党组织培养选拔经营管理三大计划人选责任，打造信息完备、长效管用的人才成长数据平台，强化“一人一表”对促进干部成长的基础性作用，形成高潜力年轻干部名单，其中，“合金计划”平均年龄 48.8 岁、“锋刃计划”平均年龄 45.6 岁、“飞跃计划”平均年龄 37 岁。摸索领导人员素质能力测评体系和人才盘点实施方案，强化精准识别和使用干部，根据优秀年轻干部能力特点和不同类型单位领导力需求，构建精准实用的选用管育体系。实施集团总部和实体企业双向交流任职计划，选派总部和实体企业年轻干部各 8 人双向交流任职，进一步加强年轻干部的培养锻炼。

（四）强化选人用人监督检查

创新开展“一报告两评议”工作，运用人力资源管理信息系统对 36 户所属企业开展 2019 年度干部选拔任用“一报告两评议”工作，强化评议结果运用，1 人选任结果宣布无效，1 人给予诫勉谈话。结合巡视开展选人用人专项检查工作，发现选人用人问题近 120 项要求整改。坚持抓早抓小抓日常，前移监督关口，对党组管理的领导人员开展提醒 9 人次，函询 11 人次，诫勉 2 人次，切实发挥教育警示作用。通过总结经验、突出重点、完善流程，加大对各级党委选人用人工作的监督力度，提升基层党委选人用人工作规范化水平。

三、加快建立人力资源市场化配置机制

（一）不断完善人力资源市场化配置

制定《经理层成员任期制和契约化管理办法（试行）》，指导相关企业试点推进。截至 2020 年底，试点推行职业经理人制度的企业共计 10 户、市场化选聘职业经理人 22 人；试点任期制契约化企业共计 10 户、签约经理层成员 24 人。

（二）建立健全市场化激励约束机制

一是围绕集团“全要素对标”要求，引入“价值管理”理念，对标市场资产回报（ROE）水平，会同财务产权部建立战略单元领导人员市场化对标激励约束机制。二是全面推进科技型企业分红激励，47 户科技型企业制定分红激励实施方案，年度激励总额 0.49 亿元。

（三）加强用工管控和人员压减

盘点各类用工底数，督促战略单元加强用工控制和人员压减。截至 2020 年底，全部劳动用工 17.48 万人（其中职工 16.27 万人、其他从业人员 0.17 万人、劳务派遣用工 1.04 万人），较 2019 年末减少 0.72 万人、减幅 3.94%。

（四）积极推进退休人员社会化管理

组织指导企业开展退休人员社会化管理移交，截至 2020 年末，集团涉及退休人员社会化企业 65 家，累计实行社会化管理的退休人员 14.75 万人，按期完成移交主体工作。

四、夯实重点人才工程

（一）推进人力资源规划编制工作

贯彻落实集团发展战略规划编制要求，结合改革发展新要求，研究制定 2020—2022 年集团人力资源滚动规划目标及举措；起草集团“十四五”人

力资源规划（建议稿），初步谋划今后5年人力资源工作的目标、思路和举措。

（二）持续加强人才开发与培训平台建设

持续提升中铝党校（大学）教育培训能力，应对疫情，搭建网络学院在线学习平台；丰富师资库，内外部师资总人数达320余人；发挥主渠道、主阵地作用，实施36期2980余人次党员理论学习和党性教育专题培训班、23期2000余人次党务干部、基层党支部书记党建业务能力提升专题班；提升干部员工专业化能力，举办22期1560余人次面向企业的各类专题选学班，承担413期3.4万人次企业委托的技能人才、专业技术人才等培训班，开展10期550余人次送教上门服务；加强精细化管理，制定覆盖培训需求分析与计划、项目设计、项目实施和培训评估等环节的工作流程，提升培训效率与质量。

（三）深入实施重点人才工程

克服疫情影响，稳妥开办经营管理三大人才培训班15期，共计对929人开展差异化、精细化、高端化培训。完善年轻干部“育选管用”全链条管理体系。加快推进科技人才队伍建设，组织企业遴选293名科技人才钻石、明星计划人选，争取国家财政经费资助17万元，首次举办58名集团青年科技骨干参加的“有色金属行业青年科技英人才创新能力提升高级研修班”；选聘22名首席工程师；新增1名入选国家重大人才工程专家、5名享受政府特殊津贴专家；柔性引进使用2名海外专家，争取引才经费30万元。

（四）推进技能人才“工匠计划”

推进“五级技师”制度和高技能人才培养，年度新聘“五级技师”1996名，新培养高技能人才（技师、高级技师）1041人。组织完成2020年度集团技能大师工作室评选，新建“贺婕技能大师工作室”等15个集团技能大师工作室。截至2020年，累计获评省级（含央企行业）及以上技术能手、技能大奖共391人次。

撰稿／胡　瑛

纪检监察

一、带头践行“两个维护”，做实政治监督

集团党组制定了《关于深入贯彻落实习近平总书记重要指示批示的实施办法》。变被动监督为主动监督，围绕压实全面从严治党主体责任、科技创新引领等主题，深入相关战略单元和企业进行调研督查，督促中铝集团党组进行科研机构改革，在“十四五”规划中单列科技创新专项规划，推动解决“卡脖子”技术问题。聚焦疫情防控实施精准监督，先后11次向各级纪委发出通知，通过电话提醒、现场调研等方式统筹跟进疫情防控，精准监督复工达产。及时督促成立境外疫情防控专项工作小组和办公室，编制应急预案。对违反疫情防控规定的问题快查快办，处理处分18人，在全系统进行通报，强化警示教育和震慑。督促集团党组履行中央巡视整改主体责任，定期扫描整改台账，整改完成率95.2%。结合中央巡视反馈问题，举一反三、深化整改，保障按照党中央确定的目标持续健康发展。

二、深化纪检监察体制改革，规范完善监督体系

印发了《关于进一步加强和规范各单位纪委工作的实施意见》，构建完善“集团、战略单元、企业”三级监督体系。推动集团党组制定《构建“大监督”体系实施意见及3个工作规则》，将党内监督、董监事执行出资人监督、职能部门的业务监督贯通融合，一批重大风险问题得到推动和解决，集团总部的信访举报量同比下降52%。完善党组与纪检监察组定期会商协调沟通、重要情况通报的工作机制。畅通与相关省市地方纪委监委的配合办案机制，初步建立与各大金融机构、银行及相关网络平台、房管、车辆管理部门等单位的查询协作机制。制定《纪检监察组工作规则》《监督检查审查调查措施使用规定（试行）》《关于规范函询工作的规定》《关于加强和改进案件审理工作的意见》《日常工作审批权限1.0版》等一系列制度，制度体系不断完善。

三、审计监督成效显著

2020年，集团总部共完成经济责任审计、项目审计、专项审计等各类审计项目180个，审计发现问题643个，主要集中在财务管理及会计核算、投资管理和工程管理等13个业务领域，审计发现问题整改率达97%；揭示重大风险事项276条，主要涉及资源获取、诉讼、土地补偿款等，审计意见采纳率100%。投资项目审减额2.43亿元，审减率4.2%，较2019年提高1.5个百分点，审计成效

明显。

一是监督关口前移，任中审计实现常态化。在坚持对重大项目进行全过程跟踪审计的基础上，逐步形成以任中审计为主的新机制，2020年的经济责任审计项目中，任中审计达到2/3。

二是聚焦高风险领域，实现审计全覆盖。集团对全级次530余户企业的资金管理情况展开“横到边、纵到底”的穿透式专项审计调查，揭示各类问题68项，提出建议22条，为集团精准施策、防范资金风险提供重要参考。

三是持续强化工程项目审计，加大过程介入指导及审核力度，强化境外投资项目审计监督，不断加强审计监督对节约项目投资成本、提升项目建设管理水平、提高项目建设效果的重要作用。

四是加大内控评价业务指导和检查力度。全年组织全级次企业进行2次内控自评价，在此基础上对各战略单元和直管企业实施了独立检查。

四、审计管理全面提升

加强对所属企业内部审计工作的指导，提升审计成效。印发2020年度内部审计工作要点，推动集团各级审计部门认真贯彻落实集团党组各项决策部署，发挥审计在公司治理和大监督体系中的作用。按季对各单位审计情况进行指导跟踪，推进审计工作落实。

加强审计业务全过程管理，提升审计质量。一是强化审前准备，加强审前调查，细化审计方案；二是强化审计过程指导，加大审计报告复核力度；三是加强业务培训，提高部门人员的政策法规水平和业务技能；四是加大对审计中介机构的考核力度，对考核不合格的予以淘汰。

加强审计方式创新，提升审计效率。在资金专项审计、经责审计、几内亚博法项目和秘鲁矿业二期项目等境外重点项目的审计中，充分利用信息系统、网络视频等现代化手段，开展线上、远程审计。

五、审计成果高效运用

2020年，集团聚焦审计整改与结果运用，不断强化审计整改监督。通过审计整改，相关企业修订或新建规章制度426项，回收逾期应收款项12.78亿元，盘活清理闲置废弃资产3.59亿元，挽回各类损失2.58亿元。

持续深化审计成果共享。在审前调查阶段，加强集团各部门各单位沟通，共享巡视巡查、工程审计、招投标专项督查等成果，获取审计信息，聚焦审计问题点和高风险领域；在审计过程中，内外部人员优势互补，运用共享审计模式，将内控评价与经责审计、专项审计及其他类型审计有机结合，关键领域纵深穿透，重点业务点面结合，真正实现“一审多果、一果多用”；共享监督成果，按时将审计报告抄送相关单位或部门，将审计发现问题共享给各相关管理部门和“大监督”办公室；对审计发现的重大风险事项进行持续跟踪监控，形成监督合力和高压态势。

六、违规追责加强震慑

2020年，集团进一步夯实违规追责体系，有力保障违规追责工作的顺利开展，发挥监督追责的震慑作用。一是建立集团总部、战略单元和实体企业三级责任追究主体的工作体系，追责管理体系架构已经形成。二是制度先行，确保违规追责工作有章可循，制定《违规经营投资责任追究问题线索查处工作细则》，进一步规范违规经营投资责任追究工作的流程。三是组织全级次企业开展违规问题线索的全面摸排，督促相关企业建立台账，持续跟踪追责整改情况。四是及时办结国资委移交问题线索。

七、全面推进依法治企

一是法治与合规管理工作。4 月，召开年度法治与合规管理工作会议，全面总结梳理五年来集团法治工作情况，逐项查漏补缺、立行立改，圆满完成各项工作。12 月 4 日，国务院国资委对集团开展现场检查，集团在法治央企建设总结验收中获得并列第三名。

二是案件“去存量、控增量”工作。全年集团共计处理案件 1707 件、涉诉金额 256 亿元，实现结案 773 件、涉诉金额 61.23 亿元。截至 2020 年底，存量案件 934 件、涉诉总金额 195.28 亿元，同比分别下降了 11.5%、16.5%；挽回经济损失 17.34 亿元、避免经济损失 16.53 亿元，两项合计 33.87 亿元，同比提高了 46%。

三是法律风险防控工作。集团法律人员全程参与深化改革、处僵治困、关停并转等重大决策事项，全年共计起草、审核合同 665 份，审核各类规章制度 39 件，审核股东会、董事会等议案 68 个，提供各类法律咨询 241 起，参加各类决策会议 479 项次，开展法治建设等相关工作 447 项。为并购云南冶金集团、组建中铝高端等 18 个重大项目，全程提供了法律支持服务。指导、帮助中国铜业积极应对“云铜商标事件”。

四是合规管理工作。成立合规管理委员会，与集团法治建设领导小组合署，并成立涉外法律合规风险防控工作领导小组。有效防控新冠疫情可能引发的法律合规风险，各级法律机构积极行动，梳理、排查出 215 项合同风险，全部得到及时有效化解。组织印发《建设工程领域中的违法分包转包业务的风险提示》《宣传用语规范风险提示》等提示函，提示法律合规风险。切实强化涉外法律合规风险管理，跟踪、分析、报告重点国家和地区以及重点领域的法律合规风险，组织开展 SDN 名单风险排查，编写有关领域的风险防控指引。

五是法治宣传培训工作。邀请全国人大常委会法工委民法室主任、中央政治局集体学习主讲人，为集团党组中心组（扩大）学习会讲授《中华人民共和国民法典》专题。会同纪检监察组开展《中华人民共和国公职人员政务处分法》宣传，与国家法官学院合作，举办 2020 年度法治与合规管理专业培训班，专题讲授合规管理、企业商标发展战略和依法维权问题，邀请最高法院资深法官分别讲授《中华人民共和国民法典》物权、合同、侵权等专章和公司法律问题，促进法律人员队伍履职能力的提升。

撰稿 / 李　野　田沐阳　杨　雪

文化建设

2020年，集团党组注重加强宣传思想和文化品牌建设，充分汇聚广大干部职工强大精神力量。坚持“扩大正面宣传、引领热点难点、优化企业形象”，精心组织拓外宣，多管齐下抓内宣，打好新闻宣传“组合拳”，集团的舆论引导能力不断提升，外部形象持续优化，品牌价值和企业美誉度再上新台阶。

一、新闻与宣传

科学规范推动外宣工作，不断强化新闻宣传工作沟通力度，多渠道打造集团品牌矩阵，与《人民日报》《光明日报》等央媒保持稳定友好关系，夯实大媒体格局。全年累计在国内主流媒体主动策划刊登各类正面宣传稿件650余篇，在《中国有色金属报》发稿1060余篇；在“学习强国”学习平台发稿12篇。

二、文化品牌建设

一是提升《中国铝业报》内容质量，推动该报牢牢占据集团新闻的主渠道。2020年共编辑出版报纸92期，刊登稿件3600余篇，设置栏目36个，特别策划整版10余期；在疫情防控以及中央环保督察组进驻中铝期间，扎实做好相关报道工作，编辑刊发稿件150余篇，增发编辑24个信息公开专版。《中国铝业报》向所属企业和广大干部员工传达党组部署、中铝声音，搭建集团对外传播的窗口。多篇文章在中国产经好新闻和河南省好新闻评比中荣获奖项，报纸差错率持续低于3‰，蝉联一级报纸称号。

二是整合平台资源，凝聚新闻工作合力。主动适应集团对新媒体工作的新要求，制定新媒体运营短期规划，理清宣传重点、创新宣传方式，聚焦贯彻落实新发展理念、推动高质量发展、构建新发展格局。集团网站群上传稿件1800余篇，“今日中铝”公众号、“中铝新闻”客户端累计发稿2500余篇，头条阅读量增长10%以上，粉丝突破8.8万人，融媒体平台已经成为宣传的重要力量。

主动策划选题和设置议题，在《中国铝业报》“今日中铝”微信公众号、“中铝新闻”App、集团网站群等平台开辟“坚决打赢疫情防控阻击战”专栏及时发布疫情防控信息，累计发稿200余篇，《中国铝业报》增发编辑24个专版；开辟“中央生态环境保护督察在中铝”专栏，其间共刊发各类新闻稿及边督边改情况信息150余篇，累计访问量超过2490余次，增强宣传的精准度和信息公开的力度。

三是提升品牌文化影响力。制定企业文化专项对标方案，举办对标推进会，编制中铝企业文化图谱，形成企业文化建设及品牌管理工作调研报告，修订《2020—2022 年集团文化建设工作方案》。评选第三届 20 名“最美中铝人”，评审第三批企业文化示范基地，征集 50 余条特色文化短语、19 个先进典型精神，组织开展庆祝中铝成立 20 周年“八个一”活动。

四是抓好意识形态工作。定期分析研判形势，全力抓好意识形态工作。每季度开展思想动态调研、编发形势任务教育提纲。深入开展精神文明单位创建，省级以上文明单位达到 34 家。

三、社会责任工作

2020 年，集团社会责任发展指数在中国企业 300 强排名中位列第 14 位，达到社会责任发展指数卓越者阶段。集团荣获年度“卓越责任企业奖”，年度《社会责任报告》被中国企业社会责任报告评级专家委员会评定为“五星佳”最高评级，获金蜜蜂“2020 优秀企业社会责任报告长青奖”。

（一）群防群治，做好疫情防控工作

集团党组强化组织领导，统筹推进疫情防控和复工复产工作。各战略单元和企业履行属地管理责任，层层建立疫情日报和“零报告”制度，全级次企业建立全员“健康卡”和异常人员跟踪机制，实施清单式管理。中铝几内亚博法项目荣获“国务院国资委中央企业抗击新冠肺炎疫情先进集体”，两人荣获“国务院国资委中央企业抗击新冠肺炎疫情先进个人”。集团抗疫案例入选全国首份《企业抗击疫情研究报告》。

（二）行业引领，推进联合降碳行动

全力配合中央生态环境保护督察组办理生态环境保护信访举报案件，督察组转办集团群众举报问题 330 件全部办结或阶段办结。举办中铝第四届降碳节活动，发布集团年度降碳报告，表彰年度降碳优秀案例、降碳好新闻。集团降碳节宣传片《铝娃》采用动漫形式展示集团在低碳、绿色发展中取得的成效。

（三）扶贫帮困，提升责任品牌影响力

2020 年，集团在卡若区、察雅县、海晏县、阳新县等对口地区，开展扶贫项目 30 余项，投入扶贫资金 4750 万元，同比增长 36%。启动金融应急服务预案，为湖北疫区企业及时办理延期还本付息业务，向集团各企业投放低息“疫情贷”53 亿元。集团向疫情重灾区捐款捐物累计超过 4800 万元，党员捐款 100% 全覆盖。集团扶贫案例获联合国全球契约“实现可持续发展目标 2020 企业最佳实践”。

（四）加强群团工作

党组高度重视群团工作，围绕中心任务抓创新、抓实效，推动建立和谐劳动关系。一是抓好民主管理。针对工会经费收支、民主管理、组织建设等方面的政策法规，编发 4 期通报。坚持每季度开展职工思想动态调研，形成建议清单 18 项，全部答复落实。对集团一届三次职代会征集提案中的 19 件立案提案全部答复落实。二是抓好工会经费专项对标。集团工会全面梳理 3 大类 28 种问题，形成工会经费问题清单，提出整改措施。通过专项对标，督促基层工会立行立改 181 项问题。召开会员代表大会通报专项对标自查自纠情况，同时以互查方式组织抽查，下发整改意见函。三是抓好劳动和技能竞赛。按照对标对表、应赛尽赛的要求，开展中铝股份和铝加工企业共 16 项劳动竞赛，表彰劳动竞赛先进集体和“出彩矿山人”。命名第二批集团级职工创新工作室 30 个，选树第三批“安全干净”示范班组 95 个。举办第十六届中铝工匠赛、集团班组长培训比武和第四届创新创意大赛。组织了集团第二届职工乒乓球比赛和第二届团干部技能大赛。四是抓好群团组织自身建设。集团工会召开一届二次会员代表大会，集团团委出台标准化团支部工作规范，加强青年思想政治工作，广泛宣传学习习近平总书记给北大援鄂医疗队全体“90后”党员回信和五四寄语精神，深入学习贯彻姚林书记五四青年节寄语，以网络会议方式组织4个协作区开展对标交流，表彰了一批共青团先进集体和个人。2人分别获评全国青年岗位能手、全国家庭工作先进个人。2个单位分别获全国厂务公开民主管理先进单位、全国家庭工作先进集体。集团信访办公室荣获“中央企业信访工作先进集体”。

撰稿／蔺　建　李　哲

2021

中国铝业集团有限公司年鉴

The Yearbook of Aluminum Corporation of China

【企业篇】

Enterprises

中铝材料应用研究院有限公司

一、基本情况

中铝材料应用研究院有限公司（简称中铝材料院）成立于2017年3月24日，注册资本为2亿元，员工总数（在岗）152人，资产总额2.4亿元，资产负债率37.27%。

主营业务范围：有色金属材料与应用、技术开发、技术服务等业务。办公地址：北京市昌平区北七家镇未来科技城南区中铝科学技术研究院10号楼。

中铝材料院坚持党的领导，加强党的建设，统筹推进疫情防控和科研创新，规范科研管理，强化效果导向，提升科研质量，防范重大风险，创出良好业绩。

经营工作取得成效，科研收入突破4000万元。科研创新取得丰硕成果，突破紧固件材料收口成形关键技术，解决高锁螺母收口缺陷问题；开发的高品质5系铝合金焊丝质量达到进口水平；开发的免热处理高导热压铸合金通过外资企业认可；开发的高端6系铝合金圆铸锭新产品打入国内锻造轮毂应用市场；建成首个应用国产耐蚀铜线材的4米海水养殖用网箱，实现实海示范应用；攻克新型铝合金板带材关键制备技术，实现绿色免处理CTP基板用铝材的进口替代。

分别联合河南铝加工、洛阳铝箔成功申报并获批轧制镜面铝合金板带、高性能铝箔材料等省级工程研究中心。采购国际先进的透射电镜、疲劳试验机、等离子体质谱仪等20余台套分析测试设备，形成高端微束分析、化学分析、力学分析能力。高性能图形加速集群项目部署完成，计算能力提升近十倍。成功认定为北京市企业科技研究开发机构。

全面加强科研管理。制定项目负责人管理办法，建立项目负责人选聘、考核、培养机制及人才库，开展专题培训，提高项目负责人履职能力；强化科研计划管理，搭建科研信息化管理平台，具备准确输出项目进度、里程碑节点、人力资源复核、项目预算等可视化数据的能力。

二、生产经营

主要经济指标一览表

表1

项目	单位	2019年	2020年	增长（%）
资产总额	亿元	2.23	2.36	5.83
工业产值	亿元	0.27	0.44	62.96
营业收入	亿元	0.28	0.61	117.86
利润总额	亿元	−0.08	−0.41	412.5
税收贡献	亿元	0	0	0

三、安全环保

中铝材料院全面梳理安全风险点，修订设备安全操作规程，完成熔铸安全专项整改，消除半连续熔铸线的安全隐患。配置专用阻燃服及防护面罩，提高安全防护水平。申请危废转移备案，畅通废酸碱液的处置渠道。严格实施废水、废气复检，确保全部达标排放。坚持安全月度检查、节前检查及安全教育培训制度，扎实开展特种资质人员培训与特种设备年度检修，无安全、环保事故发生。

四、科技创新

（一）科技人才

有序推进人才队伍建设。积极开展海外高端人才引进，推动柔性引才，“招”“引”并重，招聘科技人才 9 人，引进海外高端人才 1 人。强化院士专家工作站的建设与管理，引进 3 位行业知名专家入站，对项目攻关、人才培养等关键领域的引领带动作用不断增强。实施在职攻读研究生制度，为员工继续深造学习创造条件。

（二）科技项目与科技成果

中铝材料院科技投入 6950.15 万元，在研项目 122 项，项目计划执行完成率达到 90.3%。

围绕国家重点型号飞行器对高性能铝合金紧固件的迫切需求，突破紧固件材料收口成形关键技术，高锁螺母合格率从不到 20% 提升至 100%，试制批螺母全面通过材料和产品验证，解决了高锁螺母收口缺陷问题。铝锂合金、超高强耐蚀铝合金和低淬火敏感性超厚板等系列产品预研成功，主打产品品质持续提升。

内外覆盖件产品制备关键技术获得突破，量产工艺在新产线实现固化，产品通过车企材料认证，实现销售 7000 吨。新能源汽车锂电池软包装铝箔成功开发，实现进口替代。高品质 5 系铝合金焊丝，质量达到进口水平，正在进行车辆焊接应用评价。开发免热处理高导热压铸合金，通过外资企业的认可，进入订货程序。开发高端 6 系铝合金圆铸锭新产品，打入国内锻造轮毂应用市场，在企业实现月供 2000 吨。

建立了铜合金网箱自主设计开发能力，建成首个应用国产耐蚀铜线材的 4 米海水养殖用网箱，实现实海示范应用。高强高导铜合金线杆“上引连铸—连续挤压—拉拔”技术开发成功，成品接触导线的性能达到铁标要求。开发国内最宽幅高锡合金水平连铸电磁辅助铸造装置及工艺技术，在华中铜实现成果转化，累计生产合格高锡青铜带坯超过 1000 吨。

联合中铝瑞闽攻克新型铝合金板带材关键制备技术，实现绿色免处理 CTP 基板用铝材的进口替代，产品国内市场占有率达到 90%，2020 年实现销售量 1.3 万吨。薄壁管材短流程制备新技术工业化应用取得关键性突破，利用西北铝现场条件试制出成品管材，技术投产后管材成品率提高 20% 以上。

5 项科技成果达国际先进水平，参研的 2 项科研项目成果分获中国有色金属工业科学技术一等奖、三等奖。

（三）专利

中铝材料院获得授权发明专利 13 项，专有技术 5 项。首次作为牵头单位起草国家标准 1 项，参与制定 19 项。

五、党建与企业文化

持续推进习近平新时代中国特色社会主义思想

武装，深入学习贯彻中共十九届四中、五中全会精神，扎实开展“五力”大讨论活动，集中学习、专题研讨31次，累计参与325人次。积极创新党建工作方法，举办“党建+科研”专题党课、特色主题党日、项目路演等系列活动，荣获“中铝集团先进基层党组织”“中铝集团五四红旗团委”等荣誉。深化纪检监察体制改革，发挥“大监督”工作格局，推动完善监督体系。开展招投标专项巡察，推进招投标工作规范化。

完善工会组织机构，及时选举工会会员代表，补选工会委员、工会主席、女工委主任。设立工会疫情防控专项资金，组织采购发放3批防疫物资。开展“金点子”“银点子”合理化建议征集活动，认真落实职工提案11项。董学光青年创新工作站获得集团命名。

加强科研文化建设，开展文化短语征集、先进典型精神提炼、“最美中铝人”推选、文化工作对标等多项活动。制作明星员工及优秀员工宣传展板。在省部级以上的新闻宣传、杂志期刊稿件共计24篇，中铝材料院故事《中流砥柱，铝创辉煌》成功入选人民网第三届中央企业优秀故事。

撰稿 / 高学成

中铝铁矿控股有限公司

一、基本情况

中铝铁矿控股有限公司（简称中铝铁矿）成立于2010年10月6日，注册资本2000港元，员工总数（在岗）15人，资产总额145.3亿元，资产负债率8.74%。

主营业务范围：铁矿采选。办公地址：北京市海淀区西直门北大街62号。

2020年中铝铁矿深入贯彻十九届五中全会精神，坚定落实集团国有资本投资公司试点改革、深化改革三年行动、对标提升等目标任务，紧紧围绕"抗疫情、推优化、防风险、促转股"的主线，在严控项目预算的情况下，稳妥开展国内外疫情防控、基础设施和矿山可研优化、对标提升、中方控股权转换等工作。

二、生产经营

西芒杜项目处于投资决策前的筹备阶段，未正式开展生产运营。

主要经济指标一览表

表1

项目	单位	2019年	2020年	增长（%）
资产总额	亿元	154.85	145.3	−6.28
工业产值	亿元	—	—	—
营业收入	亿元	0	0	—
利润总额	亿元	−0.5	−0.45	−12.89
税收贡献	亿元	—	—	—
全员劳动生产率	万元/人·年	—	—	—

三、安全环保

中铝铁矿作为中方联合体投资西芒杜项目平台，坚持国内国外一盘棋，积极为境外疫情防控出谋划策，同步做好项目公司在几内亚的抗疫工作。在采取多种举措确保项目团队安全的情况下，一方面积极宣传中铝抗疫经验和防控措施，督促项目公司建立、完善防疫体系，定期召开防疫专题例会，研究多种应急处置预案，联动做好项目公司的防疫工作，确保境外员工零感染；另一方面，针对社区实际需求，与力拓共同为营地周边社区捐赠了价值15万美元的防疫物资及车辆，并且通过传单、电视、广播网络等行之有效的方式增强民众的疫情防范意识，与社区同心抗疫、共渡难关。

四、改革发展

（一）夯实基础，采用中国元素开展方案优化

几内亚矿业开发和基础设施建设领域的新技术不断发展成熟，驳船转运技术在赢联盟和中铝博法项目得到了成功运用。在此情况下，中铝铁矿积极推动中国技术、中国管理和中国装备等“中国元素”在项目上的应用。初步优化成果显示，采用中国元素优化，港口和铁路的投资成本可大幅降低。

（二）科学管理，严控投资预算和出资管理

基于对全球疫情形势的预判，遵循集团科学管控投资预算的要求，中铝铁矿对外严控项目预算和出资管理，对拟开展工作逐项分解、客观评估、逐条审核，精准编制工作计划和费用支出，并提议结合工作实际和疫情形势将全年预算变为半年预算，待疫情可控后再增加优化任务和预算安排。在出资管理方面，建立了三级审核机制，对拟支付费用逐笔、逐级审核，在预算范围内确保现金缴款依据合理，维护股东利益。对内严控费用支出，加强预算执行情况的跟踪管理，在确保完成目标任务的情况下，压缩不必要支出。

（三）对标一流，提升企业经营管理水平

在多年国际化合作中，中铝铁矿认识到与国际一流企业的差距，积极对照力拓国际项目管理的特点和做法，不断总结经验，改进工作。2020 年在集团助力下，中铝铁矿将对标提升推上新台阶，结合自身特点，进一步以问题的攻克为衡量标准，再次分析企业面对的实际问题，从战略管理、技术创新与应用、法律及合规性管理、风险管理等方面，制定十二类行动清单开展对标工作，汲取其他企业之“长”，弥补自身之“短”，全方位提升企业竞争力。

（四）积极报告进展，争取国家支持

中铝铁矿与力拓合作开发的西芒杜铁矿项目作为目前世界未开发的优质铁矿项目，具有储量大、品位高等特性。中铝铁矿将项目进展情况向有关监管部门汇报，并争取获得帮助和支持。2020 年 9 月，国开行和行业专家共同提交智库报告，希望重新审视钢铁行业原料供应链、供应保障体系建设，并建议将西芒杜铁矿开发作为“一带一路”倡议重点项目。

五、党建与企业文化

（一）保障项目行稳致远

中铝铁矿党支部积极落实集团党组及直属党委各项决策部署，充分发挥支部“龙头”作用及党员先锋模范作用，深入开展“不忘初心、牢记使命”主题教育，带领党员群众全面打赢海内外联动抗疫攻坚战；面对落实方案优化和项目融资、防范风险、推动转股等挑战，党支部作为坚强后盾，带领党员群众攻坚克难，按照“六个一”标准，高质量完成各项工作任务。

（二）履行社会责任

2020 年，Simfer（项目公司）组织实施多项农业支持项目，以支持当地社区的发展，保持与社区和地方政府的良好关系。支持当地社区的居民开展种植水稻、市场园艺及畜牧项目；捐赠拖拉机、耕种机、水稻脱粒机等；培训中小企业为项目公司提供商品和服务；赞助社会文化活动；建设基础设施，如扫盲学校、青年培训中心等；在多个社区开展艾滋病毒、疟疾和其他疾病预防活动，以保护社区和当地雇员免受疾病的侵害。

撰稿／ 任尚清

中铝海外发展有限公司

一、基本情况

中铝海外发展有限公司（简称中铝海外）成立于2018年6月26日，注册资本10亿元，员工总数（在岗）105人，资产总额1.8亿元，资产负债率8.94%。

主营业务范围：有色金属矿采选业。办公地址1：广东省广州市南沙区丰泽西路中铁建环球中心中铝海外中心12楼。办公地址2：北京市海淀区西直门北大街62号中铝大厦11层南。

2020年，中铝海外按照“三平台一基地”的战略部署，克服新冠肺炎疫情影响，实现海外项目前期开发和海外项目建设及运营管理两大业务协同发展，圆满完成集团下达的各项工作任务。

经营目标全面实现。几内亚博法铝土矿项目建成投产，标志着中铝集团（中铝股份）首个海外千万吨级铝土矿供矿基地全面建成，是中铝海外在中铝集团“两海战略”部署中取得的重大进展和成功范例；几内亚博法铝土矿项目一期扩产方案优化节约投资上亿元，获得集团领导的赞赏；中铝海外广州南沙办公楼——中铝海外中心正式投入使用；安全生产零工亡，环境保护零事件，全面完成集团利润指标考核目标。

前期研究成果丰硕。中铝海外充分发挥中铝集团“外交部”“商务部”作用，对全球有色行业进行系统研究，制定差异化的开发策略，高标准完成印尼拉曼氧化铝项目、刚果（金）Kimin铜钴矿项目等12份项目机会研究报告；建立集团级海外项目资源数据库，全年收集项目信息1.2万条，奠定海外业务开发“数据根基”；初步建立覆盖全业务范围的标准化体系，形成海外开发全业务流程管理标准化指引。

疫情防控成效显著。几内亚博法项目现场及时切断疫情传播；向几内亚博法省政府和周边社区捐赠口罩、试剂盒等防疫物资；国内组织采购运送10批次、总价值超过500余万元的生活及防疫物资；组织包机把231名员工平安顺利接回国。现场员工零感染，荣获国务院国资委“中央企业抗击新冠疫情先进集体”称号。

管理基础不断夯实。结合中铝海外业务特点，积极对标力拓、必和必拓、紫金矿业等行业头部企业，持续整改促提升；创新完善制度体系，建立责任明确、导向清晰的市场化激励机制，创新推行海外业务前期开发项目经理制和区域经理制，分区域开展项目机会发掘，为员工开拓新的职业晋升通道；重大、重要合同由外聘律师参与共同审定；强化“管业务必须管风险”的风险管理理念，编制风险监控月报，开展重点国别法律政策研究，全年完成了印尼、蒙古、几内亚等 13 个国家的法律政策研究。

二、生产经营

中铝海外严格对照集团下达的年度经营业绩合同书，强化目标导向，紧盯经营业绩，实现月月有收入、季度有盈利、年度不亏损的经营目标，全面完成集团利润考核业绩指标。2020 年度，中铝海外累计确认主营业务收入 4,940.77 万元，累计实现利润总额 504.94 万元，净利润 342.57 万元。

主要经济指标一览表

表 1

项目	单位	2019 年	2020 年	增长（%）
资产总额	亿元	1.89	1.8	−5
工业产值	亿元	—	—	—
营业收入	亿元	0.76	0.49	−55.1
利润总额	亿元	0.2550	0.0505	−405
净利润	亿元	0.1911	0.0343	−457.14
税收贡献	亿元	0.0732	0.0466	−57.08
全员劳动生产率	万元 / 人・年	58.48	31.26	−87.07
资产负债率	%	10.65	8.94	减少 1.71 个百分点
净资产收益率	%	14.17	2.05	减少 12.12 个百分点
总资产报酬率	%	17.58	2.73	减少 14.85 个百分点
研发投入强度	%	—	—	—

三、安全环保

2020 年，中铝海外制定年度安全管理工作要点，完善安全管理制度体系，派出管理团队，负责几内亚博法铝土矿项目的矿山生产和运营管理，顺利完成博法铝土矿工程竣工、投产试车以及年度生产任务。严格按照博法项目《矿业协议》和几内亚劳动、矿业等方面的法律法规及中铝集团有关安全生产的要求组织生产。建立健全职业健康安全管理体系。编制并下发 16 项安全管理制度。组织各类安全培训共 21 次，培训人次达 800 人以上；组织安全检查共 21 次，检查出各类安全隐患共 432 项，整改完成率 99.2%；职业健康体检率达到 100%；全年生产安全事故为零，环保事件为零。

四、科技创新

2020 年，中铝海外对标力拓等国际先进同行，进一步加大创新工作力度。

海外项目数据库建设方面，持续整理完善海外项目信息收集和行业数据，与中铝集团信息化管理部、中铝信息就文档云软件采购及数据库在中铝集团云平台上部署有关工作保持沟通，形成关于加大全球中小型资源类项目扫描力度的工作方案初稿，提出项目遴选标准和工作机制相关建议。

几内亚博法铝土矿项目方面，中铝海外与中铝智能合作，按“整体设计、分步实施”的原则，推进项目智能化建设工作，打造海外智慧矿山示范项目标杆，几内亚博法铝土矿项目智能化平台建设工作已基本完成。

五、改革发展

（一）几内亚博法项目全线建成实现达产达标

2020 年中铝海外博法项目建设团队紧紧以创建世界一流矿山企业为指导思想，统一管控各单位建设资源、开展“三大战役”攻坚、调整优化施工模式，实行矿山 24 小时无缝生产、强化技术革新、织密疫情防控网等方式措施，几内亚博法项目于 2020 年 4 月 6 日实现项目贯通投运目标，并创造试生产两个月即达产达标，当年采矿 806 万吨、矿石装船609万吨的良好业绩，开创中铝集团海外发展的新篇章。

（二）博法项目一期扩产方案优化节约投资上亿元

以实施主皮带提速为主的几内亚博法项目一期扩产方案经过13轮次优化，完成“6+2”多方案比选，最终形成1800万吨和2400万吨两个推荐方案，投资从初始的20多亿元压减至13亿元再至2.5亿元以下，最终成果受到中铝集团的表扬和中铝股份的高度认可。

（三）确立“三步走”公司发展新路径

根据中铝集团发展战略和新形势下投资理念，编制《中铝海外基本情况和发展思路》等专题报告，确立近期成为中铝集团海外项目开发的“主力军”、中期成为行业领先的国际化专业平台、远期成为世界一流的中铝集团海外业务板块的“三步走”实施路径。

六、党建与企业文化

（一）党建工作

一是全年组织党员集体学习12次，做好“规定动作”。充分运用好“学习强国”等平台，通过公司网站、微信公众号、党建工作微信群等平台，定期推送党建学习内容，做活“自选动作”，持续提升学习能力。二是在国家、省部级媒体、集团中铝报和公司微信公众号等各类媒体发表稿件24篇，共同建设风清气正的环境。三是把提质增效的效果作为检验党组织战斗力的体现。几内亚党支部的全体党员干部充分发挥党员模范带头作用，克服雨季施工、社会动乱等不利条件，特别是海外疫情蔓延的严峻形势下，如期实现项目建设目标，几内亚党支部也荣获中铝集团“先进基层党组织”称号。

（二）纪检工作

一是全面落实管党治党责任，牢牢牵住党风廉政建设的“牛鼻子”，进一步夯实“两个责任”，持续深化“责任清单”，全面落实“四责协同”工作机制。二是通过参加会议、检查等形式有效监督执行党的纪律规矩、“三重一大”决策制度和各项制度情况。对涉及的招标、费用支出、人员招聘等决策事项实施过程监督，对执行情况实施检查。三是进一步健全纪委工作机构，严格落实党委主体责任和纪委监督责任。

七、履行社会责任

2020年，中铝几内亚博法项目在项目运营中始终保护环境和自然生态。致力于成为海外央企运作的典范，以行动诠释社会责任。2月9日，由六冶承建的斜拉桥建成投用后，既能满足大型船只通过的要求，又能为附近百姓过河带来便利，该桥梁为几内亚国内首座斜拉桥，建成后也填补中铝集团海外工程项目特殊梁桥建设史上的空白。

撰稿／罗　梅

中铝环保节能集团有限公司

一、基本情况

中铝环保节能集团有限公司（简称中铝环保）成立于2018年3月，注册资本10亿元，员工总数（在岗）833人，资产总额23.85亿元，资产负债率38.28%。

主营业务范围：环保（水、气、固）、节能、资源再利用、生态修复、碳资产管理等。办公地址：北京市昌平区北七家镇未来科学城。

2020年，中铝环保坚持以“打造新兴产业、助推行业绿色发展”的战略目标为引领，努力建设最具行业竞争力的科技型、创新型、服务型环保节能产业集团，实现营业收入11.6亿元，同比增长28%，其中外部市场营业收入1.21亿元，占比10.42%，利润总额4503万元，同比增长2%，资产负债率38.28%，除营业收入完成集团考核目标的98%外，其他均较好完成了集团考核目标，为中铝环保高质量发展奠定了坚实基础。

二、生产经营

（一）主营业务

截至2020年末，中铝环保已经初步形成“3+1”（生态环保、资源综合利用、节能、综合服务）的业务结构，2020年业务结构较2019年有较大改善，资源综合利用业务实现新突破，烟气运营收入规模也有所增加。全年实现营业收入11.6亿元，围绕“3+1”业务方向实现营业收入9.3亿元，同比提高35.8%；非主业贸易服务实现营业收入2.3亿元，同比增加2%。其中工程类业务实现营业收入4.8亿元，同比增加80%；运营类业务实现营业收入3.7亿元，同比增加22%。

（二）生产经营亮点

资质获取成绩显著。中铝环保本部获得国家级高新技术企业认定，被列入工信部批准的绿色制造体系第三方评价机构，入选河北省第一批先进制造业和现代服务业深度融合试点企业，4家子公司获取环保工程设计施工类资质8项。

市场意识逐步加强。云南德福作为中铝集团首个电解铝危废处置专业化公司，打通广西壮族自治区至云南省危废跨省转运通道，全年处理电解危废2.5万吨，其中外部业务占比27.9%，实现整合首年就超额完成任务的“开门红”；铝能清新电厂锅炉环保设施运营维护业务全年实现无环保指标超标，承接四川华电广安电厂烟气环保运维服务，实现中铝集团外部烟气运营项目“由0到1”的突破；中铝环科承接湖南汨罗循环经济产业园环保管家业务，实现中铝环保首个“环保管家”项目落地。

全速实施市场开拓。围绕“3+1”业务布局，加快内外部市场开拓力度，生态环保业务领域得到巩固，资源综合利用和节能业务领域取得突破，综合服务业务领域在外部市场成功迈出第一步。2020年全级次共签订项目合同额6.6亿元，其中中铝集团外部项目合同6亿元，占总合同额的86%。

全力赋能集团主业。发挥协同效应，承接并成功实施部分中铝集团内外部企业不愿承担的烟气治理项目。积极参与实体企业环保治理，通过招投标、方案设计帮助实体企业降低了成本，降低投资约1.25亿元。发挥自身优势，在承担的运营项目和工程建设项目中，帮助实体企业在污染物排放、工业用水重复利用、土壤修复等方面做出一定的贡献。

（三）主要经济指标

主要经济指标一览表

表1

项目	单位	2019年	2020年	增长（%）
资产总额	亿元	22.60	23.85	5.55
工业产值	亿元	7.13	6.25	−12.31
营业收入	亿元	9.10	11.61	27.60
利润总额	亿元	0.44	0.46	4.10
净利润	亿元	0.42	0.35	−18.11
税收贡献	亿元	0.63	0.64	1.32
全员劳动生产率	万元/人·年	53.35	59.54	12
资产负债率	%	36.34	38.26	增加1.92个百分点
净资产收益率	%	4.17	2.39	减少1.78个百分点
总资产报酬率	%	5.07	3.12	减少1.95个百分点
研发投入强度	%	2.75	3.03	增加0.28个百分点

三、安全环保

强化安全生产，修订《中铝环保节能集团有限公司安全环保责任管理办法》等制度，完善安全生产“一岗双责”责任制；按照年度安全工作重点和《安全生产专项整治三年行动实施方案》，开展并解决基层班组在风险辨识过程中不懂、不会、不全面等问题；建立重要危险源控制台账，落实“源长”制度，全面强化重要危险源的管理监督；大力推进全级次CAHSE体系建设和运行，并完成各子公司的CAHSE体系审核工作；制定施工项目安全管理标准和规范，中铝环保全级次实现了生产安全事故、突发环境事件、职业病危害事故为零的目标。统筹疫情防控和复工复产，确保职工群众生命安全、身体健康和全面复工复产。

四、科技创新

全面梳理中铝集团四大核心产业面临的环保节能痛点、难点问题，通过自主研发、联合研发、引进消化等方式，梳理82项问题需求清单，确立与之对应的166项技术解决方案和45项研发课题，已掌握121项技术解决方案，已立项开展31项研发课题。氧化铝焙烧烟气脱硝除尘耦合集成技术被评为国家重点专项示范工程；电解烟气半干法脱硫技术被列为国家重点专项，为电解烟气超低排放提供了最新解决方案；垂直负压防渗技术的应用解决了有色行业老旧渣场地下水污染阻隔的难题。强化标准引领，填补行业空白。中铝环保主编或参与编制标准4项，其中主编的《拜耳法赤泥路基工程技术标准》填补了赤泥综合利用的行业标准空白。

五、改革发展

2020 年 4 月完成云南德福并购。强化投资管理，切实提升项目投资优化力度，完成拟开工项目投资总额压 20% 的目标。以三项制度改革为抓手，坚定不移实施“薪酬市场化、管理契约化、退出制度化”的用工机制，干部员工队伍积极性显著增强。

六、党建与企业文化

中铝环保党委以“能力提升”为主线，严格把党的领导融入企业治理各环节，实现基层党组织全覆盖。积极探索出党组织关系不直接隶属党委的党建管理模式。中铝环保党委获 2019—2020 年集团直属党委先进基层党组织称号。以招标采购、安全生产、工程项目建设、“两金”压降为重点，开展专项巡查工作，管党治党能力得到有力提升。

七、履行社会责任

积极落实京津冀及周边地区和汾渭平原 2019—2020 年秋冬季大气污染综合治理攻坚行动方案，帮助相关区域企业解决烟气超低排放难题；攻破电解铝烟气脱硫半干法技术，帮助电解铝企业实现超低排放；成功实施国内第一个电解铝厂污染土壤修复项目——贵州铝厂土壤修复项目，实现了氟化物、有机物和重金属等污染物的有效治理。加大技术攻关力度，参与的“有色冶金大气多污染全过程控制耦合技术与示范”“矿区酸化矿石堆场复合污染扩散阻隔技术项目”“大宗金属铝／铜再生过程灰尘高效回收与污染控制技术”分别获国家重点研发计划立项。2020 年，实施的环保节能类项目，每年可为中铝集团减排 SO_2 约 37.7 万吨、NO_x2.6 约万吨、粉尘约 249.6 万吨、COD 约 1430 吨、氨氮约 150 吨，生态修复约 170 万平方米，修复土方数约 49.6 万立方米，节约电耗约 4280 千瓦时。

撰稿／张鹏飞

中铝智能科技发展有限公司

一、基本情况

中铝智能科技发展有限公司（简称中铝智能）成立于2019年1月4日，注册资本10亿元，员工总数（在岗）208人，资产总额6.06亿元，资产负债率10.92%。

主营业务范围：智能化工程设计、施工及运行服务；提供应用软件、云计算、信息安全技术的开发及服务，计算机信息系统集成及相关服务；提供智能装备、自动化装备、机器人、飞行器、感应器的研发、生产、销售及技术咨询、技术服务、技术转让。办公地址：浙江省杭州市临平区新城路108号。

2020年，中铝智能坚持以习近平新时代中国特色社会主义思想为指导，深入落实中铝集团党组决策部署，以推动企业数字化转型、智能化发展为己任，对标提升、创新实干、稳中求进，强党建、聚人才、储技术、出产品，为全面推动中铝智能高质量发展奠定了坚实基础。

智慧管理方面，积极发挥为集团提供信息化支撑服务的作用。以“新基建”为基础，以网络安全为保障，基本完成云平台的搭建，实现IT支撑平台的转型升级；搭建完成集团云平台基础设施层，可有效解决集团信息化资源的重复建设和无效浪费；完成集团OA系统、集团在线监测与预警应急系统等一批信息化系统全级次推广应用，担负起集团信息化管理系统运维工作。

智能工厂方面，积极发挥为企业提供智能化支撑服务的作用，推进智能工厂的“模块化建设、样板化推广”。顶层规划、样板工程、开展智能工厂设计20余项；统一规划，分步实施，初步打造了广西华昇、云南文山等智能工厂标杆；组建团队，技术集成，自主开发智能装备、产品30余项，申报专利20余项、软件著作权20余项。

整合资源方面，通过整合集团内部智能产业资源，形成合力，加速技术创新，培育高质量发展新动能，构建具有基本资质的自主可控的主体；对外以资本合作、战略合作、技术联盟、专家顾问等多种形式搭建朋友圈。与海康威视、宝信软件、哈工智能等达成战略同盟，与华为、用友等知名企业建立业务生态圈，通过泛连接，打造“泛朋友圈”，在产业资源、技术能力、政策互通、数据共享等方面有一定发展。

二、市场分析

价格走势。集成类产品随着人工成本增加、芯片短缺造成涨价的原因，成本持续升高；软件研发、重点装备研发前期投入过大，随着软件及装备应用的普及，部署成本大大降低。

市场供求。随着数字化、智能化技术的发展，市场需求在增长，但集团内新建企业较少、老企业智能化改造项目较多，老企业改造项目主要以集成类项目或常年难以解决的智能装备为主。

中铝智能根据本部及所属单位项目建设的现实情况，对项目建设进行统一协调与管控，累计签订合同额 2.94 亿元。

三、生产经营

2020 年，中铝智能营业收入 1.78 亿元，纳税 1037 万元，经营形势稳步上扬，后续发展潜力和核心竞争力不断增强，职工获得感、幸福感显著提升。

主要经济指标一览表

表 1

项目	单位	2019 年	2020 年	增长（%）
资产总额	亿元	5.55	6.06	9.16
工业产值	亿元	0.14	0.33	135.71
营业收入	亿元	0.57	1.78	213.16
利润总额	亿元	0.05	0.11	111.92
净利润	亿元	0.05	0.09	95.60
税收贡献	亿元	0.05	0.04	−20
全员劳动生产率	万元 / 人・年	21.82	24.18	10.82
资产负债率	%	4.04	10.92	增加 6.88 个百分点
净资产收益率	%	1.79	1.73	减少 0.06 个百分点
总资产报酬率	%	1.82	1.84	增加 0.02 个百分点
研发投入强度	%	9.82	7.96	减少 1.86 个百分点

四、安全环保

扎实开展安全风险管控，成立中铝智能职业健康安全和环境委员会，组织消防培训及演练，对各项目部及工作组安全工作进行督导和检查。

推进“落实安全责任、推动安全发展”为主题的安全生产月活动，计划开展安全专题培训、专项整治与安全协同检查、消防应急演练活动等主题工作，切实提高全员、全过程的风险管控能力，有效提高公司本质安全水平。

五、科技创新

中铝智能着手建设中铝智能研发制度与体系，组建研发团队，协同优化设计、科研，降低工程项目设计、实施的成本，技术集成创新取得新进展。中铝智安院工程灾害智能化监测雷达系统经中国有色金属协会鉴定处于世界领先水平，云南分公司锌电解槽槽面温升态势智能监控系统为国内首创。

中铝智能累计拥有授权专利 51 项，其中发明专利 7 项，实用新型专利 44 项；受理中的专利 26 项，其中发明专利 14 项，实用新型 10 项；拥有软件著作权 74 件。

牵头编制的工信部行业智能化建设指南 4 项，承担的 3 个省部级项目按计划推进，《中铝智云大数据平台》被列入工信部 2020 年大数据产业发展示范项目。成功申报“杭州市专家工作站”等，为中铝智能融入地方，持续创新提供基础。

六、改革发展

积极探索“商业模式平台化、产业发展生态化”的创新，开展“体制机制市场化、管控架构协同化”改革。不断优化完善、创新组织架构和管理模式，“协同运营中心、科技创新中心、保障监督中心”三中心的扁平化运营管理模式，强化中心内部协同运营。

对招聘人员严格试用期考核和年度考核，2020年公司全级次企业流动率为4%。在山西中润电解铝“五标一控”专家系统的实践中，主动投入研发力量，与业主协同，开发电解铝专家系统一期，与业主单位协同推广，产权共有、成果共享。按照个性化需求进行迭代实施，负责后续运维工作。

七、党建与企业文化

坚定不移把党的领导融入公司治理环节中，扎实开展“不忘初心、牢记使命”主题教育，层层落实党建工作责任，严格执行“双百分”考核体系，党组织凝聚力和向心力进一步增强。开展庆祝建党99周年“七个一”系列庆祝活动，组织党员到嘉兴南湖红船开展党性教育。开展标准化党支部创建，新建党员活动室，完善基础设施，建立党务公开栏。经常性开展党风廉政教育，常抓不懈，警钟长鸣。

八、履行社会责任

2020年，中铝智能创新履责实践，持续提升综合价值创造能力，逐步树立良好的企业形象。

赋能集团绿色发展。解决中央环保督察组提出集团环保信息化程度有待提高的问题，配合集团安环部开发出环保在线监测监控平台，实现一张图环保数据管理，具备数据统计、数据可视化、超标报警、系统管理功能。已实现目标企业接入率100%，根据集团安环部需求完善数据分析、归类等功能，持续做好平台的迭代升级与技术支持工作，为环保决策提供依据。

助力集团疫情防控。面对突如其来的新冠肺炎疫情，中铝智能坚持员工生命至上，坚持复工复产与常态化疫情防控并重，实施清单式管理和差异化管控措施；在复工之初及时推出TE等高效的视频会议系统，为集团做好服务，让信息化关键时刻发挥效能。

撰稿／吴　霜

中国铝业股份有限公司

一、基本情况

中国铝业股份有限公司（简称中铝股份）成立于2001年9月10日，注册资本149亿元，员工总数（在岗）64831人（含云铝股份），资产总额2359亿元（含云铝股份），资产负债率64%（含云铝股份）。

主营业务范围：铝土矿、石灰岩的开采；铝镁矿产品、冶炼产品、加工产品的生产和销售；碳素制品及相关有色金属产品的生产、销售；材料检验分析；自动测量控制、网络、软件系统的设计、安装调试发电。

产能规模：氧化铝产能2226万吨，精细氧化铝产能180万吨；电解铝合规产能803万吨，铝基合金产能231万吨；炭素产能368万吨（含云铝股份）。办公地址：北京市海淀区西直门北大街62号。

2020年，面对新冠疫情、经济下行等严峻考验，中铝股份在集团党组的坚强领导下，通过全要素对标提质增效，持续深化改革创新，推进转型升级，优化布局结构，发展质量和效益不断提升，全面超额完成集团下达的考核目标，全年生产铝土矿2679万吨、氧化铝1771万吨、电解铝652万吨、炭素255万吨、煤炭1254万吨，分别同比增长61.6%、19.6%、6.3%、22.2%、2.3%；完成营业收入2161亿元，同比增长5%；盈利能力持续提升，成费比同比降低0.72个百分点，实现了“十三五”圆满收官。

二、市场分析

2020年沪铝整体呈现先跌后涨走势，沪铝主力合约年均价为14009元/吨，同比上涨0.89%。氧化铝：2020年氧化铝市场延续2019年以来的供应宽松格局，价格重心下移，全年平均价格为2337元/吨，较2019年下跌13.3%。电解铝：2020年电解铝行业产量显著回升，供需呈现紧平衡格局，全年供应过剩0.5万吨。国内电解铝总产量为3730万吨，原铝净进口105.5万吨，12月末国内铝锭社库为61.3万吨，整体库存总量处于历史同期低位。2020年国内原铝总消费量为3835万吨，国内原铝消费增速为4.7%，是全球唯一的原铝需求保持正增长的经济体。氧化铝：2020年国内氧化铝总产量为7101万吨，同比下滑0.8%。截至12月底全国建成产能8915万吨/年，较年初增加200万吨/年。进出口方面，因海外氧化铝维持过剩格局，2020年国内氧化铝进口量明显增加，全年中国氧化铝净进口365万吨，同比增加166%。全年中国氧化铝小幅短缺15万吨。

三、生产经营

2020年主要产品产量完成情况表（含云铝股份）

表1

项目		单位	2020年	2019年同期累计	累计同比（±%）
矿产	铝土矿	万吨	2679	1658	61.6
冶炼	氧化铝	万吨	1771	1481	19.6
	电解铝	万吨	652	613	6.32
炭素	炭素制品	万吨	255	208	22.22
	煤炭	万吨	1254	1226	2.3

2020年的生产经营亮点：一是主要产品产量创出新高。全年生产铝土矿2679万吨、氧化铝1771万吨、电解铝652万吨、炭素255万吨、煤炭1254万吨，分别同比增长61.6%、3.03%、6.3%、22.2%、2.3%。二是对标管理深入固化。建立公司、部门、企业三级对标体系，外部对标中国宏桥，内部对标贵州华仁、贵州华锦，加快补短板、强弱项。三是基础管理不断加强。扎实推进电解“五标一控”管理和炭素市场化改革，氧化铝、电解铝、炭素在运产能利用率分别提高3.5、2.7、13.5个百分点，氧化铝一级品率、电解铝液99.85以上槽占比、预焙阳极一级品以上率分别提高1.4、15.96、9.78个百分点；规范业务外包，压减承包商311家；获得第四届全国设备管理与技术创新成果8项，3家企业获得第五届中国设备管理标准化标杆企业称号。

主要经济指标一览表（含云铝股份）

表2

项目	单位	2019年	2020年	增长（%）
资产总额	亿元	2427.17	2359.20	−2.80
工业产值	亿元	—	—	—
营业收入	亿元	2144.99	2155.67	0.50
利润总额	亿元	27.16	35.12	29.32
净利润	亿元	20.36	28.07	37.87
税收贡献	亿元	63.71	62.23	−2.33
全员劳动生产率	万元/人·年	36	41	13.9
资产负债率	%	65.67	64.00	减少1.67个百分点
净资产收益率	%	2.54	3.34	增加0.80个百分点
总资产报酬率	%	3.52	3.56	增加0.04个百分点
研发投入强度	%	2.57	2.34	减少0.23个百分点

四、安全环保

2020年，中铝股份发生工亡事故5起工亡5人，工亡事故起数比2019年下降38%，工亡事故人数比2019年下降62%，实现了事故起数与工亡人数双下降。

2020年，环保改造投入6.4亿元，开展环保治理项目41个。落实矿区土地复垦，投入2020万元对10034亩矿山进行生态修复，实际复垦面积占可复垦面积90%以上，7座矿山入选全国绿色矿山名录。深入打好污染防治攻坚战，组织企业实施污染防治项目，应用环保新技术，使“2+26”区域、汾渭平原区域内企业的31台热电锅炉全部达到超低排放标准，23家企业实现工业废水零排放，2家企业实现废水达标排放。

五、科技创新

2020年，中铝股份坚定实施科技驱动战略，全年公司层面立项实施科技研发项目38项，企业自主实施科技研发项目90项，在研项目支出经费1.19亿元，研发投入创效约3.48亿元，全口径归集研发投入21.6亿元。截至2020年底，累计拥有有效专利1410项，当年申请专利162项，获得授权专利187项；组织开展18项国际、国家、行业、团体标准和8项企业标准的制订修订工作；获得省部级科技奖励16项。一是取得多项重大成果，完成国内首条湿法氧化脱硫脱碳试验线建设并投入生产运行；无炭渣阳极生产技术示范项目完成工业试验，赤壁炭素、山西新材料生产出无炭渣阳极；国内外首条废阴极石墨化试验线探索出一条铝电解废阴极高值化利用的路径。二是重大科技成果示范应用落地，中铝山东氧化铝溶液净化关键技术集成示范项目建成，列入国务院国资委“1025专项”计划的高纯度超细氮化铝粉体技术研究项目稳定制备出纯相氮化铝；新型连续阳极铝电解新工艺项目，形成新型连续阳极技术原型；阳极导杆组自动焊接技术应用示范，阳极钢爪自动焊接系统设备投入生产运行；立式阳极焙烧炉项目作为铝用炭素技术领域重大革新性技术开发，在中试试验线（国内外首套）完成冷态试验和消缺启动试车。三是开发高附加值产品，提高企业转型发展支撑能力。精细氧化铝开发重点产品12种，铝合金新开发产品43种。其中，5N高纯氧化铝、单晶氧化铝、150C、锆铝复合球用低钠亚微米氧化铝4种产品打破国外垄断填补国内空白，7个产品形成规模化生产销售。

六、改革发展

按照集团新型管控模式，实施本部机构改革，内设机构减少31%，人员编制减少28%，资产运营能力和专业管控能力得到加强；按照市场化改革方向，建立生产要素由市场评价贡献、按贡献决定报酬的分配机制，14户科技型企业建立分红激励制度；制定劳动生产率提升措施；构建优秀年轻干部“线上＋线下”培训体系。

全年已建项目节约投资19.2亿元，重点拟建项目投资优化降幅达到34%以上，新建成项目全部实现投产即盈利。“两海战略”取得重大进展，中铝股份首个海外铝土矿供应基地几内亚博法项目建成投产并快速达产达标，广西华昇200万吨港口氧化铝同步投运。坚持绿色发展，云铝昭通、鹤庆、文山水电铝项目建成投产，电解铝清洁能源占比达到47%；延伸发展下游，贵州铝合金、包铝高纯铝、山东板状刚玉二期等项目建成投运；宁夏能源阿左旗风电项目、抚顺铝业、甘肃华鹭、赤壁炭素等转型项目实现达产达标。落实外部条件，山西中润局域网建成，剩余产能全面投运，内蒙古华云3号机组并网发电，产能“晒太阳”问题得到彻底解决。

七、党建与企业文化

抓实党委领导班子理论中心组学习，完成“五力”大讨论，健全完善全面从严治党主体责任体系；巩固深化“不忘初心、牢记使命”主题教育成果；深入开展“两带两创”活动、结对共建活动；

持续抓好党风廉政建设和反腐败各项工作，落实落细“两保一防”工作要求，持续强化监督执纪问责，对违反疫情防控要求、工作纪律等有关责任人共 22 人次进行处理或处分。

八、履行社会责任

中铝股份向几内亚新冠肺炎疫区捐款 1000 万元，中铝几内亚获得了“中央企业抗击新冠疫情先进集体”称号。出资 1450 万元和 350 万元援助西藏自治区昌都市卡若区、察雅县和青海省海晏县，助力脱贫攻坚。荣获新时代资本论坛金骏马奖“扶贫先锋”奖、中国上市公司价值评选“社会责任”奖等，蝉联福布斯全球 2000 强、亚洲品牌 500 强、中国品牌 500 强、中国上市公司百强榜，荣获第十届中国证券金紫荆奖“最佳上市公司”奖。保持行业最高信用评级，获得上海证券交易所信息披露 A 级评价。

撰稿／贺胜利

中铝山东有限公司

一、基本情况

中铝山东有限公司（简称中铝山东）成立于2014年2月29日，注册资本40.53亿元，员工总数（在岗）4725人，资产总额81.43亿元，资产负债率29.99%。

主营业务范围：铝土矿、铁矿、煤矿采掘；道路普通货物运输，氧化铝系列产品、高温氧化铝系列产品、氢氧化铝系列产品、建筑铝型材、铝锭、碳素制品、蒸压粉煤灰砖、工业水、电、汽、净水剂（不含危险品）等。

产能规模：氧化铝产能265万吨，精细氧化铝产能114万吨。办公地址：山东省淄博市南定镇五公里路一号。

2020年，中铝山东疫情防控取得阶段性胜利，项目建设稳步实施，竞争实力持续提升。中铝山东36项标志性指标中5项达到行业标杆水平，23项超越历史最好水平，创效1.07亿元。全年实现账面利润3.31亿元，考核利润3.81亿元，超总部考核指标0.51亿元。

二、生产经营

氧化铝产量274.39万吨，同比增长3.53%；精细氧化铝产量107.42万吨，同比增长2.39%。一是结合生产经营及市场变化，动态制定各单位极限目标，传递降本压力，氧化铝全口径成本低于年度指标67元/吨。成费比完成95.96%。二是以利润目标为导向，牢固树立“经营产品、经营生产线、经营企业”的理念，通过优化经济技术指标、增加产销量、降库存、减值转回等措施，全面压费用、增效益。

主要经济指标一览表

表1

项目	单位	2019年	2020年	增长（%）
资产总额	亿元	77.56	81.43	4.99
工业产值	亿元	88.56	78.78	−11.04
营业收入	亿元	87.77	79.01	−9.98
利润总额	亿元	4.41	3.08	−30.16
税收贡献	亿元	3.12	2.82	−9.62
全员劳动生产率	万元/人·年	203.41	167.96	−17.42

三、安全环保

中铝山东重伤及以上事故为零，20万工时损工率降低14.5%，员工职业健康体检率100%，作业场所职业卫生监测合格率100%，全员持证上岗率100%，危险作业分级审批和监护执行率100%。2020年，无生产安全伤亡事故、职业中毒等重大事故。“葡萄图”看板管理在全集团推广。坚持以精准管理体系指导日常工作，规范运行，得到中铝股份公司 CAHSE 审核组的认可，年度精准管理体系审核获得 83.38 分，集团排名第一名。

2020 年共合规处置各类危险废物 3872.98 吨。实施工业炉窑脱硫、脱硝、除尘设施升级改造。建设了 3 台焙烧炉 SCR 脱硝治理设施、熟料窑低氮燃烧设施、石灰炉脱硫设施、煤制气脱硫塔等，使排放浓度进一步降低，氮氧化物和颗粒物分别排放量较 2019 年同期降低 13.83%、29.28%。2020 年能源消费量 148.32 万吨标准煤，同比减少消耗 2.27 万吨标准煤，降低幅度 1.51%。

四、科技创新

2020 年 6 月 22 日，成功创建山东省铝基新型催化剂载体材料工程实验室，提升精细氧化铝研发平台创新能力，获得山东省级科技补助。高建阳成功申报山东省泰山产业领军人才，获得山东省科技补助 300 万元。

重大专项“氧化铝溶液净化关键技术集成示范”项目集成创新“蒸浓析盐 + 溶液燃烧 + 低浓度提钒”的关键技术，在不增加成本的基础上，将窑尾温度升高到 170℃，满足了脱硝工艺温度要求。“5N 高纯氧化铝产业化示范”按计划进行，完成年度扩大实验，奠定产业化基础。

中铝山东累计授权专利 7 件，其中发明专利 2 件。5 项科技成果通过科技成果评价，其中“铝酸钠溶液深度净化研究与产业化”获得中国有色金属工业协会科技进步二等奖，达到国际领先水平，“先进陶瓷用低钠微粉氢铝生产工艺研究”等 4 项成果达到国际先进水平。

五、改革发展

中铝山东对非主业的全资子公司山东山铝电子技术有限公司实施改制，8 月 4 日与山东新恒汇电子科技有限公司签订《产权交易合同》，以 3131.265 万元的价格将持有的山铝电子 75% 的股权转让。7 月，中铝山东通过以质押股权抵债方式接受山东华宇沂兴炭素成为中铝山东的控股子公司。

六、党建工作

认真学习习近平总书记一系列重要讲话、重要批示指示精神和党的十九届五中全会精神，不断提高政治站位。全面落实生产经营和党建工作“双百分”考核，压实管党治党责任。完善“三横六纵”大党建工作体系，编制完成《大党建工作基本法》，“两带两创”实现创效 9000 万元。制定完善决策权限管理办法、“三重一大”决策制度实施细则等，严格落实议事决策管理制度。

撰稿 / 刘绪睿

中铝矿业有限公司

一、基本情况

中铝矿业有限公司（简称中铝矿业）成立于2007年8月，注册资本40.29亿元，员工总数（在岗）2949人，资产总额99.65亿元，资产负债率36.25%。

主营业务范围：铝土矿、耐火黏土的开采；铝、镁矿产品、冶炼产品、加工产品、碳素制品及相关有色金属产品的生产、销售；煤炭批发经营。铝土矿、石灰石矿、铝镁矿及相关有色金属矿产品的加工、收购、销售。

产能规模：具有年供矿240万吨，年产氧化铝140万吨、炭素制品22万吨、金属镓40吨，年自发电15亿千瓦时的生产能力，拥有铝土矿资源保有储量约1.36亿吨。办公地址：河南省郑州市上街区厂前路22号。

2020年，中铝矿业贯彻落实中铝集团和中铝股份各项工作部署，围绕全要素对标、提质增效、极限降本等方面开展工作，全年实现利润3813万元，经营性利润1.85亿元，生产运营净现金流完成2.12亿元，全面完成各项指标任务，实现扭亏为盈，生产经营整体呈现持续向好发展态势。

二、生产经营

2020年，中铝矿业坚持扭亏脱困与改革发展工作总基调，紧扣全年既定目标任务，氧化铝商品产量完成134.3万吨，同比增长3.30%，完全成本2183元/吨，同比降低236元/吨；金属镓完成7949吨，同比增长−69.31%；炭素制品完成17.96万吨，同比增长43.33%，炭阳极完全成本2759.84元/吨，同比降低358.86元/吨，供矿量233.51万吨，A/S4.36，自采矿量200.89万吨，A/S4.34，同比提高59.19万吨；争取各类政策及优惠减免1.33亿元。中铝矿业自采矿超产、政策争取、炭素改革分别荣获中铝股份“总裁特别奖”。

主要经济指标一览表

表1

项目	单位	2019年	2020年	增长（%）
资产总额	亿元	99.11	99.65	0.55
工业产值	亿元	37.57	35.90	−4.44
营业收入	亿元	37.65	38.20	1.46
利润总额	亿元	−3.00	0.38	112.67
税收贡献	亿元	2.37	2.07	−12.66
全员劳动生产率	万元/人·年	19.46	21.9	12.54

三、安全环保

2020年，中铝矿业以强化“两抓两查严监管”等工作为突破口，狠抓CAHSE管理体系的穿透运行，实现轻伤及以上事故、突发环境事件、新增职业病为零，职业健康安全和环境保护体系得分 82.2 分、81.5 分，首次达到“双八十”以上的工作目标。

创新 CAHSE 体系运行管理手段，开发“安全智慧管家”，打造一个系统化、智能化、信息化的安全管理平台；累计开展多形式教育培训 11786 人次，提高全员的安全环保意识；持续开展风险分级管控与隐患排查治理工作，通过开展“隐患随手拍”等专项行动，全面推进各层级排查隐患责任的落实，发现整改隐患 89351 项，完成 22 项重点问题的挂牌督办整改工作。

积极配合中央环保督察，全力推进环保项目实施，完成氧化铝焙烧炉脱硝改造项目、热电厂 125 兆瓦汽轮发电机组清洁化改造环保项目等项目建设；加大污染减排力度，按日分配污染减排任务，累计污染物排放总量 375 吨，同比减排 25%；制定下发《中铝矿业有限公司 2020 年无组织排放治理方案》，强化无组织排放管控力度，完成厂区全部物料入棚堆存、赤泥堆场物料覆盖等工作。

四、科技创新

2020 年，中铝矿业主动开展科技挖潜，申报专利 23 项，发表科技成果 2 项，铝用炭阳极煅烧智能装备开发应用、铝用炭素焙烧绿色节能关键技术及装备项目达到国际先进水平。完成 52 个 QC 小组的注册备案，获得中国有色金属工业协会成果 4 项，推荐市级以上质量协会 QC 成果 10 项。

五、改革发展

中铝矿业深化“三项制度”改革。一是实施机构改革，优化管理架构，积极响应政府环保工作要求，撤销了碳素厂建制，充实赤壁炭素二期的建设力量；二是推行薪酬制度改革，建立市场化用人和激励机制，增强员工工作的主动性、创造性；三是优化干部员工队伍建设，强化技术人才培养，稳步推进人员转岗安置，通过跨企业转移、内外部业务承揽等途径转岗安置富余人员 621 人。

六、党建与企业文化

持续开展“两带两创”“五力”大讨论、标准化党支部和模范党小组创建等工作，“两带两创”项目实施 309 项，两级研讨成果 30 篇；完善巡视巡查格局，构建大监督体系；全年共开展警示教育 1700 余人次，进一步提升干部底线思维和红线意识。

深化安全干净班组竞赛，307 个班组参与安全干净班组创建达标率 98% 以上。实施文体工程，大力推广“企业健步走”App 普及力度，举办“创新杯”软排、篮球、乒乓球等比赛，丰富职工文体生活。

加大植树绿化力度，共栽种各类树木 12687 棵，新增绿地 5500 平方米；开展送温暖系列活动，维护职工切身利益，帮扶救助困难职工 163 人次，争取各类救助帮扶款 17.93 万元；坚持信访“分级负责，归口办理”原则，重点关注并调查处理了一体化管理改革、高山镇工农关系纠纷等事件，确保地区企业大局稳定。

撰稿 / 车淑娜

中铝山西新材料有限公司

一、基本情况

中铝山西新材料有限公司（简称山西新材料）成立于 2017 年 8 月，注册资本 42.58 亿元，员工总数（在岗）6143 人，资产总额 124.13 亿元，资产负债率 80.5%。

主营业务范围：铝矿石产品、氧化铝、电解铝等铝冶炼产品、铝合金、铝加工产品的生产及销售；热电联产、碳素产品及其他有色金属产品的生产及销售。

产能规模：氧化铝 250 万吨、电解铝 42 万吨、铝合金棒 14 万吨、阳极炭素 44 万吨。办公地址：山西省运城市河津市清涧街道办事处铝都大道 263 号。

2020 年，山西新材料以扭亏脱困翻身仗为主基调，开展全要素对标，提产降本增效，推进五个“业务产品 +”，为加快本质脱困、实现高质量可持续发展奠定了基础。全年氧化铝累计完全成本 2409 元 / 吨，同比降低 78 元 / 吨；电解铝累计完全成本 11217 元 / 吨，同比降低 855 元 / 吨，呈现逐步向好趋势。

二、生产经营

2020 年，氧化铝产量 179.29 万吨，同比增加 2.19 万吨，增长率为 1.24%；电解铝板块：1—12 月份，受电解铝停产影响，生产铝产品 30.7 万吨，同比减少 5.87 万吨；生产焙烧块 33.4 万吨，同比增加 11.35 万吨，增长率为 51%。最大程度发挥自采矿优势，多矿源优质低价外购，全年供矿 398.28 万吨，综合供矿成本实现 430.94 元 / 吨，A/S 4.8，其中自采矿完成 215.31 万吨，超计划完成 15.31 万吨。

氧化铝根据矿源变化切换生产方式，精准控制工艺参数，粗液、净溶、溶出 αk、外排附损等六项关键指标同比优化。电解铝实现槽况的精准管控，阳极毛耗、铝液综合交流电耗位居中铝前五，全年盈利 1.03 亿元。

主要经济指标一览表

表 1

项目	单位	2019 年	2020 年	增长（%）
资产总额	亿元	134.33	124.13	−7.59
工业产值	亿元	77	76	−1.3
营业收入	亿元	77.65	76.88	−1
利润总额	亿元	−4.97	−4.27	14.28
税收贡献	亿元	2.5	3.16	20.89
全员劳动生产率	吨 / 人 · 年	氧化铝 693 吨 / 人 · 年、电解铝 239 吨 / 人 · 年、炭素 368 吨 / 人 · 年、铝土矿 2744 吨 / 人 · 年、铝加工 345 吨 / 人 · 年、热电 691358 千瓦时 / 人 · 年	氧化铝 787 吨 / 人 · 年、电解铝 264 吨 / 人 · 年、炭素阳极 586 吨 / 人 · 年、铝土矿 4615 吨 / 人 · 年、铝加工 508 吨 / 人 · 年、热电 920195 千瓦时 / 人 · 年	氧化铝 13.56%、电解铝 10.46%、炭素阳 59.24%、铝土矿 68.19%、铝加工 47.25%、热电 33.10%

三、安全环保

CAHSE 精准管理体系高效运行，年度考评优良；“两抓两查严监管”深入推进；承包商管控延伸覆盖所有班组和作业现场，实现一体化、全过程管理；实施季度安委会提案制解决安全瓶颈问题 43 项，开展“安全生产专项整治三年行动”排查整治安全隐患 279 项；推行重要危险源“源长制”，31 个重要危险源可控在控，全年风险总值同比降低 12.29%；开发应用“安培空间”App，完成全员线上安全培训考试。全年未发生疫情事件，并形成了常态化疫情防控机制。

开展环保迎检大整治，整改问题 2000 余项；完成氧化铝 2、3、4、5、6 号焙烧炉脱硝改造、电解 1-3# 电解烟气净化系统的脱硫改造；完成热电浓盐水回收、黄河总排口改造，实现工业废水零排放。全年主要污染物颗粒物、二氧化硫、氮氧化物排量同比分别降低 19.2%、12.9%、19.1%，危险废物处置合规率 100%。深化“安全干净班组、美丽车间、绿色工厂”建设，安全干净班组达标率 74%，美丽车间达标率 80% 以上；赤泥坝护坡绿化 3.5 万平方米，苫盖 2.5 万平方米，铝土矿山复垦率 91.07%，石灰石矿复垦率 100%。

四、科技创新

2020 年，研发投入总计 25651.5 万元，研发强度为 3.34%。年度科技项目资本性支出总计 646.87 万元。全年共进行四项科技项目研发，分别为：两组份赤泥综合利用半工业试验，产品通过相关监测机构和市场调研，符合行业或国家及用户要求；无炭渣阳极生产技术示范项目，创历史最长换极周期；商用车锻造轮毂用高强铝合金开发，完成 22 寸高强铝合金锻造轮毂试制；成功开发出 ZRD101、ZRD102、ZL111、ZL-HT3 四种高导热铝合金，各项分析指标达到目标，3 个项目实现了产业化应用。

2020 年度专利申请数 13 件，其中发明专利 2 件；企业共拥有有效专利数 103 件，其中发明专利 28 件。参与制定国家标准两项:《工业硅化学分析方法第 1 部分：铁含量的测定》（GB/T 14849.1—2020）和《工业硅化学分析方法第 3 部分：钙含量的测定》（GB/T 14849.3—2020），于 2020 年 3 月发布。

五、改革发展

坚持战略引领，编制“十四五”规划，优化人力资源、考核分配和选人用人机制。有序推进“业务产品 +”发展模式。

一是“氧化铝 +”精细化拓市创效，全年累计生产拟薄水铝石 32678 吨，超产 678 吨，实现利润 4756 万元；硅铝粉生产线完成产量 2359 吨、利润 551 万元。成立氧化铝转型升级技术组，扩大精细氧化铝品种，累计研发生产热稳定剂 132 吨，高附加值低钠拟薄水铝石实现工业化小批量试生产，新型絮凝剂、粉体速凝剂试验成功。

二是“铝合金 +”高端化提档上量，成功开发新牌号中高端产品 7 种，5G 高亮手机材试产成功，批量供货 600 余吨；5G 通讯高强高导热铸造铝合金、全废料生产平板电脑背板、AHS-2 汽车空调压缩机活塞材试生产成功，轨道材等中高端产品产量进一步提升；变形合金均质提升项目投产，均质能力提升到 3500 吨，突破了中高端产品发展瓶颈。

三是“炭素 +”高质化提质增效，28 万吨挖潜项目达标达产，预焙阳极月产最高23762吨；形成无碳渣阳极关键技术，全年生产销售高品质无碳渣阳极13000余吨。“矿山+”多元化经营创效。回收西河底矿区1#堆矿石4.7万吨，创效1316万元；自主承担矿山测绘、设计创效200余万元。完成阳城南坡、西武堡等6个铝矿采矿证延续，平陆杜家庄等三个矿区过期矿权恢复，西窑矿区取得首次划界批复；石灰石矿租用下化乡半坡村山地346亩，增强了资源后备保障能力。

四是“智能工业互联网+”智能化创新提效，加快工业互联网技术开发应用，推进生产经营数据的流动、集成以及分析和建模，围绕“智能过程控制、精准生产管控、企业资源管理、信息基础建设”创建智能工厂，逐步实现生产经营的“数字化、网络化、智能化”。

六、党建与企业文化

山西新材料党委以问题为导向开展增强“五力”大讨论，严格履行“三重一大”党委会前置程序。坚持党建融入中心，扎实开展“两带两创”（即党组织带党员创效、党员带群众创新）活动，全年立项582项，产生直接效益5000余万元。落实“两个责任”，建立巡察整改长效机制，严格精准执纪问责，常态化开展警示教育，一体推进“不敢腐”“不能腐”“不想腐”体制机制日益成熟。出台《关于解决形式主义突出问题为基层减负的若干措施》。以“奋斗”为主题，对山西铝基地展厅进行全面更新。亮化美化“劳模先进一条街”，承办中铝集团第十六届“中铝工匠赛”职工技能竞赛。

撰稿／李亚泰

中国铝业广西分公司

一、基本情况

中国铝业广西分公司（简称广西分公司）成立于1987年，员工总人数（在岗）2594人，资产总额155.69亿元，资产负债率18.46%。

主营业务范围：铝土矿、氢氧化铝、氧化铝、铁精矿、炭素制品及有关金属产品的生产与销售。

产能规模：年产铝土矿580万吨、氧化铝248万吨、铁精矿70万吨、炭素13万吨、热电装机11.7万千瓦。办公地址：广西壮族自治区百色市平果市工业园路。

2020年，广西分公司围绕“低成本、高质量、机制优、效益好”的工作思路，强管理、抓落实，深化从严治党、深化全要素对标、深化风险管控，完成全年安全生产目标，全年实现工业总产值57.76亿元，营业收入58.96亿元，利润9.76亿元，上缴税费5.23亿元。

二、生产经营

全年生产铝土矿580.67万吨，同比下降3.04%；氧化铝247.98万吨，同比下降2.47%；铁精矿70.63万吨，同比增长0.64%；炭素制品13.64万吨，同比增长0.15%；发电量2037.38万千瓦时，同比下降87.88%。

积极推进全要素对标工作。制定实施《全要素对标提质增效专项工作方案》，从“人力、生产、管理、市场、科技、投资、软实力”七个维度开展对标，确定一级指标13项、二级指标48项、三级指标105项；组织20批次业务骨干到中铝内外部企业开展对标，找出企业在燃料、动力、制造费用、管理费用、销售费用等关键要素方面差距，形成《全要素对标跟踪指标表》。

实施降本降耗改善措施。优化采矿生产组织方式，加大外委内干力度，严控采矿成本；精准配矿、精准控制沉降槽温度，严控碱和石灰综合消耗；对煤场实施精化管理，提高煤气热转换效率，严控氧化铝焙烧能耗成本；优化营销采购、争取政策支持，全口径氧化铝完全成本保持中铝最低，炭素焙烧阳极制造成本同比降低15.37%。

加强指标管理。全年优化生产技术指标25项，9项位列中铝前列。加强异常指标管理，对矿石含水率、种分分解率、煤气含水率等异常波动指标及时预警通报。对堆场布矿、配矿和供矿过程进行质量预测和品位调整，供矿含水率从上半年的7.37%下降至6.77%；氧化铝相对溶出率、循环效率、种分分解率等各项生产关键指标均处于稳定水平。

主要经济指标一览表

表 1

项目	单位	2019 年	2020 年	增长（%）
资产总额	亿元	148.77	155.69	4.65
工业产值	亿元	66.1175	57.7591	−12.64
营业收入	亿元	67.78	58.96	−13.01
利润总额	亿元	17.02	9.76	−42.66
税收贡献	亿元	9.25	6.27	−32.22
全员劳动生产率	万元 / 人 · 年	265.10	204.17	−22.98

三、安全环保

科学精准做好常态化疫情防控，实现无确诊病例和疑似病例。开展安全专项巡查，累计发现问题 993 项，全部完成整改。深入开展“两抓两查严监管”工作，确保隐患排查到位、重大危险源防范到位。实施“三步法属地巡检”“四项精准提升”“五个一样”管理措施。全年重伤及以上事故为零，在中铝股份安全体系审核中获得 74.23 分。积极配合中央环保督察组对企业开展环保督察，实施煤气炉脱氨等环保项目建设，严抓电解槽大修渣等固废处理，确保达标排放，二氧化硫、烟尘、氮氧化物、氟化物排放优于国标。在中铝股份环保体系审核中获得 81.21 分。

四、科技创新

2020 年在研项目 17 项，其中总部专项项目 1 项，自主研发 16 项（其中承担广西壮族自治区科技厅项目 3 项）。计划投入总经费 2401.59 万元，完成研发费用 2885.7 万元，项目完成率 83.33%。科技人员占比 11.24%。自主研发项目“平果铝土矿尾矿干法处理工艺试验研究”实现产业化应用，年回收矿砂 2.89 万吨，获得广西科技进步奖二等奖 1 项。全年获得专利受理 12 件，授权 9 件，其中发明专利 3 件。获得国家标准（氧化铝标样）1 项、地方标准 1 项、中铝企标 1 项。

五、改革发展

推进人事、劳动、分配三项制度改革，编制“十四五”期间劳动生产率对标达标时间表，构建市场化用工配套体系；优化劳务派遣用工，劳务派遣工 278 人全部清退。完善市场化分配机制，制定实施激励制度。持续完善市场化选人用人，研究制定聘期管理规定；开展优秀年轻干部和优秀基层干部素质提升培训。全面完成 1976 名退休人员社会化管理移交工作。

全力推进教美铝土矿山建设项目，项目用地预审、核准、环评等获得批复，外部供水、供电落实到位，项目列入广西壮族自治区层面统筹推进重大项目计划，取得政府核准批复。按照 5.5 亿元投资、12 个月工期完成教美铝土矿山建设项目投资优化工作；优化氧化铝 5# 焙烧炉电收尘改造项目、雨污分流及氧化铝应急池项目、赤泥全干法堆存改造项目，累计节约投资 3560 万元。

六、党建与企业文化

将全年党建重点任务细化为 69 个项目。深入推进标准化党支部建设和党建对标提升，开展“一党委一品牌”活动，推动党建工作创新，形成以点带面、点面结合、共同提高的党建工作格局。强化党风廉政建设，制定《党员领导干部“八小时”以外监督管理办法》，督促党员领导干部强化自我约束。开展利益输送、设租寻租、违规发放绩效、津补贴专项整治，严肃查处靠企吃企、损公肥私等行为。按要求实施纪检监察体制改革，成立纪委工作部，优化内设业务板块和人员配置，制定《广西分公司纪委处理检举控告工作实施办法》，提高纪检工作规范化水平。

新闻宣传工作获评中国有色金属杂志社2019—2020年度宣传工作先进单位。全方位开展员工体检、送清凉慰问、困难补助等关心关爱员工活动；加强辖区保卫、矿山护矿、道路交通管制，促进生产经营和职工生活稳定。积极履行社会责任，定点帮扶三个贫困村助力脱贫攻坚；积极捐款12.26万元助力新冠疫情防控；持续建设绿色矿山，完成采矿区复垦2505亩，生态修复种植绿化5196亩。

撰稿 / 周丽芬

中铝中州铝业有限公司

一、基本情况

中铝中州铝业有限公司（简称中州铝业）成立于2015年3月29日，注册资本50.71万元，员工总数（在岗）3515人，资产总额81.81亿元，资产负债率38.48%。

主营业务范围：石灰石矿产品的收购、加工、销售；铝土矿开采及铝土矿产品的收购、加工、销售；冶金、建筑、矿山工程施工总承包；钢结构、防水防腐保温、建筑机电安装、环保工程专业承包；压力容器制造、压力管道安装、起重机械安装维修；相关技术开发、技术服务。

产能规模：年生产265万吨氧化铝。办公地址：河南省焦作市修武县。

2020年，中州铝业累计实现营业收入63.07亿元，实现利润9229万元；累计生产氧化铝266.54万吨，全口径完全成本累计完成2032元/吨，较预算降低44元/吨，生产运营性净现金流完成5.78亿元，较预算增加1.42亿元。下半年行业排名46.5%，较年初提升3%，自发电量9.12亿千瓦时，自发电比例同比提升7.6%，蒸汽产量792.3万吨，在节能降耗的基础上保证当期需求。

二、生产经营

2020年，中州铝业拜耳法全年累计生产氧化铝241.46万吨，同比提升1.83%，创历史新高；单台熟料窑连续安全运行突破300天，再次刷新熟料窑安全运行历史记录；自发电比例达91.5%，创历史最好水平；全年碱、电、汽、煤、新水等关键指标（折氧化铝后）同比分别下降12.8%、7.9%、0.7%、3.4%、21.5%；精液AO浓度和生料浆水份创5年来最好水平；超额完成全年110万吨自采矿目标，扭转两年来的亏损局面，并保持持续盈利；业务外包结算费用累计同比降低6322万元；联动三大平台，煤炭、液碱采购累计分别实现降本1.59亿元、1.95亿元；进口矿采购成本同比降低16.27元/吨，减少支出1.07亿元；其他辅材备件类材料采取“多轮谈判+性价比采购”模式，在保障货源稳定的同时，减少采购支出2147万元；严控现金支出，持续加大承兑支付比例，累计节省财务费用49.68万元；同时，审计部强化审计作用发挥，开展专项审计313项，查找管理类问题536项，审减金额2172万元，综合审减率9.98%。

主要经济指标一览表

表 1

项目	单位	2019 年	2020 年	增长（%）
资产总额	亿元	90.86	89.81	−1.16
工业产值	亿元	65.37	58.49	−10.52
营业收入	亿元	68.58	63.07	−8.03
利润总额	亿元	−3.76	0.56	114.95
税收贡献	亿元	3.61	2.89	−19.94
全员劳动生产率	万元 / 人・年	895	957	6.90

三、安全环保

全年累计隐患整改完成率达 99.99%。完成建厂以来首次蒸汽母管检验工作。全面建成智能视频反违章系统，召开违章警示会 236 次，营造了“不能违、不敢违”的良好环境。建立“中州铝业安全卫士积分暨违章记分考核系统”，全年累计积（记）分 950 条，并在集团内部推广。全年共查处夹带、盗窃物资等违规违纪现象 18 起，挽回企业损失 33550 元。中州铝业三门峡分公司安全管理工作得到上级领导肯定。在集团 CAHSE 审核中，取得职业健康安全 77.58 分（不含加分项）、环境保护 81.61 分（不含加分项），同比分别提升 8.5%、6.7%。

2020 年，中州铝业成功通过冶金级氧化铝工艺优化节能减排项目自主验收，办理高端微粉阻燃填料等 3 个项目环评手续，并取得政府批复。加大现场治理力度，绿化裸露土地约 3.5 万平方米，提升完善 1500 余处（点）。矿山复垦绿化，全年累计完成复垦 3981.7 亩，完成率 77.95%。冯营石灰石矿入选全国绿色矿山名录；三门峡贾西矿、段村矿、雷沟矿入选河南省绿色矿山名录。

四、科技创新

充分发挥拜耳法 – 烧结法联动优势，成功研发出行业内独一无二的低温拜耳法有机物高效脱除技术，荣获 2020 年度中国有色金属工业科学技术二等奖。同时，致力于客户需求与下游应用，先后开发陶瓷用低钠 α 氧化铝、水铝钙石、建筑墙板专用填料和低黏度填料等产品，均已通过客户试用认可，产品多元化持续显现。立足于跨界创新，开展高铝熟料烧制工业试验，盘活闲置熟料窑的同时，增加富余矿石利用新途径。

五、改革发展

按照“市场化选聘、契约化管理、差异化薪酬、市场化退出”的原则，已对 5G 手机背板、铸造、石灰区域实施事业部制管理，后续将向高端微粉阻燃填料、高端混凝剂等区域进行拓展，进一步提升管理效率；打破不同水平的“大锅饭”，推行利润分享、降本提成、销售提成、计件工资、工资总额包干等分配形式，实现精准激励；创新实施自主作业激励，实现员工奖励 81 万元 / 月，实现了企业增效、员工增收。创新出台涵盖中层管理人员、基层管理人员、一般管理人员、生产操作岗位人员的全员考核测评方案。全年完成 38 名优秀年轻干部挂职锻炼，2020 年中州铝业 20 世纪 70 年代、80 年代中层干部占比分别实现 67%、27%。

六、党建与企业文化

全年中心组学习、读书班和专题研讨 14 次，学习主题内容 70 余项。组织在岗党员 500 人进党校轮训，开展网络答题、微党课赛讲、“学习强国”学习平台挑战答题赛等活动。明确党建 7 个方面

23项重点任务、25项工作措施。3项成果进入集团创新创意大赛决赛，35名选手分别荣获有色金属行业班组长网上练兵活动一、二、三等奖，并获有色行业个人总分第一名；组织参加集团班组长培训比武和“蒸发工、焊工”工匠赛，成绩均名列前茅。

按照集团巡视组反馈的15个问题，细化54项整改措施，建立巡视整改月报机制，截至年底已完成整改14项，切实解决一批重点难点问题。抓实重点任务，全面搭建纪检、巡察、审计、财务、人力等职能部室纵向管理约束的“大监督”工作体系，全年为企业降本1302.47万元；集中力量开展矿石结算、矿山“两金”欠缴等事件调查处理，挽回企业损失737.35万元，追缴资金620.87万元。

撰稿 / 程慎伟

中国铝业重庆分公司

一、基本情况

中国铝业股份有限公司重庆分公司（简称重庆分公司）成立于2006年7月7日，员工总数（在岗）20人，资产总额24.54亿元，资产负债率97.59%。

主营业务范围：铝土矿开采、冶金级砂状氧化铝产品的生产与销售。

产能规模：氧化铝80万吨/年。办公地址：重庆市南川区水江镇南陵大道水江镇政府东侧。

2020年，重庆分公司坚定发展信心、保障租赁合作长期共赢，全面筑牢基础、确保安全环保稳定大局，秉承多管齐下，着力实施好极限降本，较好完成了全年各项目标任务。

二、生产经营

2020年，重庆分公司坚持以协议为遵循，强化合资合作的规范化管理。全面落实国家关于统筹推进疫情防控和经济社会发展工作要求，与租赁合作各方就继续履行80万吨氧化铝项目租赁协议等达成一致意见，加强与地方政府的协调对接，支持承租方实施技能改造、降低生产成本，夯实租赁合作长久经营基础，收取合作收益4997万元。

主要经济指标一览表

表1

项目	单位	2019年	2020年	增长（%）
资产总额	亿元	25.92	24.54	−5.32
工业产值	亿元	—	—	—
营业收入	亿元	2.28	1.86	−18.42
利润总额	亿元	−0.32	0.02	106
税收贡献	亿元	0.13	0.16	23.08
全员劳动生产率	万元/人·年	—	—	—

三、安全环保

抓实安全环保督察，构建更为严密的责任体系。制定《安全环保监管检查跟踪计划总表》《安全环保培训计划》《安全环保监管工作实施方案》。把监管重心放在生产一线，落实好安全环保四级综合检查机制，与地方政府联合开展检查9次，日常综合检查207次，检查发现并整改安全环保问题隐患455个，实现安全事故、环保事件为零。坚持疫情防控与安全环保监管齐抓共管，稳步实施好鱼泉河沉积物清理和母猪溶洞渗漏污染治理工程施工等关键工作，保证租赁合作期间的安全环保大局。

梳理排查和整改各类环保问题和短板。全力配合中央生态环保督察组开展两次现场环保督察工作，对督察发现的环保问题制定整改方案，建立问题整改联络督导机制，督促承租企业落实整改要求和整改措施，协调地方环保部门开展问题整改的督办督促，确保中央生态环保督察发现问题的按期整改落实。

四、科技创新

2020年，重庆分公司对10项专利缴纳维护年费0.29万元。

五、改革发展

从降本控支和盘活创效两方面发力，确保2020年度生产改革任务的完成。坚持全要素的成本费用管控，全力应对法律诉讼案件减损3859万元，开展修旧利废节约费用10万元。坚持多渠道盘活资产，推进灰渣堆场土地、铁路专用线、房屋等资产的盘活，取得现金流入9761万元，资产处置收益2464万元，完成大宗原燃物料、化学品等辅材备件的处置，减少呆滞存货1164万元，销售价款1322万元。

落实退休人员社会化要求，完成62名退休人员社会化移交工作，成为南川区首家完成退休人员社会化的企业。

六、党建与企业文化

推动党建工作与资产保全、监管强化、资产盘活、企地共赢等业务工作的深度融合。开展“抗击疫情、爱心有我”主题党日活动，捐款4498元支持疫情防控。积极落实国家、国资委、中铝集团关于应对新冠肺炎疫情减免小微企业租金政策，减免租金3.88万元。

做好对偏远矿山地区员工的关心，保障食堂厨具的配备，保障员工健康饮食。落实“金字塔”人才培训计划，共组织“党建+”论坛、“干部大讲堂”、“云·知”微网课、“重庆青年谈”主题沙龙等活动7次。邀请西南政法大学教授讲授《中华人民共和国民法典》。创办《企业之声》内刊，宣传企业动态、讲好企业故事。

撰稿/王　震

山西华兴铝业有限公司

一、基本情况

山西华兴铝业有限公司（简称山西华兴）成立于2010年7月，注册资本18.5亿元，员工总数（在岗）1077人，资产总额58.52亿元，资产负债率63.57%。

主营业务范围：铝及相关矿产品、冶炼产品、加工产品、碳素产品及相关有色金属的生产、销售；机械制备制造；相关技术开发、技术服务。

产能规模：年产200万吨氧化铝。办公地址：山西省吕梁市兴县瓦塘镇。

2020年，山西华兴将全要素对标作为全年工作总抓手，建立两级对标体系，统筹推进全要素对标与极限降本，高标准制定极限降本方案，科学分解降本指标，层层压实降本责任，滚动跟踪落实，二季度完全成本低于极限目标50元/吨，下半年完全成本低于极限目标46元/吨，超额完成极限降本任务。

二、生产经营

全年生产商品氧化铝134.2万吨，同比增长6.82%，二级品率100%，一级品率82.22%，−45微米粒度12.52%，钠含量及硅、铁指标居行业领先水平。外抓协调、内强管控、科学采矿、拓展增量，自采供矿量稳步提升，孙家沟项目供矿43万吨，奥家湾、黄辉头等4个主力矿连续8个月供矿保持在21.5万吨以上，全年自采总供矿277万吨，提前2个月完成供矿任务，超计划供矿77万吨。非计划停车同比大幅降低，氧化铝石灰、碱、蒸汽、絮凝剂等消耗指标，热电供汽煤耗、供电煤耗、煤气煤耗等关键指标均同比明显优化。巩固煤制气攻关成果，全年供煤气1.88亿立方米，完成年计划110.6%，创效3319万元，同比增效1516万元。持续提高大宗直购比例，动力煤区域内厂家直供，综合价格比同期市场低40元/吨，液碱单价比同期市场低76元/吨，石灰采购全部厂家直供，全年煤、碱和石灰采购较同期市场累计降本3583万元。积极开展交旧领新、修旧利废、外委转内干等专项工作，可控费用逐月降低。以创建无泄漏工厂为主线，着力提升设备管理水平，对二期项目进行全系统隐患消除缺陷，有效提升了稳定运行能力。

主要经济指标一览表

表 1

项目	单位	2019 年	2020 年	增长（%）
资产总额	亿元	65.40	58.52	−10.52
工业产值	亿元	29.30	27.36	−6.62
营业收入	亿元	29.23	29.77	1.85
利润总额	亿元	−0.71	0.23	132.39
税收贡献	亿元	1.92	2.29	19.27
全员劳动生产率	万元 / 人・年	227.13	183.62	−19.16

三、安全环保

山西华兴有效运行 CAHSE 和 QES 管理体系，焙烧炉脱硝项目按期建成投运，消除环保风险，环保设施稳定运行，排放数据上传在线监测系统，达到国家超低排放要求，废水经处理后循环使用，零排放。职业健康安全管理、环境管理、质量管理三大体系通过中国船级社审核认证。顺利通过环保分级管控 B 级企业认定，全年重伤及以上事故和环境事件为零，实现安全运营、绿色发展。积极做好迎检工作，通过中央环保督察。

四、科技创新

坚持科技创新驱动引领，持续加大科技投入，着力提高生产管控能力和效率，向着智能工厂的目标稳步迈进。全年开展科技研发项目 6 项，全部通过查新认定，其中有机物脱除技术研究、AO 粒度控制技术、降低溶出和外排赤泥铝硅比差值技术等均已应用于生产实践，取得实效。制样班组荣获有色协会质量信得过优秀班组，化验车间 QC 项目荣获山西省优秀 QC 成果一等奖。

五、改革发展

坚持市场化原则，积极稳妥推进“三项制度”改革，通过压减劳务用工，精准绩效考核，增强企业活力。创新干部管理方式，选派 19 名中层干部到基层党组织任“第一书记”，与先进企业对标，编制了员工优化配置方案，通过员工顶岗、内部承包、外委转内干等措施。

六、党建与企业文化

深入开展党组织带党员创效、党员带群众创新活动，围绕生产经营难点问题，设立年度课题 51 个，创效成果显著。创建党员先锋岗和党员责任区，在破解生产难题、整治厂容厂貌等方面发挥了重要作用。组织开展多个工种的劳动竞赛和技术比武，提高员工技能水平。推进“大监督”体系建设，形成党内监督、业务监督、专责监督、外部监督有序衔接的协同体系。积极推进后勤管理改革，完成住房分配，缓解厂区住房紧张及员工子女上学难等问题，员工幸福感、获得感明显提升。积极履行社会责任，疫情防控期间为地方捐赠防疫物资，多次承办县市政府现场会，增进企地交流，积极响应精准扶贫号召，向周边村庄派驻扶贫工作队，构建和谐友好的企地关系。

撰稿 / 孟晓峰

广西华昇新材料有限公司

一、基本情况

广西华昇新材料有限公司（简称广西华昇）成立于 2017 年 6 月 30 日，注册资本 17.42 亿元，员工总数（在岗）668 人，资产总额 51.97 亿元，资产负债率 66.13%。

主营业务范围：铝矿产品、石灰石及产品生产及销售；氢氧化铝、氧化铝、铝水等铝冶炼产品、铝合金、铝加工产品的生产及销售；热电联产、碳素产品及其他有色金属产品的生产及销售；码头生产和经营及港口贸易；工业用水、电、汽的生产及销售；煤灰渣、赤泥及综合利用产品的生产及销售；从赤泥中回收有价金属；煤炭脱硫副产品的生产及销售；机械设备、备件、非标设备的制造、安装及修理；勘察设计；普通货物道路运输；氢氧化铝、氧化铝、电解铝、铝合金、铝加工等冶炼工艺技术咨询及技术培训；相关技术开发、技术服务；工业和科研所需的原辅材料及备件的生产及销售。

产能规模：氧化铝 200 万吨 / 年。办公地址：防城港市港口区企沙镇赤沙中路。

认真贯彻中铝集团“两海战略”，全面落实中铝集团、中铝股份的目标任务及“低成本、高质量、机制优、效益好”的工作思路，实现安全任务目标和环境零污染等任务目标。氧化铝单线产能达 110 万吨，实现提产达产目标，氧化铝完全成本控制在 1970 元 / 吨以下，实现利润 1184 万元。

二、生产经营

主要产品产量。200 万吨氧化铝项目于 2020 年 9 月正式投产，氧化铝产量 45.35 万吨，销售氧化铝 35.16 万吨、氢氧化铝 1831 吨，营业收入 6.84 亿元。

生产经营亮点。制定投料试车方案，严格按照方案进行准备，做好基建与试生产无缝对接，项目建设完成一个，生产接收一个，通过充分的单体、联动试车，解决生产系统存在的问题。联合设计院开展“全系统”攻关，采取奖惩机制。开展“大干 60 天，全面实现提产达标”活动，通过提产达标、加快收尾及现场标准化、加快工程结算、产销两旺降本增效等手段，按照提产目标组织生产，优化指标、降低成本。通过对标管理，优化生产工艺控制，各项消耗指标稳步下降。建立以点检为核心的设备管理模式，建立四级点检制，建立设备故障问题库，强化设备管理。实现利润 1184 万元，实现了投产即盈利的目标。

主要经济指标一览表

表 1

项目	单位	2019 年	2020 年	增长（%）
资产总额	亿元	42.19	51.97	23.18
工业产值	亿元	—	7.15	—
营业收入	亿元	—	6.84	—
利润总额	亿元	—	0.12	—
税收贡献	亿元	—	0.04	—
全员劳动生产率	万元 / 人·年	—	107	—

三、安全环保

制定完善 CAHSE 体系制度 102 项并有效运行，组织安全教育培训 2655 人次，施工人员教育培训 13857 人次，开展作业活动风险辨识，排除作业风险 1757 项，设备设施风险 455 项，深入开展“两抓两查”严监管工作，安全生产保持平稳。完成项目变更补充环评、辐射安全许可证信息变更、全厂排污许可证、突发环境事件应急预案的审批和备案。持续督促做好施工洒水降尘、固体废物的规范处置、生活污水合规排放。清理施工场地、仓储场地和加工区，高效开展厂区细平、道路硬化和绿化工程，种植乔灌木 9152 棵、种草面积近 23 万平方米，厂区面貌进一步整洁美观，推进环保设施“三同时”，严格督导试车试产达标排放。

四、科技创新

发挥科技推广、科技应用、技术创新、技术人才在生产运行、设备提升、节能降耗、环境保护、“数智”华昇和项目优化的重要作用。加强技术攻关，发挥内部技术骨干和外部专家的共同作用，解决各类设备技术问题 107 项，攻克了压滤机、叶滤机等产能不足、焙烧炉 V08 跳停导致 V19 跳停等技术问题。推进全流程智能化工作，完成全光网络、数据中心、视频监控、调度管理、生产计划、物流管理、设备管理、安全生产等信息化、智能化系统建设，实现生产工艺、设备、人员融合。

五、改革发展

（一）200 万吨氧化铝项目建设

完成规划选址、项目备案、土地预审、环评、能评、用地规划许可证、不动产权证、建设工程规划许可证等 24 项行政许可审批；完成余热余压综合利用发电项目核准的批复；落实 3719 亩项目用地；签订《港口作业服务合同》，港口作业费；签订《天然气供用气合同》；落实资本金 17.42 亿元全部到位，获得银行融资授信额度 86 亿元，累计融资 24 亿元；获得政策支持 3.25 亿元。

通过招投标竞争、合同谈判、严控变更签证、与华锦投资对标、严把竣工结算关等手段，严控项目投资，项目投资概算 57.82 亿元，截至年底累计完成投资 45.47 亿元，吨铝投资控制在 2500 元以下。

完成氧化铝主体设备安装；单台锅炉送汽至溶出；热介质通过沉降进入综合过滤粗液槽打通生产流程；I 系列溶出启动喂料泵进料；投料试生产仪式和第二条生产线投料试生产。

（二）改革改制

按照“三大一分离”优化成立三个业务中心，不设车间、科室，创新管理技术岗位管理机制，实行值长的轮班管理与工序专工（区域工程师）白班管理紧密配合，按目标劳动生产率严控增人，组成了三级管理层和较为先进的企业运营团队。

六、党建与企业文化

认真贯彻落实中铝集团党组、中铝股份党委决策部署，坚持党建融入中心工作，党建工作实现了“五个夯实”，一是夯实党的政治和思想建设。二是夯实党的组织和制度建设。三是夯实党的作风和干部建设。四是夯实党风廉政建设，开展以“项目安全、资金安全、干部安全”为主要内容的“廉洁工程”创建活动，与副专工以上党员干部及重要岗位人员签订廉洁从业承诺书，构建惩防体系。五是夯实宣传和群工工作。华昇特色的“家”文化更加浓厚。积极宣传报道自治区、集团、股份等各级领导到广西华昇调研考察重要活动，宣传项目建设、试车投产、生产运营的进展。落实党建带工建，实现党工组织围绕中心工作同频共振、同向发力。开展丰富多彩的职工文化体育活动。

撰稿 / 曾义明

中铝集团山西交口兴华科技股份有限公司

一、基本情况

中铝集团山西交口兴华科技股份有限公司（简称兴华科技）成立于2011年11月04日，注册资本5.88亿元，员工总数（在岗）505人，资产总额25.29亿元，资产负债率77.13%。

主营业务范围：铝基新材料系列产品生产技术研发及成果转让。

产能规模：90万吨氧化铝/年。办公地址：山西省吕梁市交口县温泉乡工业园区。

2020年，面对新冠疫情冲击和市场严峻挑战，在党委和董事会的坚强领导下，在各股东方的大力支持下，兴华科技经营班子带领广大干部员工砥砺奋进爬坡、披荆斩棘过坎，在形势复杂多变、困难超乎想象的情况下，坚持“差异化用矿、全要素对标、无极限降本”理念，扛住市场和疫情双重打压，生产经营逆势中逐月向好，超额完成总部下达的年度目标任务。

二、生产经营

2020年，兴华科技实产氧化铝累计完成86.58万吨，商品产量累计完成86.83万吨，分别同比增长20.7%和20.3%；完全成本完成2049元/吨，同比降低17.7%；实现营业收入18.48亿元，同比增长6.78%；实现利润206万元，同比增长101.7%。全年商产完全成本同比降低559元/吨，降本金额共计4.86亿元。公司完全成本竞争力由年初的75%分位进入51%分位。

主要经济指标一览表

表1

项目	单位	2019年	2020年	增长（%）
资产总额	亿元	22.66	25.29	12
工业产值	亿元	17.06	17.77	4
营业收入	亿元	17.31	18.48	7
利润总额	亿元	−3.35	0.02	101
税收贡献	亿元	0.08	0.07	−17
全员劳动生产率	万元/人·年	—	—	—

三、安全环保

全面夯实安全生产基础。深入推进职业健康安全环保精准管理体系运行，持续加大“两抓两查严监管”工作力度，全年排查安全隐患523项，整改完成率100%。安全生产月开展安全培训教育和煤气中毒事故应急演练专项培训；设立安全警示教育室，全年接受教育员工达到1928人次。

确保环保设施正常运行、指标达标。以迎接中央环保督察为契机，全面梳理整改，全年投资3500余万元，完成1#焙烧炉除尘脱硝超低排放改造项目、锅炉低氮改造项目、矿石堆场棚盖项目建设，通过重污染天气重点行业绩效分级的C级认定，实现环保行政罚款零目标。

对承包商队伍进行业务整合，制定下发《承包商管理办法》，推行"一包三保三达"管控模式，加强对承包商和施工人员的规范化管控，强化施工人员安全作业理念和技能，消除了事故隐患。

四、科技创新

通过国家级高新技术企业认证；铝酸钠溶液净化技术研究及工业化试验与应用项目被认定为吕梁市科技成果产业化重点研发项目，并获得专项资金40万元；企业通过中国企业联合会、中国企业家协会AAA级企业信用评价；申报专利18件，15项实用新型专利；启动两化融合管理体系认证工作，通过信息化降低成本，提高效率，为实现高质量发展奠定基础。

2020年兴华科技编制完成公司"十四五"规划和"六新"发展规划；低温矿生产氧化铝技术研究及工业试验项目在降低矿耗、碱耗方面取得明显突破；高有机物进口矿规模化利用技术研究及应用取得明显成效；高钙灰替代石灰粉工业试验及应用自主研发项目实现增效181.48万元；"山西省低钠系列铝基新材料工程技术研究中心"立项建设，获得专项资金100万元。

五、改革发展

制定《三项制度改革实施方案》，明确2020—2022年深化改革目标措施，企业劳动用工、收入分配、选人用人机制全面推开。针对工作执行力差，不称职的干部员工严肃处理，实现人员能进能出；推行扁平化管理、市场化用工，建立绩效工资发放动态预警机制，工资发放与产量、成本和利润实际完成情况挂钩；加大选人用人制度刚性执行力度，对基层及以上管理人员进行年度测评，实现干部能上能下。

六、党建与企业文化

坚持党的建设与生产经营深度融合。严格执行"三重一大"决策制度和党委会研究讨论前置程序，坚持问题导向，发挥政治引领作用。结合生产经营实际，编制简报25期，及时宣传先进典型，促进各项工作目标任务的完成。

切实发挥党委主体责任和纪委监督责任。持续对不良供应商损害公司利益问题进行整治，营造良好的经营环境，为企业挽回直接经济损失25万元，挽回间接经济损失400余万元；持续完善内控体系和全面风险管理体系，全年完成专项审计整改项目53项，开展专项效能监察工作，对五个项目的结算进行全方位审计，审减结算值21.5万元。优化合同签订流程，完善企业法律管控体系，实现合同条款法律审核全覆盖。

积极履行社会责任，向地方捐赠各类防疫物资，组织全体党员自愿捐款，以实际行动支持参与新冠肺炎疫情防控工作；出资39000元积极参与交口县爱心助学活动；关心关爱员工文化生活，举办迎新春联欢晚会、夏季向一线岗位送清凉和员工生日慰问活动，增强员工的归属感和幸福感。

撰稿 / 武海英

中国铝业贵州分公司

一、基本情况

中国铝业贵州分公司（简称贵州分公司）成立于2002年4月19日，资产总额34.53亿元，员工总数（在岗）1742人，资产负债率99.9%。

主营业务范围：铝土矿、石灰石矿的勘探、开采；铝、镁矿产品、冶炼产品、加工产品、碳素制品及相关有色金属产品的生产、销售。

产能规模：铝土矿年产能225万吨；合金化年产能34.8万吨。办公地址：贵州省贵阳市白云区同心东路2号。

2020年贵州分公司生产经营盈利539万元；运营净现金流14482万元，较总部目标增加4482万元；成费比106.33%（如不考虑历史问题，成费比为98.05%）。

二、生产经营

2020年贵州分公司矿山采矿200.06万吨，首次突破200万吨大关，同比增长4.10%，创下建矿62年来的最高纪录；当年实现利润10033万元，连续三年突破亿元；2020年猫场铝矿成功入选国家绿色矿山。

2020年6月合金化项目全面建成投产，经有色金属质量总站专家组现场审核，一致推荐项目参评中国有色金属工业优质工程；自10月份起月产销量连续突破2万吨大关，全年实现利润1167万元，完成可研利润目标；合金化系列铝产品通过挪威DNV船级社认证并取得证书；10月中旬通过中国船级社质量管理体系监督审核；IATF16949质量体系通过SGS认证公司审核并取得证书，拥有在船舶、轨道交通、汽车等多个领域销售高端产品的通行证。

主要经济指标一览表

表1

项目	单位	2019年	2020年	增长（%）
资产总额	亿元	54.07	34.53	−36.14
工业产值	亿元	7.59	28.6	276.81
营业收入	亿元	9.53	29.56	210.18
利润总额	亿元	−5.8	−2.4	58.62
税收贡献	亿元	1.54	0.96	−37.66
全员劳动生产率	万元/人·年	42.79	166.55	289.23

三、安全环保

2020年，贵州分公司实现重伤以上事故为零、环境污染事故为零、职业病危害事故为零，无新冠肺炎病例和疑似病例。认真开展“两抓两查严监管”，制定并实施《安全生产专项整治三年行动计划》，落实“一岗双责”清单。深入推进CAHSE体系建设和运行，当年总部审核安全考评分70.1分、环保考评分75.71分。积极开展矿山修复及绿化，撒草籽15.985吨，种葛根145000株，覆绿面积3407.8

亩。麦坝铝矿环境公益诉讼实现了调解。2020 年贵州分公司共计投入安全环保费用 2721 万元。

节能减排。企业综合能源消费 1.36 万吨标准煤，其中天然气 537.55 万标准立方米，电力 4392.38 万千瓦时，柴油 1465.17 吨，汽油 33.00 吨，压缩空气 1146.77 万立方米，新水 40.80 万立方米，循环水 353.80 万立方米。电解渣场渗滤液废水处理项目 8 月 10 日开始建设，12 月 31 日完成交工验收。矿井水、生活污水、厂界噪声、净化系统等均实现达标排放。

四、科技创新

科研项目。贵州分公司继续开展“铝电解槽内衬用新型碳 / 碳复合材料整体成型应用研究”重大专项研究，截至年底，该项目在安顺顺安机电厂搭建的试验平台已完成 5 次小试验，在改善阴极内衬氧化、分层问题及优化焙烧工艺技术方案上取得了明显效果，为工业试验方案优化提供了依据。2020 年贵州分公司科技研发共投入 203 万元。

科技成果产业化应用。拟推广应用 2018 年自主研发项目“猫场铝矿采空区治理与地表沉陷控制技术研究”取得技术成果，开展废石胶结充填采矿技术产业化应用，已向总部提交立项申请。中铝股份重大科技专项“猫场铝矿地下开采顶板安全控制综合技术研究”已提请总部项目验收。

专利申报维护。截至年底，贵州分公司拥有有效专利 101 件，其中发明专利 87 件。2020 年贵州分公司共申报专利 6 件，其中 3 件为发明专利。2020 年共发生专利年费 56.18 万元。

五、改革发展

2020 年完成退休人员社会化移交 13119 人，移交率 100%。党员组织关系移交 3782 人，移交率 100%。累计分流安置员工 109 人，清理 2014 年放假人员并安置到合金化事业部 35 人，依法合规解除劳动合同 60 人。劳动用工和生产组织进一步优化。合金化事业部减少车间管理层级，用工人数从项目批复的 420 人优化到 360 人。矿业公司减少长协外包人员 264 人，探索矿山“副业发展”，利用复垦土地发展养殖种植业务。

六、党建与企业文化

始终坚持党建引领，把党建工作融入生产经营中心，管企业发展大局。以 95 个党组织带领党员创效、党员带群众创新项目为抓手，在各项重点工作中落实主体责任。

加强党风廉政和巡察整改。推进纪检监察体制改革，建立完善党委议事规则、“三重一大”决策程序和重大事项沟通协商机制。推进政治巡察和专项核查上下联动，开展专项自查自纠及专项整治。推进集团党组巡视反馈问题整改，截至 12 月 31 日，巡视反馈 27 个问题分解的 63 项子项，完成整改 58 项，整改完成率 92%。

做好群团工作。组织开展劳动竞赛，为生产经营做贡献。成立“一铝阳光”志愿者协会，开展志愿活动。贵州分公司王臻获中铝集团“银点子”奖、赵剑英获中铝股份“银点子”奖。矿业公司张杰家庭荣获全国妇联“全国五好家庭”。猫场铝矿掘进一班获中铝集团 2020 年“安全、干净”示范班组。

履行社会责任。2020 年进行职工慰问，使用职工集体福利费 232.70 万元；开展困难帮扶 1990 人次，使用资金 122.38 万元。

撰稿 / 施慧芸

中国铝业青海分公司

一、基本情况

中国铝业青海分公司（简称青海分公司）成立于2002年4月14日，注册资本76.55亿元，员工总数（在岗）2203人，资产总额34.88亿元，资产负债率27.22亿元。

主营业务范围：铝冶炼产品、加工产品、碳素制品及相关有色金属产品的生产、销售；机械设备制造；及相关技术开发、服务。

产能规模：原铝40万吨；铝合金扁锭10万吨；铸轧卷10万吨；阳极21万吨；阴极2.3万吨。办公地址：青海省西宁市宁张公路28公里处。

2020年，青海分公司深入推进全要素对标、极限降本、三项制度改革等重点工作，保证安全平稳生产，经营业绩创近十年来最好成绩：全年共生产铝产品40.34万吨、销售铝产品40.34万吨，盈利5.93亿元。

二、生产经营

紧紧抓住“打造低成本竞争优势”这一核心工作不动摇，认真贯彻“算着干、干着算”的成本控制理念，全方位推进极限降本工作，全年铝锭完全成本完成10871元/吨，较总部考核指标节约373元/吨；合金生产坚持做赚钱的合金化，对赔钱、处于盈亏平衡边缘的低端产品进行有序淘汰，不断优化产品结构，提升产品盈利能力，全年销售各类铝产品40.34万吨，实现效益5.14亿元；炭素产量再创历史新高，增利明显，全年阳极总产量达到30.5万吨，其中外销生阳极产量达到10.12万吨，盈利7676万元；销售阴极产品1.71万吨，盈利216万元。

主要经济指标一览表

表1

项目	单位	2019年	2020年	增长（%）
资产总额	亿元	33.06	34.88	5.5
工业产值	亿元	51.71	51.99	0.54
营业收入	亿元	53.86	54.89	1.92
利润总额	亿元	1.37	5.93	332.32
税收贡献	亿元	1.36	1.89	38.97
全员劳动生产率	万元/人·年	258	261	1.16

三、安全环保

认真落实“安全十条禁令”，建立安全风险分级管控和安全生产隐患排查治理长效机制，深入开展“两抓两查严监管”等活动，并将承包商纳入公司“一体化”管理，消除了安全管理薄弱环节，被青海省卫健委授予“健康企业”称号。

环保工作取得铸造厂绿色合金生产线环境管理

体系认证和排污许可，降低企业环保风险。进一步规范危险废物、水污染防治、大气污染防治等领域的管理，通过保证环保设施平稳运行、狠抓环保设施同步运转率，实现重点污染源监督性监测100%达标，环境污染事故为零的目标，通过中央环保督察。

四、科技创新

2020年新获得授权专利9件，其中实用新型专利8件。截至2020年底，青海分公司有效专利108件，其中发明专利57件，实用新型专利51件。

五、改革发展

紧盯全员实物劳动生产率，对标行业先进企业用工和人工成本，制定下发《公司优化三类人员管理改革实施办法》，优化“劳动合同员工、劳务派遣用工、长协外包人员”三类人员管理，通过多种途径减少企业用工189人。质量物资管控中心通过整合相似业务，将辅材成品管理部与原料管理部合并为物资管理部，进一步精简机构。炭素厂实行部分班组岗位员工轮换制度，有效解决员工劳动量不均衡的问题。按照总部要求，公司与地方政府签订《国有企业退休人员社会化管理交接整体协议》，顺利完成退休人员社会化管理移交工作。

坚持依法合规做好经营管理服务的思路，持续强化精准管理。合理开展基础设施改造和设备消缺，两企业全年主要设备消缺率完成99%以上，为企业后续发展夯实了基础。一年中，累计向两企业投用原辅料169.07万吨，销售两企业铝产品69.94万吨；实现收入85.47亿元；两企业员工收入较2019年增长超过7%。经营管理服务为提升地方经济，保障职工稳定发挥了重要作用，得到了政府的充分肯定。

六、党建与企业文化

青海分公司党委始终把学习贯彻习近平新时代中国特色社会主义思想作为首要政治任务，坚持党委中心组学习制度，制定《党的十九届五中全会学习实施方案》，围绕全要素对标开展增强“五力”大讨论专项活动，引领党员树牢“四个意识”、坚定“四个自信”、做到“两个维护”。制定《全面落实从严治党主体责任清单》，完善和修订《“三重一大”决策实施办法》《“三会一课”实施细则》等制度，建立领导班子成员联系点制度，增强青海分公司党委的核心领导作用。深入开展基层党组织集中整治工作，激发基层党组织活力，提升基层党组织规范化建设水平。

青海分公司纪委持续抓实监督、执纪、问责，落实政治监督责任制。围绕绩效发放等职工关注的问题，深入整治基层“微腐败”。充分发挥巡视巡察利剑作用，配合集团党组第五巡视组开展常规巡视；制定2020年巡察工作方案，启动7家单位的政治巡察，实现本届党委任期内政治巡察全覆盖。

面对疫情影响，企业在防疫物资最紧缺时，主动向青海省疫情控制处置工作指挥部捐赠医用口罩24000余个、酒精消毒液200公斤，派出人员协助地方，得到青海省国资委和工信厅高度赞扬。党员群众积极响应公司党委号召，向湖北和火神山医院定向捐款27.4万元。

撰稿/韩　涛

包头铝业有限公司

一、基本情况

包头铝业有限公司（简称包头铝业）成立于2008年5月22日，注册资本22.46亿元，员工总数（在岗）4990人，资产总额175.77亿元，资产负债率43.34%。

主营业务范围：电力生产、电力供应；铝、铝合金及其加工产品、高纯铝、热能、炭素制品的生产销售；机电产品、五金交电、化工产品的销售。

产能规模：电解铝产能130万吨（含内蒙古华云新材料有限公司，以下简称内蒙古华云）、高纯铝产能5万吨，炭素产能12万吨，2台33万千瓦自备机组、3台35万千瓦自备机组（内蒙古华云）。办公地址：内蒙古自治区包头市东河区毛其来。

2020年，包头铝业坚决贯彻集团各项工作部署，坚持“聚焦战略、提升管理、改革创新、稳健发展”工作主线，取得疫情防控阻击战阶段性胜利；深入推进中央环保督察问题整改；3#机组完成纳规核准手续并转入商业运行，取得生产经营和发展的好成绩。

二、生产经营

2020年，包头铝业（含内蒙古华云）生产铝系列产品124.95万吨，同比减少4.98%，自发电量109.95亿千瓦时，同比减少2.34%；自供电量99.55亿千瓦时，同比减少5.72%；自产阳极块8.91万吨，同比减少9.63%；铝产品销售124.91万吨（其中铝液71.75万吨、铝系列产品53.16万吨），同比减少4.19%；实现营业收入161.63亿元，同比减少1.07%；利润总额10.85亿元，同比减少9.21%；经营性净现金流23.14亿元，同比增加1.4%。

2020年，包头铝业紧紧围绕年度生产经营目标，降本增效成果显著。市场方面通过外购铝锭保供东轻，完成铝锭置换近2万吨，吨铝增盈212元，增效419万元；管理方面以“三改革两提升”为主线，促进新产品开发、市场销售与物流等方面的改革创新，实现增效1600余万元；采购方面提前研判市场，避峰抓谷、适时增减储，实现原料备件采购降本1.55亿元、电煤采购降本4800余万元，超额完成年度目标；财务方面加大应收账款清欠力度，降低承兑结算比例，合理调整长短期贷款和融资结构，压缩短期借款6亿元，有效节约财务费用。

主要经济指标一览表

表1

项目	单位	2019年	2020年	增长（%）
资产总额	亿元	175.55	175.77	0.13
工业产值	亿元	162.15	156.82	−3.29
营业收入	亿元	163.38	161.63	−1.07
利润总额	亿元	11.95	10.85	−9.21
税收贡献	亿元	3.3	5.43	64.55
全员劳动生产率	万元/人·年	44.22	45.65	3.23

三、安全环保

包头铝业坚持“目标导向、源头治理、压实责任、协调管控”的工作思路，补短板、强弱项，将安全环保管理要求融入生产经营全过程。重伤及以上事故为0，20万元以上经济损失的火灾事故为0，20万工时损工率为3.83；加大环保投入，投入9.82亿元实施烟气净化系统脱硫改造、铁路专用线与输煤系统等项目，推进绿色工厂建设；强化网格化管理力度，首次取得环保行政罚款为零的好成绩；完善环保管理制度，细化操作流程，汇总环保问题，形成8类575项问题清单，制定900条整改措施，从严从实整改，“水气声渣”历史欠账逐渐补齐；建立企地合作、环保宣传、沟通协商和问题解决四项工作机制，促进周边社区绿色生态共同体创建。

四、科技创新

2020年，包头铝业启动项目研发课题16项，其中承担总部重点项目4项。“61.5%IACS高导耐热铝合金导杆”项目获得两项发明专利授权，形成铝合金电缆、架空输电用性能铝合金导线及汽车轻量化等领域新产品储备；自主开发“高效环保精炼剂”，形成国内首家利用氟化盐与碳酸盐生产铝合金用精炼剂专有技术；完成电磁能替代晶粒细化剂的实验研究，实现铝钛硼丝变质剂部分或全部替代；重熔用精铝锭获中国有色金属工业协会颁发“有色金属产品实物质量金杯奖”，认定重熔用精铝锭L99.996达到国际同类产品实物质量水平，成为2020年度中铝股份唯一获此殊荣的铝产品；成功浇铸出第一块自主研发的稀土扁锭，开创国内精铝合金锭采用稀土元素融合技术的先河；成功试生产出319Z.3铸造铝合金产品，填补了高Cu铝合金产品上的空白。

五、改革发展

实施管理人员考评，真正实现干部“能上能下”。合金事业部推行市场化改革，压减2个三级机构、41名员工因病伤退出岗位。对23个班组开展薪酬专项督导，规范基层员工薪酬绩效管理。强化正向激励，推行以效益提成为中心的薪酬分配模式，激发员工干事创业的动力。

启动炭素厂市场化改革，模拟事业部运行。创新安环部门和生产单位的安管岗位轮换、角色互换机制，促进专业管理能力双提升。成立科研技术中心，建立科技研发专项运营与激励管理机制，新增专利12项、新产品9个。完成3800多名退休人员社会化移交。有序完成“三供一业”移交改造工作，居民区得到提档升级，获评包头市改造示范小区。

扩建1万吨高纯铝项目提前投产，形成产业优势；华云铁路专用线铁路顺利接轨。

六、党建与企业文化

包头铝业确保党建责任制落到实处；深化“两带两创”活动，设立创效项目85个、创新项目141个，产生经济效益近1.56亿元；建设四星级以上党支部56个，占支部总数的88.89%；成立包头铝业有限公司监督委员会，构建党风廉政“大监督”体系；开展“作风建设由广角转长焦”“廉洁风险地图由深色转浅色”“制度执行力由弹性转刚性”的“新三转”工作，干部作风建设、廉洁风险管控、制度执行力得到增强。

2020年，包头铝业正式推出涵盖使命、愿景、价值观，“安全、环保、质量、成本、廉洁、社会责任”六个专项理念，“积极求己至善”十大工作理念的企业文化体系1.0版，成为中铝企业文化对标工作牵头单位；2020年再次获评“全国文明单位”荣誉，实现六连冠；“BTL/包铝”品牌获评内蒙古百强品牌荣誉称号；《深挖企业文化金矿 萃取高质量发展力量》案例荣获“中铝集团典型管理案例和优秀操作技法”一等奖。

包头铝业围绕“公司治理、员工权益、环境保护、公平运营、社区支持”五大模块，梳理出21项责任指标、70项负面清单，社会责任工作立项35项；累计为61名困难职工进行专项救助，发放资金36万元；持续开展“包头铝业助学帮扶行动”，帮扶资金2.33万元。

撰稿 / 韩永健

兰州铝业有限公司

一、基本情况

兰州铝业有限公司（简称兰州铝业）成立于2019年1月，注册资本15.94亿元，员工总数（在岗）2370人，资产总额72.83亿元，资产负债率57.59%。

主营业务范围：铝冶炼；铝制品、铝加工产品、碳素制品的生产、销售；发电。

产能规模：电解铝43万吨；发电装机90万千瓦；炭素制品23万吨；合金产能39万吨。办公地址：甘肃省兰州市红古区平安镇河湾村。

2020年，兰州铝业抢抓市场机遇，强化工作落实，生产经营保持良好态势，累计生产铝产品40.81万吨，生产炭素产品20.11万吨，发电12.31亿千瓦时，实现产销率、货款回笼率两个100%，累计实现营业收入53.93亿元，实现工业总产值52.85亿元，累计实现利润总额4.27亿元，上缴税金3.07亿元，圆满完成年度经营目标。

二、生产经营

以生产降本为核心，以优化消耗指标为重点，深化全要素、全级次对标，扎实推进极限降本，电解铝液99.70以上率同比提高4.32%；铝液电流效率同比提高0.18%；阳极炭块毛耗同比降低15公斤；铝液交流电单耗同比降低195千瓦时。炭素一级品率同比提高4.66%；煅后焦实收率同比提高0.83%；磷生铁消耗创历史最好水平。

主要经济指标一览表

表1

项目	单位	2019年	2020年	增长（%）
资产总额	亿元	72.33	72.83	0.69
工业产值	亿元	52.7	52.85	0.28
营业收入	亿元	53.42	53.93	0.95
利润总额	亿元	−2.05	4.27	308.29
税收贡献	亿元	1.76	2.55	44.88
全员劳动生产率	万元/人·年	26.14	51.48	96.94
资产负债率	%	61.63	57.59	−4.04

三、安全环保

兰州铝业持续推进职业健康安全和环保精准管理体系运行，严格落实“两抓两查严监管”要求，切实加强重要危险源安全管控，推行“隐患随手拍”App和“视频抓违章”，不断提高全员安全意识和应急管理能力。2020年兰州铝业未发生生产安全工亡事故，未发生较大及以上生产安全事故；

危险作业审批率达到100%，全员培训持证上岗率100%，接触职业危害因素作业员工职业健康体检实检率98%，全部达到目标。

兰州铝业加强环保设备和在线监测设施的运行维护，规范开展监督性检测和第三方环保监测，周边环境、无组织排放满足《铝工业污染物排放标准》及《环境空气质量标准》要求；危险废物管理通过地方生态环境部门考核，全年未发生突发环境事件。

积极践行“绿色发展”理念，营造“低碳生活”氛围，通过工艺优化、环保改造推动产业升级，开展置换发电交易，积极消纳新能源，努力打造“绿色电解铝”，2020年累计开展新能源替代发电50亿千瓦时，减少标准煤消耗169.35万吨。

四、科技创新

紧紧围绕工艺优化、设备改造、软件开发、管理提升等内容，大力推进技术创新和科技成果应用，为企业提质增效提供了有力支撑。一是400千安系列智能打壳下料管控系统技术改造项目投入生产运行，电流效率和直流电耗等指标得到明显提升。二是开展铝电解含炭固体废物协同处置技术研究，先后完成技术方案编制，含炭固废测试等工作，通过了市环保局的批复，为降低危废处置费用做出了尝试。三是积极开展产学研合作，兰州铝业积极参与兰州理工大学牵头的科学技术部国家重点研发计划“网络协同制造和智能工厂”专项“有色冶金产业集聚区域网络协同制造集成技术研究与应用示范”项目“区域集聚有色冶金产业智能生产管控与供应链系统开发及示范”课题，已完成项目申报和批复，兰州铝业获得中央财政经费20万元。兰州铝业目前有效授权专利14项，其中，发明专利11项，实用新型专利3项。

2020年科技创新数据表

表2

科技创新投入（万元）	申请专利（件）	授权专利（件）	科技人员占比（%）
3396	0	0	5.5

五、改革发展

2020年在严控疫情的情况下，兰州铝业全面稳定生产，深化企业改革与企业管理，推进深化三项制度改革，通过优化内部用工，规范用工管理，有效推进减员增效。按照国家政策要求，稳妥完成2735名退休职工的社会化移交及退役军人养老保险的补缴工作。坚持推进“安全干净班组”创建活动，严格授牌奖励考核机制，持续加强现场管理，在抓好重点区域修整绿化，实现各单位责任区现场整洁的常态化。自主开发安全“口袋卡”“峰谷平”电量统计报表、退休职工信息采集系统、违章系统管理、通勤车评价、设备系统管理等App项目，提升了量化融合水平。通过全面落实中铝集团法制建设工作和法制建设第一人职责，全面提升企业依法治企的水平。

六、党建与企业文化

坚持全面从严管党治党，以一流党建厚植企业发展优势，聚焦年度工作目标任务，建立健全“不忘初心、牢记使命”主题教育长效机制，以“七抓实、七提升”党建工作思路为抓手，推动党建工作质量持续巩固提升，推动党建工作与中心工作深度融合，推动特色党建品牌落地见效，推动基层党组织战斗力不断增强，为实现全年生产经营和改革发展目标提供了坚强的政治、思想和组织保障。

全面强化企业文化对标，通过与优秀企业的文化建设管理实践进行比较分析，查找重点问题，持续改进提升，不断完善企业文化和品牌管理机制。组织开展“兰铝好故事”征集与展演活动；利用112块宣传展板推出“工作亮点、职工风采、创新点滴”文化宣传；组织开展职工全员企业文化培训答题和新入职员工企业文化培训。2020年顺利通过甘肃省文明办组织的省级文明单位复查验收，保持了省级文明单位荣誉称号。

为厂区周边乡镇和设卡测温点送去防疫物资，利用自有消防车对周边村镇进行消毒作业，努力实现企地联防联控，广大党员捐款12万元支持新冠肺炎疫情防控工作；第一时间慰问援鄂一线医疗人员职工家属4人及其家庭；开展帮扶靖远县兴隆乡3个贫困村工作，3个贫困村如期实现脱贫，1名帮扶员工被甘肃省委、省政府授予“全省脱贫攻坚先进个人”称号。

撰稿 / 于姝雅

山西华圣铝业有限公司

一、基本情况

山西华圣铝业有限公司（简称山西华圣）成立于2006年，注册资本10亿元，员工总数（在岗）298人，资产总额9.32亿元，资产负债率19.2%。

主营业务范围：阳极碳素产品、阳极钢爪、螺旋夹具挂钩、小盒卡具、槽罩板等铸件。

产能规模：10万吨阳极碳素产品。办公地址：山西省永济市中山东街26号。

2020年，山西华圣完成了总部下达的各项目标任务。机械厂投产当年实现盈利，转型升级初战告捷。争取跨企指标，人员分流接续工作平稳有序。安全事故、环保事件实现双为零目标。炭素厂复产准备有序、资产处置进行顺利。全年实现控亏7922万元，生产经营净现金流21万元。

二、生产经营

按照中铝股份炭素市场化管理改革会议意见和《中国铝业股份有限公司炭素市场化管理改革方案》，炭素厂一方面落实4万吨系统复产准备工作，另一方面借助中铝内部资源，主动出击跑市场、寻订单，与山西中润达成月供3000吨订单并开始跟标报价，与沁阳黄河碳素达成每月4000吨左右的代加工订单。积极为炭素复产创造条件，炭素厂全员不等不靠，完成复产准备工作。

计财部、安全环保健康部、资产管理中心完成了资产评估、交叉审核、评估结果公示、备案、造册登记等工作。积极寻求资产处置通道，发挥剩余资产价值，处置流动资产1.34亿元。完成76台电解槽的清槽及验收，共清运270.38吨，拆运废铁711吨。利用减免过路费政策，减少运费支出约30万元。销售炭块3799.52吨、导杆爆炸块5600余根、覆盖料1828.46吨、电解质块1047.86吨、废铝298.7吨、铝锭9.26吨、炉渣234.66吨。同时处置固定资产46项，共计回款4246万元。租赁电解办公楼及闲置电脑，收入7万元。

三、安全环保

推进体系运行及“两抓两查严监管”，完成安全环保目标，安全环保事故事件双为零。组织各类安全培训507人次。隐患排查及治理136项。制作岗位作业安全标准卡240个，修订规程29项。完成环保项目的建设，推进环保指标达标排放，强化现场整治、“小散乱污”治理。做好疫情防控，坚持每日零报告、有序推进人员返岗，保持无一人感染。

四、改革发展

山西华圣深入进行分析市场，积极筹划转型升级项目，利用原炭素厂组装车间中频炉等现有设备，完善相关项目成立机械厂，以服务电解铝需要为主要目标，生产阳极钢爪、螺旋夹具挂钩、小盒卡具、槽罩板等铸件及机制类产品。

2020 年，山西华圣积极争取市场跑订单，在疫情防控期间、在企业的特殊时期，共签订业务合同 11 份，全年生产阳极钢爪 1.64 万组（6837.13 吨）、螺旋卡具挂钩 3.68 万个；开发实验新产品，确定目标产品 16 个。实现销售收入 3683.2 万元，实现利润 72.3 万元。

为做好人员分流接续工作，争取到 104 个跨企业转移岗位，基本满足全体择业过渡期人员跨企需求，平稳完成择业过渡期 110 名员工的接续工作。

根据《关于做好国有企业退休人员社会化管理社会保障工作通知》文件精神，整理移交退休人员档案 362 份，移交退休党员组织关系 34 人，完成率 100%。组织参加 2020 年青年英才“飞跃计划”、领导力提升“锋刃计划”和“合金计划”、中国干部网络学院等相关培训。全年共开展内培 15 期，外培 11 期，参培 40 人次。

五、党建与企业文化

进一步理顺和规范基层党组织设置与管理。全年组织召开中心组学习扩大会 12 次。开展以中层及以上管理人员为重点的“五力”大讨论。《中国铝业报》、“今日中铝”公众号报道《重整行装再出发——山西华圣跨企业人员分流安置侧记》，对山西华圣公司人员分流工作进行宣传报道。

加强各级班子成员履责情况专项检查，构建“大监督”体系，核查问题线索 2 起，收回违规发放的奖金 3917 元，有效发挥执纪问责作用。加强党群共建，有 183 人参加第 11 期职工大病医疗互助工程，举办“迎国庆职工户外健身活动”“庆元旦接力赛”等文体活动。

撰稿 / 贺彩莲

抚顺铝业有限公司

一、基本情况

抚顺铝业有限公司（简称抚顺铝业）成立于2006年1月，注册资本22.74亿元，员工总数（在岗）854人，资产总额24.76亿元，资产负债率82.74%。

主营业务范围：炭素阳极产品和铝合金产品。

产能规模：预焙阳极53万吨/年；铝合金5000吨/年。办公地址：辽宁省抚顺市望花区鞍山路东段6号。

2020年，以深化市场化改革为切入点，不断创新管理机制，促进管理全面提升；以全要素对标为抓手，持续优化产品质量和成本。在严峻的市场形势和新冠疫情的双重影响下，取得“五提高，三优化”，实现管理水平持续提升，产品质量不断向好，竞争优势显著扩大的工作成绩，全年生产商品阳极32.24万吨，同比增长91.33%，上缴利税2730万元。

二、生产经营

2020年，通过新炭素生产线消缺、优化工艺流程、产销协同、工序市场化考核等措施，实现管理水平不断提升，各项指标不断优化。商品阳极年均完全成本与上年同期相比下降333元/吨，降幅为10.9%，产品盈利能力和市场竞争力得到不断提升。公司紧盯和全力开拓外部市场，合理安排销售流向，中铝外部市场销售比例由年初的47.88%上升到目前的80%，提升了32.12%。

主要经济指标一览表

表1

指标名称		单位	2019年	2020年	增长（%）
主要产品产量	煅后焦	万吨	19.83	27	36.16
	生块	万吨	22.60	35	54.86
	焙烧块	万吨	16.85	32.25	91.37
	合金	万吨	0.03	0.07	126.15
	蒸汽	万吨	12.4	21.92	76.78
资产总额		亿元	23.04	24.76	7.5
工业产值		亿元	4.95	8.87	79.21
营业收入		亿元	4.99	10.42	108.73
利润总额		亿元	−1.41	−2.75	−94.97
纳税贡献		亿元	0.35	0.27	−22.86
全员劳动生产率		万吨/人·年	195	377	93.4

三、安全环保

积极做好“两抓两查严监管”工作，对65个岗位610项作业任务中1868项作业步骤进行风险辨识；危险作业审批79项，审批率为100%，全年共检查发现各类问题和隐患3675项，整改率100%。精准管理体系与绩效考核相结合，提高了体系运行有效性。开展环保安全培训943次，15889人次参与，开展应急演练40次，744人参加；员工检查举报隐患和违章1637项，奖励红包21347元。完成排污许可证的申请和“中央环保督察”的迎检工作。

四、科技创新

2020年，铝合金360Z.6光谱标准样品获得全国标准样品技术委员会有色金属分委员会标准样品优秀奖二等奖；铝合金6063铸态单点光谱标准样品通过国家标准化管理委员会鉴定。煅烧工序完成了煅烧炉火道自动喷吹智能化改造。

2020年共立研发项目4项，包括“煅烧炉自动温控系统”“抚顺铝业提高阳极质量生产技术示范”“立式阳极焙烧炉技术开发研究”“智能化计量系统的应用”，合计预算1134万元。

授权专利1项：“一种预焙阳极取样钻棒车”。

2020年科技创新数据表

表2

科技创新投入（万元）	申请专利（件）	授权专利（件）	科技人员占比（%）
1104	0	1	1

五、改革发展

2020年，持续深化改革，扁平化设置生产运行系统，简约化设置管理机构，强化“大部室”管理团队建设和内部业务协同；模拟市场化考核，实现了高效精益管控。实施干部竞聘上岗，构建“赛马式”的选人用人平台，发挥岗位适配评价作用；开展外委业务转内包工作，有效节约外包费用80余万元；开展全员参与闲置资产招商活动，实现闲置无效资产处置及房屋租赁费收入351万元。合金业务模拟市场化承包，实现全年再生铝销售量9107吨，综合创效65万余元；辅助业务阳极破碎、纸板压制、项目消缺和新产品开发等创收150余万元；对外销售增碳剂2094吨，实现销售收入535万元；开展技术有偿输出服务，创效5.74万元。

六、党建与企业文化

进一步压实各级党组织责任，聚焦重点任务，解决干部作风转变等突出问题，扎实推进巡视和遗留问题整改，74个整改项，完成73项，完成率98%。全面系统地梳理、健全和完善党建工作制度，建立《抚顺铝业党委重大事项请示报告管理规定》《抚顺铝业有限公司领导班子民主生活会制度》等基本制度14个，积极探索“互联网+党建”新模式，基层实现了党建云平台管理；在市国资委党委组织的标准化党支部达标创建验收工作中，实现了创建达标率100%。深入开展“两带两创”“党员双提升”活动，实现创效类项目27项，创新类17项。以一报、一微、一端为平台，重点聚焦“党建”、“管理提升年”、“全要素对标”、“极限降本”、先进人物事迹等方面的宣传工作，累计编辑企业报11期，发布公众号推文352篇，在《中国铝业报》《中国有色金属报》等省部级以上媒体发表稿件16篇。

开展劳动竞赛、技能大赛等活动，累计向生产主体工序发放劳动竞赛奖金52万元，参加抚顺市第十一届职工技能大赛，产生3名技术状元。工会荣获市国资委系统防控和复工复产先进单位荣誉称号、“抚顺市巾帼雷锋示范站”荣誉称号，2人被评为优秀工会工作者。公司团委荣获“抚顺市先进团委”荣誉称号。走访慰问支援湖北疫情前线的职工家属2人，困难职工22人，开展“送温暖”“金秋助学”等慰问救助活动，全年累计发放71万余元。

撰稿/田　野

遵义铝业股份有限公司

一、基本情况

遵义铝业股份有限公司（简称遵义铝业）成立于1990年4月，注册资本32亿元，员工总数（在岗）2033人，资产总额60.76亿元，资产负债率55.24%。

主营业务范围：生产销售氧化铝、金属镓、原铝液、普通铝锭、合金铝锭、铝型材及铝制品等。

产能规模：电解铝36万吨/年，氧化铝80万吨/年。办公地址：贵州省遵义市播州区影山湖街道。

2020年，遵义铝业坚持对标先进企业，以“三降三增”为抓手，扎实开展全方位全要素对标赶标，生产经营状况进一步改善，产销率与货款回笼率均为100%，全年重伤及以上安全事故为零，未发生突发环境污染事件和负面曝光事件。

二、生产经营

通过赤泥高效脱钠技术研究应用及精准配灰操作控制，全年每吨氧化铝消耗同比2019年：纯碱耗同比降低18.12公斤，石灰消耗同比降低13.55公斤，矿耗降低15公斤，单位成本降低41.16元每吨；原铝液消耗同比2019年：氟化盐降低2.24公斤，阳极降低1.088公斤，单位成本降低3.19元每吨；电解AL99.85槽数进一步突破，99.85%铝槽占比从2019年的37.35%提升至44.02%，铝液质量稳步提升。

主要经济指标一览表

表1

项目	单位	2019年	2020年	增长（%）
资产总额	亿元	65.57	60.76	−7.33
工业产值	亿元	57.39	58.35	1.67
营业收入	亿元	58.23	58.87	1.09
利润总额	亿元	2.92	4.79	63.94
税收贡献	亿元	2.35	3.26	38.73
全员劳动生产率	万元/人·年	256.43	274.85	7.18

三、安全环保

各层级管理干部及包保领导深入基层144个班组（含承包商），指导班组安全活动开展；建立完善全员安全考试App系统，完成作业指导书等必知必会知识培训2万余人次，安全规程背诵达标率100%；累计查出隐患4万余项，全部完成整改，整改率100%；累计查出违章1451项，加大视频查违章和现场纠违章力度。强化督察检查及考核管理，累计查处违章考核扣款74.69万元。修订完善《安全风险管理制度》，组织编制岗位固定作业标准作业卡（口袋卡）2万余张，调动全员参与风险辨识评估劳动竞赛活动，实施本质安全提升。认真组织并实施《遵义铝业安全生产专项整治三年行动实施方案》。在全国安全月知识竞赛活动和全国应急普法知识竞赛活动中取得优异成绩，代表中铝集团参加全国应急普法知识竞赛获优胜奖。

完成原矿堆场噪声及粉尘治理、煤堆场防风抑尘网建设、扩容7000立方米的氧化铝区事故应急池工程、赤泥堆场二期项目新建8.8万立方米回水池、电解铝区雨污分流、矿山生态恢复等一系列环保项目建设工程。依法办理“排污许可证”，没有超标排放情况。2020年，遵义铝业股份有限公司被评定为“国家绿色工厂”；清洁生产通过贵州省生态环境厅验收批复；仙人岩矿山和川主庙矿山获“贵州省绿色矿山”荣誉称号。

四、科技创新

大力推广使用FHEST技术，电解槽直耗同比系列普通电解槽，吨铝平均降低电耗400千瓦时以上；推广电解槽智能打壳下料技术，电解槽智能打壳和变频打壳控制相结合，实现减少打壳比例20%—25%，降低吨铝空压电耗约10千瓦时，减少打击头磨损，延长了使用周期，实现电压差降低4—6毫伏，降低直流电耗10—15千瓦时；开展拜耳法赤泥经济高效脱钠工艺技术研究，调整配灰降低碱耗工业试验，创效较好；开展湿法氧化脱硫脱碳技术优化升级研究，通过添加氧气代替部分硝酸钠，有效降低硝酸钠的添加成本。

参与研发的“铝电解系列安全不间断生产与维护新工艺”项目，获“贵州省科学技术进步奖一等奖”；参与研发的“低品质复杂铝土矿资源综合利用关键技术开发及产业化应用”项目获“中国有色金属工业科学技术奖一等奖”。分析化验技术进一步提升，通过CNAS评审认证。

五、改革发展

组织实施赤泥堆场二期工程、污水及噪声粉尘治理项目、电解区雨污分流改造、全厂集中管控项目等4个重大投资项目，解决环保和生产管理控制系统优化等问题。

2020年遵义铝业重大投资项目一览表

表2

项目名称	设计规模（万吨）	投资规模（万元）	当年完成投资额（万元）	年内项目建设形象进度
赤泥堆场二期工程	—	12267	3000	项目二标段场平、溶洞处理、排水竖井及管道、截水沟、防渗区铺膜和5#、6#、7#坝体施工完成；三标段回水池等施工完成
污水及噪声粉尘治理项目	—	1904	1104	原矿堆场、煤矿堆场防风抑尘网、隔音墙和4#门岗噪声治理等施工完成，项目于2020年6月投入使用
电解区雨污分流改造	—	980	980	初期雨水收集池和管道系统等施工完成，项目于2020年8月投入使用

续表 2

项目名称	设计规模（万吨）	投资规模（万元）	当年完成投资额（万元）	年内项目建设形象进度
全厂集中管控项目	—	2895	1450	工业互联网平台布署、计量管理系统、精准出铝系统、设备管理系统、业务流程管理服务系统、数据决策系统、数据库一体机、氧化铝集控系统改造、汇聚机房机柜整理及光缆敷设、氧化铝区域 AP 安装等施工完成
合 计			6534	

六、党建与企业文化

各级党组织扎实开展“不忘初心、牢记使命”主题教育常态化工作，深入开展“五力”大讨论，从严抓实“三基”队伍建设、“双百分”考核、“党员双提升”和“两带两创”等党建活动，将党员“1+N”机制融入党员带政治学习、带疫情防控、带安全环保、带指标优化等各方面。通过“党员身边无违章”“两带两创”“党员双提升”等活动，进一步增强了党组织凝聚力、战斗力。群团组织通过“金点子银点子”合理化建议、“极限降本·青春行动”等群众性创新活动，激发员工创新创造活力。脱贫攻坚决胜之年，为对口帮扶村投入帮扶资金 200 余万元，用实际行动践行企业的社会责任。

企业文化建设为企业持续发展提供强有力的支持和精神动力。一是根据疫情防控态势，开设“抗疫群英谱”“抗疫单位在行动”“抗疫快讯”等专栏。二是持续提升企业形象，累计在地市级及以上媒体平台发表稿件 367 篇，同比提高 263.4%。三是启动企业展厅建设并投入使用。

不断强化内控管理，牢牢守住风险底线，严格执行“先款后货”销售，实现应收账款“零余额”、产成品“零库存”。坚持合同全覆盖审查，加强案件纠纷去存防增工作。推进退休人员社会化管理。紧盯历年巡视、内控互检、专项督导等问题，加强对重点工作的督查督办，确保工作件件有落实、事事有回音。

撰稿 / 许　灵

甘肃华鹭铝业有限公司

一、基本情况

甘肃华鹭铝业有限公司（简称甘肃华鹭）成立于 2006 年 7 月 17 日，注册资本 5.29 亿元，员工总数（在岗）716 人，资产负债率 100.49%。

主营业务范围：金属材料加工，炭素产品生产销售。

产能规模：炭素制品 15 万吨。办公地址：甘肃省白银市靖远县刘川工业集中区。

2020 年，甘肃华鹭紧紧围绕达产达标目标任务，坚持对标先进，坚持精细管理，坚持改革创新，坚定不移打造精品炭素，促进土地开发利用，防范化解各类风险，生产经营实现了炭素经营性现金流为正，经营控亏成效明显，成本竞争力显著提升，企业保持稳定。炭素系统亏损 3100 万元，老厂区亏损 9030 万元，合计亏损 1.21 亿元。完成营业收入 2.6 亿元。

二、生产经营

2020 年，甘肃华鹭生产煅后焦 10.7 万吨、成型块 13.36 万吨、焙烧块 9.38 万吨、代焙块 0.82 万吨。产能利用率 67.37%。焙烧一级品以上率 60%，二级品以上率 97.8%。

2020 年，甘肃华鹭实现满负荷、全流程运行，3 月产量、质量和消耗等关键经济技术指标实现了达产达标考核要求；5 月通过中铝股份达产达标考核组的验收。

主要经济指标一览表

表 1

项目	单位	2019 年	2020 年	增长（%）
资产总额	亿元	13.50	12.83	−5.10
工业产值	亿元	1.26	2.84	125.18
营业收入	亿元	1.45	2.63	81.38
利润总额	亿元	−1.62	−1.21	25.31
税收贡献	亿元	0.11	0.04	−63.63
全员劳动生产率	万元 / 人·年	39	157	302.56

三、安全环保

2020 年，甘肃华鹭深入开展中心、工区、班组各层级事故警示教育，细化梳理和补充完善作业安全操作规程，努力补齐安全短板。坚持以持续深化 CAHSE 精准管理体系运行为主线，推进“两抓两查严监管”工作落地见效，组织开展各类安全检查活动，进一步夯实安全工作基础。职业健康安全环境体系顺利通过中国船级社认证审核。炭素烟气脱硫项目完成收尾并全面正常运行，企业污染物达标排放。开展环保设备设施的消缺整改，对环保设备设施逐一排查完善，较好地配合完成中央第二轮环保督察的各项工作任务。积极推动老厂土地调查评估工作，为编制土地修复方案、盘活利用土地做准备工作。

四、改革发展

2020 年，甘肃华鹭启动收入分配机制改革，建立市场化激励机制，推行工资总额与生产指标、经营利润挂钩的累计考核制度。对中基层管理人员进行了年度考核测评，并实施奖罚措施。坚持多渠道安置富余人员，实施过渡性离岗政策，通过再就业中心进行人员分流安置 127 人，全年减少人工费支出 581 万元。全面完成老厂区建筑物拆除、报废资产处置清理工作，推动老厂区土地盘活工作稳步进行。

五、党建与企业文化

2020 年，甘肃华鹭党委深入学习贯彻党的十九届五中全会精神，制定《关于加强党的政治建设，推动党建工作与生产经营深度融合的实施意见》《甘肃华鹭铝业有限公司党委“第一议题”制度》，修订完善《公司党委理论学习中心组学习制度》，持续深化党建工作与生产经营深度融合工作机制。各级党组织“两带两创”项目共立项 37 项，11 个党支部标准化创建全部实现达标，结合实际创新党员“双提升”活动，通过党员日常积分制增强党员的责任感。

开展“重点工作落实”专项整治，规范推进内部巡察工作，修订制订《党委落实全面从严治党主体责任清单》《党员领导干部容错纠错实施办法（试行）》等制度，提升党建和党风廉政建设工作质量效果和整体水平。

企业自觉遵守环境保护、资源节约和安全生产、职工权益保护、市场经济秩序等法律法规，实现了环保事件为零。把巩固扶贫成果作为重中之重，帮助帮扶驻村干部，抓好炕枣等产业扶贫措施落实，确保企业联系村脱贫人员不返贫，为推进乡村振兴打好基础。

撰稿 / 郑启瑾

山西中铝华润有限公司

一、基本情况

山西中铝华润有限公司（简称山西中润）成立于2015年11月，注册资本16.4亿元，员工总数（在岗）1061人，资产总额45.97亿元，资产负债率56.46%。

主营业务范围：电力、热力项目建设和运营；局域电网建设和运营；铁路专用线建设和运营；粉煤灰综合利用项目建设和运营；生产和销售铝、铝合金、炭素相关制品；加工和销售煤炭；销售仪器仪表、机械设备及零配件；从事技术进出口业务。

产能规模：年产50万吨电解铝。办公地址：山西省吕梁市兴县瓦塘镇。

2020年，山西中润以全要素对标为抓手，挑战极限降本，与省市政府沟通协调、争取政策，协调局域网增加20万千瓦电量，电解三六区顺利启动，推动局域网二期工程提前完工，电解四五区启动，年内实现50万吨满产运行，启动过程安全平稳、无漏炉，满产之后固定费用大幅降低，完全成本大幅下降，规模效益初步显现，竞争力持续提升。

二、生产经营

全年生产销售铝锭28.4万吨，同比增加57%，铝液99.85以上率达到99.83%，实现利润2.91亿元，超预算2.1亿元，完全成本11315元/吨，较预算低311元/吨，净现金流4.69亿元，超预算2.04亿元。总结积累经验，确定原辅材料质量标准、焙烧启动标准、启动后期工艺标准、正常生产工艺标准、生产操作标准、数据化管控生产的“五标一控”生产运维管理模式，中铝股份铝电解企业生产骨干培训班在山西中润举办，“五标一控”生产运维管理模式开始推广。完成交行20亿元四则基金高利息贷款置换，累计可节约财务费用约1.31亿元。全年开展电流效率、炭渣综合处理、阳极长周期试验、铝灰提纯等10余项技术攻关，电流效率完成93.2%，较全年计划92.8%升高了0.4%，降低保温料铁含量项目可去除氧化铁杂质600千克/天，降低原铝铁含量0.01%，效果明显，阳极长周期试验，通过精益管理，提高操作精度，换机周期延长了1天。

主要经济指标一览表

表 1

项目	单位	2019 年	2020 年	增长（%）
资产总额	亿元	47.95	45.97	−4.13
工业产值	亿元	21.89	35.31	61.31
营业收入	亿元	22.05	35.62	61.54
利润总额	亿元	1.61	2.91	80.75
税收贡献	亿元	0.34	0.70	105.88
全员劳动生产率	万元 / 人・年	256.02	332.8	30

三、安全环保

山西中润严格落实“两抓两查严监管”，开展安全卫士竞赛和规程考试，强化班会管理，班组安全活动全部验收达标。全厂消防系统完成验收，职业健康安全管理、环境管理、质量管理三大体系通过了中国船级社审核认证。电解烟气超低净化项目完工投运，烟气硫含量达标排放，危险和一般固废暂存库完成建设投入使用，废水经处理后循环使用，实现零排放。通过山西省 2020 年第一批重污染天气 A 级企业审核评估，可在重污染天气下自主采取减排措施，通过中央环保督察。

四、科技创新

山西中润通过国家级高新技术企业认定，可享受减免企业所得税 10% 和研发费用加计扣除的政策。关注行业前沿动态，立足自主攻关，解决生产技术难题，拓宽 ICP−OES+ 微波消解锂盐分析法，获得了山西省优秀 QC 成果特等奖。开展了数字化电解槽、残极冷却箱、无碳渣阳极等多项技术研究。山西中润被评定为吕梁市高效铝冶炼清洁生产工程技术研究中心，获得吕梁市科技局科技研发专项资金 50 万元。开展技术研发项目 13 项，全部通过查新认定，其中提升电流效率技术、阳极导杆组修复技术、高碳低硅低磷生铁配方技术、无炭渣阳极试验、降低保温料铁含量技术均取得明显实效，有效提升了生产质量，降低了生产成本。

五、改革发展

稳步推动企业劳动、人事、分配三项制度改革，供电、组装、铸造和设备维检科先后实施了管理改革，通过调整作业模式，实行工作量承包，减少用工 37 人，年节约费用 331 万元。220 千伏和 10 千伏配电室转为自主检修，年节约外包费用 150 万元。自主承包阳极导杆焊接，年节约费用 240 万元，通过改革树立了正确价值导向，提升了管理水平。

六、党建与企业文化

巩固主题教育成果，开展“五力”大讨论，持续深入开展“两带两创”活动，扎实开展党员“双提升”活动，党建经营深度融合，一批生产经营难题得到有效破解。持续完善大监督体系，开展“两个责任”约谈，压实从严治党主体责任。规范巡察程序，创新巡察方法，全年开展常规巡察、专项巡察和“回头看”，推动问题整改，保证党委决策部署的贯彻落实，营造风清气正的良好环境。开展“金秋助学”、困难慰问、住房分配等工作。

撰稿 / 孟晓峰

广西华磊新材料有限公司

一、基本情况

广西华磊新材料有限公司（简称广西华磊）成立于 2015 年 12 月 30 日，注册资本 24.80 亿元，员工总数（在岗）875 人，资产总额 58.92 亿元，资产负债率 56.35%。

主营业务范围：电解铝生产；火力发电；铝材深加工；煤炭生产和经营；投资百色区域电网；铝加工、火力发电、电解铝生产的技术服务和技术培训。

产能规模：年产电解铝 40 万吨，发电 72 亿千瓦时，蒸汽 500 万吨。办公地址：广西百色平果铝三号路。

2020 年，广西华磊深入贯彻落实中铝集团和中铝股份工作会议精神和有关要求，全年实现工业总产值 53.56 亿元，同比增长 2.76%；实现账面利润 1.85 亿元，同比增长 26.67%；生产经营净现金流 8.86 亿元，同比增长 64.69%。

二、生产经营

2020 年，广西华磊完成电解铝产量 36.81 万吨，完成自发电量 65.08 亿千瓦时，同比增长 6.78%，完成供蒸汽量 335.67 万吨，同比增长 51.25%。

广西华磊坚持以习近平生态文明思想为引领，全面推行生产洁净化、废物资源化、能源低碳化等绿色发展理念。2020 年，顺利通过中央环保督察，CAHSE 精准管理体系审核，环境得分 82.81 分，进入中铝集团“钻石”分位；被广西壮族自治区评为清洁生产企业。

主要经济指标一览表

表 1

项目	单位	2019 年	2020 年	增长（%）
资产总额	亿元	60.51	58.92	−2.63
工业产值	亿元	52.12	53.56	2.80
营业收入	亿元	52.49	54.13	3.12
利润总额	亿元	1.46	1.85	26.71
税收贡献	亿元	0.28	0.70	1.50
全员劳动生产率	万元 / 人 · 年	613	620	1.14

三、安全环保

始终坚持以人为本、安全第一的生产理念，通过开展“两抓两查严监管”等活动，严格防控安全风险。2020 年，广西华磊轻伤以上事故为零、职业病为零、无环境事故（事件）、无新冠肺炎病例，被百色市评为“健康示范企业”。节能减排工作中，广西华磊电解铝液交流电耗为12736.24千瓦时/吨，电解铝液综合交流电耗13121.51千瓦时/吨，铝锭综合交流电耗13196.37千瓦时/吨，铝锭综合能耗1635.54千克标准煤/吨，均达到国家能耗限额标准要求。三是坚持绿色低碳。广西华磊坚持绿色发展的道路，全面推进环保隐患排查治理，不断夯实环保管理基础。2020年，发电部分二氧化碳排放量719.69万吨，较上一年度下降5.65%。

四、科技创新

2020年，广西华磊科技投入共计3703.40万元。共承担中国铝业股份有限公司重大项目“更低能耗铝电解节能技术适用性验证”一项，比同类型电解槽降低电耗280年均千瓦时，自主开展“铝电解槽远程大数据诊断开发及应用项目”“热电联产高低压双抽汽机组供汽稳定性研究”“纳米陶瓷基抗氧化涂层开发及应用”“电解铝余热利用关键技术研究及推广”等9个研发项目。此外，还联合东方电气研究院进行两项专利的申请，参与地方标准《重熔用高品质铝锭（液）技术条件》技术标准的制订。

五、改革发展

制定完善管理制度，依法合规推进改革。修订劳动合同管理办法，制定企业年金方案实施细则，强化合同契约化管理，促进企业健康持续发展；调整组织机构，优化用工配置。落实深化劳动、人事、分配三项制度改革，调整机构设置，撤销工程管理部，人员和业务整体并入生产技术部，精简机构设置。

六、党建与企业文化

全年党建工作细化为69项重点任务，组织签订目标责任书，推动党建责任层层压实。坚持不懈落实中央八项规定精神，锲而不舍纠正“四风”，紧盯重点领域和关键环节，深入开展廉洁风险排查，打造作风过硬的干部员工队伍。

持续开展专项劳动竞赛和创建劳模（金牌工人）创新工作室，充分调动员工的积极性和创造性；创建“青年创新工作站”和“青年创新创效”活动，组织团员青年实施创新创效项目64个。积极开展帮扶济困送温暖活动，积极履行社会责任。一是创造了就业岗位，吸纳当地劳动力500多人，为当地的经济发展做出了贡献。二是维护员工的正当权益，为员工定期组织健康体检、合理安排公休、组织业务技能和安全管理培训等。三是始终秉承“绿色铝电，和谐发展，持续改进，长久共存”的环境保护方针，加强生态环境保护，走绿色发展之路。

撰稿/黄臣富

云南铝业股份有限公司

一、基本情况

云南铝业股份有限公司（简称云铝股份）成立于 1970 年 3 月 20 日，注册资本 31.28 亿元，员工总数（在岗）12300 人，资产总额 410.19 亿元，资产负债率 66.46%。

主营业务范围：重熔用铝锭及铝加工制品、炭素及炭素制品、氧化铝的加工及销售；建筑材料、装饰材料、金属材料，家具，普通机械、汽车配件、五金交电、化工产品（不含管理产品），陶瓷制品，矿产品，日用百货的批发、零售、代购、代销；硫酸铵化肥生产；摩托车配件、化工原料、铝门窗制作安装、室内装饰装修工程施工；货物进出口、普通货运，物流服务，物流方案设计及策划；货物仓储、包装、搬运装卸；境外期货套期保值业务；钢结构工程专业承包；炉窑工程专业承包。

产能规模：铝土矿 264 万吨，氧化铝 140 万吨，炭素 80 万吨，电解铝 278 万吨，铝合金及加工 150 万吨。办公地址：云南省昆明市呈贡区七甸街道。

2020 年云铝股份紧紧围绕“建基地、抢市场、严对标、增效益”工作主题，紧盯全年目标任务，全力克服疫情影响，强化全要素对标，重大项目连续投产，抢抓市场机遇，育新机开新局，完成中铝下达的各项目标任务。

二、生产经营

主要产品产销量大幅增长。自产铝土矿 161 万吨，同比降低 29%；产销氧化铝 129 万吨，根据市场价格实施弹性生产，同比降低 15%；预焙阳极 71 万吨，同比增长 16%；电解铝 241 万吨，同比增长 27%；铝合金及加工产品 100 万吨，同比增长 37%，合金化率达到 42%。

经营业绩创历史最优。实现 ROA5.04%、ROE7.94%、经营活动现金流净额 50 亿元，工业总产值 393 亿元，同比增长 27%；营业收入 296 亿元，同比增长 22%；利润总额 13.57 亿元，同比增长 127%，经营业绩创建企 50 年以来最好水平。

对标降本不断深入。狠抓降本增效，亮点突出，全力克服疫情影响，抢抓市场机遇，对标降本不断深入，电解铝含税成本 1.27 万元 / 吨，较 2020 年 1 月降低 991 元 / 吨，整体成本竞争力排名 44%，其中云铝文山、云铝溢鑫、云铝海鑫三个增量项目成本竞争力稳居行业前 30%，氧化铝成本竞争力排名 59%，阳极炭块成本竞争力排名中铝内部第六名。

主要经济指标一览表

表 1

项目	单位	2019 年	2020 年	增长（%）
资产总额	亿元	396	410	4
工业产值	亿元	310	393	27
营业收入	亿元	243	296	22
利润总额	亿元	5.97	13.57	127
税收贡献	亿元	7.75	10.07	30
氧化铝全员劳动生产率	万元 / 人・年	307	266	−13
炭素全员劳动生产率	万元 / 人・年	174	178	3
电解铝全员劳动生产率	万元 / 人・年	342	429	26

三、安全环保

持续推进 CAHSE 体系运行，深入开展“两抓两查严监管”工作，着力加强风险辨识管控，严格执行“三同时”制度，重点项目建成投产并实现安全平稳运行。将环保税交纳和环保装置运行成本捆绑对标，严格控制阳极炭块、石油焦、烟煤采购质量，减少污染物排放量；加强过程控制，优化工艺，提高净化效率，各企业环保税同比降低 29%；云铝文山、云铝海鑫、云铝溢鑫、云铝源鑫四个新建项目全面应用脱硫技术，实现超低排放；大力实施绿色矿山建设，云铝文山完成矿山工程复垦 1496 亩，生物复垦 1482 亩，培育苗木 11 万株；云铝文山、涌鑫、浩鑫先后通过清洁生产审核，公司顺利通过中央环保督察，完成铝锭、铝合金、铝箔等七种产品碳足迹复核认证。

四、科技创新

2020 年投入科技研发经费 12 亿余元，持续推进在研科技项目 36 项，结题验收 13 项，申请专利 89 项，其中发明专利 28 项，获授权专利 58 项。云铝润鑫“一种大直径 6063 铝合金圆铸锭坯的生产方法”获第二十二届中国专利优秀奖；云铝涌鑫“铝电解工艺装备自动化控制技术提升及产业化”成果荣获 2020 年云南省科技进步三等奖；云铝浩鑫荣获 2020 年度中国铝箔创新奖；云铝润鑫杨万章荣获国家“企业知识产权工作先进个人”；云铝润鑫陈本松、云铝涌鑫李顺华入选云南省技术创新人才培养对象；云铝溢鑫通过高新技术企业认定，公司高新技术企业达到 9 户。

五、改革发展

市场化运作增活力，云铝浩鑫铝板带箔深化市场化运作，优化生产组织方式，实现扭亏脱困；云铝阳宗海线材事业部通过借鉴浩鑫成功经验，产品质量稳步提升；管理改革提效率，围绕增产增销、挖潜降本、对标先进设立目标进行单项考核；试点开展按项目创效分红，实施项目建设、营销采购、对标降本风险抵押；积极推进瘦身健体，“三供一业”移交和离退休人员社会化管理全面完成，云铝资源、上海沪鑫等 5 户企业已完成注销。

重大项目连续投产，文山、昭通、鹤庆三大电解铝项目克服疫情抢工期，按期投产，文山项目创造了云铝电解铝投产的最快速度，新增电解铝产能 85 万吨；云铝源鑫炭素二期项目顺利投产，新增炭素产能 20 万吨；云铝海鑫 15 万吨合金线、7.5 万吨大板锭，云铝溢鑫 10 万吨扁锭，云铝润鑫 8 万吨高强高韧耐蚀合金等一批合金项目陆续投产，新增合金产能 40 万吨，增量扩能抢得先机，投资增效明显。项目投资大幅优化，加强投资管控，持续优化云铝文山、云铝溢鑫等 6 个项目建设方案，压减投资12亿元。建水50万吨项目实施全流程优化，建设方案反复优化21次，取得优化成果800余项，吨铝投资降至4998元，实现投资更省、管理更优、成本更低、效率更高。

打造绿色铝品牌，合金产品开发成效显著，云铝涌鑫与厦顺铝箔合资建设年产15万吨铝合金扁锭1050、1070、3104、5052、5252、8079等产品进入市场，实现销量9万吨；云铝泽鑫10万吨锻造轮毂用圆棒与下游重点企业实现战略合作，月度产量达到2407吨；公司成功开发6061、7075、5052、6063、2017、5056、6013、6R01等14个牌号产品，成功产出铝铜、铝硅、铝铁等系列中间合金和精炼剂157吨；云铝海鑫与西南铝开发生产5052、3003等牌号板锭新产品共177吨。打造循环经济模式，可持续发展能力明显增强，国内首条铝灰资源化利用生产线在云铝文山建成达产，云铝润鑫年产5000吨电解废槽衬、云铝海鑫年产7000吨炭渣资源化利用项目顺利投产，分别处理铝灰3万吨、废阴极8300吨、炭渣456吨，累计创效4700万元。

六、党建与企业文化

云铝股份两级党委中心组学习184次。严格执行重大事项党委会前置及“三重一大”决策制度，召开党委会34次，前置研究重大事项120项，更好发挥党委把方向、管大局、保落实作用。开展增强“五力”大讨论调研92场，查找问题272项，制定整改措施350条。抽调党员骨干226人支援项目建设，做到疫情防控和项目建设两不误。开展“两带两创”项目181项。强化政治监督，完成8家二级党委常规政治巡察、5户企业专项检查，推动从严治党向纵深发展、向基层延伸。聘任“五级工程师”“五级技师”各100人，“注册安全工程师”31人，开展“雁翎计划”“精锐计划”“新锐计划”等培训，开展两次中层干部述职考评，规范干部管理。开展建企50周年系列活动，表彰奖励为云铝改革发展做出杰出贡献的10名“云铝楷模”。企业荣获“2020年度环境社会责任企业”荣誉称号，顺利通过国家首批“绿色工厂”现场复核。高质量开展文明单位创建，企业通过第六届全国文明单位复审，实现连续六届蝉联全国文明单位。云铝阳宗海动力部党支部被国务院国资委党委命名为“中央企业第二批基层示范党支部”；云铝文山晏华钎、云铝涌鑫李学文、云铝源鑫朱汝群荣获“云南省第二十三届劳动模范”，云铝文山边韩国荣获云南省“五一劳动奖章”；积极履行社会责任，投入资金116万元开展精准扶贫，帮扶西畴、砚山、金平等三个贫困县挂联的103户建档立卡户脱贫摘帽。坚持发展成果与员工共享，处置职工意见建议661项，看望生病住院职工366人次，帮助25名职工脱困，不断增强员工获得感、幸福感。

撰稿／韩　涛

中铝郑州有色金属研究院有限公司

一、基本情况

中铝郑州有色金属研究院有限公司（简称郑州研究院）成立于 2015 年 1 月，注册资本 2.15 亿元，员工总数（在岗）583 人，资产总额 5.83 亿元，资产负债率 52.97%。

主营业务范围：有色金属、炭素产品的设计、研制、开发及相关技术服务；轻金属材料质量监督检验、化学分析。

产能规模：精细氧化铝：4.5 万吨 / 年；铝合金：0.3 万吨 / 年；防渗料：3 万吨 / 年。办公地址：郑州市上街区济源路 82 号。

郑州研究院围绕“引领行业发展、对内服务降本、对外创收增效”功能定位，面向企业实际需求，强力推进重大项目研发和产业化，加强创新平台和激励机制建设，加快产业改革步伐，强化高层次领军人才培养，在巩固传统优势专业领域的同时，积极开拓新专业领域，打造新服务业态，加快建设世界一流有色金属科研院所。

二、生产经营

2020 年，郑州研究院实现收入 5.11 亿元，利润 2002 万元，全面完成各项任务指标。其中，科技板块实现收入 1.36 亿元；产业板块主营产品收入 2.95 亿元；工程板块实现收入 0.81 亿元。

全院累计生产产品 101621 吨，同比增长 22%；其中精细氧化铝产量 65566 吨，高附加值产品电工填料、SF 导热、勃姆石产量分别为 3377 吨、245 吨、522 吨，分别同比增长 12%、8%、66%。值得一提的是，3000 吨易烧结生产线建成投产，为产业高质量发展注入新动力。

主要经济指标一览表

表 1

项目	单位	2019 年	2020 年	增长（%）
资产总额	亿元	5.56	5.8	4.46
工业产值	亿元	3.47	3.18	−8.36
营业收入	亿元	5.39	5.11	−5.22
利润总额	亿元	0.14	0.20	41.86
税收贡献	亿元	0.17	0.2	13.07
全员劳动生产率	万元 / 人 · 年	33.36	29.46	−11.69

三、安全环保

深入开展安全环保质量全面大整改攻坚战，实施安全环保精准管理体系、质量提档升级等10项工程，完成16项标志性项目、21项重点问题整改，完善了安全环保工作考核办法，创新开展安全“天天向上”，构建风险分组管控和隐患排查治理双重预防机制，辨识风险1628项，排查治理隐患180多项，投入1800多万元提升现场安全环保本质化水平，全年实现了安全、环境、质量事故为“0”的目标。

开展技术改造促进节能减排、降本增效，在保持2019年各项技术经济指标优化成果的同时，2020年α氧化铝产品原料单耗1068公斤标煤/吨、电耗86千瓦时/吨、气耗178立方米/吨，单耗指标同比分别降低2公斤、22千瓦时、9立方米。

四、科技创新

全年产学研结合申请到各类科研项目经费0.69亿元；共开展研发项目96项（含结转项目）。成功申报国家项目3项，省市项目3项，新立公司重大项目6项，标准项目19个。

加快重大项目研发。湿法氧化同步脱硫脱碳项目，经过连续工业试验，氧化铝生产成本降低5～10元/吨。铝电解废阴极资源综合利用研究项目，在包铝建成年处理4000吨工业生产线，生产的石墨碎指标达到电煅石墨化焦一级品要求，实现废阴极的高值化。二次铝灰全量化资源综合利用项目建成示范线并投运，产品性能均达到国家及行业相关标准。高效节能稀土金属清洁生产制备技术及工程化研究项目，已形成技术原型，可实现节电4000千瓦时以上和料比提升等，综合成本可降低8500元以上；新一代清洁高效炼镁技术项目，已完成工业试验，与“皮江法”相比，能耗降低约54%，综合成本降低30%以上。正加快在新疆、河南等地的推广。

加强成熟技术推广应用。在中铝矿业开展降低系统碳碱和赤泥水解损失的技术推广，合格碱NC/NT由年初的15.5%降至12.0%，系统碳碱和赤泥水解损失明显降低；在山西兴华科技开展了脱除有机物和提高系统分解率技术推广，两条生产线正常运行，系统分解率由42.68%提高至46.82%，氧化铝生产单月产量8.58万吨，达到历史新高；通过开展降低综合能耗等技术推广，青海分公司吨铝直流电耗10月比实施前下降150千瓦时以上；遵义铝业200千安炉底压降降低了9毫伏；400千安炉底压降降低了12毫伏；山西新材料和赤壁炭素焙烧炉实施多项措施改善焙烧效果，天然气单耗分别降低14.4%、4.6%；通过系统诊断服务，抚顺铝业阳极一级品率提高至70.8%，焙烧品综合合格率达99.4%；兰州铝业阳极一级品率由实施前的60%提高至60.66%；广西分公司阳极一级品率达到76.67%；甘肃华鹭产品外观合格率提高至93.5%；铝用新型超强防渗料在云南文山、鹤庆溢鑫、中铝青海铝电、广西分公司应用2.67万吨，累计在中铝公司所属13家电解铝企业及行业多家企业应用10万吨以上；赤壁炭素煅烧AGV智能加料小车稳定运行5个月，实现了机器代人，使工人现场作业时间减少90%以上，降低了安全风险；承担中铝中州新材料科技有限公司熟料窑烟气脱硝改造总承包项目，通过技术集成创新、精益设计优化，为中州铝业节约工程投资1000万元；赤泥堆场原位生态修复技术，在遵义铝业赤泥堆场边坡应用6000平方米，植被覆盖率大于95%。

业绩成果。获得专利授权42件；发布实施国家标准10项，行业标准9项，省协团体标准4项；获得国家计算机软件著作权登记6项；4项科技成果获得中国有色金属工业科技进步奖；2 项科技成果获得河南省科技奖励；7 项科技成果通过有色协会组织的专家评价，2 项达到国际领先水平，5 项达到国际先进水平；技术服务全年为集团创效 1.55 亿元。

五、改革发展

编制郑州研究院“十四五”科技、工程、产业三大板块发展规划以及平台建设、协同创新、激励机制等保障措施。积极参与中铝股份（铝冶炼部分）科技发展规划的编制工作，承担并配合完成氧化铝、电解铝、铝用炭素、精细氧化铝、轻金属材料、智能制造等领域的规划编制工作。

成功入选国务院国资委“科改示范行动”，围绕企业治理、市场化选人用人、强化激励约束、激发科技创新动能、加强党的建设等五个方面确定三年 15 项重点改革举措，与三项制度改革和全要素对标等工作融合推进，完成 2020 年度改革任务目标，实施项目收益分红激励机制，其他改革举措均完成制度建设。

郑州研究院首家分院在广西华昇揭牌。卓越技术中心二期建设完成专家分析、大屏展示和专家服务等系统建设。大质检平台稳步推进，与中铝集团内 20 余家企业签订检测及相关技术服务协议。“铝选冶过程资源综合利用工程技术研究中心”“先进结构陶瓷工程技术研究中心”获批河南省工程技术研究中心。

2020 年实施投资项目 2 项，批复总建设投资 1670 万元，其中，“年产 3000 吨锂电池隔膜用铝基新材料”项目，完成投资 1372 万元；“国家轻金属质量监督检验中心检测平台完善”项目，完成投资 298 万元。

六、党建与企业文化建设

认真学习贯彻党的十九届五中全会精神，深入开展增强“五力”大讨论，明确党建与中心工作的 15 个融合点，建立 39 个党员示范岗、20 个党员责任区，实施“两带两创”项目 26 个，取得较好成效。在全院范围树立一批先进典型，广泛宣传他们的先进事迹。

压实“两个责任”，健全大监督体系，综合运用纪检、巡察、审计、专项检查等多种方式，开展了合同管理、逾期应收款清收、科技创新、选人用人等监督，加强廉政风险防控，促进管理提升。加大执纪问责力度，做到失责必问、问责必严。

坚持关心关爱员工，慰问伤病员工 40 多人次，为院员工办理互助保障意外伤害险、重大疾病险和住院津贴险，为全院女工办理女工安康险。大力开展“安全、干净”班组竞赛、“随立功、随记功”、合理化建议和劳动竞赛活动，讲好员工故事，树立先进典型，弘扬工匠精神，激发员工创新创效活力。

撰稿 / 贾　楠

中铝宁夏能源集团有限公司

一、基本情况

中铝宁夏能源集团有限公司（简称宁夏能源）成立于2003年2月，注册资本52.58亿元，员工总数（在岗）5714人，资产总额320亿元，资产负债率74%。

主营业务范围：从事火电、铝、风电、太阳能发电、供热及其相关产业的建设与运营管理，从事煤炭、铁路、机械制造及其相关产业的投资。

产能规模：煤炭产能1600万吨/年；火电装机666万千瓦时；风电160万千瓦时；太阳能发电21万千瓦时。办公地址：宁夏银川市西夏区文昌府路83号。

2020年，宁夏能源认真贯彻中铝集团、中铝股份工作部署，牢牢把握“三强化四提升”总体要求，实现营业收入69.4亿元，实现经营利润5亿元，把新冠肺炎疫情带来的影响降到了最低。荣获全国有色行业班组长管理技能竞赛团体第三名，马莲台发电厂发电部运行二值荣获全国“安康杯”竞赛优胜班组，银仪电力工程公司汲洪民荣获全国劳动模范，银星煤业张虎荣获自治区劳动模范。王洼煤业李忠武、银星煤业张占祥荣获中铝股份年度优秀员工。

二、生产经营

全年生产原煤1254万吨，同比增长2.23%，销售煤炭1128万吨，同比增长5.42%，均创历年来最好水平。完成火电电量121亿千瓦时，圆满完成年度计划，银星发电公司利用小时数在“灵绍线”配套电源项目中排名第一，六盘山热电厂利用小时数在区内同类型机组中排名第三，马莲台发电厂同比减亏1186万元。完成新能源发电电量29亿千瓦时，故障损失电量同比减少2080万千瓦时，两个细则考核同比减少1760万元。装备制造业自2011年以来首次实现整体扭亏为盈。宁东供热积极争取供热改造补贴，宁电物流外拓业务内控成本，银仪电力全年承揽19个检修安装项目，均较好完成了年度目标。

主要经济指标一览表

表 1

项目	单位	2019 年	2020 年	增长（%）
资产总额	亿元	323.2	323.76	0.17
工业产值	亿元	69.13	61.17	−11.51
营业收入	亿元	69.23	69.33	0.15
利润总额	亿元	6.8	4.5	−33.72
税收贡献	亿元	8.49	7.29	−14.14
全员劳动生产率	万元 / 人・年	118.66	107.06	−9.7

三、安全环保

坚持安全绿色发展，安全工作基础持续夯实。逐级签订安全生产目标责任书，全员签订安全生产“一岗双责”责任清单，“三抓三查严监管”持续深化，安全生产专项整治三年行动全面启动，安全生产标准化建设有序推进，合法合规安全生产氛围日渐浓厚。扎实做好迎接中央环保督察工作，各项环保设施有效运行，全年未发生环境污染事件，马莲台发电厂封闭煤场 8 月底建成投运，王洼二矿通过宁夏回族自治区自然资源厅绿色矿山验收，评选为自治区绿色矿山单位，并被纳入国家绿色矿山名录。

四、科技创新

宁夏能源现有专兼职科技人才 126 人。科技投入 277 万元，完成科技项目 4 个，其中“王洼二矿 110507 工作面沿空掘巷技术研究与应用”产生经济效益 2000 万元。全年获得实用型新型专利 2 项。

五、改革发展

持续优化项目设计及施工方案，压缩投资 9300 万元。缓建王洼洗煤厂产品煤回落煤系统，压减投资 3400 万元。王洼选煤厂扩建项目 12 月 15 日联合试运转。银星一井 14 采区项目全年完成掘进 5868 米，进风斜井、行人斜井及 12 煤运输上山施工到位。阿左旗贺兰山 200 兆瓦风电项目达产达效具备竣工验收条件。王洼二矿和银洞沟煤矿供暖改造、六盘山热电厂封闭煤场等 6 个项目完成竣工验收。全面开展三项制度改革，企业本部及所属 13 家企业三类人员用工总量压减 8%，二级机构压减 20%。

六、党建与企业文化

认真贯彻落实《中共中央关于加强党的政治建设的意见》，全面落实中铝股份“两保一防”工作部署和疫情防控要求，划拨专项党费、会费 374.57 万元，捐款 29.11 万元，协调返岗复工人员 4000 余人，实现疫情防控“两手抓、两不误”。扎实开展增强“五力”大讨论，全面启动党建对标先进活动，创建“三型”党组织、党员责任区和党员示范岗 405 个，立项“两带两创”项目 228 项，节约成本 1300 余万元，活动经验成效在中铝系统总结推广。充分发挥监督“大监督”体系作用，持续巩固作风建设成果，持续推动纠治“四风”，扎实开展以“牢记初心使命，严守纪律规矩”反腐倡廉宣传教育月活动，做深做实党内法规和廉洁从业教育，为企业改革发展保驾护航。

深入推进劳动和技能竞赛，积极探索适合企业实际的劳动竞赛模式，开展以“煤炭掘进进尺”“发电电量”“安全、干净”班组等11项专项劳动竞赛，覆盖职工12638人次，奖励4961人次，发放奖金69.76万元。完善以基层、公司、自治区、行业和国家五级竞赛工作体系，28个集体和个人在上级举办的各类竞赛中均获得名次。

宁夏能源党委始终把宣传思想工作摆在全局工作的重要位置，用正能量鼓舞人心、凝聚力量。全年在《中国铝业报》中共刊登稿件237篇，上稿率同比2019年增幅9.7%；推送“中铝宁夏能源集团”微信公众号132期，刊发稿件460篇，刊印编辑展板55期，推动上级决策部署、改革经验成效、先进人物事迹，入基层车间，进一线班组。

在持续做好西吉县王民乡对口扶贫工作的基础上，积极推进西吉县消费扶贫工作，在原计划20万购买力的基础上，通过逐级发动组织，最后完成了66.6万元购买力，超额完成消费扶贫帮扶购买计划，为西吉县脱贫工作做出积极贡献，特色做法被《中国有色金属报》报道。

撰稿／李传名

中铝国际贸易有限公司

一、基本情况

中铝国际贸易有限公司（简称中铝国贸）成立于2018年12月18日，注册资本10.3亿元，员工总数（在岗）319人，资产总额135.13亿元，资产负债率61.78%。

主营业务范围：金属材料及制品，煤炭，建筑材料，电子设备，空调设备，汽车配件，五金交电，日用百货，针纺织品，木材，钢材，电子产品，通信设备，化工原料，汽车的销售，从事货物及技术的进出口业务，经济信息咨询服务、企业管理咨询。办公地址：上海市浦东新区长清北路51号中铝大厦。

2020年，中铝国贸坚持“对内服务降本、对外创收创效”，实施“25678”工程，全面开展全要素对标，持续深耕专业化、做强规模化、厚植国际化，全年完成营业收入1426亿元，考核利润8.04亿元，经营净现金流10.89亿元，净资产收益率（ROE）11.66%；清收历史账款回款1558万元并签订2.5亿元房产抵债协议，全面完成了各项经营目标任务。

二、生产经营

氧化铝单元紧跟市场走势，优化购销策略，规避市场风险；多措并举保障企业降本增效，完成了内部企业安全稳定保供任务。全年销售氧化铝1110万吨。

电解铝单元期现联动、精准操作，确保铝锭长单合同100%履约；全力支持内部企业降库存、增效益、保现金流，推动铝棒长单执行。全年销售铝及合金537万吨。

能源单元在口岸率先恢复外贸运输，加大终端销售，全面梳理蒙古国焦煤区域用户，把疫情影响降到最低。郭安、梁磊、王超三名驻蒙古国查干哈达堆场人员在长期闭关的情况下，克服人员短缺、语言不通、气候恶劣等困难，坚守岗位不动摇。

国际单元持续进口铝土矿资源配置、保供和外销工作，提升境外融资能力，完善境外布局，全年完成国际贸易总额38亿美元，进口铝土矿2264万吨，出口精细氧化铝29万吨。

中铝新材料发挥集中营销平台优势，整合上下游资源，提高市场掌控能力，持续开发合同增量，着力打造精细氧化铝产业生态圈，全年实现销售精细氧化铝 114 万吨。

主要经济指标一览表

表 1

项目	单位	2019 年	2020 年	增长（%）
资产总额	亿元	135.25	135.13	0
营业收入	亿元	1359	1426	4.9
利润总额	亿元	6.41	8.04	25.4
税收贡献	亿元	5.71	4.11	−28
全员劳动生产率	万元 / 人 · 年	41560	44702	7.6

三、安全环保

全面启动安全生产专项整治三年行动实施方案，针对煤炭储运、危化品经营、楼宇管理、项目建设等重点领域开展专项整治，落实“两抓两查严监管”，全级次开展安全自查 124 次，排查整治安全隐患 69 个。全年共组织各项安全培训和考试 34 次，开展应急预案演练 10 场次，组织讲安全课、专题学习 36 次，制作安全宣传栏（展板）、短视频 79 个，实现安全教育全覆盖。

积极组织开展新冠肺炎疫情防控，全年共 20 次调整发布疫情防控措施，上海中铝大厦获得世博地区疫情防控示范单位称号。青岛、香港国贸将所有授信业务全部加投中信保，规范进出口海运主险别及附加险别，确保每一票进出口货物安全。中铝新材料每天跟踪 1249 家客户复工复产情况，及时落实运输保障，让产品早于竞争对手到达客户手中。

四、改革发展

氧化铝业务中心密切协调工厂和供应商，创新产品流向管理，帮助华昇打通了出海通道；电解铝业务中心拓展中原市场，完善业务布局，实现增收创效；内蒙古国贸改革进口报关手段，提前布局集装箱运输及封闭煤棚仓储模式，创新原煤洗选模式；新加坡国贸启动运营，青岛国贸利用云空间等多种渠道和方式拓展国际业务。

制订《中台运营管理办法》，完善中台管理流程，健全业务专用章审批管理，推进从“纵向产品线”向“横向业务块”转变的流程再造工程，搭建以四大业务模块为基础，不同业务之间横向购、销、存融为一体的运营管理平台。

全面构建“以岗职为基础、以薪酬为核心、以绩效为配套”的人力资源管理体系，实现薪酬等级与岗级的有效对接，全力保障疫情防控期间职工权益，全年减免社保、医保及稳岗返还 1066 万元。

创新财务管理，通过“抓信息、树标杆、立清单”三管齐下，实现“管控、服务、降本”三提效，全年财务费用在 2019 年压降 1 亿元的基础上再降 5241 万元；税收政策应享尽享，获得税收返还或财政奖励 5069 万元，同比增长 163%，并通过浦东新区区域性总部和上海市贸易性总部资格认定。

五、党建与企业文化

加强政治建设。学习贯彻《习近平谈治国理政》第三卷和党的十九届五中全会精神，开展增强“五力”大讨论和“四史”学习，全面巩固“不忘初心、牢记使命”主题教育学习成果。全年组织党委理论学习中心组学习 13 次，专题读书班 1 次，专题党课 2 次，形成“五力”大讨论成果材料 17 篇。全年共实施“党组织带党员创效”项目 15 项，“党员带群众创新”项目 26 项。

推进管党治党“两个责任”。持之以恒落实中央八项规定精神，印发中铝国贸集团《关于激励干部改革创新担当作为建立容错纠错机制的办法（试行）》《关于构建大监督体系实施方案》，推进整治形式主义、官僚主义，进一步压减发文和会议数量，发文同比减少50%，会议同比减少20%。

加强文化建设。坚持打造“有血有肉有灵魂”的企业文化主基调，以企业网站、微信企业号、微信订阅号为主阵地，加强思想政治宣传工作。由中央各大主流媒体组成的“浦东开发开放30周年”集中采访团对中铝国贸进行采访考察。参加“而立浦东、世博十年”系列宣传活动，事迹通过《东方财经》《期货日报》等新闻媒体进行报道。开展“春天云学习、青年在行动”主题活动，参加中铝集团青年新媒体技能比武大赛。参加上海市“世博杯”皮划艇大赛、“劳动筑梦、悦读伴行”职工读书活动。

履行社会责任。先后向内蒙古自治区巴彦淖尔市和蒙古国捐献抗疫资金及防疫物资共计60万元，特别是向蒙古国卫生部捐赠活动刊登在人民网国际栏目。发挥群团组织的纽带桥梁作用，组织党员、团员青年252人为疫情防控捐款3万余元。

撰稿 / 盖志云

中铝能源有限公司

一、基本情况

中铝能源有限公司（简称中铝能源）成立于2011年7月，注册资本13.84亿元，员工总数（在岗）63人，资产总额19.09亿元，资产负债率9.04亿元。

主营业务范围：煤炭销售；热力供应；投资及投资管理；电力能源和清洁能源技术开发、技术咨询、技术培训；销售自行研发后产品；货物进出口；代理进出口；电力供应。

产能规模：2020年，中铝能源所属涉煤企业和受中铝股份委托管理的涉煤企业8个，控股煤炭资源量4.6亿吨，设计产能300万吨/年；参股煤炭产能1345万吨/年。2020年中铝能源售电业务实现起步，签约电力用户18家，代理电量4100万千瓦时。办公地址：北京市西直门北大街62号中铝大厦15层。

2020年中铝能源高度重视疫情防控工作，疫情防控做到“零”；坚持精准管理，确保企业效益稳步增长；参股煤炭企业收益目标完成；引进风险代理律师团队，推动国开行代偿案件执行；面对复杂的历史遗留问题，中铝能源以规范三会管理为抓手，通过提高外派董监高履职能力，最大限度维护公司权益。

二、生产经营

2020年，中铝能源所属涉煤企业和受中铝股份委托管理的涉煤企业8个，其中控股煤矿项目1个，属于项目前期，控股煤炭资源量4.6亿吨，设计产能300万吨/年；参股企业7个，设计产能1345万吨/年，2020年参股煤矿实际产量936.77万吨。签约电力用户18家，代理电量4100万千瓦时。

积极开展能源、铝土矿等相关产品贸易。全年实现贸易收入2.44亿元，其中，遵义矿业贸易收入1.54亿元，覆盖了财务费用；山西华禹贸易收入6590万元；中铝能源本部与贵州矿业积极开展铝土矿贸易，完成贸易收入2346万元。

中铝能源内蒙古华云项目部积极为华云新材料3号机组完成核准和并网调试工作提供技术支持。11月20日，华云新材料3号机组收到内蒙古能源局核准文件，12月8日发电机并网，并顺利通过168小时满负荷试运行，华云项目技术服务顺利收官。

中铝能源以消化处置中铝股份涉煤历史遗留问题为主，2020年共消化8.36亿元，其中鑫峪沟煤业股权债权计提减值4.03亿元、中铝恒泰合债权0.85亿元、白岩脚债权0.29亿元，遵义矿业参股贵州渝能股权0.7亿元；同时完成了对老洞河

2.78亿元矿权处置。

完成考核利润3373万元，超额完成全年2000万元的利润目标。通过开展贸易全年实现收入2.52亿元，在实现自给自足的基础上，加大涉煤陈欠清收，全年实现4066.46万元，超额完成年度目标，并将2020年“两金”占用由年初45105万元降至7512万元，降幅16.65%。

三、安全环保

通过组织开展2020年“安全生产月”活动，持续扎实开展“两抓两查严监管”活动，进一步提高各层级安全管理意识，形成了企业上下抓安全培训、查隐患和违章行为的良好氛围，开创中铝能源安全管理新局面。

四、改革发展

积极参加选人用人市场化改革政策相关培训，为选人用人改革做好准备。完成《中铝能源有限公司深化三项制度改革实施方案》《中铝能源全要素对标提质增效专项工作方案》，山西华禹积极推动三项制度改革，开展本部部门负责人竞聘上岗工作，积极探索干部能上能下、员工能进能出、收入能增能减的机制。

五、党建与企业文化

认真贯彻落实中铝集团党组和中铝股份党委各项工作部署，全面落实从严治党要求，以全要素对标一流、提升党建质量为目标，巩固深化“不忘初心、牢记使命”主题教育成果，扎实开展“两带两创”、党员“双提升”、党支部“双对标”活动，党组织结对共建“双一流”活动。以实现企业高质量发展作为党建工作的出发点和落脚点，深化党建与经营业务深度融合，全级次认真开展“五力”大讨论学习研讨活动，完成2020年度党建工作计划的全部工作任务。

严格落实中铝集团第三巡视组关于巡视整改相关要求，有序组织中铝能源及所属企业深入推进问题整改工作，深化巡视整改成效。“一企一策”制定企业发展规划和历史遗留问题解决方案，形成《中铝能源有限公司管理、改革、考核方案》，完成了整改工作。中铝能源纪委切实履行监督执纪问责职责，持续加大监督力度。结合实际，强化对权力运行的制约和监督，围绕“四种形态”，把监督执纪问责做深做细做实，印发《中铝能源有限公司2020年党风廉政建设和反腐败工作责任分解》，进一步分解量化全年工作任务，压实责任落实。严格落实中央八项规定精神，坚决破除形式主义、官僚主义。在元旦、春节等节假日前印发落实中央八项规定精神、纠正“四风”的通知，进一步严明政治纪律，切实防止“四风”问题反弹回潮。

撰稿 / 郭星旺

中铝物流集团有限公司

一、基本情况

中铝物流集团有限公司（简称中铝物流）成立于2002年11月14日，注册资本9.64亿元，员工总数（在岗）2713人，资产总额19.51亿元，资产负债率51.41%。

主营业务范围：承办海运、空运、陆运进出口货物的国际运输代理业务，仓储服务，出租商业用房，汽车租赁，技术开发、技术转让、技术咨询，经济贸易咨询，交通运输咨询，货物进出口、技术进出口、代理进出口，运输代理服务，普通货运，国际航舶运输，国际道路运输，无船承运。

产能规模：年物流作业量达到1亿吨。办公地址：北京市海淀区复兴路乙12号1219号。

2020年，中铝物流以“两保一防”为中心，加速资源整合，优化产业布局。通过科学调度运力资源，周密组织运输生产，完成了氧化铝、铝锭、进口矿、电煤等产品和原辅材料的运输保供任务，保障了集团和股份生产稳定运行。贯彻低成本发展战略，聚焦氧化铝、进口矿等大宗物资运输，以服务实体企业“减库存、降成本、保现金流”为中心，统筹优化发运路径，开展“去中间化”整顿，推动运仓配业务协同。充分发挥专业化优势，打通了中铝几内亚博法铝土矿港口运营、驳运装船、海运租船、财税架构设计和结算支付路径等关键环节。在保障实体企业生产运输的同时，大力拓展铝锭期货交割库、进口铝土矿保税库等新业态，延伸了氧化铝、铝产品及铜精矿供应链服务，业务结构得到进一步优化。

二、生产经营

2020年，中铝物流完成物流作业量1.06亿吨，同比增长32%；完成总运量6147万吨，同比增长20%；累计完成进口铝土矿海运租船1073万吨、进口煤炭海运租船76万吨、国内港口货代1875万吨。

2020年中铝物流实现营业收入80亿元，同比增长23%；实现利润1.62亿元，同比增长8.2%。其中“一头在外”的业务利润占比提升到37.1%，“两头在外”的业务利润占比提升到25.2%，“两头在内”的业务利润占比下降至37.7%。

主要经济指标一览表

表 1

项目	单位	2019 年	2020 年	增长（%）
资产总额	亿元	19.51	29.29	50.31
工业产值	亿元	0	0	—
营业收入	亿元	67.58	82.69	22.36
利润总额	亿元	1.85	1.61	−12.79
税收贡献	亿元	1.14	1.06	−7.02
全员劳动生产率	万元 / 人・年	21.67	22.52	3.92

三、安全环保

秉承“质量、健康、安全、环保”发展理念，完善了覆盖中铝物流全次级环保管理体系，完成铁路、公路、仓储、检维修和工具 5 大类 67 个工种的三大规程的修订，奠定物流安全管理标准化的基础。

全面推进绿色发展战略，制定《挥发性有机物和氮氧化物治理工作方案》，结合“公转铁”“散转集”发展导向，对不符合大气污染排放要求的老旧运输设备设施进行强制性淘汰。全力推动“去包装化”进程，持续扩大应用范围，2020 年氧化铝包装优化累计发运量 117.4 万吨，实现节能降本 683 万元。

四、改革发展

中铝物流制定深化管理改革工作方案，设计了“1+4”管理改革架构。改革后分（子）公司支持保障和内部运营机构共减少 9 个，同比降低 10%；内设机构负责人编制共减少 29 个，同比降低 20%；市场营销机构共增加 6 个，负责人职数共增加 18 个。

按照资源整合“三步走”行动计划，完成中州物流、重庆物流的整合工作，实现对云铝物流实施党委管理，与云铜股份达成物流业务总承包框架协议。

五、党建与企业文化

2020 年，中铝物流党委共开展中心组学习 12 次，召开党委（扩大）会议 29 次，集体研究审议议题 113 项。全级次组织、参加党内培训 45 期，培训人员 1846 人次。全年“两带两创”活动立项 105 项，结项 104 项，实现降本创效 3000 余万元。42 个党支部全部通过四星级标准化党支部验收，其中 7 家达到五星级党支部标准。制订《中铝物流构建“大监督”体系实施意见》及 3 个工作规则，落实党风廉政建设责任全级次约谈 203 人次，全年给予问责、处理 29 人次。组织参加全国有色金属行业班组长网上练兵活动，共 14 人获奖。建立《中铝物流困难职工帮扶基金管理暂行办法》，2020 帮扶、慰问困难职工 43 人次，发放慰问金 18.4 万元。

撰稿 / 陈新彦

中铝物资有限公司

一、基本情况

中铝物资有限公司（简称中铝物资）成立于2018年6月26日，注册资本18亿元，员工总数（在岗）109人，资产总额31亿元，资产负债率63.81%。

主营业务范围：烧碱、纯碱、氟化盐、石油焦、煤沥青、炭素制品等大宗原料，煤炭、油料等能源产品，钢材、耐火材料、化工等辅助材料，以及各类备品备件、公务车的集中采购，第三方自营业务以及相关产品的套期保值业务，互联网采购平台的建设、运维和优化升级等业务。

营收规模：197.50亿元。办公地址：北京市海淀区复兴路乙12号。

2020年，中铝物资实现营业收入197.50亿元，考核利润1.38亿元。全年实现采购降本5.45亿元，超过2%部分降本比例4.43%。全年完成物资供应总量2364万吨，同比增加31.5%。

二、生产经营

（一）业务规模稳步提升

2020年，中铝物资营业收入同比增加16亿元，同比增长8.97%，全年完成物资供应总量2364万吨，同比增加31.5%。

（二）加快发展战略直供

中铝物资保持与中石油、中石化、中泰、宜化、斯凯孚、山煤国际、SEW、联想等供应商的战略合作关系，加快拓展新的战略合作企业，与河南能源化工、陕煤运销、中策橡胶等企业签订战略合作协议，实现现有采购品种的战略全覆盖。通过战略合作成果转化，进一步保障上游资源，扩大市场影响，提升服务水平。

（三）对内服务降本

中铝物资有效运用“竞争性询比价”“小步快跑”“化整为零”“多频采购”“以量定价”等多种采购策略，全年实现采购降本5.45亿元，其中通过“避峰抓谷”精准采购推动实体企业降本近2亿元，煤炭、烧碱分别贡献1.74亿元和1850万元。协助沂兴炭素累计减亏2300万元，月度产量不断突破新高；持续优化阳极内部配套，关键时点助力抚顺铝业消化积压库存，加快资金流转，缓解其经营压力。

（四）对外创收增效

全年对外经营收入58.95亿元，占比30%，对外盈利占比33%。主营品种第三方自营业务量达到704万吨，同比增加226%。

主要经济指标一览表

表 1

项目	单位	2019 年	2020 年	增长（%）
资产总额	亿元	21.00	31.00	47.61
工业产值*	亿元	1.41	1.61	14.29
营业收入	亿元	181.24	197.50	8.97
利润总额	亿元	0.97	0.99	2.06
税收贡献	亿元	0.44	0.50	13.64
全员劳动生产率	万元 / 人 · 年	140.77	147.61	4.86

说明：* 指中铝物资为贸易企业，按劳动生产总值填列

三、安全环保

（一）强化危化品经营安全管理

严格落实危险化学品经营管理制度，严把生产、运输企业资质关。组织修订生产安全事故应急预案，完成第二、三类易制毒化学品经营备案。

（二）营造“我要安全”氛围

组织开展消防安全培训和应急疏散演练，增强员工的消防安全意识，提高火灾预防和疏散自救逃生的能力。开展《职业健康安全管理体系要求及使用指南》培训，全面提升全员安全素质。以营造“我要安全”氛围为目标，组织开展“安全、干净、文明”办公区域安全互检互查活动，实现安全工作全员参与。加强对沂兴炭素“来料加工”安全生产管理，筑牢“来料加工”业务安全发展基石。

（三）积极配合中央生态环境保护督察

成立“配合中央生态环境保护督察领导小组”，全力支持配合实体企业做好环保督察工作。就中央环保督察中群众意见较大的包头铝业煤炭公路运输遗撒问题，中铝物资主动作为，开辟铁路敞顶集装箱运输新渠道，减少公路运输对环境的影响。

四、科技创新

积极推进电子商务平台建设。开辟办公用品 B2B 网上商城模式，13986 种办公产品实现数字化采购，年内订单金额 280 万元，为企业降低成本 78.4 万元，也为搭建电商采购平台探索路径。依靠自身力量创建电商平台原型架构，梳理业务流程 71 个，设计系统页面 513 个，完成业务场景报告 30 份，按“阳光采购”要求覆盖集采业务全流程，节约建设资金约 140 万元。

五、改革发展

（一）基础管理不断夯实

完成全面风险管理体系和内控体系搭建，制定完善基本管理制度 80 项，建立覆盖主要采购品种的 8 份合同示范文本，合同管理精细化水平持续提高，为规范管理、防控风险提供了支持与保障；健全中台职能，设立运营管理部，逐步构建内控合规、程序合理、环节完善的经营管理体系。

（二）对标管理助力提升

围绕“市场增效、服务降本”制定全要素对标方案，围绕经营管理不同方面与市场标杆和行业先进查摆差距，开展对标，形成体系完备、目标明确、措施具体、责任清晰、奖惩并举的市场化对标机制并贯彻于经营发展全过程，为中铝物资全面开启电商化、数字化“智慧采购”新征程奠定坚实基础。

（三）区域公司创效显著

发挥业务中心与区域公司协同配合优势。中铝物资河南分公司实现营业收入 22.8 亿元，同比增加 64%，利润 2978 万元，同比增加 19%；中铝物资广西分公司在保供中铝驻桂企业基础上，开拓西南地区石灰、化工、车辆等区域性集采业务，累

计实现营业收入8.14亿元，利润629万元，降本1300余万元；通过“以量换价”为中铝股份广西分公司、广西华磊降本1200余万元。

六、党建与企业文化

（一）政治建设持续加强

中铝物资各级党组织坚持把政治建设摆在首位，通过专题读书班、中心组学习会、“三会一课”、“线上＋线下”培训等多种形式，进一步增强“四个意识”、坚定“四个自信”、做到“两个维护”。坚持把加强党的领导融入公司治理，严格执行“三重一大”决策制度和党委研究讨论前置程序，全年审议重大事项109项，把方向、管大局、促落实作用充分发挥。

（二）监督执纪持续强化

制定完善管理制度5项；组织开展“四个专项”整治工作，化公为私自查自纠实现“全覆盖”；对违反疫情防控要求的3名员工，分别给予党政纪处分；开展政治巡察2次，发现问题34项。

（三）社会责任工作持续推进

保障员工权益，分类分层开展员工培训，促进员工发展，提升员工价值，绩效奖励向价值创造者倾斜，突出正向激励。承办中国铝业2020年重点供应商市场研讨会，促进中国铝业与广大上下游企业共同发展。发挥资源渠道优势，多方筹措防疫物资，向实体企业供应防护口罩20余万只，测温仪器300余套，电子喷雾器185个，消毒液近20吨；向集团定点扶贫县湖北阳新捐赠口罩5000只；党员干部捐款4800元用于支持新冠疫情防控工作。进一步凝聚与实体企业命运共同体关系。

撰稿／吴若蒙

贵州华锦铝业有限公司

一、基本情况

贵州华锦铝业有限公司（简称贵州华锦）成立于 2014 年 7 月 18 日，注册资本 10 亿元，员工总数（在岗）819 人，资产总额 34.83 亿元，资产负债率 34.54/%。

主营业务范围：铝土矿产品、铝冶炼产品及相关金属，铝加工产品销售；碳素制品销售；铝工业废弃物（赤泥、粉煤灰）销售；相关技术开发、技术服务等业务。

产能规模：160 万吨。办公地址：贵州省贵阳市清镇市政府办公楼。

2020 年，面对严峻的市场形势，企业紧盯先进，对标差距，制定方案，有重点、有针对性地开展了全要素对标和极限降本增效工作。全年完全成本同比降低了 273 元 / 吨，与广西分公司的完全成本差距，从 1 月高出广西分公司的 220.02 元 / 吨，缩小到 10 月的低于广西分公司 6.29 元 / 吨，创历史最好水平。

二、生产经营

2020 年全年生产氧化铝 163.07 万吨，同比增加 1.78 万吨；实现工业总产值 33.87 亿元；实现利润 5.38 亿元，超考核目标 2.48 亿元；累计缴税 2.31 亿元，平均成本竞争力达到 19%，同比提升了 13%。

主要经济指标一览表

表 1

项目	单位	2019 年	2020 年	增长（%）
资产总额	亿元	38.5	34.83	−9.53
工业产值	亿元	38.47	33.87	−11.96
营业收入	亿元	38.97	34.19	−12.27
利润总额	亿元	6.0	5.38	−10.33
税收贡献	亿元	2.28	2.32	1.75
全员劳动生产率	万元 / 人 · 年	92.23	89.25	−3.23

三、安全环保

严格遵守国家安全环保法律法规，深入推进 CAHSE 体系运行，积极开展安全生产标准化建设，加强各级各类人员安全培训工作，认真组织开展清洁生产审核工作，加快推进现场安全隐患整治及环保问题专项治理工作。发生一起承包商生产安全事故，深刻吸取事故教训，彻底扭转安全生产的被动局面，提升本质安全管理水平。

2020年，贵州华锦投入安全生产费用2000余万元，用于安全隐患整改及环境治理，取得良好实效；职业健康安全及环境管理体系获得认证；通过安全生产标准化二级企业称号；完成公司清洁生产审核验收工作；各项环保设施运行完好，各类污染物指标达标排放；完成碳排放核查和复查工作。

四、科技创新

2020年，通过不断加强过程控制，强化生产管控和规范管理，在矿石杂质不断升高的情况下，紧紧围绕生产薄弱环节，大力开展“原矿浆细度、分解率、高压蒸汽”等16项技术攻关项目，单耗同比降低成本113.2元/吨。热电系统全年向氧化铝供汽372.97万吨，自发电量4.9亿度，向氧化铝系统转供电量4.42亿度。其中：蒸汽成本同比优化9元/吨；供电成本同比优化0.61元/千瓦时。

五、党建与企业文化

（一）坚持党建引领，推动党建工作与生产经营深度融合

2020年，企业党委带领基层党组织开展“降本增效我先行”“两带两创”“党员安全示范员”“主题党日”等主题活动，组织动员基层党组织和广大党员干部在公司生产经营的主战场上当先锋、创佳绩，支部组织力和凝聚力明显增强；建立健全重点领域人员权力清单和责任清单，扎实开展党员干部常态化约谈，实现管党治党到边到底、日常监督从实从严，营造团结进取、奋勇拼搏、风清气正的良好氛围。

（二）加强纪检建设，落实全面从严治党监督责任

2020年，企业纪委成立后，持续推进党要管党、从严治党新部署，织密制度笼子，不断深化“不敢腐、不能腐、不想腐”的体制机制建设。着力构建大监督体系，专项核察与效能监察“双轨”并行，开展大宗原材料质量管控、规章制度建设、废旧物资处置管理、排盐系统项目优化等专项核查与效能监察工作，巩固管理成果，提升企业效益。

（三）加强群团组织建设，凝聚员工力量

2020年，为提升员工技能，开展劳模创新工作室、劳动竞赛、安康杯竞赛等，举办首届“华锦杯”员工技能大赛，并推荐参加中铝系统组织的技能比武活动，充分弘扬劳模精神和工匠精神，调动员工的生产积极性；持续开展员工生日慰问、节日慰问、夏送清凉、冬送温暖及困难员工帮扶工作；开展丰富多样的文体活动；疫情防控期间，工会专门设立15万余元的疫情防控专项资金，购买相关防控物资，发放到部门、班组及员工用于疫情防控使用。

撰稿/吴宏樟

中国铝业连城分公司

一、基本情况

中国铝业连城分公司（简称连城分公司）成立于1967年1月15日，员工总数（在岗）1674人，资产总额30.13亿元，资产负债率99.98%。

主营业务范围：铝冶炼、加工、销售；碳素制品及相关有色金属产品、工业水电气、销售；从事勘察设计、建筑安装；机械设备制造、备件、非标设备的制造、安装及检修；电讯通信、测控仪器的安装、维修、检定和销售；自动测量控制、网络、软件系统的设计、安装调试；经营办公自动化、仪器仪表；相关技术开发、技术服务。

产能规模：电解铝产能54万吨，合金铸锭产能28万吨，铝用炭素阳极产能35万吨。办公地址：甘肃省永登县河桥镇建设坪。

2020年，连城分公司以党的建设为引领，开展生产组织运行、劳动用工改革优化、停产产能转型升级等中心工作，企业生产经营保持稳定，经营业绩稳步提升，较2019年大幅度减亏，超额完成2020年任务目标。

二、生产经营

2020年，以生产安全平稳运行为前提，通过对标行业先进企业，不断优化生产组织，加强协调指挥，着力解决生产运行中的关键性问题。全年共生产铝产品15.29万吨，其中重熔用铝锭1.19万吨、合金锭1.74万吨、外销原铝液12.36万吨。生产铝用阳极炭块15.64万吨，其中自用7.08万吨、外销8.56万吨。主要经济技术指标保持稳定，在中铝股份所属企业中保持领先水平，其中电流效率完成92.19%、原铝液交流电耗完成13091千瓦时/吨铝、氧化铝单耗完成1892千瓦时/吨铝、氟化盐单耗完成14.47千瓦时/吨铝、阳极毛耗完成463千瓦时/吨铝。

主要经济指标一览表

表1

项目	单位	2019年	2020年	增长（%）
资产总额	亿元	32.8	30.13	−8.14
工业产值	亿元	21.36	21.31	−0.23
营业收入	亿元	21.98	21.88	−0.45
利润总额	亿元	−5.43	−0.63	88.4
税收贡献	亿元	0.59	0.8	35.6
全员劳动生产率	万元/人·年	123.75	125.57	1.47

三、安全环保

2020年，开展安全环保全要素管理和对标，把日常管理、作业行为与安全环保管理体系要素相融合。全年查处各类安全隐患3655项、环保隐患374项、“小散乱污”问题183项，查处各类违章555人次。对重要危险源进行三次系统辨识并完善管控措施，对积极参加各类安全活动的一线员工激励139万余元，在中国铝业股份有限公司安全环保职业健康管理体系考评中，安全得分80.84分，环保得分84.18分，综合排名第五。

全年合规转移处置各类危险废物15502吨，历史遗留危废贮存风险得到较大缓解，顺利通过甘肃省、兰州市、永登县年度联合考评，获得了甘肃省工业企业环境保护标准化A级企业荣誉称号。

四、科技创新

2020年，申请发明专利“一种铝电解槽电解质提纯的方法”一项；发明专利“一种湿法处理电解铝碳渣得到的再生冰晶石的后处理方法”和实用新型专利“一种铝电解槽用阳极效应熄灭器”获得授权。企业各二级单位在技术改造、技术革新，技术投入、设备更新投入等方面共报送合理化建议100条，其中实施80条，降本创效额420万元。

五、改革发展

制定《深化三项制度改革推动人力资源工作高质量发展方案》。建立以劳动合同为主体，以岗位合同为补充，专项承包协议为附件的契约化用工制度；在易计件的岗位，推行计件制管理，选择业务单元实施岗位承包制，员工自主组建作业团队，自主管理，并先后完成了清极作业、保护环填装、抬包清理、炭块破碎、磷铁清理、壳面料破碎作业任务的劳动用工与内部薪酬分配的改革；优化组织机构设置，撤销原电解一厂、炭素一厂等6个生产单位。成立电解厂、炭素厂，组建项目指挥部、工程建设部和资产管理部，调整后二级单位数量较调整前减少1个。

六、党建与文化建设

连城分公司党委认真推进党建制度应建必建，制订《中共中国铝业股份有限公司连城分公司党委班子成员基层联系点制度》《中国铝业股份有限公司连城分公司党委落实全面从严治党主体责任清单》《关于建立全面风险管理和“大监督”例会制度》。把党建与业务相融合，层层建立“主体责任”责任清单，压实各级党组织责任。全年实施“两带两创”项目57个，组织开展增强“竞争力、创新力、控制力、影响力、抗风险能力”大讨论，各基层党组织学习研讨67次，做实文化思想引领，发布新闻稿件620条，发布《连城铝业》电子报22期，刊发稿件615篇。在《中国铝业报》、《中国有色金属报》发表新闻宣传稿件20余篇；完成550名退休党员社会化移交后的党员关系转接工作。

对530余名党员干部进行党课教育；对副主管以上管理人员和重点岗位人员共175人进行书面廉洁从业承诺，动态更新副科级以上管理人员和工程技术人员廉洁档案159份；对综合服务中心和炭素厂2家二级单位进行政治巡察。把债务风险、投资风险和中铝股份市场变化风险列为重大风险监控，并制定风险防控措施；对资金管理、应收账款管理进行了系统梳理，有效提高资金管控水平；建立了固定资产大修项目后评价制度，不断强化对大修项目的管控。

全力配合社区做好外来人员排查摸底、工作场所消杀等商情防控工作。连城分公司党委号召全体职工向湖北武汉捐款 20.15 万元。

撰稿 / 王冬生

贵州华仁新材料有限公司

一、基本情况

贵州华仁新材料有限公司（简称贵州华仁）成立于2017年4月27日，注册资本12亿元，员工总数（在岗）810人，资产总额40.08亿元，资产负债率47.03%。

主营业务范围：铝冶炼产品及相关金属、铝锭生产及销售、铝加工产品销售、炭素制品的生产及销售。

产能规模：40万吨。办公地址：贵州省贵阳市清镇市王庄布衣族苗族乡。

2020年贵州华仁全面创新精准管理，推动高质量发展。全面实施极限降本增效和全要素对标工作，不断提升成本竞争力，牢牢抓住了市场机遇。全年实现安全无事故、环保零处罚、疫情零感染、管理上台阶、效益再提升。企业成本竞争力从年初44%升至39%，实物劳动生产率从2019年410吨/人增至434吨/人，净资产收益率达33.78%。全年盈利8.6亿元，大幅超过董事会下达的任务目标。

二、生产经营

（一）生产经营情况

2020年累计生产原铝48.76万吨，铝锭32.42万吨；制造成本10377元/吨，完全成本10699元/吨。按照合同电价实现利润8.3亿元；实现经营性现金流净流入9.92亿元。

预算执行情况：提出极限降本攻坚战的任务目标，结合华仁公司的生产经营实际，以全要素对标为抓手，优化管理，弥补缺陷，全面提升成本竞争力，超额完成总部下达的年初预算目标。其中：完全成本预算目标（按照动态考核后）11082元/吨·铝，实际完成10660元/吨·铝，较考核目标降低422元/吨·铝；

利润预算目标61212万元，实际完成83038万元，较考核目标高出21826万元；生产运营净现金流考核目标74500万元，实际完成104992万元，较考核目标高出30492万元。

（二）生产经营亮点

为保证增产增效，按照破损程度动态调整维护等级，专人连续无死角监控等行之有效的维护管理措施，全年平均生产槽数达 364.9 台，为增产增效完成全年生产任务打下坚实基础。

实现阳极 36 天换极周期，吨铝阳极毛耗从 2019 年 0.484 吨，下降到 0.468 吨，降低 16 公斤；通过熟悉设备性能，加强设备日常维保力度，严格把控采购申请，从采购源头对备品备件库存进行管控。备件库存和修理费实现双降目标的要求；通过技术攻关对阳极浇铸成本进行优化。实现用废铁替代磷生铁的技术要求，吨阳极浇铸成本 15.48 元较 2019 年 22.56 元下降 7 元；通过优化负债结构，吨铝承担财务费用较 2019 年降低 35 元。由于外供铝液逐渐增大，在铝锭数量减少的情况下，优化销售结构，加强周边地区的销售力度，铝锭运费较 2019 年 168 元降低 32 元。

主要经济指标一览表

表 1

项目	单位	2019 年	2020 年	增长（%）
资产总额	亿元	36.86	40.08	8.74
工业产值	亿元	58.82	60.78	3.33
营业收入	亿元	59.83	60.95	1.87
利润总额	亿元	3.59	8.3	132
税收贡献	亿元	0.42	1.18	180.95
全员劳动生产率	万元 / 人・年	79.41	96.13	21.06

三、安全环保

2020 年，坚持以深化 CAHSE 精准管理体系运行为主线，以“两抓两查严监管”标准化为抓手，强化本质安全建设，推进专项风险治理；分解任务、压实责任，实施重要危险源分级管控；强化源头治理，确保环境风险受控，切实推进安全生产专项整治三年行动和环境保护对标工作，努力补齐安全短板，在生产经营和安全环保管理方面均取得了显著成效。

全年实现重伤及以上事故为零，轻伤及可记录伤害事故、事件持续降低，全员 20 万工时损工率下降 20%。

全年未发生环境污染事件及舆情事件，各类污染物达标排放，危险废物依法合规处置率 100%。

实现 CAHSE 体系运行与 ISO 国际管理标准融合运行，CAHSE 体系运行通过中国铝业股份有限公司年度考评，职业健康安全管理和环保管理体系均较 2019 年提高，同时取得中国船级社 ISO 45001、ISO 24001 体系审核认证，实现两体系融合发展。安全标准化二级企业创建稳步推进，12 月底前通过专家验收，取得贵州省应急厅授予的有色金属冶炼二级标准化企业资质证书。

四、科技创新

2020 年公司科技投入 132.05 万元，研发投入强度（研发经费占主营业务收入占比）约为 0.021%。

在职员工总数 810 人，其中硕士研究生 4 人、高级工程师 8 人、工程师 28 人。

“铝电解用低消耗低排放新型阳极试验研究与应用”项目获得贵阳市科技局 80 万元资金支持，吨铝阳极毛耗从 490 公斤以上降低到 465 公斤，烟气二氧化硫实现达标排放。“阳极炭块磷铁渣智能清理系统开发”项目实现了阳极磷铁渣柔性智能化清理，减少员工 4 人，提高了生产操作的智能化水平。“铝电解槽在线电流效率检测与建模技术研究”项目获得清镇市科技局 21 万元支持，实现铝电解槽电流效率的在线检测，并建立电流效率检测模型，为下一步提高电流效率，改进操作和技术条件匹配研究，打下坚实的基础。

2020年共申请专利3个，其中发明专利1个：“一种残铝箱的烘烤方法”，已受理。适用新型2个：“一种铝电解槽阴极钢棒温度冷却装置”，已获得证书；“一种电解槽大修阴极炭块安装减震滑移器”，已受理。

五、党建与企业文化

（一）抓实党的领导与混改企业管理模式深度融合

一是提高政治站位。通过党建入章程，明确党组织在企业的政治领导地位，建立与管理架构有机结合的党组织工作机制，夯实党的基层组织体系建设，为企业的发展提供组织保障。二是发挥党委把方向、管大局、保落实的作用，建立重大决策党组织研究讨论前置与经营班子经营管理相融合的工作机制。三是坚持党管干部原则和发挥市场化机制作用相结合，注重德才兼备，真正实现机会均等。

（二）抓实党建与生产经营融合

党建就是生产力，贵州华仁以“两带两创”、党员“双提升”、增强“五力”大讨论、“赶超标杆我能干成什么”大讨论等活动为平台，始终坚持把党建与中心工作深度融合。开展“两带两创”项目12个，全年累计创效2000余万元。同时，紧紧围绕“六个聚焦”，构建立体对标模式，制定各级组织层面和个人对标赶超工作清单。

（三）抓实党建与企业长远发展相融合

一是坚持标准，规范动作，强化检查考评，持续推进标准化党支部创建工作。二是围绕“把骨干培养成党员、把党员培养成骨干”的工作目标，实施“双培”计划，2020年发展党员13名，为发挥党员的辐射带动作用提供有力支撑。三是开展“党员身边无事故”活动，发挥党员的引领示范。四是努力构建人才培养环境。贵州华仁被命名为“贵州省铝冶炼及相关工艺技术人才基地”，获得职业技能鉴定单位资质。

（四）抓实党建与企业和谐稳定有机融合

一是加强“一岗双责”落实，扎实开展廉政教育和常态化约谈，厚植廉洁土壤。二是发挥党组织政治优势，坚持“五必谈五必访”，关爱员工，共创和谐。三是加强企业文化建设，提升员工对企业的归属感和认同感。

撰稿 / 周　涛

中国铜业有限公司

一、基本情况

中国铜业有限公司（简称中国铜业）成立于2008年8月15日，注册资本428.27亿元，员工总数（在岗）30905人，资产总额1627.97亿元，资产负债率70.38%。

主营业务范围：铜、铅锌及其他有色金属行业的投资、经营管理；铜、铅锌及其他有色金属的勘探、开采、冶炼、加工、销售，与之相关的副产品的生产、销售，与之相关的循环经济利用与开发；从事有色金属行业工程的勘测、咨询、设计、监理及工程建设总承包；相关的进出口业务等。

产能规模：铜精矿33万吨/年、铅锌精矿60万吨/年、铜冶炼130万吨/年、铅锌冶炼80万吨/年、铜加工材56万吨/年、锗金属46吨/年。办公地址1：北京市海淀区西直门北大街62号。办公地址2：云南省昆明市盘龙区华云路1号。

2020年，中国铜业紧紧围绕“深改革、全对标、好融合、多盈利”工作主线，坚持疫情防控和生产经营“两手抓、两不误”，以紧急状态打响“中铜战役”，率先安排“1+2”防疫物资“全球购”，率先部署海外企业疫情防控，率先开展生产运行、市场营销、物流运输、资金安全、销售回款、政策争取六个“抢跑”举措稳经营，成功夺取了防疫抗疫和生产经营“双胜利”。2020年，在疫情影响、主要产品价格同比下跌减利21.9亿元的情况下，实现营业收入1238.2亿元，生产经营利润35.6亿元，为年度目标的178%，生产经营再创佳绩。

二、市场分析

2020年一季度，铜价由6300美元/吨跌至最低4371美元/吨，触及75分位成本。而铅锌价格也跟随出现相似幅度的暴跌。欧美疫情不断扩散，原油、美股等风险资产全线杀跌，流动性风险、信用风险急速上升。二季度后，铜、锌、铅价格均出现大幅反弹，其中铜价更是一路飙升，年末收7754美元/吨，较低点几乎翻倍。

2020年，CSPT制定2020年四季度加工费底线为58/5.8，而2019年同期为66/6.6，同比下降27%。7月，江铜、铜陵与智利铜矿巨头安托（Antofagasta）达成2021年上半年长单为60.8/6.08，相比2020年上半年的65/6.5下降7.5%。但远期的市场情况有利于长单谈判。东营方圆及Tuticorin的不确定性显著增加现货TC的风险性。现货TC存在再度下行的风险。锌精矿也由于疫情影响出现海外运输等供应端干扰，导致供不应求，境内外加工费也均出现较大幅度的下滑，但是对比铜来说，加工费下降较缓和，未引发断供现象。铅精矿加工费全年维持稳定。

三、生产经营

中国铜业2020年的生产经营亮点：一是主要产品实现稳产高产，电铜产量130.9万吨，同比增长17.39%；电铅、电锌产量11.7万吨、60.6万吨，分别同比增长18.61%、2.68%；精矿含铜、精矿含铅锌金属量分别为32.75万吨、46.76万吨，继续保持国内第一。二是全要素对标创价值。以全要素对标为抓手，用好“4+2+1”成本管控法，统筹推进三年降本行动、提质增效、固本强基等工作，全年降本增效12.7亿元；销售费用、管理费用、财务费用分别同别下降10.1%、13.9%、12.7%，物流降本2657.52万元。三是投资管控重优化。践行“量力而行、尽力而为”的投资理念，严控投资规模，压减项目投资计划35%以上，压减投资近16.89亿元，续建、新开项目压减21个，累计完成投资25.67亿元。四是专项工作勇破冰。亏损企业减少至22户、亏损金额下降至18.78亿元。减少法人户数10户，参股权处置完成10户，管理层级压缩至中铝4级；非经营性资产盘活创效4.29亿元。逾期应收款项累计清收8.53亿元。

主要经济指标一览表

表1

项目	单位	2019年	2020年	增长（%）
资产总额	亿元	1650.88	1562.90	−5.33
工业产值	亿元	1134.74	1308.68	15.33
营业收入	亿元	923.01	1100.59	19.24
利润总额	亿元	−0.77	15.59	2121.41
净利润	亿元	−9.07	1.12	112.30
税收贡献	亿元	35.50	33.50	−5.61
全员劳动生产率	万元/人·年	27.86	44.33	59.11

四、安全环保

2020年，实施安全生产集中整治三年行动，重点推进矿山冒顶片帮、尾矿库、重要危险源、危险化学品和民用爆炸物品等专项排查整治，集团安全督察74项反馈问题整改完成100%。完成36家企业安全环保督察，发现问题隐患1127项，按照“五定”原则逐项整改。2020年，全年发生5起5人安全生产工亡事故。

2020年，致力于建立绿色发展的长效机制，不断优化环境管理工作体系，推动绿色转型发展，支持生态文明建设，铸就绿色铜业。创新成立30个模拟督察组，针对39家单位开展环保督察及“回头看”，定期指导包保企业环保管理工作。2020年，环保总投资近20亿元，完成57项环保治理提升项目，“三废”排放100%达标，6座矿山获评全国绿色矿山，努力实现企业优强与生态优美有机统一，积极贡献美丽中国建设。

五、科技创新

2020年，中国铜业研发投入19.3亿元，争取政府科研补助资金5481万元。深化产学研用联动机制，建成7个车间实验室、1个深地实验室。兰坪工业堆存矿选冶完成工艺矿物学研究、钴渣综合利用研究、浸出液降锰粉研究、冶选工艺小试研究，实现锌总回收率达到92.06%、硫化铅回收率大于75%。秘鲁难选矿选矿试验研究完成工艺矿物学研究等，精矿品位平均提高1%，铜回收率提高2%。5个产品获有色金属产品实物质量认证，A类质量事件为零。获授权专利212件，其中发明专利30件，实用新型专利182件。主导制订修订国军标准4项、行业标准10项、团体标准2项、地方标准1项。发布并实施企业内控标准9项，全面完成所属企业100%产品的企业内控标准制修订。

六、改革发展

2020年，中国铜业谋划改革顶层设计，制定《深化改革三年行动任务清单》《对标世界一流管理提升行动实施方案》。全年52项年度重点改革任务除1项延期外，其余51项全部完成。修订完善公司章程及《“三重一大”决策实施办法》《决策权限管理办法》等制度，进一步厘清“三会”关系。出台出资企业专职董事管理办法，派出专职董事2名。找准铜铅锌冶炼企业综合回收盈利点，建立完全成本核算模型，形成效益与成本并重的考核模式。在华中铜业推行职业经理人制度和负面清单管理。积极落实战略单元管控和协同两大主要职能，形成“32411”会议机制、公司领导班子“定点挂钩”分工负责、“点线面体”沟通联络等“五个机制”，管控效率不断提升。推进协同产业建设，完成铜、铅锌主要营销业务集中运营，中铜投资托管内部17家企业，中铜资源完成对云冶资源托管及云铜勘查的增资扩股，中铜资产集中开展资产运营管理，基本形成科技研发体系构建方案。

七、党建与企业文化

深入贯彻落实习近平总书记对中铝集团重要批示精神，按照国务院国资委“中央企业党建巩固深化年”专项行动和云南省国资委“央地结对共建”活动的安排部署，形成“七个一”活动，推动对标学习和互通互促。抓实党建考核，将“双百分”方案细化成“1+3”考核细则，党建融入中心工作更加深入。抓实党建考核反馈、巡察反馈问题整改，制定整改措施885条，整改完成率97.85%。开展庆祝中国共产党成立99周年、中铜文化月等系列活动，凝聚力向心力进一步增强。加强干部队伍建设，重点实施人力资源对标三年行动、矿山人才培养三年行动，明确275名优秀年轻干部培养对象人选，进一步打通五级工程师、五级技师晋升通道。严格执行中央八项规定精神，聚焦反形式主义和官僚主义持续纠治“四风”，“一拖二”高质量推进两轮巡察，严肃执纪问责，营造了风清气正的良好氛围。

八、履行社会责任

2020年，中国铜业积极履行央企社会责任，累计投入扶贫资金1.60亿元，助力云南、四川省18个县摘帽，42个贫困村整体出列，5259户20447人全部脱贫，连续4年获云南省扶贫考核“好”的等次。支持社会公益事业和地方经济发展，全年上缴税收41.5亿元，公益捐赠856.62万元，再次荣获“金蜜蜂2019优秀企业社会责任报告·环境责任信息披露奖”。中铜党委切实做好防疫抗疫和复工复产，组织对外捐款2240万元、落实房租减免政策1256万元。

撰稿／卢中华

云南铜业股份有限公司

一、基本情况

云南铜业股份有限公司（简称云南铜业）成立于 1998 年 5 月 15 日，注册资本 16.99 亿元，员工总数（在岗）13313 人，资产总额 398.38 亿元，资产负债率 70.44%。

主营业务范围：铜精矿及其他有色金属矿产品、高纯阴极铜、工业硫酸、黄金、白银、并能综合回收硒、碲、铂、钯、铟、铼等稀贵金属。

产能规模：铜精矿 12 万吨 / 年、阴极铜 130 万吨 / 年、黄金 22 吨 / 年、白银 1200 吨 / 年、工业硫酸 500 万吨 / 年。办公地址：云南省昆明市盘龙区华云路 1 号。

2020 年，云南铜业以全要素市场化对标为抓手，统筹推进疫情防控和生产经营，聚焦提升管理效能、改善发展质量、强化成本竞争力，实现疫情防控和生产经营双胜利。云南铜业本部及所属各单位新冠肺炎确诊零例、疑似零例，一季度全面实现复工复产。全年生产阴极铜 130.9 万吨、黄金 16.9 吨、白银 621 吨，实现销售收入 882 亿元，利润总额 10.72 亿元，归属于上市公司股东的净利润 3.8 亿元，实现 13 年以来首次未分配利润为正，具备分红条件。

二、生产经营

产品产量再创新高。铜精矿产量 12.41 万吨，同比增长 9.82%；阴极铜产量 130.9 万吨，同比增长 17.39%；阴极铜产能在世界铜冶炼企业中排名第 4 位。

对标追标成效显著。ROE 实际完成 11.02%，超追标计划 1.91%；经营性净现金流 55.28 亿元，超追标计划 20.28 亿元；自由现金流 14.67 亿元，超追标计划 8.67 亿元；矿山 C3 成本 32405 元 / 吨，同比下降 2451 元 / 吨，进入行业前 1/2；冶炼矿铜加工成本 1856 元 / 吨，同比下降 287 元 / 吨，进入行业前 1/4 分位，均创历史最好水平。

项目建设有序推进。西南铜业异地搬迁项目完成厂址确定、普朗铜矿项目完成竣工验收，拉拉铜矿落凼矿区深部矿段采矿工程 10 月 26 日投入试生产，赤峰云铜环保升级搬迁改造工程完成阳极泥和烟尘工序建设并产出产品，生产阴极铜突破 40 万吨。

主要经济指标一览表

表 1

指标名称	单位	2019 年	2020 年	增长（%）
资产总额	亿元	420.76	398.38	−5.32
工业产值	亿元	767.66	974.59	26.96
营业收入	亿元	632.90	882.39	39.42
利润总额	亿元	11.61	10.72	−7.67
净利润	亿元	9.75	8.13	−16.62
税收贡献	亿元	11.09	13.09	18.03
全员劳动生产率	万元 / 人·年	511	732	43.25
资产负债率	%	71.38	70.44	−0.94
净资产收益率	%	8.39	6.81	−1.58
总资产报酬率	%	5.28	4.96	−.032
研发投入强度	%	1.307	1.046	−0.261

三、安全环保

严抓安全管理。深入落实安全生产专项整治三年行动，排查和建立重点部位、关键环节安全隐患和整改措施清单共计 1537 项，整改完成 1384 项；强化重要危险源“源长制”管理，辨识形成 209 个重要危险源清单，均按“一源一档”要求建立重要危险源档案。全年发生 4 起 4 人工亡事故。

抓实环保整改。全力配合中央环保督察组督察工作，督察期间未发生典型案例，现场指出的 21 项立行立改问题，已完成整改 15 项，剩余 6 项按计划推进；27 项“四个一批”环保治理项目已完成 22 项，28 项费用化项目已完成 18 项，其余项目正常推进，累计投入治理资金 9.26 亿元。未发生环保行政处罚事件和一般及以上突发环境事件，主要污染物 100% 达标排放。

四、科技创新

云南铜业 2020 年研发投入 9.24 亿元，共组织实施研发项目 165 项，其中 15 项被确定为中国铜业重点科技项目。参与国家重点研发计划课题 3 项，云南省科技项目通过验收 1 项。2 人通过云南省技术创新人才出站答辩。下属 3 家企业再次通过高新技术企业认定，1 家企业完成国家中小科技型企业备案。组织申请专利 120 件、其中发明专利申请 38 件，共获得专利授权 98 件，其中发明专利 11 件。“冶金炉窑强化供热关键技术及应用”获得国家科技进步二等奖，“艾萨工艺冶炼复杂铜物料杂质处理关键技明智术及应用”等 7 项科技成果获得省部级奖励，46 个科技项目年度累计创效 2.48 亿元。

五、改革发展

编制云南铜业三年滚动规划、“十四五”发展规划和海外布局方案，形成“再生铜”处理研究调研报告和工作思路；加快推进资源战略实施，完成 F 项目桌面尽调，考察 T 项目、非洲项目等资源，与中铜资源签订资源战略合作框架协议。

建立“利润 + 成本 + 自由现金流”为核心的考核指标体系，制定实施“三要素、两维度”薪酬决定机制，科技创新激励机制。推进扁平化管理，完成凉山矿业、云铜科技管理层级压缩，完成凉山矿业、思茅山水治理结构优化调整，云南铜业管理层级全部压缩至中铝集团四级，法人户数压减 4 户，破产企业 11 户，亏损户数减至 2 户，亏损额同比下降 67.74%。落实减员增效措施，所属企业人员（含劳务派遣）总量较 2019 年末减少 961 人，生产性承包商用工减少 609 人。全面完成退休人员社会化管理工作目标。

六、党建与企业文化

2020 年，云南铜业党委坚持以党建引领高质量发展，党建法宝作用发挥更加有力。一是融合效果更好。优化“双百分”考核方案，制定党建考核办法和“1+3”考核实施细则，持续推进党建与业务双促进、双提升，扎实开展“五力大讨论”“两带两创”“双提升”“党员身边无事故”等活动。二是“双基”工作更实。以标准化党支部创建、党建对标和党内主题活动为抓手，规范落实民主生活会、组织生活会、主题党日、党员联系群众等制度，建立全级次党员、党组织信息管理台账；扎实开展党建标准化和党员发展、业务培训。三是凝心聚力更强。落实“四统一”要求，统一企业文化理念，建立社会责任工作体系，评选首届“云铜工匠”和“十大杰出青年”，建立党建、文化、宣传、文学、音乐等专业“人才库”。

持续探索实施“工业 + 教育、就业、产业、基建……”的“1+N”扶贫模式，累计投入扶贫资金 1.46 亿元，助力云南迪庆州、玉溪市、普洱市、四川省凉山州的 5 个县（区）摘帽，6 个贫困村整体出列。向昆明市红十字会、湖北省黄石市慈善总会捐赠资金 750 万元，大力支持昆明市、黄石市新冠肺炎防控工作；向企业驻地政府、智利驻中国大使馆、非洲驻中国企业捐赠口罩、消毒液、酒精、测温仪等防疫物资价值 54 万元。

撰稿／靳记涛　陈孟波　严　明　龚　婷　甘　锐　史　俊　杨晓晶　郭大为　刘　锴　袁　扬

中铝矿业国际

一、基本情况

中铝矿业国际（简称中矿国际）成立于2003年4月24日，注册资本14.43亿元，员工总数（在岗）1517人，资产总额393.29亿元，资产负债率70.34%。

主营业务范围：从事勘探、开发及生产矿石资源以及其他采矿相关活动。目前正专注于特罗莫克铜矿项目。办公地址：北京市海淀区西直门北大街62号。

二、经营情况

秘鲁矿业2020年累计完成采剥总量0.91亿吨，选矿处理量3777.7万吨，生产铜精矿91.08万吨，铜精矿含铜20.33万吨，铜平均回收率达到80.59%，平均铜精矿品位为22.325%；全年销售铜精矿87.21万干吨、含铜19.35万吨，销售收入10.87亿美元。

主要生产经营指标表

表1

指标名称	单位	2019年	2020年	增长（%）
工业总产值	亿美元	10.26	10.88	6.04
销售收入	亿美元	10.23	10.87	6.26
利润额	亿美元	1.15	2.24	94.78
所有者权益	亿美元	8.57	9.67	12.84
纳税额	亿美元	0.73	0.74	1.37
净资产收益率	%	9.62	14.23	47.92
产值劳动生产率	千美元/人	684.51	722.43	5.54
工亡人数	人	0	0	—
重伤人数	人	0	0	—
轻伤人数	人	110	78	−29.09

三、改革发展

2020年秘鲁矿业年初的投资计划为3.70亿美元。3月，受秘鲁疫情影响，项目投资工作自3月16日至6月8日处于暂停状态，6月8日起，项目投资工作开始逐步恢复。7月，秘鲁矿业对下半年的投资项目进行了全面梳理，结合秘鲁疫情防控形势，按照“效益优先”“量力而行，尽力而为”的原则对投资项目进行重新评估。

2020年秘鲁矿业重点项目投资完成情况

表2　　单位：万美元

项目名称	新开/续建	项目总投资	截至2019年末累计完成投资	2020年实际投资完成情况	开工年月
二期扩建项目	续建	103032	80605	13711	3月
100辆火车车厢	续建	1020	714	306	11月

（一）二期扩建项目

截至2020年底，二期扩建项目总体计划进度为90.3%，实际完成进度88.9%。其中，二期一步项目建设计划进度为100%，实际完成进度99.0%。由于秘鲁新冠疫情影响，6月22日二期一步试生产产能达到1250吨/小时，实现扩产20%，达到1000吨/小时的产能指标。2020年，二期项目累计处理矿石量543万吨，生产铜精矿含铜2.99万吨。二期二步建设计划进度为53.9 %，实际完成进度44.7 %。项目累计完成投资13.34亿美元，项目总体投资完成率93.81%。

（二）铜精矿运输100辆火车车厢采购项目

铜精矿运输100辆火车车厢采购项目实际完成投资率100%。该采购项目完成，不但缓解铜精矿运输的压力，又节省了铜精矿运输车辆的租赁费用，提升了经济效益。

四、党建与企业文化

2020年，在中铝集团和中国铜业的指导和支持下，秘鲁矿业中方领导班子及骨干员工，充分发挥模范带头作用，不断强化学习，加强自身建设，有力控制了疫情局面，二期一步顺利建成投产，较好地完成了年度产量目标，秘鲁矿业党工委在中铜党委年度考核中，获得优秀评级。

（一）主要工作开展及成效

加强学习不放松。截至2020年底，党工委共组织召开中心组学习9次，两个党支部全体党员学习共25次。

完善党的组织和制度建设。加强了秘鲁矿业纪工委的力量，规范基层党组织设置。准时足额收缴党费，2020年全年收缴党费86391元。修订《中铝秘鲁矿业公司党工委管理的干部管理办法》。

严格落实决策前置程序。认真按照“三重一大”决策制度实施办法，严格落实党工委会议前置程序，切实发挥党工委在秘鲁矿业生产经营管理中“把方向、管大局、保落实”的作用，为国有资产的安全及保值增值提供有力保障。2020年，共召开党工委会议32次，累计审议涉及秘鲁矿业改革发展稳定、重大经营管理事项、疫情防控和涉及职工切身利益的项目投资、资金使用、人事任命等重大问题的议题37项。

坚决扛起防疫重任。秘鲁矿业党工委高度重视，把疫情防控作为重大政治任务来抓，扎实履行疫情防控主体责任。在国内抗疫最困难的时期，秘鲁矿业党工委积极响应上级党委号召，组织全体11名党员共捐款7700元。

强化宣传创造良好氛围。2020 年秘鲁矿业累计向中铜门户等国内宣传平台提交稿件 20 份。积极参加大使馆及中资企业协会组织的各项活动，中方员工合唱曲目《国家》获得红歌赛第一名的优异成绩，该视频在中国铜业微信公众号上阅读量创 2020 年最高纪录。

持续抓好人才队伍建设。一是坚决抓好党管干部原则，2020 年经党工委审议，通过内部选拔关键岗位管理人员，对外招聘资产管理经理，培养一批中坚力量。二是加强对干部的教育管理，总裁亲自与班子其他成员进行任前谈话、提醒谈话和警告谈话，及时扭转部分领导干部出现的倾向性问题，防患于未然。三是持续推进人才战略。按照建设“三支优秀队伍”要求，利用网络视频和在线学习平台等方式，开展技术、管理、语言、安全四类培训，累计完成 9589 人 / 次，提升专业知识和操作技能。四是积极培育壮大党员队伍。

进一步强化监督执纪问责工作。不断强化党风廉政建设和反腐败工作。一是不断完善“不能腐”体制机制构建，不断完善秘鲁矿业管理制度体系建设，有效防止出现制度漏洞及风险。二是纪工委与内审部有机结合，通过道德技术委员会进行案件分析并提出处理建议，由人力部门具体落实执纪问责工作，做到有案必查，有责必究。2020 年，秘鲁矿业实施了第三方投诉热线，全年共收到投诉 17 起，所有的案件均进行调查，对违反职业道德行为准则的人员进行严肃处理，对于 2 家未能遵守道德行为准则的供应商列入黑名单。三是积极开展警示教育和反腐倡廉宣传教育系列活动，将企业反腐制度及内部举报程序制作成视频文件，组织全体员工观看学习。

关爱员工夯实“两稳”工作要求。一是组织员工参与国务院国资委、集团及总部组织的有关新冠疫情防控知识的讲座，科学防疫；二是向员工发放口罩等防疫物资，并利用中铜拨付的防疫专款，为中方员工采购防疫物资；三是积极协调总部在国内为中方员工采购的防疫药品；四是为缓解因疫情及长期封锁造成的焦虑、紧张等情绪，总部联系国内心理咨询机构，通过线上课堂的方式，为在秘中方员工及家属开办 10 期心理赋能课程。实现中方人员和家属无一人感染。

撰稿 / 徐　行

中铝洛阳铜业有限公司

一、基本情况

中铝洛阳铜业有限公司（简称洛阳铜业）成立于1954年，注册资本14.06亿元，员工总数（在岗）65人，资产总额22.74亿元，资产负债率89.84%。

主营业务范围：铜、镍、钛、铝、镁及其合金铸造及加工产品；不锈钢加工产品；冶炼产品；铜、铝制品、铜冶炼副产品、仪器仪表、金属工艺品的生产；机电设备的制造、安装、检修；理化检验；科研与技术开发、咨询服务；公司生产的产品和相关技术开发、咨询服务；从事货物和技术的进出口业务。办公地址：河南省洛阳市涧西区建设路50号。

2020年以来，洛阳铜业深入贯彻落实中铝集团、中国铜业工作会议精神，广大干部职工坚定信心，埋头苦干，继续深化“四大工程”，全力推进对标管理、降本增利、资产盘活、债务化解、维护稳定等重点工作，各项工作再创新业绩，圆满完成年度经营目标。

二、经营情况

2020年，洛阳铜业利润−1.49亿元，同比减亏692万元。剔除解决历史遗留辞退福利管理费用3546万元，较考核指标节约610万元，较2019年同口径下降1072万元，降幅23%，超额完成总部下达的较2019年压减10%的目标；报表ROE向好2.98%。

主要经济指标一览表

表1

指标名称	单位	2019年	2020年	增长（%）
工业产值	亿元	—	—	—
销售收入	亿元	9.03	8.84	−2.1
利润	亿元	−1.39	−1.49	−7.19
纳税额	亿元	0.13	0.15	15.38
人身伤亡事故	起	0	0	0
工亡人数	人	0	0	0
重伤人数	人	0	0	0
轻伤人数	人	0	0	0

三、改革发展

（一）土地盘活工作有序推进

东区北部闲置土地实现应租尽租。对于已腾退的闲置土地实行中短期出租，实现应租尽租，以求效益最大化。除去因新冠疫情政策减免的租金外，累计完成租金收入994万元，实现租金利润924万元，完成全年预算目标103%，租金利润同比增长38%。

不动产权证办理顺利完成。9 月完成历史遗留房产的补办证工作，同时借助政府批文一并将新购的洛铜集团原金像公司厂房和铜联加工厂厂房办理不动产证，累计补办不动产证 68 本，同时为公司节省消防验收、安全鉴定等补证费用约 60 万元，彻底解决了历史遗留问题。

（二）全力保障贷款接续和资金安全

争取外部银行信用贷款 5.3 亿元，按期以较低成本投放，保证了全年 48 亿元贷款的资金安全接续，避免了贷款违约引起系统风险，与此同时，通过多方努力财务费用同比降低 1878 万元。同时，根据中国铜业要求完成洛阳铜加工股权质押、土地及房产抵押工作。

（三）降本增利实现新突破

基础管理稳步提升。继续强化基础管理，继续深化“节约一分钱就是赚一分钱”的理念，努力降低各项费用支出。全年可控费用支出 152 万元，比预算降低 90 万元，降幅 37%。

广开政策创收渠道。加强与政府相关部门的沟通联系，积极落实疫情防控期间国家惠企政策，洛阳铜业实现三项社保和医保减免 204 万元；获得洛阳市稳岗补贴及涧西区稳就业扶持资金 87 万元；获得离休老干部医药费补贴 73 万元。

加强对子公司管理。充分履行股东权利，随时掌握子公司的经营状况。加强对中铜装备技术公司的管理，根据章程及时委派财务负责人，确保国有资本保值增值；根据总部瘦身健体安排，整体工作正在按计划推进，实现 4342 万元股权转让收益，股权分红 140 万元。

全力推进退休人员社会化移交工作。积极落实总部和政府关于退休人员社会化移交工作的各项要求，协议签订、档案移交、组织关系转移均达到 100%。

（四）全力维护稳定发展环境

面对大量不在岗人员，企业利用双创园建设的时机，与承租方做好沟通，提供新的就业渠道，同时针对人员分流安置过程中出现的不稳定因素，建立健全信访机制，压实信访责任，全年未发生上访事件，为维护企业和谐发展和社会稳定做出了积极贡献，获得中铝集团信访维稳先进个人和中国铜业信访维稳先进单位荣誉。

积极落实总部安全环保质量大会精神，做好对园区承租方的安全环保检查和隐患排查，对于发现的问题，督促承租方限期进行整改，确保企业安全环保平稳运行；同时，顺利通过中央生态环境保护督察组对洛阳铜业的检查。

四、党建与企业文化

（一）深化党建融入中心

洛阳铜业党委持续深化“四大工程”（即叫响一个口号“企业越困难越要重党建”；深化一个理念“动真碰硬，精准管理，节约一分钱就是赚一分钱”；培育一种精神“实干为先，多讲主观”；打造一支队伍“人人精神抖擞，事事有板有眼”）深化党建融入中心，夯实党建基础，激发党组织活力。围绕精准管理、资金接续、退休人员社会化移交、房屋、厂外场地对外租赁创收等“痛点”和“瓶颈”，选题立项、精准发力，全年共选题立项 8 项，（党组织带党员创效 5 个，党员带群众创新 3 个）。

（二）夯实党建“双基”

以中铝集团开展的全要素对标为契机，坚持对标先进企业党建标准化建设，不断夯实党建“双基”。认真落实《2020 年党建工作考核办法》《2020

党建工作计划》《标准化党支部工作手册》《基层党支部“双基”工作项目清单（试行）》，夯实互评、联合检查制度，不断提升各基层党组织党建基础工作的规范化。结合实际，紧盯重点领域，关键问题和薄弱环节，高质量配合完成中央环保督察组各项工作。

（三）构筑战疫“硬核”力量

面对突如其来的新冠疫情，企业党委充分发挥各直属党支部的战斗堡垒作用，在社区成立“党员先锋岗”。中层党员干部成立社区“党员先锋岗”战疫队伍，先后派出党员群众840人次，构筑起战“疫”一线的“硬核”力量。

（四）营造发展正能量

2020年，开展“6·5”环境日摄影、书法比赛；“隐患排查随手拍”“光盘行动我践行”活动；以社会责任为题材的新闻作品，多次在《中国有色金属报》《中国铝业报》等媒体发表；报送的社会责任新闻图片多次获奖。按照省市有关精准扶贫政策要求，大力推进消费扶贫。采购定点扶贫村汝阳县三屯镇杜沟村生产的拖把，在全国第7个扶贫日之际，采购0.85万公斤“爱心红薯”，发放给在岗工会会员，帮助贫困群众丰产丰收。

撰稿／汪恒玉

中铜（上海）铜业有限公司

一、基本情况

中铜（上海）铜业有限公司（简称上海铜业）成立于2006年8月，注册资本15.23亿元，员工总数（在岗）60人，资产总额9.80亿元，资产负债率138.79%。

主营业务范围：金属制品、有色金属制品、金属盐类、半导体材料加工、切割、销售；从事货物及技术的进出口业务；实业投资；投资管理；资产经营管理。办公地址：上海市静安区长安路1001号长安大厦1号楼11层。

2020年，众志成城防控新冠疫情风险，加快处置低效无效资产规避违约风险，有序推进人员压减防范维稳风险，精准管理管控有色经贸经营风险，攻坚克难化解东方期货股权纷争风险，主动作为盘活土地资源，奋力实现年度工作目标。

二、经营情况

2020年，上海铜业主营收入0.53亿元，利润总额-7429万元，剔除以前年度挂账员工分流安置费用8626万元，利润总额为1068万元。截至12月底资产负债率66.46%（同口径，剔除“僵尸企业”专项治理的相关政策因素）。

主要经济指标一览表

表1

指标名称	单位	2019年	2020年	增长（%）
工业产值	亿元	—	—	—
销售收入	亿元	0.53	59.07	-99
利润额	亿元	-0.74	-9.48	—
纳税额	亿元	0.08	0.16	-50
人身伤亡事故	起	0	0	0
工亡人数	人	0	0	0
重伤人数	人	0	0	0
轻伤人数	人	0	0	0

三、改革发展

（一）巩固“僵尸企业”专项治理成果

上海铜业紧盯《经营业绩合同书》关键业绩指标，对照“僵尸企业”专项治理标准，落实责任，加强管控，提质增效，增收节支，克服困难履行央企责任实施租金减免政策，确保企业持续盈利不亏损。每月定期上报“僵尸企业”专项治理进展，对照标准，解读政策因素，巩固专项治理成果。

（二）如期完成在岗人员压减任务

上海铜业组建专项工作组，拟定压减方案，分解落实指标和任务，加大专项考核比重和力度，多渠道寻找再就业渠道，每月召开专题会议，认真做好排摸和“一人一策”，耐心细致做好说服解释工作，如期完成压减任务，2020年人工费用比2019年同期减少694万元。

（三）盘活资产，争取企业利益最大化

上海铜业积极盘活闲置资产获取收益，2020年获得租金收入38.7万元；组织开展现场废旧金属清理工作，累计收集各种废旧金属、电缆线3吨，为企业盘盈增效；超额完成逾期应收账款处置目标，做好最后一批设备和废旧物资处置工作。

（四）防控有色经贸经营风险

积极落实工作措施，做好中国铜业领导督办事项进展汇报，增加律师力量，争取法院、公安支持，维护好企业权益，通过诉讼保证了有色经贸不亏损。

（五）奋力化解东方期货股权纷争

上海铜业在中铜领导及相关部门的指导下，积极作为，化解东方期货股权纷争。

（六）消除安全环保隐患

一是提高政治站位，守住安全底线，做好职业健康安全环保精准管理体系建设，规范处置固体（危险）废物，加强风险管控，落实本质安全工程。二是加强安排排查，消除安全隐患。三是加强安全培训，提高员工安全意识，养成安全遵章守纪的习惯和行动自觉。四是加强设备拆除现场安全监管。五是做好垃圾分类管理，认真开展危化品的排查，及时处置，消除隐患。确保重伤工亡事故为零、环保事件零处罚。

（七）依法合规推进东厂区土地释放

针对上海市加快发展“五型经济”的举措，以及《吴淞创新城建设规划》获批的情况，上海铜业审时度势，结合转型发展的需求，认真分析环境形势、企业现状，制订公司土地盘活规划方案。依据《不动产管理办法》，有序推进出租合同整改。启动聘请同济大学编制吴淞厂区土地盘活规划工作，争取规划和产业政策，积极引进战略合作方。在规划引领下，着眼于企业发展战略和高起点建设东厂区城市更新项目，审慎决策，以“成本最小”的原则，依法合规，与承租方协商解除厂房场地出租合同，推进东厂区土地释放。

（八）主动切割股东责任

配合公安机关对龙基铜业涉嫌非法集资案件的侦查，主动提起行使股东知情权的法律诉讼，提出公司安全退出龙基铜业的适宜方式，切割龙基铜业股东责任。

四、党建与企业文化

（一）加强党建，深度融合中心工作

一是提升理论水平和工作能力，严肃党内政治生活，巩固和拓展“不忘初心、牢记使命”主题教育成果。二是求突破、谋发展，组织开展增强“五力”大讨论，推动完成年度工作任务、全力冲刺转型发展攻坚战。三是全对标、好融合，推进党建工作与企业生产经营深度融合，扎实规范开展党员“双提升”活动、“两带两创”活动、“四史”学习教育活动，充分发挥先进典型示范带动作用。四是开展标准化党支部达标创建活动，落实领导班子联系点工作制度，进一步密切党群干群关系。

（二）加强防控，坚决打赢疫情防控阻击战

认真学习贯彻习近平总书记关于疫情防控重要指示精神，落实国务院国资委、中铝集团、中国铜业关于疫情防控的工作要求，增强防控意识，落实保障措施，未发生员工感染情况。

（三）加强党风廉政建设，保障转型发展

一是管思想、聚合力，牢牢掌握意识形态领域主动权。二是筑防线、强意识，强化权力运行监督。三是凝共识、办实事，提高职工群众满意度。四是健全完善职代会制度，强化厂务公开制度，组织实施“精准帮扶、精准服务”实事项目，提高职工获得感。

（四）履行社会责任

为职工做实事、解难题。为1161名退休职工办理住院互助保障；为428名员工办理三项保障；发挥帮困基金作用，为大病职工减负1.81万元，把精准维护权益落实到每一位上海铜业职工。实施精准帮扶困难职工104人次，帮困送温暖、探望、慰问住院职工等共计12.94万元，拨付3.75万元“金秋助学”补助金支持13位困难职工子女上学。

撰稿／黄政义

中铜华中铜业有限公司

一、基本情况

中铜华中铜业有限公司（简称华中铜业）成立于 2005 年 9 月，注册资本 17.93 亿元，员工总数（在岗）693 人，资产总额 25.53 亿元，资产负债率 89%。

主营业务范围：生产、销售铜及铜合金高精度板材、冷轧带坯及铜箔产品；公司生产所需的机器设备、产品、原辅材料的进出口业务；有色金属矿产品及废旧料的采购销售；仓储服务及与经营相关的技术服务。办公地址：湖北省黄石市下陆区铜鑫路特 1 号。

2020 年，华中铜业在中国铜业党委的坚强领导下，深化改革激活力，开门借力补短板，夯实“双基”强弱项，稳中快进抓重点，全过程贯彻全要素对标，坚决打赢疫情防控阻击战、生产经营保卫战和项目达产攻坚战。2020 年报表利润 −11413 万元，同口径剔除 2019 年土地收益、二期试车费、铜价收益后较 2019 年减亏 40%，产销量 6.68 万吨，创历史新高，新品开发取得突破。

二、生产经营

（一）坚持借智借力，解决技术短板

一是持续推进落实“行业对标追赶先进、跨界学习弯道超车”，到宁波兴业、宁波金田等 11 家行业先进企业对标学习企业盈利模式、市场化经营机制和设备管理等；二是邀请河南凯斯基、武钢和中色科技等专家指导交流，对 3 号厚带洗、6 号成品剪进行改进，通过率提升 50%；三是引入鞍钢、奥新智能等专家团队解决瓶颈问题，十二辊轧机板型得到有效改善。

（二）坚持多措并举，提升基础管理能力

一是优化管控模式，调整组织架构，理顺管理职责，促使管理部门与作业区同向发力，有效夯实作业区基层管理；二是加快信息化建设和运用。邀请中国铜业信息化专家等开展信息化建设工作调研，规划了信息化未来三年建设框架；三是推进流程再造。以市场为导向，完善售后服务、合同评审流程，优化产销协同机制。以效益为中心，进一步强化能耗管理，细化金属管控。

（三）坚持全要素对标，增强经营能力

一是发挥营销龙头作用，推行行业管控模式，每月制定订单保障计划，“一户一策”每周跟进落实，对营销人员实行量价挂钩，精准激励，在线订单稳定在 5000 吨以上，12 月产销量 7521 吨，首次实现年化达产；二是加大低成本原料使用，拓宽旧料采购渠道，精准原料配比，7—12 月低成本原料

使用达 327 吨 / 月，较上半年月均增加 30.8%，无氧铜炉“吃废料”攻关实现零突破，达 1000 吨 / 月；三是积极在现有产品中寻求新的增利点，12 月极耳材料产销量 95 吨，是上半年月均的 3 倍以上，青铜 12 月份产销量达 415.8 吨，价格上调 1000 元 / 吨。

主要经济指标一览表

表 1

指标名称	单位	2019 年	2020 年	增长（%）
工业总产值	亿元	19.16	31.18	62.73
销售收入	亿元	17.15	41.62	142.68
利润额	亿元	−0.69	−1.13	63.77
所有者权益	亿元	4.08	2.95	−27.70
纳税额	亿元	0.05	0.04	−20.00
净资产收益率	%	−15.65	−32.28	106.26
全员劳动生产率	万元 / 人・年	7.2	4.5	−37.5
人身伤亡事故	起	1	2	100
工亡人数	人	0	1	100
重伤人数	人	0	1	100
轻伤人数	人	1	0	−100

三、安全环保

安全环保。坚持推进落实 HSE 管理，持续改进 HSE 工作绩效，吸取“4・2”“4・14”机械伤害事故教训，严格推行 CARC 风险辨识，优化完善危险作业审批流程，强化安全要素管理，推进员工安全积分制，5 ~ 12 月，人身伤害事故较 2019 年同期下降 64%。以配合中央环保督察为契机，查漏洞、补短板，在中国铜业 2020 年 CAHSE 考评中环保管理体系考评得分较 2019 年提升 6.14 分。

四、科技创新

华中铜业 2020 年再次通过国家高新技术企业认定，获得湖北省铜加工企校联合创新中心认定，自主研发“极耳材料紫铜类产品开发”项目，被黄石市评为“三链融合”产业创新优秀成果项目。联合华中科技大学开展的第四代引线框架研究项目，成功制造出厚度仅为 7 微米的压延铜箔产品。

2020 年科技创新数据表

表 2

科技创新投入（万元）	申请专利（件）	授权专利（件）	科技人员占比（%）
12639	13	1	11

五、深化改革

贯彻落实集团党组关于华中铜业推进职业经理人制度精神，按照国务院国资委《国企改革“双百行动”工作方案》和两个《操作指引》要求，有序推进市场化改革。一是加强董事会建设，完成董事会、监事会换届选举。二是经理层推行职业经理人制度，华中铜业经理班子转换为职业经理人管理。经理层签订承诺书，放弃原有干部身份。三是中层管理人员推行任期制和契约化管理，破除干部身份职级限制，实现岗位“能上能下”，改革期间有 5 名干部被降职调整或淘汰。四是建立员工绩效考核效益分享机制，优化市场化薪酬分配机制，实现收入“能高能低”。五是改革劳动用工制度，强化竞争上岗，畅通员工进出渠道，实现员工“能进能出”，全年累计市场化引进 15 人、市场化退出 29 人。六是铜箔事业部市场化引进职业经理人团队，12 月产销规模达 141 吨，实现考核不亏损。七是金地公司经理层实行任期制和契约化管理，全年完成利润 272 万元，超考核目标 12 万元。

六、党建与企业文化建设

认真贯彻落实习近平总书记对中铝集团重要批示精神，坚持党建的中心工作，围绕“推动改革、增强能力、全面从严”工作主线，充分发挥党委把方向、管大局、保落实作用。坚持“四同步”“四对接”，持续加强党的建设，推进党建和经营深度融合。坚持严的主基调，推进全面从严治党，深入贯彻落实中央八项规定精神，持续整治形式主义、官僚主义，持续完善“三不”机制建设，强化执纪问责，营造风清气正的良好氛围。

坚持精准扶贫，帮助阳新县三溪镇柏树村发展特色产业，柏树村年集体收入提升至20余万元，定点采购扶贫物资30余万元。践行“以员工为中心”的发展思想，员工收入同比增长8%以上；新停车场投入使用，解决员工停车难问题；疫情防控期间组织为困难职工及家庭送防疫及生活物资，解决员工燃眉之急等，保障员工利益，提升员工幸福感。

撰稿／王梓旭

中铝洛阳铜加工有限公司

一、基本情况

中铝洛阳铜加工有限公司（简称洛阳铜加工）成立于2016年7月29日，注册资本12亿元，员工总数（在岗）1631人，资产总额25.89亿元，资产负债率64.77%。

主营业务范围：铜、镍、钛、铝、镁及其合金铸造、加工、销售；不锈钢加工、销售；铜、铝制品、功能材料、铜冶炼副产品、仪器仪表、金属工艺品的生产、销售；机电设备的制造、安装、检修、理化检验；以上金属制品的科研与技术开发、技术咨询，道路普通货物运输；从事货物和技术的进出口业务；贵金属经营。

产能规模：铜板带材年产能12万吨，铜管棒材年产能1.5万吨，铝镁板带材年产能0.3万吨。办公地址：河南省洛阳市建设路50号。

2020年，洛阳铜加工全面落实全要素对标、提质增效、“3+3”专项等重点工作部署和要求，完成了三年扭亏脱困方案中首年脱困目标，实现生产经营良性持续发展。

二、生产经营

“新基建”更加高效。“向同一客户、同一产品要规模”的营销策略，实现了有色金属加工材销量8.25万吨，同比增长18.5%。

生产更加精准。以目标为导向，抓协同、拓市场，通过紧盯合同订单，年度实现有色金属加工材产量8.62万吨，同比增幅19.44%。

2020年新增银行授信5.5亿元，满足了产销规模提升的资金需求；争取疫情补贴、优惠电费和政策减免1231万元；通过加强与中铜国贸的合作，原料采购长、短单结合，控制风险、降低成本；辅材备件采购期量合同和紧急合同结合，确保现场生产所需。

主要经济指标一览表

表1

指标名称	单位	2019年	2020年	增长（%）
工业总产值	亿元	31.99	39.09	22.19
销售收入	亿元	39.66	38.35	−3.30
利润额	亿元	−2.52	−0.34	−86.51
所有者权益	亿元	9.47	9.13	−3.59
纳税额	亿元	0.25	0.10	−60.00
净资产收益率	%	−23.49	−3.65	84.46
全员劳动生产率	万元/人·年	−2.12	8.90	519.81
人身伤亡事故	起	0	0	0
工亡人数	人	0	0	0
重伤人数	人	0	0	0
轻伤人数	人	3	3	0

三、安全环保

细化安全风险分级管控，针对风险点形成“3223”管理体系，实现“PDCA”隐患闭环管理，排查各类安全生产事故隐患1758项，整改完成1754项，整改完成率99.7%。将“七步法”“五必须”和“两个刚性管控措施”融入承包商管理的各个层级，严抓安全生产“十条禁令”执行。2020年重伤以上事故为零，未发生新增职业病病例，未发生重大消防、厂内交通事故，未发生环境污染事件，20万工时损工率同比2019年下降69.96%。

四、科技创新

（一）科技创新举措

1. 开展成分设计、熔铸、加工、热处理技术研究。在“新基建”领域、高端装备等战略新兴产业用铜合金新材料方面取得进展。

2. 建设产学研用一体化铜合金自主研发及应用平台，形成有效的协同创新体系，建立互利共赢的合作机制。

3. 积极制修订GJB标准、国/行标准，引领行业技术发展。

4. 加大科研投入，发挥高新技术企业优势，争取国家和地方的政策支持，增加企业的核心竞争力。

（二）科技研发和成果的产业化应用

围绕“新基建”、高端装备等战略新兴产业发展需要，开展铜合金新材料关键技术研究、材料基础研究。重点在高抗应力松弛铜带材、电子信息用蚀刻框架材料工程化、连接器用C14415产品、IGBT基板用铜材、AZ41MX镁合金板材产品开展研究工作，部分产品已实现规模化。

（三）知识产权

1. 主持制订国家标准3项、行标1项、中铝集团企业标准1项、中国铜业企业标准3项。

2. 向国家知识产权局申请专利10项，其中发明专利6项，实用新型专利4项。获国家知识产权局授权专利6项，其中发明专利2项，实用新型专利4项。

五、改革发展

洛阳铜加工确定三年持续盈利，实现“高质量发展”的三年扭亏脱困目标方案，全面开展全要素对标，将目标细化分解落实，经营利润持续高于近三年同期最好水平，截至年末实现利润−3031万元，超额13.4%完成三年脱困方案首年任务目标。

对组织架构进行优化调整，部门由9个精简为6个；压缩管理层级，取消工区层次，重新划分作业区，实现组织结构优化；通过绩效指标设计引导各单位控成本，提规模，保质量，压实各级管理者主体责任，确保考核目标落实。

调整薪酬分配策略，压减各级干部薪酬，薪酬分配向生产一线、营销一线倾斜，人工成本同比下降19.34%；建立薪酬能升能降的动态长效管理机制，加强对选人用人的监督。

六、党建与企业文化建设

加强基层党组织建设。调整3个基层党组织，完成15个基层党支部换届；参加中铜“全对标、好融合”党务人员技能比武，获华中铜业赛区团体第二名。

加强干部、人才队伍建设。制定高管重点工作考核细则、优秀年轻干部培养实施方案，选拔任用优秀年轻干部，20世纪80年代干部占比由15.7%

提升至22%。建立党委联系服务专家制度，联系专家8名；对97名五级技师实施考评；全面启动职业技能鉴定工作，116名员工通过高、中、初级工考评鉴定。

服务企业中心工作。开展“两带两创”创效项目26个、创新课题31个；建立降本增效类13项，提升产品质量类10项，提升管理能力类9项。22个劳模创新工作室共设立创新项目25个。开展“班组安全谈”活动，征集案例（经验）41个，评选优秀案例9个。组织第三届技能竞赛，7个工种列为竞赛项目。开展“对标先进、降本增效”劳动竞赛，共54个工种、91个班组、1068名职工参赛，实现降本增效4273万元。

加强企业文化建设。参加中铜组织的“青春同辩共创一流”辩论赛，闯入八强；在第八届全国品牌故事大赛（郑州赛区）比赛中，选送7个作品全部获奖；在国务院国资委举办的第三届中央企业优秀故事征集活动中，1篇作品代表中铝集团入选。接受人民网记者采访，河南省庆祝建党100周年献礼影片《马海明》专程到厂取景拍摄。

完善制度建设。扎实推进“不能腐”体制机制建设，制定并完成“废、改、立”计划66项。与10个基层党组织签订《党风廉政建设和反腐败工作目标责任书》，同全体中层管理人员签订《廉洁从业承诺书》，实现党风廉政建设工作责任“全覆盖”。围绕重点工作，共落实督办工作35项，形成督办工作清单31项，全部完成整改。

履行社会责任。在洛阳市首批实现复工复产。复工当天，收到武汉某医院CT检测仪器所用铜材的加急合同，提前4天完成产品入库发运。6月，通过熔铸炉收尘超低排放深度治理，通过验收报洛阳市环保部门备案。每年可减少烟尘排放量34吨，大大提高收尘设备对污染物的处理能力。

洛阳铜加工高度重视各级生态环保督察，从生产、工艺、设备设施、能源消耗、原辅材料、运输、环保管理等各方面与B级企业开展对标工作，顺利通过河南省生态环境厅组织专家评审，被评为有色金属压延行业B级企业；环保信用级别连续两年被河南省生态环境厅评为环保“诚信”企业。

撰稿／李瑞华

中铜国际贸易集团有限公司

一、基本情况

中铜国际贸易集团有限公司（简称中铜国贸）成立于2019年6月24日，注册资本6亿元，员工总数（在岗）169人，资产总额50.72亿元，资产负债率90.03%。

主营业务范围：货物或技术进出口，市场信息咨询与调查，商务信息咨询，企业管理咨询，金属材料，稀有金属，有色金属，金银制品，矿产品，煤炭，焦炭，橡胶制品，化工原料及产品，塑料制品，燃料油，润滑油，石油制品，建筑材料，耐火材料，电线电缆，五金交电，电子产品，钢材，机械设备及配件，饲料，饲料添加剂，针纺织品，日用百货，家居用品，劳动保护用品，文化办公用品，水泥制品，包装材料的销售，肥料批发，贸易经纪与代理，国内货物运输代理，国际货物运输代理，道路货物运输，装卸服务，仓储。办公地址：上海市自由贸易试验区长清北路53号中铝大厦南楼10层。

2020年，中铜国贸围绕“服务内部企业创效、竞合外部市场创利”工作目标，落实“集中化管理、专业化运作”工作原则，抓实抓好中铜冶炼、加工企业原料保供及产品促销、大宗集采和物流仓储集中管理等重点，圆满完成各项考核目标任务。

二、经营情况

2020年，中铜国贸实现销售收入1241亿元，同比增长159.6%；利润0.73亿元，同比增长37.7%；纳税额0.46亿元，同比增长37.7%。争取政策，压降运营成本约计2700万元。

主要经济指标一览表

表1

指标名称	单位	2019年	2020年	增长（%）
工业产值	亿元	无	无	—
销售收入	亿元	478.23	1241.45	159.6
利润	亿元	0.53	0.73	37.7
纳税额	亿元	0.31	0.46	48.4
人身伤亡事故	起	0	0	0
工亡人数	人	0	0	0
重伤人数	人	0	0	0
轻伤人数	人	0	0	0

三、改革发展

（一）竞合外部市场创利，提升整体运营能力

紧紧围绕“竞合外部市场创利”目标，深入研究市场规律和机会，积极开展第三方贸易，提升公司整体运营能力。积极开展阴极铜、白银、锌锭和金属镍贸易，获得较好贸易效益。

（二）立足央企“品牌”，提升行业影响力

充分运用上海国际金融中心的区位优势、城市功能和央企品牌优势，依托中国铜业产业链基础，加强与 CSPT、行业协会、金融和市场机构的沟通交流与合作，广泛参与行业内各种重要商务活动，承担 CSPT 组长职责，组织 2021 年铜精矿加工费标杆价格的确定，行业话语权和影响力得到提升。

（三）强化风险管控措施，提升抗风险能力

以对冲风险为目标，研判市场走势，配合期货衍生工具运用，降低市场价格波动的风险；科学研判供给关系变化、铜精矿加工费和电解铜升水走势，合理控制采购长单比例，制定合理的销售策略。加强货权风险管理，调整物权管控流程，强化货权转移风险程序控制。严格执行资金管理各项制度，控制好库存、经营性现金流和资产负债率等相关财务指标。

（四）推动人力资源改革，提升运营活力

优化岗位设置和用工管理。完成公司和原云铜营销团队的整合，通过劳动关系划转和社会化招聘、高端人才引进等方式组建中铜国贸运营团队，完成昆明分公司人员配置，做到人员无缝切换、业务不受冲击，单位效益和国贸功能建设不受影响。

（五）强化内部控制管理，提升整体管控能力

一是建立违规经营投资责任追究工作机制、内控评价、内部审计制度规范，开展内控评价、独立检查。二是持续优化公司治理。完成 42 项制度的印发实施，逐步建立制度制定、执行、后评估的长效管理机制；根据职责分工，规范公司主营业务各业务节点、工作步骤、业务流转要求，共构建 9 个一级流程，77 个二级流程。

四、党建与企业文化

（一）提升政治引领力

坚持把政治建设摆在首位。巩固主题教育长效机制，组织十九届四中全会精神专题学习，开展“五力”大讨论。坚持党对企业的全面领导。认真执行“三重一大”决策制度，落实决策前置程序。

（二）提升思想凝聚力

讲好战“疫”故事。撰写新闻报道 80 篇，其中在《中国有色金属报》《中国铝业报》刊发 2 篇。创作微电影剧本，录制英文诵读音频，拍摄抗疫微视频《我们》等作品，深化“故事”感染力。推进企业文化构建。按照“四统一”原则，抓好中铝文化宣贯，探索构建“有所为、有所不为”中铜国贸文化理念。

（三）提升组织力

强化基层组织建设。落实标准化党支部规范和“双基”工作清单，规范“三会一课”、主题党日活动等工作有序开展。加强队伍建设。加强党建专业知识培训，开设党建微课堂 22 期。参与党务技能比武，获得华中铜业赛区的理论测试、演讲比赛 2 个单项奖，“党建工作情景模拟剧”获集体优胜奖。开展“两带两创”活动，全年共立项和完成 15 个，其中“产品运输优化”项目和保供贸易项目分别完成目标计划的 214.03% 和 117%。

（四）提升战斗力

召开年度党风廉政建设工作会，安排重点工作；明确“一岗双责”责任清单，推动主体责任落实。以落实中纪委十九届四次全会精神为重点，开展主题教育延伸培训 25 期；开展警示教育，落实“四种形态”，集体约谈、个别约谈、专题约谈共计 121 人次。

加强监管，推动“三不”机制建设。开展履职

待遇、业务支出规定执行情况检查，立行立改；紧盯中央八项规定精神和“四风”问题，开展明察暗访；以“接地气”工作为抓手，推动监督落细落实。坚持问题导向，督促检查组织生活会党员个人问题清单整改及公开承诺践诺情况；对照“减存遏增”和党建“40+N”进行自查整改。

履行国企社会责任，完成复工复产专题社会责任访谈，提炼抗疫社会责任案例3个，其中《用新业务拓展品牌效应提升“铁峰”影响力》荣获中铝集团2019年度社会责任最佳实践案例奖；贯彻落实绿色低碳、诚信经营理念，荣获上海期交所“优秀交易商”称号。

撰稿／王劲松

中铜东南铜业有限公司

一、基本情况

中铜东南铜业有限公司（简称东南铜业）成立于2015年12月31日，注册资本19.60亿元，员工总数（在岗）973人，资产总额77.8亿元，资产负债率76.43%。

主营业务范围：常用有色金属冶炼、新材料技术研发、危险化学品经营、普通货物仓储服务、海关监管货物仓储服务、货物进出口、技术进出口、进出口代理。

产能规模：阴极铜40万吨/年、硫酸（折合100%硫酸）146万吨/年、阳极泥3600吨/年。办公地址：福建省宁德市蕉城区漳湾镇闽海路89号。

2020年，东南铜业统筹推进疫情防控与生产经营工作，实现全部员工及承包商员工零感染。多方协调各类资源，从原辅料供应、硫酸销售、年度检修等方面多措并举克“疫”保产。累计生产阴极铜35.39万吨，销售35.35万吨；生产硫酸139.36万吨，销售143.42万吨；完成营业收入174.91亿元，实现利润814万元。

二、生产经营

东南铜业生产经营亮点。一是深化全要素对标。开展十大专题对标工作，建立较为完善的对标体系。主要经济技术指标铜冶炼总回收率98.82%，同比提高0.34%；吹炼炉负荷率94.35%，同比提高3.67%；阴极铜综合能耗同比降低45.36千克标准煤/吨；加工成本2053元/吨，同比降低12.47%。全年实现增收节支1.9亿元。二是强化硫酸销售。7月打通漳湾港硫酸内贸海运销售渠道，11月产出发烟酸产品。在福建省的硫酸市场占有率从2019年60%左右提升至2020年底的近70%。三是开展技术攻关和配套项目建设。开展以失重计量系统稳定性专题攻关为突破口的生产系统技术攻关和以熔炼厂TPM推进提升为保障的专项工作。加快建设并先后投用30吨天然气锅炉项目等一批配套项目。建立国内首个厂内海关监管场所。四是加快政策争取和财务管理。累计争取到各项优惠政策资金共计6929.86万元。平均综合融资成本从2019年的4.64%下降到3.98%；平均货币资金余额3.35亿元，同比降低4.38亿元。

主要经济指标一览表

表 1

指标名称	单位	2019 年	2020 年	增长（%）
资产总额	亿元	79.88	77.80	−2.60
工业产值	亿元	145.11	174.66	20.36
营业收入	亿元	146.9	174.91	19.07
利润总额	亿元	2.13	0.08	−96.18
净利润	亿元	1.55	0.06	−96.13
税收贡献	亿元	14.19	16.35	15.22
全员劳动生产率	万元 / 人·年	61.56	49.95	−18.86
资产负债率	%	74.10	76.43	增加 2.33 个百分点
净资产收益率	%	7.63	0.32	减少 7.31 个百分点
总资产报酬率	%	5.05	2.87	增加 2.18 个百分点
研发投入强度	%	0.02	0.08	增加 0.06 个百分点

三、安全环保

2020 年，东南铜业有效运行 CAHSE 体系，推行标准化班会等 4 种安全工具，获取质量、环境、职业安全健康管理三体系认证证书，通过安全生产标准化（二级）和危险化学品企业安全生产标准化（三级）现场评审，取得危险化学品经营许可证和生活污水排污许可证，完成能源管理体系认证。

筑牢安全底线。通过采取作业前现场安全风险评价、实施“三大规程”全员过关、强化重要危险源分级安全管控、开展电气和带式输送机等传动设备安全专项整治等有效措施，确保全年未发生重伤及以上事故。同时，严格按照检修安全要点开展检修，严格开展危险作业审批、安全监护和安全检查，共查处违章 16 起、安全隐患 84 项和违反十条禁令 3 起，确保检修安全零事故。

夯实环保基础。启动有色重金属冶炼企业安全生产标准化（二级）和危险化学品企业安全生产标准化（三级）创建工作，以班组生产安全标准建设为依托，共开展 5 轮安全教育培训，参与人员 524 人次，通过创建安全标准化，员工安全意识和操作技能显著增强，本质安全水平明显提高。同时，生活污水排污口纳入排污许可证。

四、科技创新

完成科技项目结题验收 3 项，另有 6 项待验收。其中，立项结题的“降低闪速熔炼渣选矿尾渣含铜技术攻关”项目实现尾矿含铜 0.21% 的优良指标，每年可多回收铜金属 900 余吨，获得云南铜业 2020 年度科学技术三等奖；与中国瑞林合作完成“双向平行流高电流密度铜电解工艺和专用装置研发及应用”实现双向平行流的首次工业化应用，获得 2020 年度中国有色金属工业科学技术一等奖；电解专用吊车 QC 小组等 3 个 QC 项目组获福建省第 41 次质量管理小组经验交流大会一等奖。科技项目投入研发费用1374万元。

五、党建与企业文化

加强组织建设。建立健全两级党组织，成立13个党支部，撤销东南铜业临时党总支，完成东南铜业党委、纪委更名工作。扎实推进中铝集团第一巡视组专项巡视整改工作，巡视组反馈的33个问题，整改完成29个，整改完成率为87.8%。

加强思想及文化建设。深入学习贯彻习近平新时代中国特色社会主义思想和中共十九大及历次全会精神；巩固“不忘初心、牢记使命”主题教育成果；《新建企业党建工作对标的实践与探索》在省部级刊物上发表；组织开展形势任务宣讲工作。探索构建“1+2+N”企业文化体系。

加强作风建设。严格落实党风廉政建设“一岗双责”清单；组织开展“反腐倡廉宣传教育月”系列活动和中层及以上干部常规性约谈工作；召开党风廉政建设警示教育大会2次。做好群众与青年工作。

积极开展帮扶慰问活动，设立职工文体活动中心，开展一系列劳动竞赛、技能比武；开展标准化团支部创建达标工作；开展职工生日、结婚、生育、生病住院慰问及夏送清凉、“金秋助学”慰问帮扶工作。积极履行央企社会责任。积极支援地方疫情防控。向武警宁德支队一大队捐赠酒精消毒液120公斤、消毒液50公斤、口罩500个。

坚持绿色发展。组织开展“让中国更美丽”歌曲传唱活动；二氧化硫、氮氧化物、颗粒物等主要污染物排放100%合格。

撰稿／叶硕宁　柴毓绩

中铜矿产资源有限公司

一、基本情况

中铜矿产资源有限公司（简称中铜资源）成立于2010年4月，注册资本5.95亿元，员工总数（在岗）340人，资产总额17.03亿元，资产负债率73.14%。

主营业务范围：地球物理勘查；地球化学勘查；地质勘查工程施工；工程地质勘查、地质测绘与工程测量；地质勘查技术咨询与服务；矿业咨询与技术服务。办公地址：云南省昆明市盘龙区华云路1号中铜大厦23楼。

2020年，中铜资源在中铜党委的领导下，紧紧围绕中铜“深改革、全对标、好融合、多盈利”的年度工作主线，抓住资源类企业整合的契机，加速全面建设资源平台，于1月1日起全面托管云南冶金资源股份有限公司（简称云冶资源），制定“快融合、提管理、减问题、增效益”的总体思路和重点任务，全年以云冶资源和云铜勘查为主体共签订合同金额26130万元，营收17332万元。

二、生产经营

（一）资源增储

云铜勘查新增333以上铜金属量7.36万吨，升级332以上铜金属量10.74万吨；云冶资源新增333以上铅锌金属量77.5万吨，升级332以上铅锌金属量40.5万吨。

（二）地质勘查

云冶资源和云铜勘查共签订合同金额2.61亿元（云冶资源1.79亿元，云铜勘查0.82亿元），其中中国铜业内部地质勘查2.03亿元，其他3751.03万元，外部项目2022.23万元。中国铜业内部市场地质勘查占有率为99.1%；完成产值1.66亿元（云冶资源1.03亿元，云铜勘查0.63亿元），营收1.73亿元（云冶资源1.16亿元，云铜勘查0.57亿元）。云铜勘查相比2019年62.44%的市场占有率提高了36.66%。共完成钻探进尺16.78万米，完成年计划12.5万米的134.25%，其中云冶资源完成10.19万米，完成年计划8万米的127.42%；云铜勘查6.58万米，完成年计划4.5万米的146.40%。

（三）降本增效

公司所属企业积极响应上级要求，推进税收优惠政策，实现税收优惠95万元，社保优惠842.87万元。

（四）拓展协同业务

全年外部市场拓展取得较大进步，完成外部市场业务合同金额1269.58万元，完成公司下达外部市场800万元总额的考核目标。其中，云铜勘查全年完成外部市场生态环境恢复等10项业务金额1329.2万元，营业收入 694.1 万元；云冶资源实现收入 575.48 万元。此外，积极巩固和拓宽内部市场，云铜勘查内部市场占有率从 2019 年的 62.44% 拓展到 90.87%，新增合同量 1891.17 万元，实现收入 5906 万元；云冶资源内部市场占有率保持 100%，实现收入超 1 亿元。

主要经济指标一览表

表 1

指标名称	单位	2019 年	2020 年	增长（%）
工业产值	亿元	—	—	—
销售收入	亿元	1.094	1.69	54.5
利润	亿元	−2.71	−0.9	66.8
纳税额	亿元	0.03	0.11	266
人身伤亡事故	起	0	0	0
工亡人数	人	0	0	0
重伤人数	人	0	0	0
轻伤人数	人	0	0	0

三、安全环保

2020 年，中铜资源按照职业健康安全、环境管理、质量管理体系认证审核要求，顺利通过外审认证。制定落实安全生产专项整治三年行动计划，按照实施方案全面完成阶段性工作，安全生产补短板、强弱项工作得到强化，基础管理进一步夯实。全面推行集团推广应用的 CARC 等管理工具，持续推进“安全干净”班组建设，班组安全水平得到有效提升，员工作业行为进一步规范，现场标准化建设及管理水平取得实质性进步，违章行为和事故风险得到有效控制。

四、科技创新

云冶资源积极推进科技成果转化与技术奖项申报，全年共申请专利 11 项，其中发明专利 4 项，使用新型专利 7 项，获授权专利 5 项；截至 2020 年底，云冶资源或授权专利共计 12 项，其中发明专利 1 项，实用新型 11 项；完成研发辅助台账的建立，科技研发投入后补助申报，先后荣获昆明市科学技术局高新技术企业奖补 52 万元。全年在各类核心期刊发表论文 9 篇，其中云冶资源 6 篇，云铜勘查 3 篇。

2020 年科技创新数据表

表 2

科技创新投入（万元）	申请专利（件）	授权专利（件）	科技人员占比（%）
1142.4	11	5	55

在矿区井下钻探施工研究方面，云冶资源在深部找探矿施工中解决钻孔涌水问题的技术应用荣获中国铜业“社会责任十佳优秀案例”，钻孔涌水治理工艺走在国内前列。

云铜勘查积极推进科技研发和成果的产业化应用，“西南‘三江’成矿带典型斑岩矿床成矿模式及找矿方向研究”项目共新增推断（333 以上）Cu 金属资源量 103107 吨，平均品位 0.31%，找矿取得新突破。新增资源量潜在经济价值 21 亿元（经济概略性评价），具有明显的经济意义和社会效益。

五、改革发展

（一）瘦身健体

一是 2020 年 9 月 1 日完成中铝矿产资源山西有限公司注销并取得注销通知书，彻底解决了遗留多年的历史问题；二是全年积极与文山市政府主管部门沟通协调，落实云铜勘查所属中城矿业公司补偿资金事宜；三是全力推进云铜勘查昆明分公司和物化探公司注销工作；四是青海泽荣矿业公司转让已完成摘牌。

（二）降本增效

根据西藏、青海企业近五年主营业务严重萎缩资产拟转让和维持的实际情况，将中铜资源所属的西藏和青海企业调整为“工作处”模式，并对企业员工进行优化，人工成本及管理费用同口径比减少620万元，支出大幅下降。

六、党建与企业文化

党建融入中心，出台《地质找矿成果奖励管理办法》等办法。重点围绕资源找矿增储、优化钻探工艺、提升机台生产效率、提升项目管理综合能力、开拓矿业权服务市场等内容，开展“两带两创”，共立项7个创效项目和4个创新课题。云冶资源创新开展“党员突击队、党员包保机台”等特色亮点工作，并创新推出“卡瓦式止浆塞、井下机台行走系统”等实用的生产工具。云铜勘查“模块化建设促安全”项目以大红山项目部党支部为龙头，辐射到其他9个项目部。

强化党风廉政、党建带群团建设。全级次企业同步完成了制度体系建设工作，纪委牵头围绕安全生产、合同管理、巡察整改等重点领域，开展制度执行情况专项督查检查。

强化宣传文化建设。荣获中国铜业“全对标、好融合”党务人员技能比武竞赛三等奖；发布内宣稿件500余篇、外宣稿50余篇，制作发布各类宣传视频。

积极履行社会责任。云冶资源推广的在深部找探矿施工中解决由钻孔涌水引出一系列施工问题的技术应用，极大程度减少了施工涌水量大、涌水压力导致操作人员全身淋湿、视线不清，不能正常拧卸钻杆，严重影响施工进度等问题，在工作环境优化、员工身心关爱等方面发挥了实质性的作用。公司各级党组织多形式投身疫情防控工作，自愿捐款24152元，为助力打赢疫情防控阻击战贡献力量。

撰稿／代　肖

云南铜业股份有限公司西南铜业分公司

一、基本情况

云南铜业股份有限公司西南铜业分公司（简称西南铜业）成立于2017年5月5日，员工总数（在岗）1732人，资产总额42.14亿元，资产负债率54.86%。

主营业务范围：铜冶炼、加工、销售，与之相关的副产品的生产、销售等。

产能规模：高纯阴极铜53万吨/年、工业硫酸70万吨/年、金10吨/年、白银700吨/年。办公地址：云南省昆明市五华区王家桥路59号。

2020年西南铜业坚决贯彻落实上级决策部署，以精益、创新、飞跃为工作主基调，用精益理念提升聚能推搬迁，赋能提效益，凝聚高质量发展新势能。生产经营实现“三最两低两稳两好”——产量最高，利润最高，指标最优；金属库存低，生产成本低；安全环保稳，疫情防控稳；市场化改革效果好。2020年实现利润6.81亿元，同比增加40.20%。

二、生产经营

西南铜业2020年全面完成各项生产经营任务，实现“三最两低两稳两好”。

“三最”即：产量最高。阴极铜产量53.7万吨，完成率102.1%；黄金16.9吨，完成率135.2%；白银621.7吨，完成率95.64%；硫酸73.7万吨，完成率103.9%；粗硒442吨，钯271.9千克，均创历史新高；铜阳极泥处理量9530吨，突破历史纪录；利润最高。克服因新冠肺炎疫情影响，硫酸价格下跌等不利因素，实现利润6.8亿元，首次突破6亿元；指标最优。净资产收益率38.58%，较2019年提升5.15%；熔炼系统作业率99.32%，负荷率109.55%，创历史新高，达世界一流；矿铜、金、银回收率分别完成97.7%、97.2%、96.90%，均创历史最优，连续两年荣获铜冶炼行业能效领跑者。

“两低”即：金属库存低。全年月均库存4.1万吨，低于4.9万吨的目标值，下降16%，减少财务占用1500万元。生产成本低。矿产铜成本1895.52元/吨，同比下降9.3%，首次低于1900元/吨，成费比实现97.62%；“两金”较初期下降13.45%。

“两稳”即：安全环保稳。轻伤以上事故为零、污染事件为零，20万工时损工率降低67%，风险总值同比降低16.2%；疫情防控稳。

“两好”即：市场化改革效果好。深化市场化改革，推进“任期承诺授权经营”等机制创新，市场化改革单位工序成本降低创效8400万元以上。队伍面貌好。集团领导到现场调研并给予高度评价，西南铜业党委荣获“最美中铜人称号”，获得“中铝青年文明号”“云南青年五四奖章”“云南铜业首届十大杰出青年”等荣誉，员工收入六连增，获得感、幸福感、安全感、自豪感不断增强。

主要经济指标一览表

表 1

指标名称	单位	2019 年	2020 年	增长（%）
资产总额	亿元	50.62	42.14	−16.75
工业产值	亿元	283.73	325.92	14.9
营业收入	亿元	225.40	274.57	21.8
利润总额	亿元	5.09	6.81	33.79
净利润	亿元	5.09	6.81	33.79
税收贡献	亿元	1.88	1.80	−4.1
全员劳动生产率	万元 / 人 · 年	68.24	86.26	26.4
资产负债率	%	67.79	54.86	减少 12.93 个百分点
净资产收益率	%	33.43	38.51	增加 5.11 个百分点
总资产报酬率	%	11.55	14.71	增加 3.16 个百分点
研发投入强度	%	0.033	0.048	增加 0.015 个百分点

三、安全环保

2020 年，西南铜业打赢安全环保攻坚战和蓝天碧水净土保卫战。全面落地“四管一化”，抓牢抓实“降风险总值和本质化提升”两个重点工作，持续开展“降风险”劳动竞赛，全年风险总值下降 10.2 万元；员工上报现场问题 105959 条，同比提升 50%，精准奖励 33.56 万元，将员工提报问题由“量”向“质”转变；推进安全岛建设、目视化操作规程等，全年环保累计投入 2.18 亿元，开展安全环保本质提升项目 21 项；“葡萄图”安全工具全面推广使用；获中铝集团首家及唯一 CAHSE 审核双 80 分，安全得分中铝集团第一。同时，坚持“环保是企业名片”，落实“高线标准、底线思维、全线把控，一线执行”四线工作法。全年环保零投诉；固废合规处置率 100%，顺利通过中央环保督察。

四、科技创新

2020 年，西南铜业科技创新投入 1155.54 万元，开展生物质燃油氮气混合顶吹深度贫化铜熔渣关键技术产业化应用，建成一套生物柴油的供油系统，实现废油全部替换 0# 柴油，电炉弃渣含铜均小于 0.56%，效果良好；开展阳极炉溜槽系统结构优化研究与应用，溜槽使用寿命累计达到 64 炉次，取得阶段性成效；开展转炉智能专家预报系统研究与应用，取得阶段性成效，实施采集二周期终点判断有效试验数据 27 组，准确率达到 100%，合格率达到 100%。“复杂铜电解液及多元系统稳态调控关键技术及应用”获中国有色金属工业科学技术奖二等奖。累计受理专利 12 件，获授权专利 20 件，提交 2 件计算机软件著作权，打破西南铜业无该项专利的历史。全年实现成果产业化项目 6 项，累计创效 5090.5 万元。

五、改革发展

2020 年，西南铜业深入推进市场化改革。坚持“授权经营，激励约束”，实施任期授权经营、超额利润激励、工资总额承包、技术人员“保底 + 提成”等机制创新。按照“机构要精、人员要减、机制要活、目标要高、程序要全、推进要稳”的要求深入推进市场化改革。先后启动完成稀贵分厂、精炼分厂、硫酸分厂、电解分厂、质检中心、投资建设部、财务部、安全环境健康部、党群工作部、原料管控中心等的组织机构与职能优化。

六、党建与企业文化

西南铜业党委以精益、创新、飞跃为党建工作主基调，整合优化党建强企行动思路，竭力打造“一流党建”。与云南锡业大屯锡矿党委开展“党建共建”，创新制定党建引领环保工作行动计划、党建品牌创建实施方案等制度29项。创建铁峰学院，利用其“精益讲堂”平台开展授课8次，学员近1100余人。全年组织12次党委中心组学习、专题研讨8次，共召开党委会53次，研究议题291项，其中“三重一大”137项，前置事项65项。提拔干部17名，完成1389名退休人员退休社会化移交及265名退休党员组织关系的转接。创建2个党风廉政警示教育基地。西南铜业工会荣获中国铜业“对标先进、降本增效”劳动竞赛优胜单位。编撰《西南铜业管理创新成果汇编》《提标降本案例汇编》《西南铜年鉴》《铁峰》等一批具有西南铜特色的文化刊物，西南铜业党委荣获云南铜业2019年党建考核第一名，西南铜业党委荣获第一届“最美中铜人”荣誉称号，硫酸分厂党支部荣获中铝集团“先进基层党组织”。

积极履行央企社会责任，为疫情防控做出了积极的贡献。捐款1.5万余元，向云南省玉溪市江川区前卫小学捐赠防疫所需口罩及物资。西南铜业总经理助理刘伟荣获“中国铜业2019年度社会责任先进个人”称号，熔炼分厂、研发中心联合报送的案例《高杂铜精矿艾萨熔炼关键技术研发与应用》荣获“中国铜业2019年度社会责任十佳优秀案例奖”。

撰稿／孔德颂　沙先彬　何　波　刘　敏　杨　军
丁章超　文欣语　张洪铖　何　睿　李继东

云南迪庆有色金属有限责任公司

一、基本情况

云南迪庆有色金属有限责任公司（简称迪庆有色）成立于2004年6月8日，注册资本19.48亿元，员工总数（在岗职工）724人，资产总额50.81亿元，资产负债率45.74%。

主营业务范围：普朗铜矿矿产资源采、选及其产品销售、矿业开发项目管理、矿山工程项目承建、矿山生产经营综合管理、科技研发、技术咨询；普朗铜矿的地质勘查、矿产资源勘查、矿产品的购销；原材料采购、销售及土地、房屋的租赁、机械设备租赁。

产能规模：设计年处理矿石1250万吨，平均年产精矿含铜4.4万吨。办公地址：云南省迪庆藏族自治州香格里拉市格咱乡格咱村普朗铜矿。

2020年，迪庆有色面对复杂的生产组织形势，有为应对、措法得当，以矿山C3成本降低为重点，算好竞进提质的“经济账”，实现投料试车以来的产量、利润“四连增”，成为云南铜业第一家十亿级利润企业。全年累计完成井下运矿1113.22万吨，生产精矿含铜60897吨，完成全年计划的115.99%，比2019年同期增长26.54%，实现营业总收入26.99亿元，利润总额10.01亿元，完成确保目标全年6.5亿元的154%。

二、生产经营

一是生产经营实现“四连增”，成为云南铜业第一家十亿级利润企业；二是迪庆有色防疫稳产工作被当地政府确定为典范企业、被主流媒体采访，相关工作开展情况在央视《正点财经》，云南省、迪庆州、市电视台进行播报；三是8月17日，普朗铜矿一期采选工程项目顺利通过竣工验收，项目实际投资56.1亿元，较设计概算节约2.72亿元；四是全要素对标助推发展竞进提质。迪庆有色14项成本竞争力重要指标完成11项，完成率78.57%，51项具体指标完成43项，完成率为84.31%，三项重要成本竞争力指标、财务费用、销售费用及生产物资资金占用得以优化。全年C3成本由29,008元/吨下降为27029元/吨，全球铜矿山企业排名按2019年样本，动态比静态，由73位上升到59位，进入1/4分位。

主要经济指标一览表

表 1

指标名称	单位	2019 年	2020 年	增长（%）
资产总额	亿元	51.18	50.81	−0.72
工业产值	亿元	20.23	26.75	32.23
营业收入	亿元	20.57	26.99	31.21
利润总额	亿元	5.46	10	83.15
净利润	亿元	4.98	8.2	64.66
税收贡献	亿元	3.42	4.8	40.35
全员劳动生产率	万元 / 人 · 年	174.97	254.07	45.21
资产负债率	%	48.43	45.74	减少 2.69 个百分点
净资产收益率	%	20.47	30.31	增加 9.84 个百分点
总资产报酬率	%	12.54	21.1	增加 8.56 个百分点
研发投入强度	%	3.51	3.99	增加 0.48 个百分点

三、安全环保

紧紧围绕年初确定的工作重点，坚持“绿水青山就是金山银山”的发展理念，全力推进 CAHSE 精准管理体系，进一步夯实 HSE 基础。以 CAHSE 精准管理体系为抓手，开展 CAHSE 体系对标完善、攻坚专项行动、安全生产标准化创建等重点工作，把安全环保管理的主战场转到一线，对关键环节严格把控，实现“六为零”的目标，未发生群体性职业病，职业健康安全环保指标有效控制在上级公司、州、市政府下达的指标以内，迪庆州政府对迪庆有色安全生产考核为优秀。

积极配合中央生态环保督察。按要求配合中央环保督察组督查工作，督察期间，共召开专题会议 7 次，完成 10 项较为突出问题整改、21 个现场问题消缺。

四、科技创新

围绕提高技术创新绩效，促进企业长足发展目标，不断强化研发能力，科技创新带动生产发展效果明显增强。在研科技项目 29 项，研发经费总投入 10780.04 万元，研发费用占营业收入比例 3.98%，研发投入满足高新技术企业要求。全年获省部级以上科技进步奖 2 项；申请专利 20 项；发表科技论文 28 篇，获得专利授权 9 项。获得政府科技政策资金 223.98 万元，中国铜业年度科技奖励 48.67 万元，云南铜业年度科技奖励 88 万元；“特大型贫矿床超大规模低成本安全高效开采关键技术研究”被中华环保联合会收录至全国 100 家绿色技术名录。

五、改革发展

按照“巩固提升年”的部署要求，紧扣全面深化改革促发展的目标，各项改革工作取得实效。一是聚焦全要素对标，开展党建、精益管理、采选成本等管理环节的全要素对标，管理效能、技术指标得到了持续提升；二是建立以目标为导向的考核体系，把党建、安全生产经营等目标作为不同纬度的考核要素；三是进一步强化干部队伍建设；四是进一步优化工资支付管理办法，实现精准激励；五是以选厂为试点，开展精益管理，实施 5S、目视化管理、TPM 设备管理等，以点带面提升精益管理水平。

六、党建与企业文化建设

党委责任进一步压实。细化分解党建工作任务，严格落实党委会议事规则，全年召开党委会 27 次，前置程序实现 100%。

思想引领成效进一步彰显。组织党委理论学习中心组学习 9 次，扎实开展“五力”大讨论，梳理问题 29 个，全部整改完成，召开调研成果交流会 1 次。

扎实开展“两带两创”活动，全年 27 个“两带两创”立项项目，24 个达到年度创效目标、结项率达到 89%，合计创效 11268.80 万元。

文化宣传底蕴进一步凝炼。编制印发《普朗故事》《企业文化管理图谱》，开展“中铜文化月”系列活动和中铝集团“企业文化示范基地”创建申报。

党风廉政建设进一步加强。持续推进“不能腐”体制机制建设，完善党风廉政制度建设，发挥纪检监督职能。

积极参加绿色矿山遴选和智能化矿山立项，构建环境友好型企业；工业产值、税费缴纳实现“三连增”；通过走访，了解和解决职工热点、难点、痛点问题，不断增强职工归属感和幸福感；积极履行央企社会责任，2020 年累计投入扶贫资金 90.7 万元，综合管理部高级业务经理罗太在云南省脱贫攻坚表彰大会上受到“云南省扶贫先进工作者”表彰奖励。

撰稿／杨春梅　洪　超　汤洪国　李　洁
杜桂泉　李世平　罗　太

云南金鼎锌业有限公司

一、基本情况

云南金鼎锌业有限公司（简称金鼎锌业）成立于2003年7月，注册资本9.732亿元，员工总数（在岗）4817人，资产总额36.93亿元，资产负债率73.9%。

主营业务范围：有色金属及其产品、半成品、矿产品的采矿、选矿、冶炼、加工及自产自销；机、电、汽设备备品加工及自产自销；建筑材料、硫酸的自产自销、代购、代销、加工服务；成品油零售经营。

产能规模：采矿240万吨/年、选矿220万吨/年、冶炼12万吨、硫酸6万吨/年。办公地址：云南省怒江州兰坪县金顶镇文兴街。

2020年，金鼎锌业紧紧围绕“深改革，强管理，补短板，保盈利”工作主题，重点围绕加快历史问题解决、深化内部管理改革、提升生产经营水平，团结和带领全体干部员工抗击疫情、挖潜增效、攻坚克难，荣获中国铜业总裁特别奖，完成中铜下达的各项工作目标。

二、经营情况

2020年，金鼎锌业实现利润6690万元，与目标相比增利4416.86万元；资产负债率73.9%，比控制目标降低3.2个百分点。净资产收益率7.05%，总资产36.93亿元。

主要经济指标一览表

表1

指标名称	单位	2019年	2020年	增长（%）
工业产值	亿元	19.89	17.39	−12.60
销售收入	亿元	19.25	17.26	−10.34
利润	亿元	3.46	0.6690	−80.66
纳税额	亿元	3.38	2.47	−26.92
人身伤亡事故	起	0	0	0
工亡人数	人	0	0	0
重伤人数	人	0	0	0
轻伤人数	人	0	0	0

三、安全环保

坚持“事故控制为中心、风险管控为核心、体系建设为支撑”的思路，梳理完成317个岗位安全操作规程、47个作业指导书的发布，建成风险辨识与评估数据库。2020年，中铜精准管理体系考评职业健康安全考核得分63.88分、环境保护得分65.35分，安全环保管理水平显著提升。

四、科技创新

2020年，确立14个研发项目，研发经费7250万元。锌冶炼浸出渣综合利用无害化处理研究项目及浮选尾矿中硫铁矿和氧化锌分选工艺技术研究项目，共获得中铜重点研发项目补助400万元。取得授权专利23项，发明专利2项，实用新型专利21项，预计研发项目税收减免60.63万，申请政府补助资金1002.4万元。获得中国有色金属行业QC发布会优秀发表奖、中铝集团第二届QC发布会一等奖。

五、改革发展

（一）项目攻坚战全面推进

2020年15个“四个一批”环保治理及转型升级项目，累计完成投资30047万元，投资完成率97.28%，工程一次性验收合格，工程进度按既定目标完成5个项目。老姆井尾矿库建设进度远超计划完成，3#排洪隧洞提前贯通，1#排洪隧洞进展超前，1#应急道路顺利通车，初期坝筑坝工作有序开展，总体进度超60%。通过设计优化、过程控制等多项举措，2020年项目投资压降4.24亿元，达到中铝集团、中国铜业投资压降40%以上目标。

（二）对标增效展现新作为

2020年，“两金”压降1.83亿元。其中存货总额由年初2.19亿元下降至0.84亿元，幅度62%；物资（辅材料、备品备件）库存金额4081万元，较库存标准4170万元压降88.51万元；完成存量逾期债权清收61项4831余万元；取得银行增量授信29.78亿元，申请疫情防控期间复工复产专项贷款4亿元。全要素对标降本增效2.24亿元。其中产量增效4560万元，生产成本压降9225万元，可控费用压降662万元，非经营性资产盘活创效98万元，政策争取创效2182万元，人工成本压降4060万元，采购销售创效1578万元。

（三）“三项改革”稳步推进

组织机构由原来的27个单位精简为21个，车间科室由137个整合为88个，职能人员从174人优化为135人，基层管理人员从495人减少至377人。按照“德才兼备、以德为先”的干部选拔标准，严格执行干部选拔任用程序，全年累计培训3500余人次。专业管理水平和劳动生产率显著提高。

（四）公司治理水平不断提升

2020年，通过制度“废、改、立”，形成金鼎锌业《决策权限管理办法》《“三重一大”决策制度实施办法》《总经理工作规则》等185个基本管理制度的制度体系。建立风险防控体系及内部控制手册，评估出5项重大风险，8项重要风险，1项特殊风险，现“强弱项、补短板”目标，中铜党委常规巡察反馈的37个问题，完成整改35个，整改完成率97.3%。

六、党建与企业文化

（一）充分发挥党委“把方向”作用

一是把好政治方向。通过召开8次党委理论学习中心组研讨、巡察整改专题民主生活会等形式，增强“四个意识”、坚定“四个自信”、做到“两个维护”。二是把好战略方向。明确“十四五”规划“155111”的发展目标，吹响建设国内最具有竞争力的绿色铅锌矿山企业的“集结号”。

（二）充分发挥党委“管大局”作用

一是管好“三重一大”决策的大局，召开党委常委会议31次，研究讨论议题186项，前置审议议题127项；召开总经理办公会30次，集体研究讨论了涉及重大事项、工程项目建设等方面议题405项。二是深入研判改革形势和任务。三是深化“双百分”考核，推动党建工作与生产经营同频共振，实现了党建与生产经营的深度融合。

（三）充分发挥党委“促落实”作用

一是严肃党建责任考评。制定“双百分”考核实施方案及细则，与直属党总支、党支部签订《党建目标责任书》22份，按月开展党建联系指导。二是优化基层组织建设。基层党组织由25个调整为39个，基层团组织由4个调整到16个；工会组织由15个调整到13个，扩大了党、工、团的工作覆盖面和影响力。三是抓实党建五项载体。开展“两带两创”“三亮三比”“党员双提升”等活动，找准切入点，推动党建与生产深度融合。

（四）深入推进党风廉政建设和反腐败工作

2020年，金鼎锌业纪委共接收处理职工群众反映问题线索及查办违法犯罪类案件共14件次。运用“四种形态”共处理48人次，其中运用第一种形态处理38人次，占79%；运用第二种形态处理7人次；运用第四种形态处理3人次。另外，通过积极努力收回“5·24”涉案资金959万余元。

（五）积极履行社会责任

金鼎锌业主动担当社会责任，上缴税金2.47亿元，助力“三区三州”打赢脱贫攻坚战。扶贫70.27万元用作提升贫困户居住条件，助力金顶镇箐门村的251户903人全部脱贫。开展送温暖活动慰问282人次，发放慰问金19万余元，发放“金鼎儿女英才”奖学金26万元。

撰稿／张建梅

云南驰宏锌锗股份有限公司

一、基本情况

云南驰宏锌锗股份有限公司（简称驰宏锌锗）成立于2000年7月18日，注册资本50.91亿元，员工总数（在岗）10030人，资产总额292.39亿元，资产负债率41.69%。

主营业务范围：铅锌锗系列产品的探矿、选矿、采矿、冶炼及产品深加工；硫酸、硫酸锌、硫酸铵；伴生有价金属的提炼，销售及技术服务；废旧物资回收及利用、矿山及其井下建设工程的设计与施工；阴阳极板生产、销售；有色金属、黑色金属、矿产品化验分析技术服务；资产租赁；物流及道路货物运输；车辆修理；境外期货套期保值业务；进出口业务和国内贸易。

产能规模：铅锌矿石采矿300万吨、矿产铅锌金属40万吨、铅锌精炼63万吨、锗产品含锗60吨、银等稀贵金属回收400余吨。办公地址：云南省曲靖市经济技术开发区翠峰西路与学府路交叉口。

二、生产经营

2020年，全年硫化矿出矿量308.35万吨，完成铅锌精矿金属量37万吨，铅锌精炼产品产量68万吨，锗产品含锗50吨，同比增加20.9%；银产品126吨，同比增加128.3%；黄金34千克，同比增加225.3%，六大主要产品产量指标超计划完成，锗、银、金产品产量大幅提升。主要经济技术指标均稳中有升，驰宏会泽矿业铅锌出矿品位、驰宏荣达矿业铅选矿回收率、驰宏会泽冶炼和驰宏综合利用铅粗炼回收率、驰宏会泽冶炼和云铜锌业电锌冶炼总回收率达到或接近行业最优。

全年实现销售收入216亿元，实现利润总额14.18亿元（含托管企业，扣除处置历史改革成本的费用外，对外公告的利润总额是2.59亿）。

主要经济指标一览表

表1

指标名称	单位	2019年	2020年	增长（%）
工业总产值	亿元	124.32	133.84	7.66
销售收入	亿元	164.03	191.65	16.84

续表 1

项目	单位	2019 年	2020 年	增长（%）
利润额	亿元	10.62	2.59	−75.61
所有者权益	亿元	177.17	170.5	−3.76
纳税额	亿元	13.89	11.18	−19.51
净资产收益率	%	5.33	3.19	减少 2.14 个百分点
全员劳动生产率	万元 / 人・年	169.88	213.05	−7.66
人身伤亡事故	起	12	13（外包单位 1）	1
工亡人数	人	1	1	0
重伤人数	人	2	1	−1
轻伤人数	人	9	11（外包单位 1）	2

三、安全环保

启动安全生产专项整治三年行动，对重难点问题进行集中攻坚；推进本质化安全建设，完成 15 个重大重要危险源点安全现状评估，建成 3190 个视频监控点位，采集 3831 个关键参数并实时推送。深入融合 CAHSE 体系，加快安全短板补齐，班组安全能力有力夯实，承包商管控更加规范，年度内安全生产整体平稳可控。扛稳中央环保督察政治责任，集中排查整治各类生态环保问题，环保信访举报为零、问题曝光为零、警示案例通报为零。深入推进废水零排放、大气特别排放限值、固废减量化无害化，环保治理“四个一批”项目完成 16 项，补短板新增一批完成 5 项，各项环保指标顺利达成，无新增职业病。

四、科技创新

2020 年，驰宏锌锗科技人员占员工总数的 10%，科技创新投入 5 亿元，积极承担政府科技项目，争取政府专项资金补助，全年共落实到账政府专项资金 4000 余万元，促进科研项目开展。从立项、过程管理、验收等各个环节实施全方位科技管控。全年新增立项项目 45 项，完成结题验收 17 项，获得省部级以上科技奖 3 项，申请专利 145 件，获授权专利 105 项。

五、改革发展

坚持微利企业、亏损企业同步治理，“一企一策”制定扭亏措施，多措并举增收节支，全年亏损户数减少至 4 户，亏损额控制在 4.9 亿元以内。集中精力对历史遗留问题较多的企业开展攻坚，5 户企业完成处置，7 户企业取得实质性进展，管理层级全部压缩至四级以内，“三供一业”移交财补资金清算进入收尾，剥离企业办社会职能取得决定性成果。督导推进逾期债权清结，清收、核销逾期债权 2972 万元，通过共享调剂加大利库降储，“两金”总额较年初下降 2 亿元，降幅 10%。有序推动驰宏锌锗海外项目优化调整，完成澜沧铅矿煤炭指标处置，对分（子）公司 29 宗土地、397 套房产进行统一出租，充分挖掘闲置资产价值，各专项工作均超目标完成。

六、党建与企业文化

（一）党员教育管理

全年发展党员 96 名，完成离退休党员社会化移交。组织“党课开讲啦”活动，123 名党支部书记和领导干部授课，3058 人次参加党课。开展 2020 年“万名党员进党校”暨党员集中培训，在职党员参训 3697 人，参训比例 92.51%。

（二）党建品牌活动

全年确定党组织带党员创效项目 224 个，党员带群众创新项目 272 个，经评审后，各表彰 10 个优秀项目。新材料厂党总支“熔铸 3 号 45 吨炉产品质量提升”获中铝集团“党员带群众创新”优秀项目。驰宏锌锗承办中国铜业“全对标、好融合”党务人员技能比武预赛（驰宏锌锗赛区），来自 20 家单位的 17 支代表队参赛，驰宏综合利用代表队获第一名。

年初，新冠肺炎疫情发生，各级党组织聚焦疫情防控，成立党员先锋岗 49 个、志愿服务队 37 个、党员突击队 6 个，党员捐款 42 万余元，驰宏锌锗党建“双百分”考核名列中国铜业第一名。驰宏锌锗党委获中铝集团“疫情防控复工复产先进基层党组织”。驰宏锌锗团委获全国“五四”红旗团委、云南省党建带团建示范点，1 名青年获云南“五四”青年奖章；多个集体及个人受到中铝集团、中国铜业团委表彰。

（三）全面从严治党

开展警示教育 5 次，聚焦阳光经济业务、人才选拔、收入分配开展监督检查，全年纪委书记参加党委会 18 次，总经理会议 16 次。对 94 项前置事项、75 项“三重一大”事项进行监督。干部任前廉洁谈话 41 人次，廉洁把关做到 100%，对“不能腐”制度废改立 709 项，运用“第一种形态”处置 192 人次，占比 91.4%。

（四）企业文化建设

参加“中铜文化月”系列活动。在中国铜业第一届乒乓球比赛中，参赛的男子 A 组、B 组，女子 A 组全部夺冠；中国铜业“歌唱祖国铜锌筑梦”歌咏比赛获第一名；书法比赛中，1 人获毛笔二等奖，2 人获毛笔三等奖，1 人获硬笔三等奖。深入推进“中铝文化融合深化年”工作。发布《企业文化宣讲标准课件》；开展“中国铜业 3C 标识、奔马形象、中铜之歌投票”活动；申报“最美中铜人”，13 人获奖；一个团队获“最美中铝人”。

（五）履行社会责任

驰宏锌锗挂包 11 个贫困村、1.24 万贫困户全部脱贫。连续两年以发布会形式公布社会责任履责情况，获“金牛奖”。此外，配合完成曲靖市创建全国文明城市及驰宏锌锗包保西苑社区、冶金小区创文工作达 20 余项次。截至 12 月 25 日，全面完成 9907 人（含云铜锌业）离退休人员的协议签订和档案社会化移交，其中，转移党员党组织关系 1738 人，两项工作 100% 完成。

撰稿／崔献刚

中国稀有稀土股份有限公司

一、基本情况

中国稀有稀土股份有限公司（简称中国稀有稀土）成立于1988年，注册资本15.27亿元，员工总数（在岗）1588人，资产总额49.62亿元，资产负债率28.29%。

主营业务范围：稀有稀土及其他有色金属的选矿、冶炼、加工；有色金属及其相关产品、原辅材料的生产销售；应用新技术与开发、技术服务；进出口业务；化工产品、建筑材料、钢材、机械电子设备、制冷空调设备、电子器件、汽车及配件、有色金属矿产品和加工产品的销售。

产能规模：稀土矿2600吨、稀土分离产品18200吨、磁性材料3000吨。办公地址：北京市海淀区西直门62号中铝大厦10层。

2020年，在集团党组的坚强领导下，中国稀有稀土明确了“十四五”发展方向与思路，确定了坚持价值导向、坚持市场理念的工作路径与措施，顺利完成年度经营发展目标。多措并举破解问题，超额完成经营目标；战略引领不断增强，产业布局继续优化；资本运作持续发力，经营发展取得新成效；改革创新继续深化，发展动能不断增强；基础管理继续夯实，运行质量稳步提升。

二、市场分析

2020年，主要产品镨钕、镝铽系列产品。受疫情影响，上半年，下游生产经营活动基本停止，价格持续下跌。下半年，随着疫情的缓解，下游企业逐渐恢复生产，但前期停产导致大量订单的积压，各生产企业加紧赶制订单。因此，原料需求迅速增长，价格快速上扬，整体市场呈现前低后高的情形。

稀土产量总体供大于求，但不同产品过剩程度不尽相同。其中镨钕系列产品供应充足，过剩相对较大，但镝、铽由于新能源的大量应用，需求量大增，供需基本平衡，需略大于求。因此，市场价格迅速上升，并达到历史高点。

三、生产经营

主要产品数据一览表

表1

名称	单位	2019年	2020年	增长（%）
稀土矿	吨	2500	2500	—
稀土分离产品	吨	7734	7950	2.79
稀有磁材	吨	1709	1453	−13.89

开展全要素对标。形成生产、科技全要素对标体系并开展月度监控，实现企业工序指标优化。加

强生产运行管控。强化原料管控和分析检测工作，开展“比比看”“百日劳动竞赛”等活动，贯彻落实集团关于稀土战略单元经营发展的工作部署。

优化磁材管控模式。形成“2+2”模式的管控和协同，管理权、经营权及成效相统一。

主要经济指标一览表

表 2

项目	单位	2019 年	2020 年	增长（%）
资产总额	亿元	48.64	49.62	2.01
工业产值	亿元	34.69	51.92	49.67
营业收入	亿元	41.22	41.11	−0.27
利润总额	亿元	0.99	1.35	36.36
净利润	亿元	0.81	1.02	25.93
税收贡献	亿元	2.87	3.05	6.27
全员劳动生产率	万元 / 人・年	26.02	39.27	50.92
资产负债率	%	27.71	28.29	增加 0.58 个百分点
净资产收益率	%	2.34	2.88	增加 0.54 个百分点
总资产报酬率	%	3.12	3.6	增加 0.48 个百分点
研发投入强度	%	2.29	2.92	增加 0.63 个百分点

四、安全环保

2020 年，中国稀有稀土所属企业全年未发生安全、环保事件。

强化安全管理基础。组织开展矿山安全、道路交通运输、危险废物和重要危险源等重点领域专项整治，排查、整改隐患和各类问题共 145 项。全面推广“葡萄图”安全管理工具，辅以督导检查，提升安全管理基础水平。

重点推进环保整改。加快历史遗留环保问题整改，保障合规经营。广西稀土环保问题整改完成自治区主管部门销号核查；常熟稀土红线搬迁项目、金源磁材电镀项目完成验收；完成崇左六汤矿山环保设施运行评价报告。第一时间完成中央环保督察反馈问题整改方案编制，并对问题整改进展情况进行督办。典型案例 18 项问题完成整改 13 项，同时建立重污染天气应急预案及应急响应公示制度和运行台账制度，将分离企业在线监测数据接入集团管理平台，强化日常监管。

节能减排有效推进。广西金源完成纯水岗位制水设备运行维护，污水升级项目投入使用；江苏国盛对燃气灼烧窑关键指标进行优化调整，降低主要产品燃气单耗，实现节能；中稀东洋节能电机投产，开展集团内部市场开拓工作。

五、科技创新

科技创新平台建设：研究确定建设国家级企业技术中心创建路径和计划路线图；做好省级研发平台申报、高新技术企业复审等工作；加快与上海交大、中科院宁波所、中铝郑研院等单位协同推进科技创新。

科技政策争取：广西稀土“高强高韧可焊稀土铝合金基础材料研究”入选《国家自然科学基金区域创新发展联合基金 2020 年度项目指南（第二批）》；所属企业争取地方政府科技政策资金 500 多万元。

重点科技研发项目：承担工信部“离子型稀土矿绿色提取分离一体化关键技术与应用”通过验收；专题研究浸萃一体化技术在接替矿山生产工作中的应用，制定技术推广方案；与郑州院联合开展“大型绿色高效稀土金属电解项目”，完成工艺定型，启动工艺装备制造和半工业化试验运行准备工作；优化转光剂产品生产工艺，实现小批量销售；稀土铝合金实现 1000 套产品订单供应。

高纯镓项目：协调完成高纯镓项目在国防科工委承担单位变更工作；完成最后一批证样产品审核检测。

六、改革发展

贯彻落实投资“价值”理念：广西钟山—富川花山稀土矿区南矿段稀土矿建设项目降低项目投资20%，并克服雨季影响，提前半年完成项目建设；广西国盛二期工程完成搬迁项目二期验收；全面梳理稀土矿权申办—矿山建设—矿山开发，形成《稀土资源项目工作手册》。

盘活闲置资产、处置低效无效资产：中稀江苏稀土与晨光稀土合作成立合资公司，将阜宁稀土冶炼分离产能用于合资公司生产，盘活闲置产能获得投资收益；金源稀土公司从金利公司退出。

投资股票获得收益：合计减持有研新材股票666万股，获投资收益4000余万元。

金属镓资产转让：解决金属镓存在的独立性问题，推进上市工作，同时实现部分投资收益。

七、党建与企业文化

（一）强化党建引领

重点强化党建引领抓作风建设，凝心聚力干事创业。一是强化政治引领，增强党的领导能力；二是聚焦中心工作，深化党建与业务融合；三是坚持问题导向，强化作风建设，不断深化“三不”体制建设，营造风清气正良好环境；四是充分发挥党组织、党员在疫情防控与复工复产中的作用，实现员工零感染、零伤害，五是坚持党管干部，修订完善相关制度，优化干部队伍结构；六是强化群团合力，努力建设一流职工队伍。

（二）深化品牌与文化建设

弘扬“励精图治　创新求强”的企业精神，统一“责任诚信　开放卓越”的核心价值观，统一视觉识别系统。积极参加集团年度主题宣传活动；开展读书分享会；设立“职工之家”，增强员工使命感、责任感和紧迫感，提升荣誉感、幸福感和获得感。

（三）加强宣传工作

一是抓好外宣。在《中国铝业报》《中国有色金属报》刊登稿件80余篇；编制《公司社会责任报告》，加强社会责任管理、提高宣传力度。二是报送的行业分析稿件，多次被上级主管部门采用；信息总积分在板块事业部中排名第二；制作党建、重要工作部署、改革发展亮点成绩挂图，增强员工的责任感和紧迫感。三是抓好媒体平台管理。及时更新网站内容，做好正面宣传和引导。

八、履行社会责任

将社会责任工作融入企业运营管理，强化履责意识，优化公司治理、保障员工权益、狠抓安全环保、维护公平运营、支持社区发展，进一步推动公司治理、员工权益、安全环保、公平运营、社区发展等方面的能力提升。

撰稿／王亚娟　杨亚峰　杨铁铮　梁　浩
黄玮泽　胡秀丽　黄宗东

中铝稀土（江苏）有限公司

一、基本情况

中铝稀土（江苏）有限公司（简称中铝江苏稀土）成立于2011年4月26日，注册资本6.23亿元，员工总数（在岗）506人，资产总额12.25亿元，资产负债率53.77%。

主营业务范围：稀土氧化物及化合物、稀土磁性材料、稀土发光材料、纳米稀土材料的研发（生产性项目另设分公司或子公司生产）；稀土金属销售；稀土提炼机械设备的研制、销售；稀土技术咨询、技术服务；从事货物及技术的出口业务，财产出租和租赁。

产能规模：稀土氧化物13200吨。办公地址：江苏省常熟市常福街道义虞路9号。

2020年，江苏稀土紧紧围绕“保生存、建基地、抓机遇、破困局”的工作主线，外抓机遇、内抓变革，优化生产组织调整、强化经营风险管控，探索推进转型升级产业基地建设，全力确保企业安全平稳运行。一是克服疫情影响，狠抓生产连续稳定高效，圆满完成年度产量目标。二是紧盯市场行情，适时调整营销策略，全力保障生产所需原料供应，持续加大产品销售力度。三是紧盯“两金”压降及应收账款回笼，持续增强资金保障，“两金”规模比年初下降12.07%。四是坚持科技创新，强化知识产权保护，全年获得授权专利30项。五是进一步压降员工总数和提升劳动生产率。六是围绕发展战略和“十四五”规划，全力推进冶炼分离集约化项目建设。

二、生产经营

2020年，中稀江苏稀土累计产出各类氧化物5618.35吨，同比增长4.2%。主要做法：一是紧盯生产优化，狠抓生产组织结构调整，生产运行关键技术指标实现优化改善。常州稀土通过实施萃取生产线改造，萃取产能优化提升30%；常熟稀土通过红线搬迁、变电站改造，消除生产隐患风险。二是加强统筹管控，狠抓生产一体化管理，完善生产经营信息沟通协调机制。建立生产经营周例会制度，及时解决各单位出现的困难和问题；建立生产经营日报体系，掌握各单位原料储备、生产投入、设备运行、产品库存及销售、环保监控等情况。三是通过抓好原矿入厂取样检测规范化、降低溶料渣的稀土含量等措施，综合回收率有了明显改善。

主要经济指标一览表

表 1

项目	单位	2019 年	2020 年	增长（%）
资产总额	亿元	11.56	12.25	5.97
工业产值	亿元	10.15	15.43	52.02
营业收入	亿元	12.34	12.45	0.89
利润总额	亿元	−0.08	−0.28	250.00
税收贡献	亿元	0.32	0.43	34.38
全员劳动生产率	万元 / 人 · 年	192	242	26.04

三、安全环保

中稀江苏稀土牢固树立“一切风险皆可控制、一切事故皆可预防”的安全理念和“绿水青山就是金山银山”的环保理念，坚持贯彻执行“党政同责、一岗双责”，层层压实安全环保主体责任，持续推进 CAHSE 体系建设，安全环保基础更加夯实。全年共进行各类培训 86 项，培训人数 1100 余人次，完成 39 项安全环保制度和 16 项安全操作规程修订。生产安全重伤以上事故为零，较大以上突发环境事件为零，环境问题整改率达 98%，环保设施同步运转率达 100%，员工职业健康体检实检率 98% 以上。

始终把绿色低碳放在突出位置，持续开展环境整治和厂区绿化美化，所属各子公司在抓好生产经营工作的同时，加大厂区周边绿化工作力度。加大推广无纸化办公与在线办公，减少使用一次性办公用品，推行精简高效多功能视频会议组织模式，实现公司视频生产经营周例会制度，形成良好的沟通机制。

四、科技创新

2020 年科技研发投入 3083 万元，占营业收入比重为 2.48%。科研成果产业化及创效情况：常州稀土高丰度 Y 混合稀土永磁材料项目取得了关键技术突破，中试产品较同类产品降本 10% ~ 12%；常熟稀土纳米级稀土氧化物粉体技术研发项目，掌握纳米级 Y_2O_3 粉体的制备技术，成功地将其粒度由 6.5 纳米降至 200 纳米，提高了产品附加值。全年申请专利 11 项，其中发明专利 7 项，实用新型专利 4 项。

五、改革发展

全面启动中稀江苏稀土深化改革工作。深改领导小组多次走访调研基层一线、座谈交流业务骨干，征集意见和建议并组织专题会议进行研究，编制完成《江苏稀土深化改革方案》，明确江苏稀土 2021 年深化改革工作的目标和任务，制定改革推进措施，并完善了相关应急处置预案。

紧扣长三角稀土新材料产业基地建设的战略部署，推进冶炼分离异地搬迁集约化转型升级改造项目，项目已完成新基地建设方案，并同地方政府签署《合作意向协议书》，目前正在办理产能转移相关手续。参股盛和资源（江苏）稀土有限公司项目已经完成合资公司注册，正在办理产能转移相关手续。稀土转光剂项目中试线已实现连续稳定运转，工艺流程和产品收率等关键性指标达到预期目标。

六、党建与企业文化

充分发挥党委“把方向、管大局、保落实”的领导作用，坚持将党的领导融入企业治理各环节，党委班子成员定期下基层了解情况、解决问题、上专题党课，协同各单位扎实推进各项工作落地见效。坚持党建融入中心工作，紧扣生产经营转型发展的中心工作，签订党建目标责任书，强化党建和经营的“双百分”考核责任制，层层压实各基层党组织的主体责任；同时围绕企业重点难点工作，组织各基层党组织深入开展“两带两创”工作，发挥基层党组织的战斗堡垒作用，全年开展“两带两创”15项，累计创效700多万元。

履行监督专责，整合监督资源，聚焦生产经营关键环节，推动“不能腐”制度建设，开展典型案例警示教育和“四个专项整治”，统筹推进“三不”建设。精准定位，监督推动巡察、环保督察和审计问题整改落实，提升企业管理水平。规范信访举报线索受理、处置、核查程序，拓宽举报渠道，加强执纪问责，持之以恒正风肃纪，接办线索全部办结。

开展生活困难党员和困难职工慰问帮扶活动，累计采购2.2万元集团定点扶贫地区农产品给职工发放福利。在确保疫情防控要求的前提下，适时举办“迎新春”“庆三八”等职工喜闻乐见的文体活动。通过公司微信公众号、《中国铝业报》等多种形式刊发稿件和报道，持续提升舆论宣传的引导力、感召力。组织开展季度文化主题宣传、企业文化对标、特色文化理念宣贯和先进模范人物选树等活动，发挥文化引领和典型引路作用。做好企业社会责任实践案例和相关素材征集上报工作，对外展示企业良好形象。

撰稿 / 胡水龙

中铝广西有色稀土开发有限公司

一、基本情况

中铝广西有色稀土开发有限公司（简称中铝广西稀土）成立于2011年7月9日，注册资本7.5亿元，员工总数（在岗）834人，资产总额21.49亿元，资产负债率35.32%。

主营业务范围：稀土开采、冶炼分离、稀土金属合金、稀土磁性材料、催化材料等。

产能规模：稀土矿开采2500吨、冶炼分离9000吨、金属2000吨、永磁材料2000吨、铝基稀土合金1000吨、催化粉体2000吨等。办公地址：广西壮族自治区南宁市兴宁区松柏路31号兴宁创业园3栋16楼。

2020年，在集团党组、中国稀有稀土党委领导下，在自治区党委、政府支持下，企业以改革促升级，一手抓疫情防控，一手抓复工复产，以党建工作引领，坚持目标和问题导向，切实落实“三强化四提升”工作安排，紧扣“三步走”战略落地和“十四五”发展定位，开展“管理提升年”和“项目建设年”，统筹生产经营和转型升级工作，坚持把各项举措和具体行动落实到实际工作中，取得良好的经营业绩。

二、生产经营

主要产品产量一览表

表1

指标名称	单位	2019年	2020年	增长（%）
稀土矿产品	万吨	0.0775	0.2488	220.85
稀土氧化物	万吨	0.6789	0.8964	32.04
稀土磁性材料	万吨	0.1089	0.0696	−36.06

主要经济指标一览表

表2

项目	单位	2019年	2020年	增长（%）
资产总额	亿元	19.64	21.49	9.42
工业产值	亿元	23.36	35.00	49.83
营业收入	亿元	22.57	26.17	15.95
利润总额	亿元	0.72	0.63	−12.50
税收贡献	亿元	0.66	1.66	151.52
全员劳动生产率	万元/人·年	31.3	41.13	31.41

三、安全环保

2020年，全面落实生态文明建设和环境保护主体责任，牢固树立和积极践行“绿水青山就是金山银山”“发展决不能以牺牲人的生命为代价”的理念；深入贯彻落实集团关于企业安全环保工作部署，扎实推进安全生产专项整治三年行动方案；持续健全工作机制，明确责任导向，成立以一把手为主任的职业健康安全环保工作委员会，明确年度安全环保目标，制定年度安全环保工作要点和年度10大安全环保重点任务，以时限要求倒逼责任落实，形成了公司主导、上下联动、分级负责的生态环境保护工作格局。

环境保护工作以中央环保督察反馈问题整改为契机，坚持整改问题与建立长效机制相结合；进一步完善环保工作体制机制，配齐配强矿山环保管理队伍；强化生态环境保护目标、责任和考核，明确环保问题“一票否决制”；持续加大生态环保投入，研究成立环境恢复治理基金；建立健全企业环保管理制度，进一步规范环境监测、“三废”达标排放、生态环境恢复治理等工作，不断巩固整改成效；开展“无氨氮浸萃一体化绿色清洁稀土开采新技术”研发，进一步推进南方离子型稀土矿绿色环保、高效经济开采工艺的重大变革；在全国率先建设并运行稀土矿山矿区地表水氨氮处理设施，为解决南方离子型稀土矿山废水提供了重要实践经验。

四、科技创新

（一）科技投入、科技人才

中铝广西稀土高度重视产学研用合作，加强与大学院校、科研院等合作，先后承担国家、省部级科技项目100多项，其中国家“863计划项目”2项、国家科技支撑计划项目8项，国家工业强基、智能制造、绿色制造等重大专项一批，公司近三年的研发投入为17048.93万元。

（二）科技项目、科技成果产业化

2020年，申报并获科技立项支持项目10项，累计获得经费1600余万元，新建人才及创新平台2个。在研重点项目14个。

（三）专利及获奖

2020年公司（包括实体企业）共申请专利22项，其中发明专利9项，实用新型13项，获授权专利8项，其中发明专利2项，实用新型6项。获得省部级科技成果3项，其中中国有色金属工业科技奖二等奖1项，广东科技二等奖1项，广西技术发明三等奖1项。

五、改革发展

中铝广西稀土积极深化供给侧结构性改革，不断深化改革发展，夯实动能转换基础，推动企业高质量发展。一是中铝广西稀土2020年总产值35亿元，基本完成广西稀土资源整合和稀土产业布局，初步建成广西稀土“一个中心”和“三大稀土产业园区”，形成广西稀土产业链。二是推动补短板、降成本有关政策落实取得成效。公司2020年末无呆滞库存。三是降杠杆减负债。中铝广西稀土资产负债率35.32%，在合理控制范围内。四是国有企业重大改革任务推进成效明显。积极推动40%股权处置、上翻及加强与新股东合作联系，明确“三重一大”决策事项范围，做到党委会、董事会、总经理办公会事权明确、边界清晰；建立健全事业部综合管理制度、境外项目制度及境外培训手册，实现事业部自我改革升级；加强现金流管控，强化风险防范，提升风险化解能力。

六、党建与企业文化

（一）党建与企业文化

2020年，在自治区党委政府的关怀下，在中铝集团党组和中国稀有稀土党委的正确领导和精心指导下，中铝广西稀土党委强化党建引领，坚决打赢疫情防控阻击战和生产经营保卫战，在大疫之年超额完成生产经营目标任务，促进企业高质量发展。聚焦做精做特做响，坚定实施“三步走”发展战略。强化党建引领，群团合力促进高质量发展。

（二）社会责任

精准履行社会责任，不断强化整改落实，优化社会管理模块，有效防范责任风险。崇左稀土公司六汤稀土矿荣获2019年“自治区级绿色矿山”称号。投身社区建设，促进企地和谐，在企业周边村屯公共基础设施建设等方面履行社会责任，累计投入122.85万元，材料及相关工程费约87.85万元，村民人工费用约35万元，帮助村民建设公共基础设施及饮用水工程，惠及村民600多人。

撰稿／胡　夏

中铝国际工程股份有限公司

一、基本情况

中铝国际工程股份有限公司（简称中铝国际）成立于2003年12月16日，注册资本29.29亿元，员工总数（在岗）13278人，资产总额545.14亿元，资产负债率71.32%。

主营业务范围：对外派遣实施境外工程所需的劳务人员；行业及专项规划；国内工程的勘测、设计、咨询、监理和总承包及设备、材料的销售；承包境外有色金属行业工程和境内国际招标工程；承包上述境外工程的勘测、咨询、设计和监理项目；进出口业务；装备制造；节能环保、新材料产业技术研发及产品生产与销售；物业管理。办公地址：北京市海淀区杏石口路99号C座。

2020年，中铝国际全体干部员工在集团党组的坚强领导下，全力以赴抓好疫情防控、复工复产，消减问题、强基固本，在一些新的业务和管理领域进行积极探索，取得了一定的成效。

二、生产经营

截至2020年末，中铝国际资产总额545.14亿元，负债388.77亿元，资产负债率71.32%，新签合同额397.4亿元，实现营业收入230亿元，利润总额－18.24亿元。

主要经济指标一览表

表1

项目	单位	2019年	2020年	增长（%）
资产总额	亿元	559.99	545.14	−2.65
工业产值	亿元	1.33	1.15	−13.53
营业收入	亿元	310.6	230.26	−25.87
利润总额	亿元	3.45	−18.24	−628.70
净利润	亿元	2.23	−18.56	−932.29
税收贡献	亿元	7.47	8.49	13.65
全员劳动生产率	万元/人·年	21.47	8.36	−61.06
资产负债率	%	72.51	71.32	减少1.19个百分点
净资产收益率	%	1.56	−11.96	减少13.52个百分点
总资产报酬率	%	2.06	−2.15	减少4.21个百分点
研发投入强度	%		2.79	—

三、安全环保

以安全环保质量三大攻坚战为主线，以安全发展、绿色发展、高质量发展为总指引，稳步推进各项安全环保重点工作。一是签订安全责任书。以“一岗双责”清单为抓手，以开展领导进班组、安全风险抵押金活动为手段，逐级压实责任，促进人员履职；二是坚持 CAHSE 及 HSE 体系并轨运行。持续推进风险分级管控体系建设，不断提高安全环保管理的体系化及规范化水平；三是扎实推进安全生产专项整治三年行动。集中解决一批安全管理方面的问题；四是坚持疫情面前不停学、不停查。以线上线下培训与检查并行的方式，顺利开展各项安全环保培训与检查工作，有效提高了全员的安全意识，改善了现场的安全管理水平；五是顺利通过中央环保督察工作。全年安全生产及环保管理工作平稳有序开展。

四、科技创新

2020 年，科研创新能力持续加强，科技成果应用稳步推进，科技成果收获丰厚。沈阳院创新开发的具有炭素行业颠覆性的“立式阳极焙烧炉技术”启动工业化试验，“大型氧化铝气态悬浮焙烧炉的研发与应用”成果形成系列化产品；贵阳院“智能铝电解多功能机组核心装置”项目实现电解铝生产换极全过程智能化，通过了工信部组织的测评验收，“七点进电超大型铝电解槽精准调节深度节能成套技术”凭借运行稳定、指标领先等优势，将输出海外；长沙院自主研发的“富氧粉煤喷吹熔池熔炼技术和装备研究”项目，在广西南方有色金属公司铅系统还原炉上进行工业化应用，其生产指标显著提升；昆勘院获批建立“云南省岩土工程与地质灾害重点实验室”。共有 33 项新成果通过行业协会组织的技术成果评价，其中 13 项成果达到国际领先水平，得到行业专家的高度评价；有 34 项重大科技成果获得行业协会等颁布的部级科学技术奖，其中特等奖 1 项，一等奖 8 项，取得国内授权专利 234 件，获得境外授权专利 12 件，完成国家及行业标准 19 项，获得省部级施工工法 37 项；凭借扎实的科技创新能力和掌握的核心技术成果，获得外部支持资金和实现收入累计达到近 12 亿元。

五、改革发展

“两金”实质性回落。根据“存量抓清收，增量抓管控，从源头抓起，全过程管理”的工作原则，持续开展“两金”压控专项行动，将“两金”清收目标完成情况纳入各成员企业领导班子年度薪酬考核。通过重点管控应收账款，加快合同资产结算周期，加强系统内项目的结算和收款，强化过程监控和跟踪督导落实等一系列举措，“两金”规模比年初下降 41 亿元，取得实质性成果。

资本运作快速推进。先后梳理多个资产盘活项目，取得阶段性成果：贵阳院都匀项目已开辟中铝资产和国新公司两条盘活途径；中鼎神舟系列资产、顺安机电一期资产和设备公司烟台房产已挂牌，正在履行交易程序；长勘院袁家岭土地盘活三方已达成基本共识。

财务管理不断优化。克服疫情影响，本年滚动发行超短融 8 笔，累计金额 80 亿元，将整体长期融资占比调整至 62%，融资结构更健康稳定；通过控制融资成本，全年节约财务费用 5000 万元以上。充分研判国家疫情防控期间的各类优惠政策，编制《疫情期间国家各类减税政策汇编》。

六、党建与企业文化

中铝国际党委坚决落实党委把方向、管大局、保落实职责，全年召开党委会 39 次，决策 100 余项，前置审议80余项；制定学习贯彻党的十九届四中、五中全会精神方案，开展中心组学习16次，其中专题研讨8次；开展庆祝建党99周年“七个一”活动。举办第二届综合办公技能比武、首届“中铝国际杯”工程技术职业技能大赛、“中铝国际杯”中铝集团第四届创新创意大赛等，提升员工队伍专业技能水平，促进技术指标提升。在团员青年中开展“不惧风雨、‘战疫’青春”主题实践活动，成立一批青年突击队和志愿者服务队，表彰了一批优秀项目突击队和青年岗位能手，有效激发青年员工投身企业建设的热情。强化宣传、品牌和文化建设，出台中铝国际对外宣传管理办法，建立3级宣传队伍，全年发布各类宣传报道410篇，其中105条被《中国有色金属报》等外部媒体采用。新建公司门户网站并优化更新网站信息，创建中铝国际抖音企业公众号；加强精神文明创建，首次荣获2018—2020年首都文明单位（标兵）荣誉，全国文明单位通过中央文明办复审，继续保留“全国文明单位”荣誉称号；召开中铝国际二届六次职代会。开展节日、住院和生活困难员工走访慰问活动。

坚持正风肃纪，改进工作作风。中铝国际党委、纪委认真落实集团党组、纪检监察组的决策部署，推进“大监督”体系建设，成立监督委员会、党风廉政建设和反腐败工作领导小组，指导13家成员企业制定纪检监察体制改革方案。纪委召开24次线索处置会，研究处置75件次问题线索，集中精干力量，高效办理问题线索。2020年初，存量问题线索16件，完成核查15件，压降率94%；新收问题线索26件，全部开展核查，处置率100%，完成核查23件，完成率90%。通过压减存量问题线索，使多年积累的问题得以解决。

七、履行社会责任

健全完善脱贫后帮扶长效机制。指导中色科技、长勘院、长沙院和贵阳院4家二级企业开展定点帮扶工作，联系的4个村已全部实现贫困村摘帽，现扶贫工作基本处于巩固提升阶段。为进一步巩固脱贫成果以及确保剩余贫困户按时脱贫。中铝国际及成员企业共派出挂职干部4名，派出驻村工作队3支，共9人；直接投入各类帮扶资金20.92万元，投入物资折款2.2万元，为定点扶贫县引进帮扶资金423万元和社会捐赠折价款9.2万元，购买贫困地区农产品85.35万元，帮助销售贫困地区农产品13.6万元，职业技能培训109人/次，动员党员干部职工捐款3.18万元和捐赠物资折款1.5万元。

撰稿/张　帆

沈阳铝镁设计研究院有限公司

一、基本情况

沈阳铝镁设计研究院有限公司（简称沈阳院）成立于 1951 年 3 月，注册资本：4.71 亿元，员工总数（在岗）656 人，资产总额 32.65 亿元，资产负债率 71.04%。

主营业务范围：有色金属及非金属矿山采选，轻金属冶炼；有色冶金、建筑工程、冶金、市政公用、化工、电力、建材工程勘察设计、咨询、监理、工程承包及设备、材料的销售；环境评价；火灾自动报警、自动灭火工程设计；计算机软硬件及成套设备、非标设备，环保、供配电、工业自动化系统及建筑智能系统技术于开发及销售；对外派遣工程所需劳务人员。技术咨询。服务技术转让及调试，国外和国内外资工程的勘测。咨询、设计和监理项目，承包境外工程和境内国际招标工程及所需的设备材料出口。《轻金属》出版发行。办公地址：沈阳市和平区和平北大街 184 号。

2020 年，沈阳院积极应对市场变化，开拓海内外市场取得积极进展；坚持科技创新，一批科研成果获得奖项；深化改革发展，通过调整组织机构、落实激励政策、严抓设计质量、强化法治管理和“两金”清收等工作，为沈阳院实现高质量发展奠定了基础。

二、生产经营

（一）市场开发情况

巩固传统市场。重点围绕华云三期、连铝搬迁、北方港口氧化铝等项目，进行多轮方案和投资优化，相关工作已基本完成。经营部门抢抓行业产能置换和环保升级机遇，先后签订中铝华昇氧化铝焙烧炉脱硝总承包、广西华磊电解槽阴极供货、重庆万州氧化铝焙烧炉总承包等项目。创新设计合同模式，签订内蒙古霍煤鸿骏铝电有限公司年度设计服务合同。随着中石化茂名项目的顺利完成，又承接了金陵石化煅烧项目设计工作。通过努力取得冶金甲级资质和建筑及机电总承包三级资质，扩大经营业务范围。

扩大海外市场。协助中铝国际总部成功签署印尼 BAI 项目 EPC 合同，并同总部签署项目前期工作合同及施工图设计合同；成功中标印尼 INALUM 电解铝改造 EPC 项目；组建专业采购团队、质量监造团队、物流催交团队，高质量执行意大利维斯梅电解铝改造项目，完成设计和大部分设备采购工作；通过积极跟踪、强化交流，培育白俄罗斯电解铝、沙特 SCPC 石油焦、科威特 PCIC 石油焦、印尼 INALUM10 万吨石油焦等一批海外项目。

做实产业公司。博宇科技公司（环保研究所）加快节能环保技术攻关，首次被国家工业和信息化部评为绿色制造系统方案供应商，签订广西平果晶种搅拌、包铝碳素脱硫、强碳素焙烧烟气净化等一批节能环保、技术改进、工程总承包项目。铝镁科技公司（智能制造研究所）持续推进设备在线监测系统、电解车间信息系统、氧化铝工序优化等项目研发和产业化推广，签订并完成华昇焙烧及脱硝、文山电解铝、白音华电解铝等一批集控项目。监理公司全年开展监理项目 16 项，超额完成全年目标任务。康加陆建筑设计事务所中标北京 H6 戴姆勒高端重卡项目、新冲压车间概念设计项目、华晨宝马日常设计框架合同、大众汽车自动变速器 66 千伏电力增容设计咨询合同。北京华宇天控进一步拓展合同能源业务模式，实现业绩持续增长。

（二）主要经济指标

主要经济指标一览表

表 1

项目	单位	2019 年	2020 年	增长（%）
资产总额	亿元	30.76	32.65	6.14
工业产值	亿元	3.79	0.79	−79.16
营业收入	亿元	17.02	18.96	11.40
利润总额	亿元	1.54	−1.38	−189.61
税收贡献	亿元	0.40	0.2	−50.00
全员劳动生产率	万元/人·年	55.98	12.04	−78.49

三、安全环保

通过逐级签订安全环保目标责任书，进一步落实各级安全环保责任。通过教育培训、主题月活动、技能考试等方式，不断提升全员安全意识和技能水平。以问题为导向，逐项对照职业健康安全环保精准管理体系考评标准，开展举一反三及持续改进工作，切实推进 CAHSE 体系建设。持续加强对重点项目的安全环保监管，由沈阳院承建的内蒙古白音华项目荣获“全国有色金属建设行业 2019—2020 年度绿色施工示范工程”和“全国有色金属建设行业 2020 年度建设工程项目施工安全生产标准化工地”称号。

四、科技创新

着力打造领先一步的技术产品，新型搅拌技术、立式阳极焙烧炉技术等重大关键技术研发落地实施，“大型氧化铝气态悬浮焙烧炉的研发与应用”成果形成的系列化产品，将应用于万州氧化铝焙烧炉总承包项目。科研技术人员积极参与印尼 INALUM 电解铝改造项目。2020 年，副总经理姜跃华、电解室主任刘雅锋被中铝集团聘为首席工程师，顺利完成国家高新技术企业认定，获得省部级科学技术奖 6 项，其中“大型氧化铝气态悬浮焙烧炉的研发与应用”“排污许可证申请与核发技术规范——有色金属冶炼行业系列标准”，2 项科技成果获得中国有色金属工业科学技术奖一等奖。

五、改革发展

调整组织机构。根据业务发展需要，将净化专业技术人员充实到博宇科技公司（环保研究所）、将自动化专业技术人员充实到铝镁科技公司（智能制造研究所），形成“科技＋产业化”的新模式；将国内业务部与设计管理部整合成立设计市场部，促进国内市场开发与工程设计深度融合；为提升专项技术产业化效率，筹建立式焙烧炉事业部、新型搅拌浆事业部；为提升项目造价管理水平，强化成本考核，成立工程造价中心。

落实激励政策。按照全年生产经营目标，对绩效指标进行详细分解，与各业务部门签订绩效考核责任书。严格落实兑现十项激励政策。

严抓设计质量管理。制定《设计质量奖罚规定》和海外施工图纸检审流程。

推进信息化数字化建设。围绕设计优化和质量提高，对重点工程全面实行三维设计。

工程管理日趋规范。全面升级项目管理系统，其中文控、设计和EPC总包等3个子系统已全面上线启用，该系统国际版部分已被中铝国际印尼项目部采用。面对疫情影响，生产系统开通“线上”办公，实现任务“下发—执行—交流—监管”的信息管理系统全覆盖，有力保障设计进度。

促进法务与业务融合。充实法律专业力量，聘请具有丰富法律经验的总法律顾问，调整法律专业员工到法务与合规部专职工作。加强源头与过程把控，搭建标准合同文本库，制作非标准合同核心条款风险提示清单。

“两金”清收取得重大突破。采取领导包保、责任到人、奖罚并举的措施，全年存量“两金”实际清收8.56亿元。一批重点、难点“两金”问题取得重大进展，其中金纳公司系列案件圆满解决，内蒙古锦联项目逾期“两金”全部清收完成。

六、党建与企业文化

坚持党建引领。增强党员干部“两个维护”的政治自觉、思想自觉和行动自觉。层层压实党建工作责任，找准党建工作与中心工作的切入点和结合点。

加强组织建设。以“五力”大讨论为抓手，班子成员深入开展调研8次，进一步“转作风、抓落实、提效能”。推进党建与生产经营工作深度融合，打造“两带两创”党建工作品牌，全年共设立创效项目18个，创新课题22个。沈阳院全年共有5个集体，9名个人荣获省市、集团先进称号。

深化纪律监督。落实中央八项规定精神，积极探索“廉洁地图”建设，构建横向到边、纵向到底的“大监督”工作格局。突出重点开展“常规巡察＋专项巡察”、四个专项整治行动、“三重一大”决策制度执行情况专项检查、招投标和专项审计等工作。

严抓疫情防控、有序推进复工复产。沈阳院有力有序推进疫情防控和复工复产，实现零感染。

撰稿／韩齐卓

贵阳铝镁设计研究院有限公司

一、基本情况

贵阳铝镁设计研究院有限公司（简称贵阳院）成立于1958年，注册资本7.5亿元，员工总数（在岗）710人，资产总额35.69亿元，资产负债率76.62%。

主营业务范围：从事氧化铝、电解铝、炭素、镁、钛、化工、市政工程、矿山设计、环境保护、工程经济、智能制造等35个专业，业务领域涵盖工程设计、工程咨询、工程监理、智能制造、装备制造、PLC控制、工程总承包、全过程工程咨询等，拥有有色冶金、建筑工程、工程监理、工程承包等甲级资质。办公地址：贵州省贵阳市观山湖区金朱西路2号。

2020年，贵阳院紧盯铝行业新项目产能转移动向，抓住新涉铝企业新增产能市场机会，把技术优势深深扎根于有色行业供给侧改革、结构调整、产业升级、智能制造、绿色制造的未来发展之中，以技术为引领，为客户创造新价值理念开拓市场。设计现场服务和项目全面复工，经过不懈的努力，多个项目顺利投产。

二、生产经营

云铝鹤庆溢鑫铝业二期电解铝项目、云南文山水电铝项目、云南神火3个电解铝项目，国家电投遵义务正道100万吨/年氧化铝项目、广西华昇、广西华银18米分解槽技改3个氧化铝项目，印度Rain Carbon罐式炉项目、云铝源鑫阳极炭素二期等4个炭素项目顺利投产。

在广西华昇氧化铝项目建设中，将优化理念贯穿项目建设全过程，将最先进的技术应用到本项目。投产1个月后即达产达标，创造了氧化铝工程设计的新标杆。

以技术为引领，为客户创造新价值理念开拓市场。中标签订河北文丰新材料有限公司240万吨氧化铝项目、华峰集团印尼项目100万吨500千安电解铝、50万吨阳极铝电一体化项目。

签订力拓Yarwun压滤PFS合同，哈萨克斯坦电解铝增槽扩产可研合同，收到BALCO 500千安电解铝扩建项目设计合同授予意向书；签订韩国浦项钢铁负极材料石墨化项目基本设计合同，开辟了新国别、新业主、新市场。

主要经济指标一览表

表 1

项目	单位	2019 年	2020 年	增长（%）
资产总额	亿元	39.30	35.69	−9.19
工业产值	亿元	—	—	—
营业收入	亿元	11.38	7.32	−35.68
利润总额	亿元	−1.20	−2.52	110.00
纳税贡献	亿元	0.56	0.44	−21.43
全员劳动生产率	万元 / 人 · 年	169127.18	−87551.30	—

三、安全环保

编制完成贵阳院标准《铝冶炼安全设计规范》，全年未发生安全质量环保事件，在环保督察中主动作为，未收到举报件。2020 年中铝集团 CAHSE 考核安全为 79.53 分，环保考核为 80.31 分。

直面全国新冠肺炎疫情带来的艰巨挑战，第一时间成立新冠病毒疫情防控工作领导小组，把防控疫情促生产作为中心工作，迅速打响疫情防控阻击战，确保各项防护措施落实到位。

四、科技创新

积极参与人工智能产业创新，揭榜“智能铝电解多功能机组核心装置”项目，围绕揭榜任务创新研发、测试试验、示范推广等关键环节展开攻关，智能铝电解多功能机组核心装置项目已在云南海鑫铝业顺利完成，工信部新一代人工智能产业创新重点任务测评验收。加快电解槽阴极钢棒温度检测装置、阳极导杆焊接生产线、原铝及电解质全自动制样检测等装备产业化推广步伐。

积极申报国家和地方相关政府部门支持科技项目 20 项，其中 7 项获得资助，完成 13 项前沿核心技术研发。顺利通过人力资源和社会保障部、全国博士后管理委员会组织的 2020 年度博士后综合评估。

“排污许可证申请与核发技术规范”获得中国有色金属工业协会科学技术一等奖。“炭素及石墨制品混捏成型沥青烟气源头净化技术”与“铝电解槽烟气深度净化技术与装置”两项成果荣获中国有色金属工业协会科学技术二等奖；“高效能铝电解槽多元物理场协同耦合优化及动态管控技术”和“ϕ 18m 高效节能分层均化搅拌分解槽”两项技术成果经权威专家鉴定达到国际领先水平。“双阳极扭拨机构及打壳机构的连接方法及其装置”荣获国家知识产权局颁发的第二十一届中国专利优秀奖。“基于精确感知与智能决策的铝电解 MES 研发与应用”成果荣获贵州省总工会、贵州省科技协会等部门颁发的“贵州省 2020 年职工‘五小’优秀创新成果”一等奖。

五、改革发展

优化组织架构。开展机构调整，推行事业部制，建立责权利相统一的生产经营机制。开展科技型企业分红激励。认真组织开展二级公司申报科技型企业分红激励工作。申请获批激励项目 8 项，激励人数 56 人，激励金额 130 万元。

六、党建与企业文化建设

多措并举全面推进党的建设工作。组织党委中心组学习 13 次，集中学习 6 次，党委班子成员深入党支部联系点讲党课 14 人次，举办“对标一流谋发展”创新论坛 2 次；使用党费、工会经费 36.6 万元购买抗疫物资助力抗疫。强抓巡视整改，22 个问题完成整改 20 个，完成率 91%，新建制度 12 个，修订制度 3 项，约谈 6 人次，细化制定 71 条整改措施，7月3日通过集团党组的巡视整改汇报。

推进全面从严治党，落实纪检监察体制改革。成立党风廉政建设和反腐败工作领导小组、协调小组，撤销纪检监察部，设立纪委工作部；共召开纪委会议研究监督、执纪、问责工作17次；发挥巡察利剑作用，统筹常规巡察和专项巡察，促进公司管理提升；深化运用监督执纪“四种形态”；深入开展了信访处理工作领域形式主义、官僚主义整治，纪检监察机关处理检举控告专项整治，信访举报和“走读式”谈话及安全专项整治。

加大对优秀年轻干部选聘力度。2020年，80后中层干部20人，占比41%，80后正职5人，占中层正职的22%。

加大脱贫攻坚工作力度。在党建扶贫点金坑村以认可度100%的优异成绩脱贫出列之后，2020年11月，零问题通过省级成效考核，被黔东南州人民政府评为“黔东南州2020年脱贫攻坚优秀帮扶企业”。

撰稿 / 韦玉台

长沙有色冶金设计研究院有限公司

一、基本情况

长沙有色冶金设计研究院有限公司（简称长沙院）成立于1991年11月18日，注册资本7.25亿元，员工总数（在岗）1095人，资产总额25.79亿元，资产负债率60.1%。

主营业务范围：从事冶金行业、煤炭行业、建筑行业、市政行业、机械行业、商物粮行业、建材行业、电力行业、化工石化医药行业、环境工程资质范围内的咨询、设计及工程总承包；上述工程项目的科学研究及设备、材料的销售；岩土工程、工程测量、固体矿产勘查资质范围内的工程勘察；城乡规划编制、建设项目环境影响评价、工程造价咨询；压力容器设计、压力管道设计；承担资质范围内的国（境）外工程的勘察、咨询、设计和监理项目及上述工程项目所需的设备、材料出口；承包与其实力、规模、业绩相适应的国外工程项目，对外派遣实施上述境外工程所需的劳务人员；自有房屋租赁。办公地址：湖南省长沙市雨花区木莲东路299号。

2020年，长沙院贯彻新发展理念，稳步推进改革改制；强基固本提升管理，风险管控不断加强；扎实开展党建工作，有效发挥引领作用，为长沙院稳步发展奠定了坚实基础，完成全年经营目标。

二、生产经营

在坚决打赢疫情防控阻击战的同时，稳步恢复生产经营、全面复工复产，积极抢抓机遇，全力开拓市场，设计咨询全年整体营业收入2.53亿元，同比减少3.86%；利润总额0.64亿元，同比增长188.33%。总承包全年整体营业收入4.8亿元，同比减少64.62%；利润总额0.1亿元，同比减少89.33%。

主要经济指标一览表

表1

项目	单位	2019年	2020年	增长（%）
资产总额	亿元	29.62	25.79	−12.93
工业产值	亿元	42.39	31.04	−26.78
营业收入	亿元	22.12	12.33	−44.26
利润总额	亿元	0.72	0.27	−62.50
税收贡献	亿元	1.03	0.36	−65.05
全员劳动生产率	万元/人·年	33.33	26.06	−21.81

三、安全环保

针对安全环保管控重点在基层、难点在一线的特点，以“基层、基础、技能”为着力点，坚持重点、难点齐抓共管，坚持目标导向、问题导向、效果导向，坚持精准管理和全员发动，坚持关口前移和重心下移，积极推广应用安全管理工具，努力做好安全环保日常管控，积极推动本质安全环保。扎实开展安全环保隐患排查治理，护佑员工生命健康，护航企业生产经营，实现零工亡、零重伤、零职业病、零感染、零环境事件。

四、科技创新

签订科研项目15项，合同额7021万元，同比增长72%，其中，政府奖补资金641万元，同比增长53%。开展技术研发、业务建设项目27项，完成26项。申请国内外专利62件（其中发明32件，占比52%），获专利授权48件（其中发明20件）；软件著作权登记12项，商标注册10个，发表论文90篇。组织申报奖项60项，获奖项目54项，其中，获省部级科技进步一等奖1项、二等奖5项、三等奖2项。颁布实施国标2部、团标1部；参编国标3部、行标2部；审查国家、行业标准6部。牵头和联合承担正在实施的国家重大科研项目13项，省级重大科研项目9项。具有自主知识产权的“复杂多金属物料协同冶炼及综合回收关键技术”，入选国家绿色技术推广名录（中铝集团唯一入选技术）。自主研发的“铜冶炼企业废水零排放关键技术及应用”“锌浸出渣高值化清洁冶炼技术”成功列入2019年湖南省环境保护实用技术目录。

五、改革发展

推进股权多元化和混合所有制改革，院本级开展混改论证，拟采取五步法实施混改并最终实现首发上市。形成《关于本部混合制改革的请示》并获中铝国际函复。子公司开展湖南华楚项目公司混改工作，通过增资扩股的方式引入梦想置业、民营资本、员工持股平台，拓宽业务领域。启动华楚智科、南方工程的混改和股权多元化改革。

完善公司治理体系，建立授权放权清单。向中铝国际申请项目拓展、采购、重大人事任免、收入分配五方面授权。

健全市场化选人用人机制，激发企业经营活力。推行院各级经理层成员任期制和契约化管理，完成任期制和契约化管理的必选动作；继续推行中层管理人员末位淘汰制，强化考核结果运用，管理部门年度排名末两位的部门负责人退出中层管理人员岗位；完善合同管理制度，健全员工退出机制，2020年退出不胜任岗位的人员20人；开展建规院干部竞争上岗和干部员工双向选择；将任期制和契约化管理推广至院中层管理人员。

推动建立市场化激励约束机制，调动员工积极性。开展科技成果转化及项目分红激励，推进混改企业华楚项目管理公司员工持股，做好院本级员工持股的准备工作。

六、党建与企业文化

扎实开展党史学习教育，基层党组织组织力持续增强，切实推进党建与中心工作双向融合。

紧扣中心，聚焦监督，持续做好巡视“后半篇文章”，在“大监督”体系建设上发力，在总承包等重点监督上求突破，在推进设计质量、进度转作风上动真格，推动纪检监察工作高质量发展。

加强企业文化理念宣贯效果，丰富文化活动载体，促使企业文化理念深入人心。针对“科改示范行动”等重大改革事项，广泛征求意见建议，充分发挥广大职工群众参与企业管理的积极性、主动性、创造性。

定点帮扶沅陵县荔溪乡高家村，巩固脱贫成效，让高家村在脱贫致富道路上更进一步。扶贫工作队队长邓飞跃获2020年度优秀工作队长、荔溪乡最美扶贫人称号。

撰稿 / 尹　恒

中色科技股份有限公司

一、基本情况

中色科技股份有限公司（简称中色科技）成立于2002年1月，注册资本1.15亿元，员工总数（在岗）1118人，资产总额20.02亿元，资产负债率97.57%。

主营业务范围：有色金属加工行业规划、工程咨询设计、装备研制、科研及科研成果产业化、工程总承包等。办公地址：河南省洛阳市涧西区西苑路1号。

2020年，中色科技积极应对新冠肺炎疫情严峻挑战，强力保持生产经营平稳有序，扎实推动“年度十件大事”落地见效，控亏增盈工作成效较好。全年新签合同10.71亿元，实现营业收入8.56亿元，经营利润270万元。

二、生产经营

克服疫情影响，在危机中寻找商机，市场营销呈稳中上升态势。营销工作加强统筹管理和协同经营，同时加强地企合作，相继在各县区中标总承包项目。与洛阳旅发集团、洛阳建龙微纳、济源万洋集团签署战略合作协议，利用各自资源优势全方位开展合作。各事业板块业务开拓各有突破，新签合同额超10.71亿元。

广泛开展劳动竞赛，生产突击取得可喜成果。东轻气垫炉辅机项目，中铝贵州分公司新材料项目，委内瑞拉项目，北京中铝金融大厦、上海中铝大厦、广州中铝海外办公楼装饰装修工程等项目顺利验收，西南铝2800冷轧机项目进入调试阶段，中孚2300冷轧机项目提前穿带，区县老旧小区改造、学校、场馆建设工程稳步推进。

大力推进降本增效，可控费用同比下降15%。持续开展“两金”压降攻坚，在营业收入增长4.86%的情况下，“两金”下降0.2%。全年经营活动净现金流6971万元，超额完成年度目标。

主要经济指标一览表

表1

项目	单位	2019年	2020年	增长（%）
资产总额	亿元	19.80	20.02	1.11

续表 1

项目	单位	2019 年	2020 年	增长（%）
工业产值	亿元	8.07	8.35	3.47
营业收入	亿元	8.07	8.35	3.47
利润总额	亿元	−0.84	−0.91	−8.33
税收贡献	亿元	0.39	0.23	−41.02
全员劳动生产率	万元 / 人·年	9.75	8.54	−12.41

三、安全环保

认真贯彻落实中铝集团、中铝国际和地方政府部门的各项安全环保质量工作部署，以打赢安全环保质量三大攻坚战为目标，发动全员参与；注重教育培训，提升员工安全环保质量工作技能；注重宣传引导营造员工重视安全环保质量工作文化氛围；注重过程指导，督促员工树立安全环保质量工作持续改进理念。领导班子成员带头缴纳风险抵押金，带头包保班组。

全年生产安全工亡事故为零、环境污染事件为零、B 类以上质量事件为零、无职业病例发生，完成了三大攻坚战目标。

四、科技创新

实施重点科研项目 4 项、一般科研项目 7 项，按计划各结题验收 2 项；结题验收往年重点科研项目 8 项、一般科研项目 4 项。3 个项目通过中国有色金属工业协会成果鉴定，1 项国际领先，2 项国际先进。《2300mm 单机架冷轧机电气控制系统项目》获得河南省重大关键技术需求揭榜攻关项目立项。“高端铝合金带材连续退火生产线集成研发项目”在东轻公司投入试生产，通过“洛阳市重大科技创新专项”结题评审。“有色金属加工工业互联网平台项目”入围国务院国资委 2020 年国有企业数字化转型典型案例。“新型模块化铝带缝合机研制”等 9 项技术成果实现市场推广应用。主编、参编国家标准 3 项。

2020 年科技创新数据表

表 2

科技创新投入（万元）	申请专利（件）	授权专利（件）	科技人员占比（%）
4347	51	33	64

五、改革发展

贯彻落实“六稳”“六保”任务，切实稳运营、保增长。积极拓宽融资渠道，新增银行综合授信 2 亿元，融资成本同比下降 30 基点，财务费用同比减少 405 万元。优化债务结构，减少带息负债 2950 万元。落实国家减税降费和疫情扶持政策，享受优惠红利近 3000 万元。按照国务院国资委要求，为经营困难的小微企业和个体工商户减免房租近 400 万元。获评河南省勘察设计行业 AAA 诚信单位和洛阳市诚信“红名单”企业、“纳税信用 A 级企业”。

进一步调整优化业务结构和发展战略，聚焦主业，协调发展相关专业，确定了传统业务转型升级方向，在互联网 +、再生金属、工程用铝等创新领域取得了一定进展。完善绩效考核，突出价值导向和业绩贡献，出台超额利润分享薪酬激励办法。

六、党建与企业文化

以“强创新、转作风、提效能”为主题开展“五力”大讨论活动，经过调查研究、集思广益，确定“创新驱动、人才为本、打造精品、进军国际”发展战略和“做精设计咨询、做优智能装备、做实工信服务、做稳工程承包”业务战略。

围绕年度十件大事和重点任务开展党员攻关和“两带两创”项目,《永葆先进、吹响海螺》项目荣获中铝国际党员攻关项目一等奖,《服务国家战略、攻克首台（套）国产装备难题》课题，被评为集团优秀创新课题。召开中色科技第三次党员代表大会，圆满完成党委、纪委换届选举工作。常态化开展党风廉政警示教育和监督检查工作，对 8 家单位开展政治巡察和“回头看”，专项整治共性问题及普遍性问题。接受集团党组政治巡视，对巡视组反馈的 4 个方面 13 项问题组织整改，完成率 85%。

按照洛阳市委扶贫工作统一安排，对口帮扶新安县仓头镇王村脱贫攻坚。疫情发生后，立即安排驻村第一书记和工作队返回工作岗位，协助村双委开展疫情防控工作。组织贫困户技能培训，为贫困村民到县镇有关单位进行特殊慢性病认定，帮助贫困户销售蜂蜜、黄瓜、红薯等农产品，增加劳动收入。截至 2020 年 12 月，全村 116 户 383 人已全部实现脱贫。

撰稿 / 赵一楠

中国有色金属长沙勘察设计研究院有限公司

一、基本情况

中国有色金属长沙勘察设计研究院有限公司（简称长勘院）成立于1964年4月，注册资本5亿元，员工总数（在岗）527人，资产总额11.98亿元，资产负债率68.77%。

主营业务范围：测绘、工程勘察、建筑工程设计及相应的工程总承包；城乡规划编制、工程监理、地质灾害治理工程勘察设计施工、地质灾害危险性评估、地质勘查；建筑工程、市政公用工程施工总承包；地基基础工程、特种工程、土石方工程专业承包；建设工程质量检测、水土及岩石分析试验；科研产品的研究、开发、生产、销售；自有房屋及设备、铝合金模板、附着式升降脚手架租赁；环保工程设施施工、专业承包、设计；电子与智能化工程专业承包；建筑劳务分包。

产能规模：10.56亿元。办公地址：长沙市雨花区振华路579号康庭园1栋。

2020年度，长勘院坚持改革创新转型升级工作总基调，聚力党建引领，新签合同额17.82亿元，完成年度目标的104.71%，同比上涨6.05%；实现营业收入9.89亿元，完成年度目标的99%，同比下降6.41%；克服疫情造成的不利影响，盈利情况好于预期，实现利润858万元；“两金”期末余额大幅下降至6.67亿元，较年初减少7950.52万元。逾期应收账款清收1578万元，完成清收目标（以上数据口径不含托管单位长勘分公司和通都公司）。

二、生产经营

长勘院加大市场开发力度，部署落实市场开发战略，本年度在勘察设计传统专业和地灾治理专业实现了较大幅度的增长，其中地灾环保类业务签订合同额近2.78亿元，较2019年同比增长171%。但受疫情影响，铝模板业务进入回收期，导致相关业务降幅较大。

主要经济指标一览表

表1

项目	单位	2019年	2020年	增长（%）
资产总额	亿元	11.49	11.98	4.27

续表 1

项目	单位	2019 年	2020 年	增长（%）
工业产值	亿元	2.54	1.86	−26.83
营业收入	亿元	10.57	9.89	−6.41
利润总额	亿元	0.68	0.09	−87.31
税收贡献	亿元	0.51	0.62	21.38
全员劳动生产率	万元 / 人・年	51.44	35.89	−30.23

说明：以上数据口径不含托管单位长勘分公司和通都公司

三、安全环保

全面推进安全环保精准管理、风险辨识和重大风险管控等工作，多轮次、全覆盖组织开展安全环保检查和隐患排查，共发现和整改安全隐患 95 处，确保隐患治理无死角；编制测绘、检测、实验专业生产机具安全操作规程，确保作业操作有章可循。

长勘院所涉项目均为专业分包项目，完成扬尘治理、生活、生产污水废水排放及噪声排放问题。各施工项目部均通过自建沉淀池对废水进行沉淀处理后循环利用或按规定集中处理排放；各钻探项目部钻井废水、钻井液收集循环利用率达到最大化。噪声排放方面，未经许可严禁夜间施工。全年无安全环保事故事件发生。

四、科技创新

（一）自主知识产权授予情况

全年申请专利 15 件，其中发明专利 9 件，实用新型专利 6 件；获得专利授权 13 件，其中发明专利 5 件，实用新型授权 8 件；发明专利“数据监测方法及系统”被推送至国家知识产权局参与国家专利奖评选，中铝集团仅有 3 家单位获推。

（二）重点科研项目开展情况

“Online SAR 工程灾害智能化监测雷达系统”和“大范围变形监测雷达云平台关键技术研究”完成全部研发任务，经中国有色金属工业协会组织院士专家评价鉴定，前者总体处于国际领先水平，后者处于国际先进水平。

“有色行业矿渣堆场生态修复技术研究与推广”项目取得关键技术突破，研究成果已申请 2 项发明专利，并与中铝国际技术发展有限公司达成成果推广合作意向。

（三）科研成果推广运用与经济效益情况

“工程灾害智能监控雷达系统”在西藏喜马拉雅山海拔 5100 米以上高寒山区的冰湖冰川灾害监测项目和云南思茅山水铜矿 300 米高陡边坡采场安全监测项目中成功应用，已实现收入 630 万元；自主研发的土壤氟污染治理技术在贵铝土壤修复项目中成功应用，且土壤修复验收合格率达 100%；全年环保类科技成果推广应用合同额达到 1.5 亿元。

五、改革发展

全力推进资产盘活。袁家岭基地“惟楚文化广场”项目合作意向协议、棚改协议等陆续落地，启动了新华书店宿舍棚改拆迁工作。项目规划调整方案已被长沙市自然资源与规划局受理，进入前置审查阶段。项目用地土地（附着物）价值评估工作也顺利启动。

六、党建与企业文化

强化党建引领。党委理论学习中心组开展学习研讨13次，领导班子讲授专题党课23次；落实全面从严治党主体责任，实行党建重点工作“月提示、季考核、年底验收”；推进“互联网+党建”模式线上线下互动，运用党建PDCA循环法、清单化管理的工作方法，开展支部党建工作对口包保；以“两带两创”、党员“双提升”、党员承诺践诺评诺、增强“五力”大讨论、党建对标等活动为载体，促进党建与业务深度融合；打造党建“特色”品牌，提出“六个引领”党建工作法，构建“三联三共”党建工作新格局，开展执行力与干部作风督查通报等。

构建“大监督”工作格局。围绕生产经营开展监督40次，发现问题89个，实现党内监督与业务监督的有效融合；紧扣生产、“两金”压控等方面开展“接地气”工作，其中调研12次，提出意见建议46条；精准运用“四种形态”，全年问责20人次；召开党风廉政建设警示教育大会4次，开展反腐倡廉月活动，讲廉洁党课，确保廉洁意识入脑入心。

积极开展青年大学习、“安全、干净”班组竞赛、新媒体技能大赛、综合办公技能竞赛、创新创意大赛等系列活动；加强新媒体联动，搭建“云端平台”，通过线上直播让职工参与企业各类活动，当好“贴心人”。长勘院连续5年保持湖南省平安建设“平安单位”称号。

对口帮扶贫困村——民实村建档立卡的77户贫困户全部脱贫退出，综合贫困发生率由原来的14.33%降至0，帮扶村也获得“双峰县美丽乡村建设示范村”“沙塘乡脱贫攻坚先进单位”等荣誉。

撰稿 / 刘　俐

中国有色金属工业第六冶金建设有限公司

一、基本情况

中国有色金属工业第六冶金建设有限公司（简称六冶）成立于1963年4月，注册资本25亿元，员工总数（在岗）2913人，资产总额121.91亿元，资产负债率75.19%。

主营业务范围：承包境外冶炼、房屋建筑、机电安装与公路工程和境内国际招标工程；上述境外工程所需的设备、材料出口；对外派遣实施上述境外工程所需的劳务人员。建筑工程施工总承包特级；建筑行业（建筑工程、人防工程）设计甲级；公路、矿山、冶金、市政、机电工程施工总承包壹级；水利水电、石油化工、电力工程施工总承包贰级；钢结构、输变电、建筑装修装饰、建筑幕墙工程专业承包贰级；园林绿化工程施工；非标准设备制作，钢模板，工程机械制造，设备租赁。办公地址：郑州市中原区淮河西路36号。

2020年，六冶以加强党建工作为统领，以市场和效益为导向，加强市场布局；优化治理结构，明确职能定位；强化制度建设，规范经营行为；提升合同履约，创建施工品牌；激活经营机制，增强发展内生动力；加强人才培养，优化干部队伍建设，加快提高管理执行力和市场竞争力，不断开创高质量可持续发展新局面。获评全国建筑业AAA级信用企业、郑州市施工总承包先进企业和AAA级信用企业、城乡建设系统先进集体等荣誉称号。

二、生产经营

2020年，六冶施工产值首次突破百亿元达到101.93亿元，完成95亿元目标的107.29%，同比增长22.1%；36个项目受到业主来信表扬，中铝几内亚博法铝土矿项目皮带输送系统获驻外大使高度赞赏。建筑专业自主设计在企业3个EPC项目起步。北京环球项目与头部央企同台竞技，成为首家提前竣工交付的总承包单位，一标段食品加工和仓库工程获“结构长城杯”金质奖。5项工程通过部优复审，2个项目获评市级优质工程。获国家级QC成果奖4项。

新签合同额103.22亿元。河南省市场新签合同57.39亿元，占比55.61%；西北、西南“两翼”市场新签合同占比19.98%，积累了一批新资源，中标12亿元汉中航空智慧新城一期EPC总承包等标志性项目。新签埃及钢厂、刚果（金）铜钴矿等海外工程合同13.08亿元。

EPC总承包合同额44.76亿元，占比升至43.36%，做实工程总承包主业。营业收入85.44亿元，完成85亿元目标的100.52%，同比增长17.36%。利润总额6.26亿元，完成5亿元目标的125.2%，同比增长86.31%，经营性现金净流入6.21亿元，成费占比92.61%。重塑成本管控体系，明确施工全周期造价管理标准。招标管理及监督进一步规范。利用集采优势降低采购成本，云南项目甲供材价格低于同区域其他项目供应价格。加强“1530”重点项目现场材料监控检查，严格在预算限额内领料核销。

主要经济指标一览表

表1

项目	单位	2019年	2020年	增长（%）
资产总额	亿元	122.9	121.91	−0.8
工业产值	亿元	83.48	101.93	22.1
营业收入	亿元	72.8	85.44	17.36
利润总额	亿元	3.36	6.26	86.31
税收贡献	亿元	1.99	2.35	18.09
全员劳动生产率	万元/人·年	31.96	14.97	53.16

三、安全环保

全覆盖签订安全环保目标责任书和“一岗双责”清单，考核成绩与个人30%月度绩效工资挂钩。完成《安全四讲实践》《安全管理标准化实践》《承包商安全管理》视频制作和培训。深化风险分级管控和隐患排查治理，在中铝集团CAHSE考评中成绩前列。制定包括境外项目在内的疫情防控及复工复产系列制度和措施，员工及分包方无确诊或疑似病例。

四、科技创新

技术创效成果。获评部级工法9项，专利授权17项，在氧化铝和铝加工成套设备建筑安装、隧道富水段全断面注浆、铝合金焊接等局部开始形成核心技术。高新技术企业所得税、研发费用加计扣除等节税5929.7万元。获科技奖励或补贴989万元。BIM应用拓展至19个项目，均具备建模和初步使用能力。智能建造一体化管控服务平台启动建设。

五、改革发展

机构改革取得突破。优化调整形成12个部门、5个综合性公司、2个专业性公司、4个区域性公司、1个经营窗口公司和4个事业部制公司的组织架构。本部压减11个科室，管理岗位压减42%，二级公司机关压减143个管理岗位，实行总控定员。补齐配强二级单位领导班子，基层干部及员工“全体起立”竞聘上岗，推动管理力量向项目部下沉。

管理模式取得突破。成立6个专业工作委员会，本部决策主体责任进一步强化。二级单位生产经营主体责任进一步压实。提升月度重点工作策划和督办质量，部门管理主体责任进一步落实。

分配改革取得突破。二级单位设置“3+X”考核指标，绩效基数和系数均考核确定，下放更大的分配自主权。99个项目签订“两制”责任书并缴纳风险抵押金，提高了超额利润奖励上限。两级部门实行年度绩效目标、月度重点工作和安全环保履职三个清单考核。修订专项激励办法4项，及时精准兑现市场营销、“两制”、工程创优、技术创新、“两金”压降等专项奖励1544.09万元。

“四个规范”深入推动。规范职能职责，制定两级公司部门职能清单和岗位说明书。规范施工管理，覆盖项目主要管理环节的58项标准试运行。

规范经营行为，落实合同管理、招投标、计量与支付、索赔与签证、预结算、成本考核等环节工作标准至各级部门和岗位。规范法律事务，建立总法律顾问工作规则和诉讼案件策划、目标责任、会审、进展报告、法律例会、考核激励等工作制度，案件数量和标的额双降。

六、党建与企业文化

持续加强党的建设，召开六冶第九次党员代表大会，智慧党建信息平台投入使用，细化开展年度和季度党建考核。扎实推进“党建＋对标”，一是外对先进，选定九冶、二十三冶为集团内外部对标单位，掌握了一批先进管控流程和标准，制定对标清单；二是内对标杆，选定市场营销、标杆项目管理、预结算、“两金”清收、现金流管控、诉讼去存量等六个指标，通过树、对、学、赶、超“五步法”开展内部对标，引导二级单位补弱项促发展。组织 66 项专题 45 期培训，网络培训 3500 人次。开展中层干部和高级专业技术职务人员专项考核。中层干部选拔 11 人、交流调整 34 人，“70 后”“80 后”占比达到 63.83% 和 19.15%，干部队伍结构更具活力。持续开展职工创新创效和劳动竞赛，2020 年，设立创新课题 19 个，创造效益 2505 万元。获中铝国际总裁特别奖、郑州市劳动竞赛优秀组织单位、郑州市五一劳动奖状等荣誉，6 人分获郑州市五一巾帼标兵、郑州市五一劳动奖章、“技术标兵”等荣誉。

撰稿／王卫宏

九冶建设有限公司

一、基本情况

九冶建设有限公司（简称九冶）成立于1965年1月，注册资本：3.2亿元，员工总数（在岗）2529人，资产总额86.63亿元，资产负债率88.3%。

主营业务范围：房屋建筑特级，市政、矿山、冶炼、机电设备安装一级等16项施工总承包和专业承包施工资质，是“国家级高新企业”，拥有1个国家级企业技术中心、2个省级研发中心，主营业务为：建筑工程、市政公用工程、公路工程、冶金工程、矿山工程、钢结构工程、环保工程、建筑设计等及上述境外工程所需设备材料的出口、对外派遣实施上述境外工程所需的工程技术和劳务人员及进出口业务，具有完成年产值100亿元的施工能力。办公地址：陕西西咸新区渭城东路。

2020年，面对新冠疫情，在中铝集团党组、中铝国际党委坚强领导下，九冶班子带领全体员工以坚定不移的政治担当和“稳中求进，进位升级，登高望远，追赶超越”的工作思路，紧紧围绕“三升三降、三控一保”工作主线，一手抓疫情防控，一手抓复工复产，较好完成了上级“两个确保”“两个不变”目标任务，确保了企业生产经营平稳运行，获得中铝国际“2020年度总裁特别奖”，成为中铝国际成员单位四家获奖单位之一。

二、生产经营

聚焦主责主业，营销取得可喜成绩。坚持“4+2+N”市场布局和“3+2”业务定位，产品结构逐步实现由房建项目一家独大向焦化、装配式结构、冶金、市政、物流等传统或新兴项目转移，超额完成了中铝国际下达的营销指标。

聚焦巡视整改，筑牢企业发展底板。围绕党建、文化、生产经营等重点，全面加快与中铝融合，围绕巡视反馈的40项问题，制订157条整改措施。截至11月底，整改工作全面完成，一批上级关注的重点问题得到深入、全面整改，有效化解了经营风险，文化对接、制度对接、管理对接目标全面实现。

聚焦“两个确保”，生产经营成果显著。面对新冠疫情严峻形势，九冶两级公司共同努力，创出了一批优质工程，获得了一批技术成果，疫情防控、安全生产得到全面落实。全年实现“两金”净压降10.9亿元，压降率13.31%，其中存量压降53.74亿元，压降率65.64%；完成合同资产压降

20.01 亿元，压降率 62.45%。

聚焦队伍建设，企业凝聚力大幅提升。以深化“三项制度”改革为抓手，疏通人才晋升通道，根据“358”目标及“2152”人才培养计划，组织各类培训 237 次，累计参加培训 3500 余人次；3612 名退休人员全部移交社会化管理；解决骨干员工长期入股不分红的问题，提前为全体员工进行 2019 年绩效兑现。

主要经济指标一览表

表 1

项目	单位	2019 年	2020 年	增长（%）
资产总额	亿元	97.83	86.63	−11.45
工业产值	亿元	67.50	52.04	−22.90
营业收入	亿元	56.57	46.14	−18.43
利润总额	亿元	1.81	1.63	−10.03
税收贡献	亿元	1.52	1.78	17.32
全员劳动生产率	万元 / 人 · 年	22.25	20.49	−7.91

三、安全环保

全面推进中铝集团安全环保文化的执行和落地，夯实“一岗双责”，加强安全队伍建设，扎实开展安全生产专项整治三年行动、安全生产集中整治、“抓两头带中间”等专项督查工作，全面提升全员安全意识。贯彻落实节地、节能、节水、节材和保护环境措施，最大限度地节约资源和能源，减少污染、减少施工活动对环境造成的不利影响，实现与自然和社会的和谐发展。积极采用新技术、新材料、新工艺和新产品。提高全体员工节能降耗、保护环境的意识。

四、科技创新

2020 年立项并组织开展科技研发项目 35 项，按高新技术企业统计，科技投入共计 1.58 亿元，科技人才占比 16.8%。形成工法关键技术共计 12 项，申报并获批省部级科技进步奖、科学技术奖、科技创新成果奖共计 8 项，组织申请专利共计 25 项（其中发明专利 2 项，实用新型专利 23 项），授权实用新型专利 12 项，参编行业标准和团体标准各 1 项。高新技术企业税收优惠 1699 万元；科技研发项目费用加计扣除工作为公司减税 701 万元；在科技成果产业化方面，工法、成果推广应用创造经济效益 730 万元。

五、改革发展

2020 年，九冶聚焦主责主业，奋力打造专、精、尖、新特色，企业深化改革持续推进。在业务定位上，围绕“两新一重”、十大领域重点项目，聚焦冶金、有色、物流、市政基础设施等核心业务和铝钢结构、公路等拓展业务，不断增加钢铁、有色、焦化、环保工程比例，大幅提升铝钢结构和市政民生项目比重，优化效益，培育规模品牌，打造新优势；在区域发展上，大力构建“4+2+N”发展平台，重点打造 4 个综合公司、2 个专业公司及多个区域公司，鼓励综合公司做精做强做大、专业公司做特做响做专、区域公司做活做优做透；在专业培育上，将分散于 4 个单位的 5 个钢结构厂进行全面整合，组建成立九冶钢结构科技公司，提升装配式钢结构建筑市场空间；结合市场开发和业务模式转型需要，成立工程设计研究分公司，延长企业价值链，进一步开拓工程总承包市场。在组织架构方面，构建精简高效的组织管理体系、效益优良的经营管理体系、成本领先的生产管理体系、依法合规的风险管理体系、党建和业务同向发力的融合体系，形成低成本高质量的产品及服务供给体系。

六、党建与企业文化

坚持党建引领，推动党建与业务融合不断走深走实。完成了7个基层单位党委的换届选举；对两级公司400名部门副经理以上人员进行了述职考评，重新聘任，干部选拔任用进一步规范；坚持“双百分”考核，促进了党建与业务“双融合”。开展“两带两创”，确定创新课题71个、创效课题81个，累计创效3040万元，推动党建与业务“双提升”。持续推进正风肃纪，对联营项目、招投标采购等重点事项进行专项检查。通过建设大监督体系，维护风清气正的发展环境。

积极履行社会责任。九冶承建和运维的照金干部管理学院，解决当地30多名贫困劳动力就业；积极从中铝集团定点帮扶联系点和陕西省扶贫网站采购助农产品，集中采购113万元，助力打赢脱贫攻坚战；办理职工互助保险，共有1363人投保11万元，及时做好出险赔付，共赔付50人次，赔付金额5.7万元。党政工团齐抓共管，全面落实中铝集团企业文化建设“四统一”要求，积极倡导“业绩为先，奋斗为本”企业文化，并通过文体活动、演讲比赛、技术比武、劳动竞赛等载体，不断厚植积极向上的企业文化氛围。

撰稿 / 罗拱北

中色十二冶金建设有限公司

一、基本情况

中色十二冶金建设有限公司（简称十二冶）成立于1964年，注册资本5.33亿元，员工总数（在岗）1430人，资产总额45.36亿元，资产负债率91.37%。

主营业务范围：境内外冶炼、房屋建筑、矿山、市政公用、机电安装、公路、化工石油、钢结构、地基与基础、建筑装修装饰、炉窑、送变电工程施工和境内国际招标工程；工程检测试验；无损检测理化试验；自有房屋租赁；工程机械修理；设备租赁；建筑材料生产、销售，工程技术咨询服务；压力容器制造（仅限分支机构用）；以自有资金对矿业投资，矿产品、金属材料、装潢材料、五金、普通机械设备、机电设备、化工产品、煤制品、铁矿粉、铝矾土的销售。承装、承试、承修电力设施；特种设备安装；压力管道安装；道路普通货物运输；园林绿化工程：园林绿化工程施工；建设工程：冶金行业专业甲级；特种设备：铝制产品及设备的研发、设计、加工、销售、租赁。办公地址：山西省太原市杏花岭区胜利街280号。

2020年，十二冶在中铝集团党组和中铝国际党委的坚强领导和大力支持下，紧扣“回归施工企业本质”主题，坚持党建统领，瞄准全年经营目标，全年新签合同100.17亿元，存量“两金”压降23.78亿元，产值21.56亿元，营业收入20.15亿元，利润总额为6624.66万元，消化历史减利因素后，营业收入14.25亿元，报表利润总额−5.52亿元。

二、生产经营

2020年，面对新冠肺炎疫情的影响，十二冶全力做好疫情防控工作，员工及分包人员无一人感染、无一人疑似，全部在建项目顺利复工；持续推进市场营销，山西核心市场取得突破，多个项目实现延伸，资质升级助力发展，新签合同首次突破百亿元大关，为“十四五”开局奠定坚实基础；推广实施“两制一化”“三个提前”和“六个成本”，强化项目履约管理，项目建设不断规范，成本管控再上台阶；持续发力精简存量，重点项目取得突破；守正创新夯实管理基础，全要素对标、“十四五”规划编制、BIM技术应用、人才队伍建设加快推进。

3月1日，央视《新闻联播》在播报“国资委监管央企复工复产率超过 90%”的新闻时，有 6 秒的镜头是十二冶承建的广西华昇项目分解分级车间。

十二冶被认定为“2020 年度山西省骨干建筑企业”，获评 2020 年度太原市建筑业产值贡献奖。

主要经济指标一览表

表 1

项目	单位	2019 年	2020 年	增长（%）
资产总额	亿元	52.83	45.36	−14.14
工业产值	亿元	25.39	21.56	−15.08
营业收入	亿元	24.35	14.25	−41.48
利润总额	亿元	−1.71	−5.52	−220.93
税收贡献	亿元	0.29	0.23	−20.69
全员劳动生产率	万元 / 人・年	2.51	−25.53	−1117.13

三、安全环保

2020 年，十二冶始终坚持“安全是最大的痛点、环保是最大的风险”的理念，大力推广应用中铝集团 CARC 等安全管理工具，开展“安全生产专项整治三年行动”，做好领导包保班组、安全检查等工作，在项目现场召开安全管控交流会，在安全生产月期间录制播出“早安中铝”23 篇，安全环保攻坚战 10 项主要攻坚任务和 48 项具体措施保质保量完成；开展环保责任落实大检查和隐患排查治理，在建项目严格落实围挡、覆盖、冲洗、硬化、湿法作业、密闭运输“六个百分百”要求，积极主动做好安全环保各项工作。

安阳国际金融中心项目荣获“全国有色金属建设行业 2020 年度建设工程项目施工安全生产标准化工地（部级）”荣誉称号。

四、科技创新

2020 年，十二冶在施工方案动画展示、二次渲染、sktechup 非参数快速建模等方面深化 BIM 技术应用，组织首届三维模型设计大赛；获得省部级工法 8 项、国家知识产权局授权专利 4 项（发明专利 2 项、实用新型 2 项），新申请专利 5 项（发明专利 2 项、实用新型 3 项）、软件著作权 1 项；获得了山西省科学技术厅颁发的“高新技术企业证书”；十二冶钱江摩托项目“提高淤泥质土钻孔灌注桩一次验收合格率”等 8 个 QC 小组荣获 2020 年度有色建设行业工程建设质量管理小组成果奖（部级），1 项 QC 成果荣获中国建筑业协会“2020 年工程建设质量管理小组成果大赛”Ⅱ类成果奖。

2020 年科技创新数据表

表 2

技术创新投入（万元）	申请专利（件）	授权专利（件）	部级工法（项）	科技人员数量（人）
7711.82	5	4	8	255

五、改革发展

以回归施工企业本质为目标，深化市场营销改革，深耕细作冶炼、房建、矿业等传统建筑市场，逐步提升合同品质，风险从源头上得到一定控制。

扎实落实“两制一化”和“诚信经营”，不断夯实项目管理，提升项目创效能力，重塑十二冶品牌形象。开展全要素对标，赴山西建工集团和十一冶集团开展对标学习，各业务单元确定内部标杆单位，对标工作由外而内不断深入，持续提升管理水平。

六、党建与企业文化

落实从严管党责任，层层签订党建工作目标责任书；开展“三会一课”等活动，运用“学习强国”平台，形成全面覆盖的党员干部学习教育机制；组织开展增强“五力”大讨论，与“转观念、强责任、严执行”活动相融合，深入学习研讨、提高思想认识、增强行动自觉；组织建党99周年庆祝大会、“两优一先”评选表彰、“两带两创”优秀项目表彰、党建工作成果展等活动，进一步激发党员和员工爱党爱国爱企精神。

聚焦“监督执纪问责”“监督的再监督”，推进纪检监察体制改革，进一步深化“三转”；坚持党内监督与业务监督相贯通、专责监督与专业监督相结合，建立“大监督”体系；将“两金”清收纳入纪检、审计、巡察监督重点，加强日常跟踪督导；坚定从严管党治企，重点查处违反疫情防控规定等问题，彰显了十二冶党委纪委从严管党治企、正风肃纪的坚定决心。

组织团员青年学习习近平总书记给北京大学援鄂医疗队全体“90后”党员的回信，开展“不惧风雨、‘战役’青春”主题实践、学雷锋志愿服务活动，参加中铝集团青年新媒体技能比武，激励青年员工砥砺意志品质、增长工作本领。“我的十二冶”主题文化活动提升到2.0版，以行动统一为目标，通过“看变化、谈感受”主题征文、“微视频”征集等，以实实在在的变化鼓舞行动自觉，增强员工主人翁精神，将“家”情怀渗透到工作中，增强文化引领力。

十二冶广大党员和员工积极响应党委号召，踊跃捐款助力新冠疫情防控，捐款近20万元支持防疫工作，采购湖北扶贫农产品14万余元助力脱贫，受到山西省社会捐助和慈善事务管理中心的表彰。

撰稿 / 徐岱儒

中铝西南建设投资有限公司

一、基本情况

中铝西南建设投资有限公司（简称西南公司）成立于 2018 年 6 月 4 日，注册资本 10 亿元，员工总数（在岗）19 人，资产总额 2.2 亿元，资产负债率 2.33%。

主营业务范围：项目投资；工程技术咨询、企业管理咨询、财务咨询、经济信息咨询；工程项目管理；工程机械设备租赁。办公地址：云南省昆明市西山区前卫街道办事处日新路与前兴路交叉口润城第二大道 3 号写字楼 11 层。

2020 年，西南公司在中铝集团党组、中铝国际党委的正确领导和大力支持下，抓住党史学习教育的契机，以打赢“两战一仗”统筹全局，将党建融入企业生产经营各个环节，在疫情防控、复工复产、党建和党风廉政建设、项目股权转让和项目退出、12.86% 工程量谈判、法务和风险防范、项目监管和项目融资以及巡察整改等方面做了大量的工作，西南公司团结一致，紧紧围绕全年指标任务、围绕“1+3”条高速公路建成通车目标，积极推动项目监管协调，解决项目退出等遗留问题，平稳有序推进各项工作。

二、生产经营

2020 年，云南“1+3”条路累计完成投资 222.61 亿元，完成年度计划 206.41 亿元的 107.85%；开工累计完成投资 378.94 亿元，完成总投资概算 561.34 亿元的 67.50%。

三、安全环保

2020 年，西南公司安全生产形势平稳，弥玉、宁永、临云、临双等高速公路项目已加快施工，并严格施工工序。在节能减排、绿色低碳方面，坚持“绿水青山就是金山银山”的环保理念，全年未发生安全、环保事件，为云南经济社会发展做出央企贡献。

四、改革发展

2020 年，在中铝国际统一部署下，一是公司财务系统积极协调云南交投、各大金融机构对“1+3”条路的授信批复。2020 年，弥玉项目累计取得银行授信 214 亿元，宁永项目累计取得银行授信 120 亿元，临云项目累计取得银行授信 111 亿元，临双项目累计取得银行授信 99 亿元。

"1+3"条路的银行授信均实现了对项目贷款的全覆盖。二是通过积极跟踪弥玉项目中央车购税资金及融资进展、跟踪云南省政府发行高速公路专项债、云南省交通产业基金等相关信息，及时向上级领导进行反馈，协调促进宁永等3个项目政府资本金到位、政府专项债资金到位。截至2020年12月，"1+3"条高速公路项目资本金累计到位144.10亿元，银行贷款累计到位85.48亿元，满足了项目建设的资金需要。

五、党建与企业文化

（一）党的建设更加规范

2020年，是西南公司党委成立的第二年，着力加强党的基础建设工作，扎实落实上级党委部署的重点任务，加快党建工作与业务工作深度融合，党建工作质量明显提升。进一步提升了公司党委和各党支部的组织力、凝聚力。以"两带两创"活动为平台，申请《利用BIM技术加强现场管理，达到降本增效作用》《弥玉党支部带党员创效完成年度任务》项目等，为完成"1+3"条路年度目标任务持续发力。通过抓党员"双提升"工作，确保了党员干部更有为、更有责，实现党组织评价有依据、党员争优有动力。进一步完善干部人才队伍管理制度，促进干部人才良性发展。

（二）党风廉政建设更加有力

通过强化工作部署安排、厘清监督责任、抓好廉洁宣传教育，加强执纪问责、扎紧制度笼子多种措施一体推进"不敢腐、不能腐、不想腐"机制建设。

（三）巡察整改工作扎实有效

7月30日至9月10日，中铝国际第一巡察组对西南公司、弥玉公司开展了为期40天的政治巡察，针对巡察组提出的26个问题，逐一制订措施并进行整改，同时从制度建设着手构建长效机制。全体党员干部政治意识明显加强。干部队伍工作作风明显转变。公司党委履行主体责任意识进一步加强，班子成员履行"一岗双责"的责任意识和规矩意识进一步增强，遵章守纪意识在干部职工心中已形成自觉。

（四）进一步深化工会群团工作

完善企业、工会、职工形成一个整体的民主沟通渠道，规范职工大会制度，确保职工有序参与民主管理、畅通维权渠道、精准服务职工、营造和谐工作氛围，做好工会各项工作。积极开展多种形式的活动，传递正能量，聚人心，促发展。继续办好职工期盼的好事实事，不断创新工作方式，将职工建家和企业发展高度融合，促进西南公司发展。

撰稿／马　骁

中铝资产经营管理有限公司

一、基本情况

中铝资产经营管理有限公司（简称中铝资产）成立于2013年4月8日，注册资本13.41亿元，员工总数（在岗）10349人，资产总额229.04亿元，资产负债率42.55%。

主营业务范围：经营管理国有资产和国有股权；技术开发、技术服务。

产能规模：润滑油1.2万吨、铸轧卷7.56万吨、铝型材1.7万吨、水泥360万吨、液碱20万吨、液氯17.8万吨、氮化硅砖5000吨、衬板2200吨。办公地址：北京市昌平区北七家镇蓬莱苑南街中铝科学技术研究院8号楼4层。

2020年，中铝资产实施不动产开发和工业服务产业发展战略，充分发挥党建引领作用，深入开展改革和全要素对标，全年实现考核利润7.16亿元，超过集团下达的奋斗目标0.16亿元；经营性现金流7.82亿元，同比增加5.1亿元；成费比96.29%，同比降低1.11个百分点；“两金”规模26.54亿元，较年初降低3.44亿元；资金集中度68%，较任务目标提高18个百分点，均超额完成年度任务目标。

二、市场分析

（一）价格走势

1. 水泥。2020年，中国水泥市场表现先弱后强的局势，水泥价格随季节及疫情影响表现为先抑后扬。2020年上半年，受疫情影响，项目开工普遍延期，导致上半年行情偏淡；下半年，疫情控制良好，施工进度加快，水泥需求大幅度回升，水泥价格随着“金九银十”态势开始以回涨为主。1—10月水泥行业营业收入7952亿元，同比下降2.7%，降幅较上半年收窄2.7个百分点。盈亏相抵后利润为1483亿元，同比下降1.6%，相比上半年降幅有所收窄。截至2020年底，全国水泥价格指数为461元/吨，价格保持高位运行。

2. 铝型材。2020年，国内铝加工行业受疫情影响严重，市场走势跌宕起伏，铝价既有触底、又有新高，价差高达3930元/吨。在年初疫情防控期间，企业推迟复工复产，铝加工行业受影响严重；后期国内疫情好转，生产及需求端回暖爆发，铝加工产品整体呈上行趋势。但基于疫情及高位铝锭价格影响，国内消费较比往年仍处于较低水平。

3. 液碱。2020年，中国液碱市场表现低迷，整体呈下行走势，年平均价格处于近三年来的低位水平。

液碱下游盈利状况不佳，开工水平处在低位，虽然在10月基于检修利好的因素，价格稍有反弹，但下游需求改善欠佳，11月下旬起价格再次回落，难达往年同期水平，市场收益平淡。数据显示，2020年，国内32%离子膜液碱市场平均价格在573元/吨，与2019年同期的平均水平818元/吨相比，降幅在29.95%。

（二）市场供求

1. 水泥。受疫情影响，2020年上半年水泥产量表现欠佳，下半年伴随疫情控制良好，水泥产量回增，但全年供给量依旧呈下滑态势。2021年，整体水泥企业预计市场呈良好态势。

2. 铝型材。2020年，中国铝型材产量2002万吨，其中工业铝型材产量约为612万吨，占比为30.57%。中国铝型材消费量规模不断扩大，产销率基本稳定在89%左右，并且工业铝型材消费量长期占铝型材消费总量的34%左右。国内铝型材供应略大于销售，预计2021年市场总体基本平衡。

3. 液碱。2020年，中国烧碱产能4500万吨，预计到2021年底，中国烧碱产能将达到4590万—4630万吨。2020年，中国烧碱消费总量3485万吨，在出口市场低迷的情况下，预计出口货源多转入国内消费，2021年国内消费量预计有所增加。

三、生产经营

主要经济指标一览表

表1

项目	单位	2019年	2020年	增长（%）
资产总额	亿元	265.58	229.04	−14
工业产值	亿元	41.01	39.65	-3
营业收入	亿元	94.97	86.46	-9
利润总额	亿元	−3.56	5.16	−245
净利润	亿元	−4.62	4.15	−190
税收贡献	亿元	5.69	5.71	0.35
全员劳动生产率	万元/人·年	18.34	22.17	20.91
资产负债率	%	46.11	42.55	减少3.56个百分点
净资产收益率	%	−3.24	3.02	增加6.26个百分点
总资产报酬率	%	−0.98	2.56	增加3.54个百分点
研发投入强度	%	1.05	0.94	减少0.11个百分点

四、安全环保

（一）安全生产基础不断夯实

12家生产企业35名领导班子成员实行安全风险抵押考核。排查治理安全问题及隐患2852项，“葡萄图”应用和CARC表安全工具全面落地。安全培训实现生产班组全覆盖。建立了三级重要危险源清单和“源长制”，排查治理安全隐患57项。

（二）节能减排、绿色低碳工作成效初显

开展工业废水零排放工程、固废（危废）资源化工程无组织排放深度治理工程，绿色低碳工作贯穿始终。开展废气排放深度治理，优化排放指标，从严从低控制污染物排放，主要污染物排放二氧化硫、氮氧化物同比下降 71%、57%。实现重伤及以上生产安全事故为零、未发生环境和质量事件，CAHSE 体系在集团年度体系审核中位居前列。

五、科技创新

一是重点完成部分生产现场无人值守系统开发、物流管控等科研项目实施。二是在原有产品的技术和原理的基础上，改进技术，使性能有一定进步。三是铝用特种设备、铝用工业炉等电解铝配套设备的研发。

实施科技研发项目 55 项，累计研发投入 8094.64 万元。如：山东铝业水泥新产品研发及智能清洁生产系统取得关键突破；长城铝业微波煅烧 α－氧化铝微晶的工业化应用研究项目获得政府资金支持 30 万元；贵州铝厂电解铝智能巡检小车不断改进。推进科技型企业分红激励，山铝环境新材料、中铝润滑等企业制定了分红激励实施方案。

2020 年，申请发明专利 5 项；实用新型专利 24 项；外观专利 2 项。获得有效授权专利：实用新型专利 16 项；外观设计专利 2 项；计算机软著 3 项。

六、改革发展

（一）深入谋划发展改革

制定公司深化改革三年行动实施方案，从实施管控体系改革、完善法人治理结构、推进产业布局优化和结构调整等七个方面明确了 77 项改革措施。

（二）资产盘活成绩显著

完成广冶股权转让项目，实现收入贡献 11.3 亿元，收益约 10 亿元；完成平果铝业、贵州彩铝股权无偿划转。统筹布局公司资产盘活工作，资本运作收入 2.63 亿元，收益 2.05 亿元。加大低效无效资产处置力度，完成了 7 户参股权处置，超额完成任务。

（三）土地盘活成效显著

全年收回土地盘活资金 23.5 亿元。其中，贵州铝厂收回电解铝土地收储款 22.5 亿元，并收回氧化铝土地收储款 1 亿元；平果铝业完成污水站土地盘活，实现收益 500 万元。

全年累计压减投资 3.17 亿元，压减率达 75.84%。其中，中科公司中铝科学院二期项目压减投资 1.1 亿元，优化率 12.8%；中铝工服宁国耐磨产业基地一期项目压减投资 3222 万元，优化率 40.5%。

七、党建与企业文化

（一）充分发挥党建引领作用

始终把学习贯彻习近平新时代中国特色社会主义思想作为首要政治任务，纳入党委理论中心组学习和各级党员教育的核心内容。“三重一大”事项 100% 履行前置研究程序。开展“两带两创”项目 38 项，累计创效 2 亿元，扎实开展党员“双提升”、“标准化党支部”建设。

（二）纪委发挥监督保障作用

落实主体责任，召开公司党风廉政建设警示教育大会。办结存量增量问题线索 24 件，问责处理 26 人，收缴违纪款 51.15 万元。对郑州中铝建新蔡如意花园项目和平果铝业有关土地处置情况开展专项巡察，推进问题的解决。

（三）创新开展品牌建设和宣传工作

推进学习型党组织建设。“中铝资产微窗”微信公众号累计发表文章115篇，外宣稿件同比提高77%，展示了中铝资产良好形象。群团工作发挥桥梁纽带作用。

八、履行社会责任

完成社会责任管理模块评估工作和优秀案例及图片报送工作。向河北省尚义县定向捐赠2万元。长城铝业、山东铝业仅1个月建成投产医用口罩生产线，山东铝业紧急转产防护服、消毒液等防疫物资；圆满完成中铝集团向吉尔吉斯共和国医用口罩捐赠任务；中铝投资、贵阳铝镁、长勘商贸等企业为租户减免租金3400万元；中铝资产及长城铝业、中铝投资荣获中铝集团总经理特别奖。

撰稿 / 张海娜

山东铝业有限公司

一、基本情况

山东铝业有限公司（简称山东铝业）成立于2017年，注册资本3.5亿元，员工总数（在岗）1652人，资产总额31.76亿元，资产负债率55.51%。

主营业务范围：医疗器械生产、常用有色金属冶炼、水泥制品制造、门窗制造加工、有色金属合金制造、新材料技术研发、化工产品生产（不含许可类化工产品）、服饰制造、劳动保护用品生产、特种劳动防护用品生产、非常规水源利用技术研发等。

产能规模：水泥熟料232万吨、水泥300万吨、液碱20万吨、液氯17.8万吨、铝型材1.4万吨。办公地址：山东省淄博市南定镇五公里路一号。

2020年，山东铝业全年实现账面利润2.04亿元，考核利润2.03亿元；利润总额、经营性现金流、净资产收益率、成费比、资产负债率、应收账款周转率均创出历史最好水平。

二、生产经营

2020年，以“不吃老本立新功、优化指标创新高”竞赛为抓手，开展全要素对标。山东铝业33项指标同比优化率达70%，8项指标达到行业标杆水平，15项指标超越历史最好水平，创效2667万元。2020年主要产品产量：水泥287.58万吨，同比增长1.53%；折百液碱19.24万吨，同比增长5.91%；液氯14.89万吨，同比增长1.94%；铝型材1.13万吨，同比降低17.74%。

主要经济指标一览表

表1

项目	单位	2019年	2020年	增长（%）
资产总额	亿元	35.73	31.76	−11.11
工业产值	亿元	19.72	19.80	0.43
营业收入	亿元	31.84	27.81	−12.66
利润总额	亿元	0.49	2.04	316.33
税收贡献	亿元	1.83	1.80	−1.64
全员劳动生产率	万元/人·年	206.49	168.85	−18.22

三、安全环保

2020年，山东铝业实现轻伤及以上安全生产事故为零；一般及以上突发环境事件为零。

（一）安全管理更严

全面开展“两抓两查严监管”，强力推行安全卫士“葡萄图”管理工具，全员安全意识得到加强。坚持承包商一体化管理，属地单位领导进行包保，同时将安全作业标准“口袋卡”工作推广到所有承包商，杜绝承包商作业事故。

（二）治理力度更大

配合中央环保督察，投入2.66亿元用于整改环保问题和污染治理设施的升级改造，全年二氧化硫、氮氧化物、颗粒物排放量较标准分别下降67.12%、65.86%、58.04%，顺利通过第二轮中央环保督察。山东铝业入选工信部第五批绿色制造名单。

（三）节能效果更优

紧紧围绕“节能减排、科学发展”这一主题，下属环境新材料公司完成了清洁生产管控系统项目研发，实现了每千克熟料氨水消耗量降低9.67%，单位烧成煤耗降低1.15千克/吨，熟料综合电耗降低1.07%，f-CaO标准偏差降低28.37%。

四、科技创新

2020年，山东铝业开展知识产权管理工作。累计申报、受理专利27项，其中发明专利4项。专利涉及资源综合利用、水泥生产工艺设备等多方面。申报软件著作权20项。

（一）完善科技项目管理制度

修订《科技项目管理办法》《科技奖励管理办法》，规范各类科技计划的项目立项、实施管理、项目验收和专家咨询等项目管理工作。杨海林被评为山东铝业有限公司科技明星；孙峰、王玉军被评为山东铝业有限公司科技标兵。

（二）促进共性关键技术研发

新立项研发项目8项，包括新产品研发的“抗硫酸盐侵蚀的62.5强度等级硅酸盐水泥研究”项目、基础研究的“高烧失量粉煤灰配料改善熟料易烧性的研究”项目等。累计投入研发费用4668.71万元。

（三）构建企业技术创新平台

着力推动技术中心提质扩面，经山东省发改委认定为山东省企业技术中心，获得省、区二级配套奖励共计70万元。

五、改革发展

（一）大力推动降本措施、压控投资

全要素对标“四大战区”全面发力，累计创效7192.37万元。成费比完成92.99%，提前一年完成“三年降本增效”目标。按照“在建项目优化投资10%，拟建项目优化20%”的原则，聚焦中高端精细氧化铝项目，不断优化压减投资，守住投资底线。投资计划较年初降低59.4%。

（二）以利润目标为导向，树立“过紧日子”理念

牢固树立“过紧日子”理念，以“经营产品、经营生产线、经营企业”为中心思想，全面杜绝四种浪费，通过优化经济技术指标、增加产销量、降库存、减值转回等措施，全面压费用、增效益。水泥完全成本同比降低12.12%。

（三）妥善平稳做好“三供一业”分离移交工作

“三供一业”分离移交结算审计和离退休人员社会化移交基本完成，新设社区管理职能已签订移交协议，幼儿园11名在岗人员正式移交地方管理。完成山铝四通镍业、青岛英汇达、阳泉鲁阳、青岛奇正等4户非正常经营企业清理注销工作。

六、党建与企业文化

以习近平新时代中国特色社会主义思想为指导，认真落实中铝集团党组和地方党委政府的决策部署，充分发挥党的领导作用。巩固深化“不忘初心、牢记使命”主题教育成果，建立问题整改季度“回头看”工作机制，实现“闭环销号”管理。

（一）党建引领企业发展

一是完善“三横六纵”大党建体系。党建规范化、制度化建设迈出新步伐，组织编写《大党建工作基本法》1.0版，开展党建工作质量专项整改提升行动，建立“六个一”和“两加强”基层联系点制度，与中国铜业、云铜股份、驰宏锌锗、东南铜、西南铝等兄弟单位进行党建结对对标，互学提升党建质量。二是开展系列党建活动。开展增强“五力”大讨论，收集意见建议2661项，以理念引领凝聚力量。开展“党课开讲啦”活动，制作并推广学习精品党课29个。坚决落实意识形态责任制，出台精神文明建设三年规划，建成1000米的党建文化一条街，编发《山铝学习》15期。重视思想政治课题研究，形成论文成果25篇。

（二）依规依纪处置线索

全年共处置问题线索36件，办结率100%。精准运用“四种形态”，坚持具体问题具体分析，全年追责问责处理36人。一体推进“三不”建设，坚持有腐必反、有案必查，立查案件8起，给予党政纪处分7人，收缴违纪款12.59万元，挽回经济损失179.83万元。

（三）勇担疫情防范责任、压实脱贫攻坚责任

一是10名医护人员逆行出征、驰援湖北。向社会捐赠次氯酸钠消毒液6.60万升，迅速转产防护服、建设口罩生产线，彰显央企的责任担当。二是向扶贫联系点淄博市博山区石马镇下焦村派驻扶贫干部，定期交流座谈，发挥援建项目的带动与引领作用，吸引广大村民积极参与，实现产业规模化发展，带动村民致富，打赢脱贫攻坚战。

撰稿 / 刘绪睿

中国长城铝业有限公司

一、基本情况

中国长城铝业有限公司（简称长城铝业）成立于1958年，注册资本3亿元，员工总数（在岗）1793人，资产总额19.89亿元，资产负债率62.64%。

主营业务范围：主要产品为水泥，兼营产品制造、机械加工、医用口罩、工程地产、工装服务、物流贸易、信息技术等业务。

产能规模：普通硅酸盐水泥100万吨、集装袋300万条、高纯α氧化铝6000吨、医用口罩日产10万只。办公地址：河南省郑州市上街区厂前路28号。

2020年，长城铝业以深化“对标管理提升年”为主线，坚持党建引领，夯实对标管理，深化改革创新，推动提质增效，巩固拓展市场，狠抓政策创效，生产经营保持良好态势，实现营业收入11.94亿元，利润总额5015万元，打赢了疫情防控阻击战，持续保持安全环保质量“三零”目标，全面完成了全年各项目标任务。长城铝业获得中铝集团、中铝资产总经理特别奖。

二、生产经营

主要经济指标一览表

表1

项目	单位	2019年	2020年	增长（%）
资产总额	亿元	25.39	19.89	−21.6
工业产值	亿元	6.31	6.14	−2.7
营业收入	亿元	11.91	11.94	0.25
利润总额	亿元	0.53	0.79	49.06
税收贡献	亿元	0.71	0.66	−7.04
全员劳动生产率	万元/人·年	34.59	34.24	−1.01

三、安全环保

2020年，长城铝业实现了新增职业病为零，火灾事故为零，突发环境事件为零，连续四年实现了轻伤及以上生产安全事故为零。

（一）迅速建成医用防疫物资生产线

2020年初，长城铝业迅速落实习近平总书记“疫情就是命令，防控就是责任”的重要讲话精神，在中铝集团、中铝资产的协调指导与地方政府的大力支持下，仅用25天时间，投资260万元，迅速建成了一条日产10万只医用口罩生产线，并紧抓政策时间节点，取得相关资质生产和出口外销资格，顺利通过 CE、FDA 认证和 ISO 9000 质量管理体系认证。全年累计生产口罩 1820 万只，累计销售口罩 1769 万只，实现收入 1322 万元，争取政府设备补贴 100 万元，并与中铝资产、中铝工服上下联动，圆满完成中铝集团向吉尔吉斯共和国医用口罩捐赠任务。同时，长城铝业严格落实疫情防控责任，编发疫情防控快报 140 期，开展疫情防控培训 1.3 万人次。

（二）夯实安全管理根基，践行生态环保理念

开展各类现场安全检查 200 余次，整改安全隐患 403 项，累计 52 人通过注安师考试；安全体系年度考评以 82.38 分，位列中铝资产所属企业第一名；持续推进无组织排放深度治理，加强污染源净化设施运行维护，强化对生产施工现场“8 个百分百”扬尘防治的监督检查，确保污染物达标排放；严格落实地方政府污染天气应急管控措施，圆满完成中央生态环保督察迎检工作。

四、科技创新

完善一批“技术标准管理制度”，全年累计科技创新投入 1719.2 万元，科技人才数占员工总数比为 4.4%，取得计算机软件著作权登记证书 4 个、授权专利 11 个，其中发明专利 2 个，实用新型专利 9 个。下属单位河南长兴实业、河南长城信息顺利通过河南省高新技术企业认定。河南长兴实业获得河南省“特种氧化铝与粉体材料包装工程技术研究中心”高新技术企业认定。河南长兴实业微波煅烧微晶 a- 氧化铝粉体产业化研究完成第二次工业试验，取得预期效果，开发的导热用氧化铝取得阶段性成果，成功向客户推广试用。

五、改革发展

（一）生产经营稳步向好

长城铝业以深化“对标管理提升年”为主线，持续深化改革创新和转型发展，生产经营保持平稳向好态势，提前一个月超额完成年度经营利润目标，经营性现金流较目标多流入 917 万元，资产负债率较年度目标优化 3.2%，10 个一级对标指标均实现同比优化，水泥、集装袋和絮凝剂等多个质量指标创出历史新高。

（二）政策创效成效显著

长城铝业充分利用政府纾困惠企政策，获得社保优惠减免、稳岗补贴、以工代训、转产疫情急需物资补贴等合计 3566 万元；加大税收增利，积极争取土地使用税减免、房产税减免等各类税收优惠，合计争取税收优惠降本增利 1394 万元；全面梳理企业各类资产情况，增强资产创效力度，足额争取政府补贴，共计获得各类资产处置及补偿款 2217 万元。

（三）稳步推进相关改革

顺利完成“三供一业”竣工结算审计、退休职工档案信息化整理和移交等重要事项，厂办大集体改革取得重大进展；项目建设扎实推进，启动河南长兴实业多品种氧化铝搬迁，自主研发实施了微波煅烧阿尔法氧化铝项目，铝酸钙粉转型项目顺利通过政府环评验收；进一步完善中基层干部管理规定，探索推进薪酬制度改革，完成劳务派遣用工的清查整改，降低了用工风险。

六、党建与企业文化

长城铝业党委深入贯彻落实党中央和集团党组工作部署，持续推动从严管党治党，促进党建与业务工作深度融合。

（一）持续深化党建体系建设

开展党建“双百分”考核、“两带两创”、标准化党支部和模范党小组创建工作，开展党建技能比武、增强“五力”大讨论等活动，全年实施“两带两创”项目309项，形成“五力”大讨论两级研讨成果30篇，外宣稿件300余篇。

（二）持续深化纪检监察体制改革

完善监督体系建设和巡察工作格局，充分运用“四种形态”，坚持开展常态化警示教育活动；落实中铝集团构建“廉洁地图”工作部署，聘请群众廉政监督员98名，确立重点岗位216个，制定防范措施258条；长城铝业获准成为中铝集团首批3家审理联系点单位之一。

（三）大力加强企业文化建设

2020年，长城铝业大力实施“四项工程”，累计开展劳动竞赛47项，征集合理化建议7542条，成果132项；推广全民健身“健步走”，适时举办了各类文体活动；在水泥厂等单位创建劳模先进工作室3个；全年共荣获省部级荣誉77项；构建了健康文明、积极向上的企业文化氛围。

（四）积极承担履行社会责任

2020年，长城铝业开展送温暖系列活动，组织省市级以上困难劳模的春节专项救助，发放救助金8.1万元；针对企业级困难职工75人发放救助金5.62万元，为9名深度困难职工争取市总帮扶中心节日救助1.35万元；累计帮扶救助困难职工163人次，争取各类救助帮扶款17.93万元；开展“点亮微心愿”志愿服务活动，为12户全国级建档困难家庭赠购学习、生活物品；开展“金秋助学”活动，资助困难家庭子女38名，慰问金4.19万元；5户深度困难职工家庭纳入常态化帮扶，全部实现脱困。

撰稿 / 王世闯

贵州铝厂有限责任公司

一、基本情况

贵州铝厂有限责任公司（简称贵州铝厂）成立于1958年，注册资本5.91亿元，员工总数（在岗）1311人，资产总额27.53亿元，资产负债率75.91%。

主营业务范围：现代工业服务、现代城市服务、现代物流（铁路专用线及公路）、房地产开发、职业教育学校、技术服务、建筑施工、餐饮住宿、交通印刷、机械设备、仪器仪表、零配件及相关技术的进口业务。

产能规模：铝合金（铝型材）产能4000吨。办公地址：贵州省贵阳市白云区同心东路贵州铝厂。

2020年，贵州铝厂各项改革发展工作取得积极成效，超额完成年度奋斗目标，实现盈利8403万元，经营性现金流为2.07亿元，与年度预算1.9亿元相比，超计划1663万元，连续第五年实现生产经营奋斗目标，连续第六年荣获中铝资产总经理特别奖。

二、生产经营

主要经济指标一览表

表1

项目	单位	2019年	2020年	增长（%）
资产总额	亿元	42.54	27.53	−35.3
工业产值	亿元	0.92	1.09	18.1
营业收入	亿元	5.21	5.45	4.6
利润总额	亿元	−1.46	0.36	124.39
税收贡献	亿元	0.3	0.5	67.37
全员劳动生产率	万元/人·年	36.14	40.47	11.99

三、安全环保

2020年，总体实现了安全零工亡、环保超净排放的目标。

（一）持续疫情防控，精准常态化推进

有序促进各单位复工复产和按时保证职教学院1400余名学生返校。贵州铝厂保安分公司杨飞获公安部通报表扬保安行业抗击疫情表现突出个人先进荣誉。

（二）打造平安贵铝取得实效

开展各类专项培训36次、下发1332个口袋卡和对相关安全操作规程进行了制订和修订。建立风险清单1328项，其中较大风险11项，同口径风险总值较2019年降低8.84%。查处承包商违反“十条禁令”行为2起，相关单位一般违章行为28起，考核相关责任人3.5万元。中央环保督察，督促各“产废”单位合规处置危废16.45吨，成功办理三家单位排污许可证。安全信息化平台投入使用，建立常态化安全管理。

四、科技创新

2020年取得12项专利，贵铝工服“欧涛创新工作室”被命名为中铝集团第二批职工创新工作室、贵州省劳模创新工作室荣誉称号。

（一）科技研发项目焕发生机

获批中铝集团科技发展基金828.5万元，涉及5个科技研发项目。“新铝用新能源特种装备项目”“一种新型焊接式铜渣包项目”具备结题条件，“铝电解槽智能感知巡检小车开发项目”有序推进。贵铝工服研发的电动阳极车、铜渣包、坩埚预热炉，分别取得了276万元、27.5万元、39.2万元的销售订单。

（二）“数智贵铝”开发显现成效

加快5G、智能制造、人工智能等新技术与安全生产、经营管理多领域深度融合，更好服务企业发展；生产管理模块、OKR模块、视频系统的集成、贵州铝厂网站集群等应用，提高了数据利用率、提升了安全管理规范性、企业知名度；启用VPN设备，增加了“数智贵铝”综合平台的安全性。“数智贵铝”大数据应用云平台还通过了贵州省万企融合标杆项目。

（三）QC、品牌故事取得好成绩

参加了贵州省质量协会主办的QC小组成果发表赛、集团第二届QC小组成果发表赛两项大赛及贵州省品牌故事活动。QC成果获集团三等奖、贵州省特级奖1个、一级奖2个、二级奖5个、三级奖1个。品牌故事大赛9个作品都获得贵州省部级奖励。

五、改革发展

（一）深化改革持续增强内生动力活力

退休人员社会化管理工作。退休人员社会化管理工作实现了退休人员移交13119人、人事档案移交13119卷、党员组织关系移交3782人的移交率“三个100%”。

厂办大集体改革收尾工作。厂办大集体企业关闭注销工作正积极推进，其下设的28家单位，目前已累计关闭注销23家。

对参股、控股企业的管理工作。一是已完成贵铝昆展公司的关闭注销工作，宝化炭黑（贵阳）有限公司正在开展破产清算相关工作。二是加强对参股公司昆明电缆集团股份有限公司的管理，拿回分红128.14万元。三是完成贵铝彩铝59.5%股权无偿划转给集团工作。

（二）强力攻坚重点项目开创发展局面

金融北城项目实现全面落地。该项目是承载贵州铝厂“三退三进”转型发展的重要项目之一。项目从2017年9月5日开始至2020年6月23日项目落地，完成“最后一公里”审批，项目既妥善解决了原电解铝片区30亿元土地收储资金的回收瓶颈，同时又积极参与项目的后期开发获取收益，贵州铝厂“地主”变“业主”的“退二进三”蓝图将逐步得以实现。

健康养老项目彰显示范作用。作为“贵州省健康养老产业现场观摩点”和“贵阳市智慧民生典型应用示范项目”，2020年，入住长者143人，入住率52%，实现现金流收入252.74万元，获得政策补157万元。获得“2020年度省级服务业标准化试点单位”“贵州省2020年示范型养老机构”称号。

修文矿综合开发项目持续推进。积极开展引资引智工作，接待中交第二航务工程局有限公司、中铁文化旅游投资集团有限公司等17家单位的现场考察和洽谈。与修文县人民政府积极洽谈《合作框架协议》，提升项目效益。项目还被列为2020年贵州省重大工程与重点项目的预备项目（节能环保类）。

六、党建与企业文化

（一）党建工作

把方向管大局。党委多次讨论“十四五”规划草案，研究管理改革方案，确保企业发展方向正确。党委与直属党组织签订党建目标责任书和党风廉政建设责任书，落实主体责任，管住企业发展大局。以95个“两带两创”项目为抓手，确保基层党建与生产经营中心深度融合。

强化党风廉政。落实两个责任，推进纪检监察体制改革。建立完善党委议事规则、“三重一大”决策程序和重大事项沟通协商机制。推进政治巡察和专项核查上下联动，开展专项自查自纠及专项整治。着力建设“三不”体系，逐步实现纪检监督与巡察、审计、财务等职能监督贯通融合。

加强巡察整改。推进中铝集团党组巡视反馈问题整改，明确174条措施，截至2020年12月底，巡视反馈问题整改完成率92%。构建“大监督”体系，整合监督资源，形成监督合力。

（二）履行社会责任

开展党内关怀帮扶。落实帮扶资金20.45万元，对217户在岗困难党员以及离退休困难党员进行精准帮扶慰问。

加强宣传工作。在《中国铝业报》、“今日中铝”公众号、《中国有色金属报》、《贵阳日报》、《劳动时报》和《贵州省国资委抗疫专报》上动态报道党建工作、抗疫情保生产先进人物典型事迹214篇。贵州铝厂扶贫干部张志华事迹入选“第三届中央企业优秀故事”；贵铝技服蔡良钧被省总工会评为“贵州省职工建设‘美丽贵州’绿色增效劳动竞赛”先进个人。

有序开展工会活动。开展“三节一日”慰问14156人；共青团成立“一铝阳光”志愿者协会，开展“你们都曾保卫过国家”庆祝建军93周年、“敬老爱老，情暖重阳”等活动。

撰稿 / 冉袁川

中铝山西铝业有限公司

一、基本情况

中铝山西铝业有限公司（简称山西铝业）成立于2017年11月，注册资本6亿元，员工总数（在岗）2113人，资产总额29.6亿元，资产负债率40.56%。

主营业务范围：生产、销售氧化铝、氢氧化铝、电解铝及深加工产品；矿产资源开采与销售；生产、销售耐磨材料、过滤材料、塑编袋、絮凝剂、化工产品；脱硫、脱硝除尘系统运行、维护、检修等业务。

产能规模：粉煤灰砖年产6000万块；配电柜年生产加工能力2500万元；金属镓年产60吨。办公地址：山西省河津市龙门大道北段10号。

2020年，山西铝业坚持“改革创新、转型升级”的主基调，统筹推进疫情防控、复工复产、改革减负、转型升级，全要素对标先进，全方位提质增效，各项工作取得了极其不易的成绩。2020年实现营业收入9.2亿元，实现考核经营利润561万元，超总部考核目标61万元；实现考核经营性净现金流1.23亿元，超总部考核目标1688万元；2020年底资产负债率为40.9%，同比降低2.34个百分点。在疫情严重冲击的特殊背景下，争取政策，全年返还困难企业土地使用税1766万元，享受中小微企业社保减免政策701万元，为全年目标任务的完成做出了突出贡献。

二、生产经营

主要经济指标一览表

表1

项目	单位	2019年	2020年	增减（%）
资产总额	亿元	35.56	29.6	−16.76
工业产值	亿元	0.16	0.22	37.5
营业收入	亿元	12.2	9.18	−24.75
利润总额	亿元	−4.92	−0.06	−98.78
税收贡献	亿元	0.87	0.63	−27.59
全员劳动生产率	万元/人·年	−3.34	11.33	−439.22

三、安全环保

2020年，全年安全生产重伤及以上事故为零，新增职业病例为零，一般及以上突发环境事件为零。

一是抓制度建设。制定实施《安全生产事前问责及事故调查处理管理办法》《安全环保绩效考核细则》等制度，责任更加明确，要求更加严格。二是抓安全培训。坚持管理层培训与基层微课堂相结合，全年培训10886人次，员工安全管理意识明显提升，安全管理氛围更加浓厚。三是抓安全管控。对CARC表进行优化，更接地气；向山西工服派驻安全整治工作组，进行为期3个月的专项安全整治；设立四级“源长”，对检修施工现场及生产现场进行重点检查，共查处各类问题455项，并全部整改。四是抓安全投入。全年安全生产投入303.52万元，环保投入17.66万元。五是抓环保整治。建设清洁工厂，开展运输装卸治理，严控无组织排放。

四、科技创新

山西铝业培训中心牵头编写《氧化铝制取工》国家职业技能标准，于2020年底由人社部颁布实施；“一种焊剂回收装置”“一种水冷壁管吊装装置”“一种脱硅槽管排调运支架”“一种柱形罐体防倾倒装置”“一种电收尘阴极振打系统绝缘磁轴转向连接装置”“5项实用新型专利获国家专利局授权”“一种电收尘振打系统绝缘磁轴连接装置”获山西省五小成果三等奖。

五、改革发展

坚持“台账式管理、项目化运作”模式，主动对接，稳妥推进。

（一）积极推进“三大产业”转型升级和“六大基地”建设

2020年河津铝基地以外市场占比66%。一是工程技术单位加快走出去步伐，市场区域从晋南市场拓展到西南市场、东南市场、东北市场，业务从铝行业延伸到焦化、钢铁、化工、煤炭行业，服务能力和市场竞争力不断提升。二是产品制造单位以提升产品质量和服务水平为抓手，积极抢占市场份额。现代服务单位坚持以优质服务、跑赢市场为目标，转变经营模式，拓展经营范围，培育新的利润增长点。

（二）积极推进改革，为企业轻装上阵奠定基础

河津、介休、孝义3个区域16个“三供一业”项目全部完成改造并出具了审计报告，改造费用全部控制在政策范围内，移交改造任务全面完成；退休人员社会化工作顺利完成，其中档案移交8580份，党员组织关系移交1872人，人事关系移交8120人，移交率均为100%；厂办大集体改革涉及的山碳工贸和晋铝实业破产清算已取得法院受理，进入破产处置阶段，晋铝修建将纳入晋铝实业的所属企业进行破产清算，按期完成了历时三年的厂办大集体改革任务；作为僵特企业的晋铝兴业根据中央处僵治困政策，进入法院破产程序。各项改革取得的重大突破，为企业下一步轻装上阵、高质量可持续发展奠定了坚实基础。

六、党建与企业文化

山西铝业坚持党建引领，巩固“不忘初心、牢记使命”主题教育成果，深入学习贯彻习近平新时代中国特色社会主义思想和党的十九届五中全会精神，用最新理论成果武装头脑，指导实践。

（一）注重党建工作与生产经营深度融合

扎实开展“五力”大讨论、“两带两创”活动，建立了生产经营“挂牌出题”、党组织“揭榜领题”、党员“亮牌解题”的常态化工作机制，营造了全员创新创效的良好氛围。群团组织积极作为，开展劳动竞赛，弘扬工匠精神和劳模精神，承办中铝集团第十六届“中铝工匠赛”，3名选手进入前五名，王建伟获“全国劳动模范”称号并到北京接

受表彰。

（二）狠抓党风廉政建设

持续加强监督，精准执纪问责，推进“不敢腐、不能腐、不想腐”的长效机制，为企业提质增效、改革发展提供了坚强的纪律保障。

（三）积极承担疫情防控责任

山西铝业积极履行央企社会责任，坚持把疫情防控作为一项政治任务，在做好疫情防控的同时，企业高效推进复工复产工作，企业党委下拨经费30万元，党员群众自愿捐款60余万元，实现保生产战疫情“两手抓”“两手硬”。

撰稿 / 梁江华

中国铝业集团高端制造股份有限公司

一、基本情况

中国铝业集团高端制造股份有限公司（简称中铝高端制造）成立于 2019 年 9 月 27 日，注册资本 150 亿元，员工总数（在岗）13921 人，资产总额 313.7 亿元，资产负债率 70.27%。

主营业务范围：铝及铝合金、镁合金、钛合金、高温合金以及铝基复合材料等金属材料产品、制品、部件的生产和销售，来料加工，有色金属材料制造项目的开发、建设和运营，有色金属行业开发业务咨询，有色金属商品贸易及物流仓储，货物及技术进出口。

产能规模：140 万吨。办公地址：重庆市九龙坡区科城路 60 号康田西锦荟 3 栋 4 号楼。

2020 年，中铝高端制造认真贯彻落实集团疫情防控和生产经营各项工作的部署和要求，全力做好生产经营和改革发展工作。一是快速进入实质运营。在中铝集团和重庆市共同努力下，完成资产入装、组织设置、人员配备等相关工作，并进入实质运营阶段。二是经营业绩再上台阶。全年实现营业收入 244 亿元；外销商品材产量 108 万吨，同比增长 3.5%；利润总额（考核口径）1.45 亿元，提前完成全年奋斗目标；截至年底，“两金”占用 44.85 亿元，同比降低 2.43 亿元，为近 3 年最好水平；成费比 99.42 %，同比改善 1.1 个百分点；ROE 与对标标杆南山铝业 2019 年的差距缩小了 15.54%。三是军工产品增幅明显。全年累计 A 类产品销量 7.4 万吨，同比增幅 14.1%。西南铝、东轻、西北铝为长征五号 B 运载火箭、南昌舰等重点项目和工程提供了大量关键铝合金材料。

二、市场分析

（一）价格走势

2020 年，受新冠疫情、经济环境及国际关系变化等多重影响，加之铝加工材产能严重过剩，产品同质化不断向中高端产品延伸，市场竞争日趋激烈。公司主要产品包括：压延材、挤压材、箔材、模锻件等四大类，受原材料价格上涨影响，产品加工费与 2019 年基本持平。

（二）市场供求

2020 年，由于国内外经济形势复杂多变，且受新冠疫情持续影响，市场竞争不断加剧。随着欧美、印度等国家、地区疫情不断恶化，国外工厂开工不足，且受国际海运市场的影响，部分加工企业出口产品受阻，加剧了国内市场竞争。

铝材应用市场保持旺盛需求，市场潜力仍然较大。随着国家节能减排及轻量化发展要求，汽车行业、轨道交通等对铝合金材料需求逐步扩大，未来汽车用铝将保持高速增长，铝制汽车市场仍有发展空间。伴随新能源汽车的发展，铝制汽车车身板的市场量呈现倍增，但国内汽车板生产线的产能逐步释放，预计未来竞争将加剧。

随着居民消费水平不断提高，3C材料、包装印刷、电子家电等领域与居民日常消费密切相关，用铝需求潜力和规模较大，周期波动性较小。受益于居民收入水平的不断提高及消费升级的拉动，预计未来市场规模将进一步扩大，有利于铝加工行业稳定增长。

三、生产经营

2020年，中铝高端制造以全要素对标为抓手，建立“对标考核评价体系”，通过五个维度，选取27个要素指标，生产经营实现逆势增长：一是外销加工材产量108.2万吨，同比增加3.53万吨，增幅3.4%。二是军工产品增幅明显，A品产量完成7.43万吨，同比增幅14.06%。西南铝、东轻、西北铝为长征五号B运载火箭、南昌舰等重点项目和工程提供了大量关键铝合金材料。三是2020年末，“两金”占用44.87亿元，同比降低2.11亿元。四是组织各企业持续开展对标提标、全面质量管理、质量品牌建设、质量提升专项劳动竞赛、系统保障等5项专项行动，质量指标同比进步显著，成品率提升收益达到7469万元，产生质量损失同比减少12%。开展产品质量提升专项劳动竞赛，达标率80%，成品率提升1.24个百分点。五是针对中央环保督察接到的3起环保信访举报形成调查报告按时报送集团边督边改组。2020年CAHSE年度审核提出的1684项安全环保问题（因重庆铝箔关停，剔除126项问题），已整改1649项，整改率达到97.92%。

主要经济指标一览表

表1

项目	单位	2019年	2020年	增长（%）
资产总额	亿元	—	313.66	—
工业产值	亿元	—	311.43	—
营业收入	亿元	—	218.16	—
利润总额	亿元	—	0.51	—
净利润	亿元	—	0.42	—
税收贡献	亿元	—	3.48	—
全员劳动生产率	万元/人·年	—	17.62	—
资产负债率	%	—	57.69	—
净资产收益率	%	—	0.40	—
总资产报酬率	%	—	2.25	—
研发投入强度	%	—	3	—

说明：中铝高端制造2020年生产经营正式运行

四、安全环保

2020年，中铝高端制造未发生重伤及以上事故，各企业工业废水、废气污染物稳定达标排放，全面完成了中铝集团下达的各项节能减排目标指标，中铝高端制造及所属企业员工无一例确诊新冠肺炎。

（一）安全生产

推行行业安全风险评价，现场作业人员安全风险管控意识和能力得到提升。完善和修订“三大规程”契合实际操作，开展岗位规程培训。隐患排查整治专项行动，共发现问题197项，建立重要危险源清单；推行安全风险抵押制度。关口前移，加强对企业轻伤和轻微伤事故的管理。

（二）节能减排、绿色低碳

西南铝共减少处置含油污泥305吨，降低处置费67万元；中铝瑞闽投资410万元建设含油硅藻土综合利用项目；西北铝、洛阳铝加工完成熔铸烟尘无组织排放治理，进一步提高烟尘收集率，减少无组织排放。

五、科技创新

中铝高端制造所属企业及托管企业中铝沈加（统称各企业）全年研发投入强度达到3%。申请专利290件，授权214件，其中发明专利54件（同比增长17%）。企业以第一完成单位获得省部级及以上科技奖项5项，其中一等奖及以上2项［东轻为第一单位完成的“大飞机用新型超高强铝合金大规格预拉伸板材工业化成套制备技术”获有色金属工业科学技术一等奖。中铝瑞闽“一种中等强度阳极氧化用铝合金带材及其制备方法”获得福建省专利特等奖］。所属子公司陇西西北铝铝箔有限公司、中铝东南材料院（福建）科技有限公司新通过高新技术企业认定，所属高新技术企业增至13家。

通过挂图作战、重点督导，确保所承担的国家重大专项总体进展顺利。获得3项国家配套项目批复。全年取得7×××型材、2×××厚板、2×××厚板等材料商飞工程化批证书（QPL）3项，累计已取得6项。东轻获得大飞机上下机翼壁板QPL，成为国内唯一、全球第二家具备大飞机上下机翼壁板供货资质企业。西南铝通过了波音产品体系认证。中铝高端制造与中国商飞签订《C919大型客机项目批产金属材料采购合同》。

通过《汽车板业务统筹方案》《2020年民用“杀手锏”产品工作方案》等新产品开发统筹工作机制，突破了6系外板的产业化工艺，获得5家主机厂的6系外板供货资质。2020年，西南铝与中铝瑞闽的汽车车身板材（不含结构件）销量为5163吨，同比上年增长124%，汽车用材的结构调整效果开始显现。中铝萨帕与用户联合开展结构设计，在高铁与汽车型材及零部件方面取得突破，成功获得西班牙泰尔戈（Talgo）深加工资质和深加工产品项目，在国际市场取得突破。2020年中铝高端制造新产品销量占比达到9%，新产品销售收入占比达到11.48%。

六、改革发展

中铝萨帕增减资，西南铝、东轻退休人员社会化资产移交、西南铝冷连轧合并注销、中铝铝箔减资。西南铝厂办大集体改革经验入选国资委《国企改革简报》。西南铝机关本部实施职能改革、竞聘上岗和首问责任制；东轻打破近30年的岗位技能工资体系；中铝瑞闽组建7个团队在合适的生产单元实行承包，试点实行班长负责制，开展末位淘汰。中铝瑞闽蓝园二期尾工工程均有序推进。中铝萨帕40MN挤压机项目于2020年7月投产，新增挤压产能8000吨/年。

七、党建工作

2020年11月成立中铝高端制造党委、纪委。12月31日，成立中铝高端制造机关党支部。

撰稿/金　畅

西南铝业（集团）有限责任公司

一、基本情况

西南铝业（集团）有限责任公司（简称西南铝）成立于1982年2月2日，注册资本32.54亿元，员工总数（在岗）5601人，资产总额63.45亿元，资产负债率68.03%。

主营业务范围：铝及铝合金、镁合金、钛合金、高温合金以及铝基复合材料等金属材料的生产和销售；铝及铝合金等金属材料的技术开发和服务；货物及技术进出口。

产能规模：总产能80.5吨。其中熔铸生产线42万吨；热轧生产线15万吨；冷轧生产线20万吨；挤压生产线3万吨；锻造生产线0.5万吨。办公地址：重庆市九龙坡区西彭镇。

2020年，西南铝党委以习近平新时代中国特色社会主义思想为根本遵循，牢固树立“方向不改、指标不变、化危为机、弯道超车”的奋斗意识，团结带领全体干部职工积极应对变局、开拓新局，统筹推进疫情防控和生产经营工作，打赢了疫情防控阻击战，稳住了生产经营基本盘，保持了企稳向好、逆势上扬的发展态势，全年实现营业收入217.5亿元，出口创汇2.1亿美元，考核利润9208万元，超额完成了中铝集团下达的年度奋斗目标。

二、生产经营

西南铝大力践行“以销定产、以产促销、产销衔接、产后必销”的管理理念，针对“小批量、多品种”的见订单生产模式，在企业推行了“全明细订单排产”工作法，每月召开两次排产会，采用“预排＋精排”相结合的方式，对资源准备、工序梳理、进度跟踪、订单执行实行了“端对端”的过程管控，实时匹配市场需求和产能资源，发挥出了产销的最大合力。2020年，西南铝企业铝加工材产量达到45.36万吨，同比增加1.48万吨，增幅3.4%。其中，A类产品产量4.4万吨，同比增加0.52万吨，增幅13.4%。

主要经济指标一览表

表 1

项目	单位	2019 年	2020 年	增长（%）
资产总额	亿元	109.24	92.28	−15.52
工业产值	亿元	195.96	196.62	0.48
营业收入	亿元	217.06	217.53	0.22
利润总额	亿元	−4.44	0.45	—
税收贡献	亿元	2.01	1.86	−7.46
全员劳动生产率	万元 / 人 · 年	25.78	30.76	19.35

说明：含中铝西南铝板带有限责任公司

三、安全环保

西南铝以“担责任、补短板、强基础、遏事故”为主线，通过优化“一岗双责”责任清单、设置全员安全奖、组织应急演练、整改安全生产隐患、修订安全技术操作规程等一系列措施，强化“我要安全”的意识，培养“我会安全”的能力，使全年安全事故总量同比下降 26%，无一例新冠疫情确诊或疑似病例发生，被重庆市授予“安全生产先进企业”称号。

西南铝牢固树立“绿水青山就是金山银山”的发展理念，扎实推进安全环保标志性项目建设，大幅减少了工业废水的排放和新水的耗用，工程减排二氧化碳当量 3.2 万吨，顺利通过了中央环保督察，获得了排污许可证和国家级“绿色工厂”称号，并得到了中铝集团 CAHSE 考评组“钻石级”评价。

四、科技创新

2020 年，西南铝新招聘博士 1 名、硕士 6 名，并通过博士后工作站引进兼职博士 3 名，进一步配强了科研力量，累计在科技创新方面投入 3.6 亿元，成功申报国家级、省部级科研项目 11 项，申请专利 102 项（其中，授权专利 79 项），荣获工信部制造业单项冠军产品称号 1 项和中国有色金属工业科学技术一等奖、二等奖各 1 项。同时，西南铝大力开展新产品、新市场的开发工作，获得了波音体系认证、DPD 认证以及多项汽车材料、国产化替代材料的产品认证，实现新品销售收入超过 3.5 亿元。

五、改革发展

西南铝紧紧围绕“五突破一加强”的目标任务，集智聚力，攻坚克难，坚决打赢“双百”行动收官之战。

一是完成离退休人员社会化管理移交，与政府签订农用水改造移交协议，抓住最后的时间窗口完成厂办大集体企业的变更设立和在职职工的妥善安置。

二是不断理顺股权关系。在成为中铝高端制造全资子公司的同时，以板带公司为主体，完成对冷连轧公司的吸收合并，并增加装饰公司的注册资本金，完成西南铝工会委员会的股权转让，为下一步深化改革奠定基础。

三是逐步完善市场化经营机制。制订上报西南铝集团层面的任期制和契约化改革方案，在机电设备公司推行职业经理人制度改革，在民生公司实行任期制、契约化改革，在机关实施职能改革、竞聘上岗和首问责任制，并在项目收益分红激励、压减劳务派遣用工、推进“大工种、区域工”整合等方面做出积极尝试。

四是聚焦产能瓶颈和装备短板，快速实施一批重点项目建设，完成投资3.73亿元。其中铝锂合金机组、新2800毫米冷轧机组、镜面抛光机均已完成设备安装，3#辊底炉提前进入设备调试，3#气垫炉已完成设备制造，厚板多辊矫直机、在线测氢仪、测渣仪均已投入使用。此外，熔铸厂21#铸造机、压延厂大规格剪矫直机、挤压厂高速轧管机、3500吨挤压机、冷轧厂3#拉矫等现有设备均进行了升级改造，显著提升了企业整体装备水平。

六、党建与企业文化

西南铝充分发挥党建的“法宝”作用，扎实推进党建与生产经营工作双向融合。

一是党建载体更加丰富。建成西南铝党建展厅，提炼发布《企业文化手册》，企业微信公众号关注人数突破万人大关，全年在省部级以上媒体发布稿件140篇，在中央媒体上发稿15篇。

二是基层基础不断夯实。成功召开了“全员创优、党员争先”现场推进会，科学制订《西南铝活力党支部建设路径图》和《西南铝活力党支部建设指导清单》，认真抓好“不忘初心、牢记使命”主题教育整改落实情况“回头看”工作，共有3个党组织、3名党员、1名党务工作者分别荣获中铝集团“先进基层党组织”“优秀共产党员”以及“优秀党务工作者”称号。

三是双向融合逐步深化。围绕生产经营中心任务，实施“两带两创”项目291个，其中“商飞ARJ模锻件研发”项目被评为中铝集团年度优秀项目。

四是正风肃纪持续从严。通过开展“两个责任”约谈、述责述廉、党风廉政建设考核、创建“廉洁风险地图”，并穿插使用常规巡察、专项巡察和机动检查，积极构建“大监督”体系，保持全面从严治党的高压态势。全年共处理39人次，同比下降34%。

五是群团工作共创佳绩。大力实施“润心工程”，累计发放实物福利价值491万元，帮助12名全国级建档困难职工解困脱困，得到了人社部劳动关系司的充分肯定。扎实开展劳动竞赛、征求合理化建议、倡导修旧利废，累计创效1200余万元，承办了中铝集团第二届团干部业务技能大赛、持续抓好青年创新工作站建设等“青”字号活动。企业优秀职工刘永刚荣获“全国劳模”称号，刘永刚劳模创新工作室荣获“全国示范性劳模和工匠人才创新工作室”称号。

六是央企担当充分彰显。协调中铝集团向重庆市政府抗疫捐款500万元，联合重庆市应急管理局拍摄了《企业复产复工安全攻略》宣传片，派出3名医护人员驰援湖北，对外捐款14.5万元，参与志愿服务超过300人次，专职消防队出警96次，有力践行了“铝行责任、强国利民”的社会责任理念。

撰稿／程　钢　毛煦铭

东北轻合金有限责任公司

一、基本情况

东北轻合金有限责任公司（简称东轻公司）成立于1952年，注册资本26亿元，员工总数（在岗）2849人，资产总额54.9亿元，资产负债率71%。

主营业务范围：铝镁及其合金铸造及加工产品；铝镁方面技术研发、咨询服务；质检技术服务；国内贸易及进出口贸易；道路普通货物运输；计量器具修理；铝制品及设备的制造、安装、检修；建筑机电安装。

产能规模：18万吨。办公地址：黑龙江哈尔滨市平房区。

2020年，东轻以“稳中求进、持续巩固”为主基调，以“六个持续”为主线，统筹疫情防控和生产经营，奋力拼搏、乘势而上，改革发展保持了良好态势，全面完成中铝集团八项考核指标。

二、生产经营

2020年，东轻完成商品产量143608吨，其中加工材产量123086吨，同比增长5.1%；营业收入366700万元，同比增长8.5%；利润总额5290万元，其中经营性利润2088万元，同比增长279.6%；在岗员工人均收入突破8万元，同比增长7%以上，生产经营持续向好。

主要经济指标一览表

表1

项目	单位	2019年	2020年	增长（%）
资产总额	亿元	55.1	54.9	−0.3
工业产值	亿元	33.5	35.6	6.4
营业收入	亿元	33.8	36.7	8.6
利润总额	亿元	−0.65	0.53	181.5
税收贡献	亿元	0.88	1.10	25.0
全员劳动生产率	万元/人·年	10.5	12.1	15.2

三、安全环保

在高端制造CAHSE体系年度考评，取得了职业健康安全78.75分、环保83.4分的优异成绩；完成“智慧安全云”信息化平台开发及主体模块设计并投入运行；推进安全环保责任落实，专项隐患排查19次，排查隐患445项；本质安全隐患排查，整改完成率98.5%。

对照中央环保督察要求，全面理顺环保管理各流程，实现现场废油、废过滤介质等贮存、回收、转移全部规范化、标准化；完成污污分流项目工业废水、生活水排放管路及点位摸排，与设计单位共同勘查形成初步设计方案；实施污水处理厂污泥压滤机在线改造特材公司废碱渣减量化项目、中厚板厂废过滤介质减量化技术升级；节能减排、绿色低碳，全年消耗原电力 27308 万千瓦时、天然气 2470 万立方米、汽油 74 吨、柴油 238 吨，企业生产直接消费能源 61486 吨标准煤。2020 年，完成产量 143608 吨，同比降低 3.8%；综合能耗 61486 吨标准煤，同比降低 17.5%。

四、科技创新

完成研发投入 11411.69 万元，研发投入强度 3.32%。东轻承担的在研科技研发项目 34 项，完成项目验收 5 项，2020 年，待验收项目 6 项。完成专利申报 38 项，获得授权 20 项，其中发明专利和实用新型专利各 10 项。

积极开展科技成果转化、新技术推广应用等科技成果产业化工作：一是全面推进了航空铝合金材料国产化进程，完成航空工业洪都公司“合金预拉伸铝板性能验证”评审等项目；二是实现民机铝材订货零突破；三是持续做好大运、成飞 SDJ、7050 超厚板及国产化等重点型号的保供工作。

五、改革和发展

积极推进混合所有制改革，完成机电公司引进战略投资者；完成特材骨干员工持股，激发子公司经营活力，以机电公司引入战略投资者合资合作和特材公司混合所有制改革为契机，规范子公司法人治理结构，制定战略管控型子公司管控权责手册；进一步加大放权、授权力度；完成营销系统改革和管控模式改革，创新营销模式，建立技术研发、产品销售、质量服务的协调联动机制，实现传统营销向技术营销转变，推动“现场”与“市场”零距离接触。

六、党建与企业文化

（一）坚持政治建设贯穿发展全过程

一是疫情下工业增加值增长 15.5%；经营性利润增长 279.6%，保持“五连增”，坚守初心和使命。二是一体化推进第一议题、第一要务、第一责任，形成了把舵稳向新常态。三是强化政治功能，提升组织力，动态调整完善基层委员会 46 个，年度完善 63.9%；标准化党支部提升标准“分星定级”达标率 100%；279 个“两带两创”项目创效近 6000 万元，近 8% 的项目取得行业领先水平。

（二）加强党风廉政建设和反腐败工作

作为保障生产经营高质量发展的重要支撑，一体推进“不敢腐、不能腐、不想腐”体系建设，构建“大监督”工作格局，年度召开 2 次党风廉政建设警示教育大会，160 余人集体接受警示教育，东轻领导班子成员落实“一岗双责”、约谈 59 名二级班子人员；印发《“大监督”体系工作方案》，切实履行“监督的再监督”的职责，选定 8 大重点事项开展月度监督，持续盯紧中央八项规定精神落实，重大节日节点前印发廉洁过节提醒，对公务用车、操办婚丧喜庆事宜等情况持续开展监督，对节日招待费进行监督检查，对巡察发现的普遍性、规律性问题开展专项整治；规范问题线索核查，精准执纪问责，全年受理各类问题线索、信访举报 14 件，并对查实的违纪违规责任人给予相应的问责处分。打造了风清气正、人和企兴的经营环境。

（三）企业文化建设取得新进展

制定企业文化工作要点和三年规划，制订《质量文化手册》等，7 处核心物项入选第四批国家工业遗产目录；用广角镜展现抗击疫情大场面，用特写镜头聚焦奉献担当“小人物”，《抗击疫情复工复产保民生》登上央视《新闻30分》，东轻抖音年发布作品58个，最高点击量9.1万次，视频作品《铺就银色路 彰显报国情》荣获第三届中央企业优秀故事优秀奖，东轻的社会影响力和品牌效应不断扩展。

发挥群团组织联系群众的桥梁纽带作用和文化塑魂的优势，开展季度思想动态调研，通过闭环评价机制，解决职工关注的热点问题21项；出资22万元，助力东轻抗击新冠肺炎疫情；投入71.4万元，慰问帮扶困难职工637人次，接待中华全国总工会副主席张少琴到东轻慰问。出资近170万元，开展员工生日、传统节日和婚育退休慰问，不断提升职工的安全感、幸福感。

（四）积极履行社会责任

为确保环保设施运行达标且绩效提升，多举措实施在线升级改造施工。完成污污分流项目工业废水、生活水排放管路及点位摸排，与设计单位共同勘查形成初步设计方案。该项目投产后将使含油污泥产生量减少近35%，节约危险废物处置费用138万元。实施中水回用，节约水资源，对周边水体生态环境的改善也具有非常重要的社会意义。以环保技术创新为手段，从技术层面选取最优工艺，先后实施污水处理厂污泥压滤机在线改造、南北线乳液间在线设备升级、特材公司废碱渣减量化项目、中厚板厂废过滤介质减量化技术升级，同比减少危险废物产生量15%左右，向东轻环境资源减量化又迈出了坚实的一步，环境绩效得以大大提升。

撰稿／唐秀梅

西北铝业有限责任公司

一、基本情况

西北铝业有限责任公司（简称西北铝）成立于1965年7月，注册资本7.05亿元，员工总数（在岗）1317人，资产总额10.59亿元，资产负债率66.37%。

主营业务范围：铝、铝镁材加工销售；铝材精深加工销售；铝焊材生产销售；货物进出口贸易。

产能规模：综合配套产能1.5万吨（含外购铸锭5000吨）。办公地址：甘肃省定西市陇西县巩昌镇西郊坪。

2020年，西北铝坚持扭亏脱困工作总要求，以落实“3+1”方案为中心，全要素对标先进，保障国家战略，创新科技研发，推动三大变革，防范经营风险，夯实基础管理，A品产销量6909吨，A品质量事故为零；熔铸成品率≥83.5%，高合金产品加工成品率≥72%，外异损失率≤0.14%；成费比≤104.58%；千人负伤率小于1，工亡事故、环境污染事故、职业病危害事故为零。

二、生产经营

主要产品产量：西北铝完成产量13520吨，同比增加3.92%，其中挤压材产量11243吨，同比增加7.17%，A品产量6909吨，同比增加12.62%。

生产经营亮点：挤压材产量完成11243吨，创历史新高。A品产量完成6909吨，创历史新高。经营利润累计−2903万元，同比减亏47.75%，产品加工成本同比降低47.75元/吨，扭亏效果成效显著。在营业收入同比增加12.01%的情况下，“两金”同比下降8.81%，“两金”压降成效显著。开发新产品35项110种规格449吨并陆续量产，新品攻关成效显著。已实施的投资1.9亿元的55兆牛挤压机、4号铸锭加工机列、1500吨拉伸机、36兆牛挤压机、30米淬火炉、45兆牛挤压机升级改造和8兆牛锻压机等填平补齐项目达标投产，技改项目贡献显著。

主要经济指标一览表

表1

项目	单位	2019年	2020年	增长（%）
资产总额	亿元	10.78	10.58	−1.76
工业产值	亿元	3.15	3.39	7.63

续表 1

项目	单位	2019 年	2020 年	增长（%）
营业收入	亿元	3.29	3.68	12.01
利润总额	亿元	−0.29	−1.27	77.15
税收贡献	亿元	0.08	0.17	126.97
全员劳动生产率	万元 / 人 · 年	1.34	7.02	422.41

三、安全环保

扎实推进 22 项安全环保重点工作落实，完成率 95.45%。接受集团职业健康安全环保督察组、地方政府相关部门监督检查 6 次。中铝高端制造审核组对公司 CAHSE 体系运行进行审核，安全 70.30 分，环保 78.15 分。制订专项整治三年行动方案，开展为期三个月安全生产集中整治，完成了 2020 年度三标体系（QES）再认证审核。

持续推进节能减排工作，累计消耗能源 7782.67 吨标准煤，同比下降 6.50%；单位产品综合能耗 0.577 吨标准煤 / 吨，同比下降 9.76%；累计消耗电量 6247.32 万千瓦时，同比上升 4.83%；单位产品耗电 4634.36 千瓦时 / 吨，同比增加 1.18%；万元产值能耗 0.230 吨标准煤 / 万元，同比下降 13.13%。

加快熔铸排烟系统、除尘除氟系统等的维修，合规处置废碱渣、化学试剂等 33.82 吨，转移铝灰渣 830.6 吨。取得了新版国家排污许可证，完成环境保护标准化建设暨环境信用评价工作审核和固体废物规范化考核工作。

四、科技创新

完成新产品 35 项 110 余种规格 449 吨，成果转化应用 6 项，科研经费投入占比 4.39%。跟产试制 C919 大飞型材五轮次，申报甘肃省各类专项 13 项，向集团申报标准 4 项，申报的 2 项发明专利已受理。参与国家、行业标准起草，其中 1 项国标获 2020 年度全国有色金属技术标准三等奖。召开了西北铝第二届科技工作会，签订了 3 个产业化项目。

五、改革发展

改革改制方面。坚定实现企业扭亏脱困的信心和决心。办理 185 名富余人员的内部退养，将 21 名富余人员调整到生产关键岗位，有效缓解一线岗位的结构性缺员问题。全面完成 3621 名退休人员社会化管理和“三供一业”收尾移交工作，历史遗留问题逐步得到解决。初步制订了公司“十四五”发展规划的“两步走”发展战略和“1+6”发展思路。

重大投资方面。累计完成投资 535.58 万元，其中 2020 年立项项目完成投资 324.91 万元，续建项目完成投资 210.67 万元。

资本运作方面。积极清理在中小金融机构的开户、存款和票据，清理低效无用银行账户 3 家。加强与集团、各大银行的协调沟通，全年平均融资成本 4.73%，资金集中度 85.33%。

六、党建与企业文化

开展“转变思维、对标先进，提升企业核心竞争力”。增强企业“五力”专题交流研讨，中心组学习20次、专题交流研讨6次，党委会审议事项149项。认真落实党委确定的“11135”总体思路，开展了“不忘初心、牢记使命”主题教育，召开公司第一届党员代表大会，确定“两步走”发展战略和未来五年发展方向。

积极开展反腐倡廉宣传教育，常态化开展宪法法律法规、党章党规党纪教育。深入基层加强交流指导，切实提高基层纪检工作的精准性和有效性。加强日常巡察督察，推动基层问题整改清仓见底。加强执纪问责，构建正风肃纪长效机制。积极配合集团党组第二巡视组开展专项巡视，对巡视反馈的4个方面20项44个问题，制定整改措施147项，整改完成率93.18%，顺利通过第一轮巡视整改汇报。

持续开展“安全、干净”班组竞赛、创新创意大赛、质量提升劳动竞赛等活动，参与职工960多人次。举办PLC技术应用、班组长等培训班，培训各类人员2400多人次。投入4万多元为240多名职工进行职业健康体检，为2800多人次办理各类保险近20万元。开展走访慰问、困难帮扶和“五必访”等活动，累计发放慰问补助金17万余元。

申报集团政研课题3篇，企业征集政研论文52篇。开展建厂55周年专题片、书画摄影、文学作品、文化故事、品牌故事征集和“最美中铝人”选树、重庆交通轻量化展览、国防军工素材提供、“视觉新国企”录制、36MN文化墙建设、宣传橱窗展示，配合省市县记者采访等。

充分利用企业各类自媒体发送稿件1600余篇，外刊省级以上新闻稿件46篇，人民网、中国有色金属网等发布视频47期170多条。为我国新一代载人飞船试验船飞行任务、长五B火箭首次飞行和“嫦五”探月圆满成功等撰写新闻稿件。

履行社会责任。购置2万元胡麻籽无偿发放给农户，为三个村捐赠家具110余件，投入扶贫资金50余万元，消费农产品37.4万元，全面完成3个帮扶村脱贫攻坚“3+1”清零。派驻6名长驻村党员干部，积极帮助抗疫复工复产、联系消售农产品24万元，为10名考入大学的贫困户新生发放助学金5000元。

撰稿 / 田永红

中铝瑞闽股份有限公司

一、基本情况

中铝瑞闽股份有限公司（简称中铝瑞闽）成立于1992年10月16日，注册资本20.62亿元，员工总数（在岗）1488人，资产总额77.33亿元，资产负债率62.91%。

主营业务范围：铝压延产品加工；金属材料的销售；对外贸易；铝加工技术研发及技术咨询；对制造业的投资。

产能规模：39万吨。办公地址：福建省福州市马尾区罗星塔路8号。

2020年，中铝瑞闽实现商品产量30.5万吨，同比增长7.5%；销量30.8万吨，同比增长9.1%，其中国内销量23万吨，同比增长23.6%；产销率达101%；实现销售收入53.4亿元；实现工业总产值48亿元；公司产销量屡创新高，8月、10月和11月创造出产量突破3万吨的历史记录。

中铝瑞闽面对激烈的市场竞争，改变营销考核模式和考核机制，激励向新产品、新客户、新市场倾斜；改变营销业务传统的一条龙模式，划分市场业务和内勤业务，进一步激发内生活力。抢抓疫情防控期间笔记本电脑需求大幅增加的市场机会，实现高端3C阳极氧化材用铝增长58.3%；抢抓大客户订单，罐盖拉环料实现逆势增长，同比增幅15.6%。全年承接订单32.3万吨，其中国内订单24.4万吨，同比增长30%。

二、生产经营

2020年，四大产品产出243675吨，完成率96%。其中，GL完成率99.2%、GT完成率104.4%，CTP完成率84%，3C完成率90.6%（YJD完成率88%）；在2020年产量同比提升7.8%的情况下，四大产品产出较2019年增长15.2%，超过总体产量增幅。2020年，产出结构向重点产品倾斜，结构调整工作初见成效。

全面推进增产上量，达产达标工作。下半年，提出月产量3万吨、销量3万吨、加工成本控制在3000元/吨以内的“3+3+3”工作目标。熔铸工序实现超产，热轧工序、马尾冷轧均实现达产达标。蓝园厂区的产量逐年攀升，2018年实现产量1.5万吨、2019年实现产量11万吨，2020年实现产量16.5万吨。

落实绿色发展理念，推动循环经济建设。发挥铝的再生、环保、能耗的优越性能，成立循环经济办公室。从境内外采购再生锭，降低生产成本；向下游客户采购边角料，在降低成本的同时增强与客户黏性。成功中标华晨宝马废料回收项目，回收宝马废料，2020年，累计产生经济效益300万元以上，有效探索与宝马深入合作模式。

主要经济指标一览表

表1

项目	单位	2019年	2020年	增长（%）
资产总额	亿元	74.96	77.53	3.42
工业产值	亿元	56.69	63.73	12.42
营业收入	亿元	49.37	53.05	7.45
利润总额	亿元	0.21	0.06	−72.67
税收贡献	亿元	0.14	0.13	−7.98
全员劳动生产率	万元/人·年	6.23	11.24	80.29

三、安全环保

坚持绿色发展、安全发展的理念，强化环保建设，深耕安全管理。一是全面推进危废减量化，无害化，资源化工作，各项环保排污指标100%达标，马尾厂区始终保持工业污水零排放。二是开展固体废物“三化”项目建设，实现含油硅藻土、铝灰资源化，含油污泥减量化、酸碱污泥减量化。含油硅藻土全部实现自行处置，全年共处理含油硅藻土934.5吨，产生经济效益129万元。11月，公司荣获“国家绿色工厂”称号。三是全面落实HSE责任，全年未发生环保、职业病及重伤以上事件。四是压实各级负责人的安全责任，强化规范管理，2020年修订预案38份、安全操作规程61份、管理记录19份。五是开展安全隐患排查，全年下达隐患整改通知单3502项，完成整改3252项，整体整改率93%；下达公司级绩效考核单310份，违规违章处罚累计金额5.7万元；员工累计反馈安环问题4.5万条，员工参与率达到97%。六是围绕“两保一防”（保疫情防控、保生产稳定、防范风险），进行周密部署和督导落实，打好疫情防控阻击战。

四、科技创新

2020年，研发投入21602万元。研发投入计划项目共计36项，其中在各级政府科技部门立项的项目3项，中铝科技发展基金项目9项，中铝青年科技人才明星计划2项，其他22项均为企业自主研发项目。科技成果鉴定1项，中色协科（评）字〔2020〕第207号科技成果鉴定报告——新能源动力电池外壳用铝合金板带材关键技术开发及产业化。

建立以大数据应用为支撑的生产科研方式，增强发展动力。一是不断加强研发平台中铝研究院东南分院建设，结合具体研发课题，成立“八所两中心”研发平台。二是承担工信部、财政部“智能制造新模式”项目，以福建省最高的90.65分（优秀级）通过了验收，并入选工信部有色金属加工行业标杆项目候选。三是以市场需求为导向，攻克技术难题，成功开发超薄高强度手机中板、电池箱侧板等新产品，实现批量化生产。四是开展铝合金热轧乳化液国产化研究，成功开发出可替代国外进口的铝热轧乳化液，部分指标优于进口乳液指标，打破国内长期以来靠国外企业供应乳化液的被动局面。2020年，受理专利申请88项，其中发明专利24项，实用新型63项，外观专利1项；获得政策资助资金1095万元。东南院被评为国家级高新技术企业。

五、改革发展

一是整合蓝园管理和人力资源。将制造一部、制造三部合并，大力推进蓝园专业化生产，全年蓝园产量达到16.15万吨，同比增长21%。二是实行班组“自主组阁，优化配制”激励机制。在蓝园厂区运转班试点推进班长负责制，提高生产效率。三是实行生产单元承包。组建8个团队在合适的生产单元实行承包，其中对河南搬迁的精整机列实行整体承包，充分调动了团队积极性。四是实行末位淘汰。在装备能源部电钳班试点实行末位淘汰，优化了员工队伍。

六、党建与企业文化

坚决落实全面从严治党要求，推进党建工作与业务工作深度融合。

一是推动“不忘初心、牢记使命”主题教育制度化，修订《“三重一大”决策制度实施细则》，完善《党委会议事规则》，制定《总经理办公会议事规则》，汇编主题教育研讨成果及党建工作制度。

二是落实中铝集团党组第一巡视组对企业党委开展巡视整改反馈意见，针对4个方面存在的33项问题，制定120条措施。

三是抓好党员政治力建设，开展“五力”大讨论23场，“党课开课啦”活动12场。持续开展“两带两创”活动，完成验收项目87个，评审表彰优秀项目金奖3个、银奖6个、铜奖10个。

四是开展企业文化对标专项行动，制定《企业文化管理制度》和《员工行为规范》，首次系统编印《中铝瑞闽公司企业文化手册》。全年撰写各类新闻稿件近390篇，企业新闻被国务院国资委《每日情况》采用，受到中铝办公厅表扬。中铝瑞闽微信公众号全年推送207篇，阅读量58938人次。政研课题《国有企业提升党的建设质量研究》被评为全国党建国有企业党建研究优秀成果。2020年12月5日，亮相中央电视台《新闻联播》，“中铝瑞闽”更具品牌力量。

五是压实全面从严治党“两个责任”。加强各级党员领导干部作风建设，持续推进“不能腐”制度建设，加强生产经营监督工作，营造企业风清气正的良好从业氛围。

六是坚决履行央企政治责任和社会责任。拨转60万元专项扶贫资金持续支持定点扶贫村开展脱贫工作。拨出40万元用于扶贫采购，助力宁夏、甘肃陇西、湖北阳新等地打赢脱贫攻坚战。全面开展“奋进瑞闽”系列劳动竞赛、“活力瑞闽”系列职工活动、“书香瑞闽”青年读书会等活动。

七是秉持“五大发展理念”。推动科技创新，建智慧工厂，实现智慧制造，推进我国在高端铝合金新材料制造业的创新发展。坚持绿色发展，不断开发“铝”的绿色环保特性，用轻量化产品服务社会，为经济发展减负。

撰稿 / 蔡云峰

中铝沈阳有色金属加工有限公司

一、基本情况

中铝沈阳有色金属加工有限公司（简称中铝沈加）成立于2003年2月12日，注册资本8.12亿元，员工总数（在岗）591人，资产总额21.2943亿元，资产负债率72.19%。

主营业务范围：有色金属铸造、锻件；有色金属合金压延及深加工制品加工；有色金属新产品开发及技术咨询；自营和代理各类商品和技术的进出口，供热。

产能规模：10045吨。办公地址：沈阳市苏家屯区桂花街358号。

2020年，中铝沈加坚持“提产上量调结构”，围绕“一个中心、两个提升、三个保障、四个优化”，同心克服疫情影响，砥砺实干提质上量，产量、销量大幅提升，安全环保完成既定工作目标，市场开发、生产、技术、设备、能源等基础管理工作得到逐步加强，企业各项重点工作按计划完成。

二、生产经营

2020年，主要商品产量完成6061吨，同比增长42%。主要商品销量完成6061吨，同比增长39%。营业收入56318万元，同比增长20.72%。利润总额完成131万元，资产负债率72.19%。

2020年，形成了全新的“332”全要素对标考核管理模式。围绕“效率、质量、效益”三个着力点，按照“指标数量、指标重要程度、指标完成度”三个维度进行绩效评价；实行“目标制＋改善制”二种绩效考核相结合的评价办法。形成了公司三级对标指标体系，形成了可推行的“332”全要素对标考核模式。

三、安全环保健康

安全环保管理稳中有进。2020年，精准职业健康安全体系建设得分76.11分，精准环保体系建设得分83.72分，总体较2019年有提高。修订61项职业健康安全规章制度，完善全员岗位安全操作规程，修订了HSE员工履职手册，员工做到随身携带，随时学习。严格CAHSE月度考核，全年兑现450万元。废水排放实现在线监测系统联网，进一步保证了废水达标排放。

严格疫情防范，确保企业稳定、员工健康。坚决贯彻党中央、集团、当地政府关于疫情防控各项要求，顺利如期实现全面复工复产。企业党委始终把员工生命安全和身体健康放在第一位，坚持疫情防控“常态化”不放松，实现了员工及家属零确诊、零疑似、零密接的防控成果。

四、科技创新

2020 年，规格棒材项目完成锻件加工、棒材全面性能检测，进入尺寸验证及试验件制备阶段；发挥大吨位卧式炉退火优势，与 SF 联合对航空零件进行退火工艺开发，实现稳定生产。

积极争取项目补贴和专利申请。航空航天用钛合金大棒材研制攻关及产业化项目获得“前资助”资金补贴 100 万元。新材料首批次应用获得财政拨款 122.28 万元。完成 18 项专利申请，通过 5 项实用新型专利，1 项外观设计专利。

五、改革发展

推进外包用工改革。通过组织内部招聘，实现内部人员置换，减少业务外包用工 16 人。

推进用工方式改革。采用复合工种方式，鼓励员工多学习，实现一人多岗，推动人员整体技能和操作水平不断提升，实现人员精简高效。通过组织笔试、实操综合打分方式开展复合工种工作，完成两批 48 人次认定及实施，减少用工 13 人。

推动班组管理改革。对标辽宁忠旺集团熔铸班组，在 EB 炉班组进行试点，推行吨产工资，定人、定保底工资，以产量、质量计算薪酬，制定《板锭制造中心 EB 炉工资考核办法（试行）》。3 月实施后，EB 炉班组人员由原来 31 人减少到 25 人，取得了员工效能提高，产量提升效果。EB 炉全年产出铸坯同比增幅 57.51%。

六、党建与企业文化

2020 年，中铝沈加党委中心组抓实系统理论学习，增强了政治意识，持续落实“不忘初心、牢记使命”主题教育问题整改。中心工作与党建工作融合不断提升。扎实开展“五力大讨论”活动，扎实规范开展“双提升”活动，工作质量进一步提升。持续深入开展“两带两创”活动，创效 3277 万元，表彰“两带两创”项目 47 个。“屑料破碎生产线改造降低损耗”被集团评为银点子。EB 炉班组被区团委评为青年安全文明示范岗。

全面从严治党更加凸显。纪委落实中央八项规定精神、“四风”问题进行抽查，提醒谈话 105 人次，问责 12 人次。根据集团总部纪检监察体制改革要求，6 月份，企业党委取消了纪检监察（审计）部，成立纪委工作部，与审计、巡察合署办公，将管理监督权限回归职能部门，充分发挥监督的再监督职能。

走访慰问困难职工、困难党员 46 人，发放慰问金 4.6 万元；开展新冠肺炎疫情防控工作爱心捐款活动，371 人参与捐款 1.56 万元；积极参加社会公益活动，10 人参与无偿献血。组织全体员工进行了健康体检，保证员工身体健康，为全体员工发放了生日实物券、夏日送清凉等福利；利用公司自产材料为员工订制 640 个钛锅；开展女工化妆讲座和全员健步走活动。

撰稿 / 张金旭

中铝铝箔有限公司

一、基本情况

中铝铝箔有限公司（简称中铝铝箔）成立于2015年10月，注册资本8.81亿元，员工总数（在岗）556人，资产总额11.97亿元，资产负债率69.73%。

主营业务范围。生产销售：铝箔、铝制品、机电产品及设备；销售：纯铝、合金铝、金属印刷品、纸制品、塑料制品、有色金属；货物进出口、技术进出口；管理及技术咨询服务。

产能规模：6.5万吨（不含已于2011年停产的陇西铝箔老线1.5万吨）。办公地址：成都市新都区马超东路266号新城市广场17F。

2020年，在中铝集团和铝加工事业部、中铝高端制造股份有限公司的坚强领导下，企业抢抓机遇、强化管理、深化改革，克服新冠肺炎疫情造成的种种困难，坚定不移地落实年初工作会确定的各项重点工作，全体员工在状态、敢拼搏，创造了中铝铝箔成立以来的最好经营业绩，完成了年度主要工作目标和任务。

二、生产经营

2020年，中铝铝箔产量5.59万吨，同比增幅1.54%（其中，洛阳铝箔增幅11.78%，陇西铝箔增幅24.01%）；销量5.98万吨，同比增幅4.84%（其中洛阳铝箔增幅12.06%，陇西铝箔增幅23.16%）。ROE−9.22%，同比增长9.48个百分点；产销率100%；回款率100%。

主要经济指标一览表

表1

项目	单位	2019年	2020年	增长（%）
资产总额	亿元	12.33	11.97	−2.92
工业产值	亿元	9.997	10.17	1.73
营业收入	亿元	11.37	11.84	4.13
利润总额	亿元	−0.8159	−0.3495	133.45
税收贡献	亿元	0.0393	0.0436	10.94
全员劳动生产率	万元/人·年	6	8.7	45

三、安全环保

按照中铝集团统一部署，积极推进安全生产三年整治专项工作。中铝铝箔共排查问题95项，完成整改87项，整改完成率91.6%。开展隐患排查治理工作，全年共排查安全隐患642项，整改率100%；排查环保隐患125项，整改率100%。

组织各单位按照CAHSE开展职业健康安全环保工作，在2020年中铝高端制造的考评中，陇西铝箔安全得分79.4分，洛阳铝箔安全得分78.06分。陇西铝箔环保得分80.47分，洛阳铝箔环保得分81.2分。

四、科技创新

2020年，中铝铝箔科技投入总额3566.46万元，科技投入占比（占主营业务收入剔除贸易收入占比）3.31%。其中，研发（R&D）投入完成总额3150.34万元，中铝铝箔2020年研发（R&D）投入强度2.93%。

实施新产品研发9项，中铝铝箔级管控项目4项，子公司自主立项管控项目5项（洛阳铝箔2项、陇西铝箔3项）。申请专利7件（其中发明专利1件，实用新型专利6件），授权专利19件（其中发明专利2件，实用新型专利14件，外观设计专利3件）。

2020年，中铝铝箔专利产品销售收入占企业销售收入（主营业务收入）的86.79%，相关专利的实施率达100%。专利申报为中铝铝箔通过高新技术企业认证奠定了坚实的技术基础，洛阳铝箔2019年10月31日获得高新技术企业认证证书，陇西铝箔2020年10月26日获得高新技术企业认证证书。

五、改革发展

通过组织机构调整和薪酬管理改进两项措施，为企业扭亏脱困、改革发展工作作出保障。制定了与经营业绩紧密挂钩的薪酬考核体系，加大绩效薪酬与经营业绩考核结果的挂钩力度。根据需要调整陇西铝箔、重庆铝箔领导班子。

洛阳铝箔稳产调结构，加强成本要素控制和生产过程控制。2020年，新增加工成本2624元/吨，比2019年平均降低245元/吨；陇西铝箔在稳量的基础上进行提量，从5月产销量2304吨，创阶段性新高，实现毛利后持续保持较好的经营态势。陇西铝箔全年加工费收入5788元/吨，比2019年平均增加331元/吨；新增加工成本3347元/吨，比2019年平均降低615元/吨。

六、党建与企业文化

2020年，开展理论学习中心组学习16次，读书班3次，领导讲党课10余次。制定下发《中共中铝铝箔有限公司党委落实全面从严治党主体责任清单》，明确党委及党委委员落实全面从严治党主体责任。全力配合中铝集团第二巡视组对中铝铝箔开展专项巡视工作，针对巡视组反馈的意见，举一反三，确保整改落到实处。到年底完成20个反馈问题的整改，完成率95%。

修改完善《中铝铝箔有限公司中层管理人员管理规定》，制定《中铝铝箔2020年党风廉政建设和反腐败工作要点》，与各级党组织和单位负责人签订《党风廉政建设和反腐败工作目标责任书》，与各层级关键岗位人员签订《廉洁从业承诺书》，压紧压实责任。召开党委会专题研究纪检监察工作11次，听取纪委工作汇报8次。深化运用监督执纪“四种形态”，全年给予领导干部批评教育43人次、通报批评7人次、责令书面检查1人次。

发挥工会在提升企业治理能力中的作用，收到提案42份并逐条进行落实。收到合理化建议63条，采纳实施20项，全公司99%的班组达到达标班组，发放奖励6000元。围绕职工技能、业务工作水平、安全生产、质量工作等内容，组织开展各类安全质量技能培训30余次，参加人数达400余人次。

撰稿/蔡　宇

中铝萨帕特种铝材（重庆）有限公司

一、基本情况

中铝萨帕特种铝材（重庆）有限公司（简称中铝萨帕）成立于2011年6月22日，注册资本0.31亿元，员工总数（在岗）156人，资产总额11.10亿元，资产负债率69.53%。

主营业务范围：铝及铝合金材料的开发、生产及销售；铝合金材料和部件的生产、销售；交通装备用铝合金挤压材和部件的设计、生产、加工、销售；金属材料机加工、销售、技术咨询、技术服务。

产能规模：24000吨/年。办公地址：重庆市九龙坡区西彭镇80号附2号。

2020年，中铝萨帕始终坚持以党的建设为引领，在中铝集团和中铝高端制造的坚强领导下，按照上级下达的经营任务，继续坚持“三管齐下”和“两条腿走路”的经营思路和市场策略，以市场拓展、技术创新、精益管理为主要抓手，不断提升公司的产销规模和市场竞争力。全年实现累计产量12104吨、销量12117吨，利润总额335万元，在艰难市场环境下基本稳住了市场份额，盈利状况稳中有进。

二、生产经营

2020年，企业市场空间进一步拓宽，普通工业材市场销量创历史新高；新产品开发及科技创新为产品开发和产能提升增添动力；积极开展全要素对标，全年实现成本压降1305万元，使企业保持盈利；强化党的建设，切实把学习成效转化为应对风险挑战、提升企业发展治理能力和工作水平；40MN挤压生产线项目实现量产，为企业持续向好增添后劲；狠抓制度建设，进一步夯实安全环保基础，排查并治理了安全隐患150余项，为企业持续向好保驾护航。

主要经济指标一览表

表1

项目	单位	2019年	2020年	增长（%）
资产总额	亿元	8.84	11.10	25.6
工业产值	亿元	3.98	3.15	−21
营业收入	亿元	4.59	3.57	−22.2
利润总额	亿元	0.031	0.034	10
税收贡献	亿元	0.02	0.03	50
全员劳动生产率	万元/人·年	31.3	28.9	−7.6

三、安全环保

中铝萨帕高度重视安全和现场管理工作。通过提倡“生命至上、制度优先、技术保障、持续改进”的本质安全文化，“我要安全”的安全文化理念进一步深入；通过推进企业及承包商安全三级检查制度和“日、周、月”隐患排查治理机制，排查并治理安全隐患150余项，消除了安全风险；通过制度化、标准化、规范化的现场管理，改善了员工工作环境，提升了客户信任感，为企业提质增效打造了坚实的后盾。

四、科技创新

为实现产品保质保量快速交付，企业科技创新“高速等温挤压”项目，顺利完成了各项技术经济指标及项目审计工作，项目整体指标处于国际先进水平，部分技术指标处于世界领先水平，实现了120MN挤压机产能翻一番的目标，进一步优化了成本和效率。为进一步提升员工参与科技创新项目的积极性，中铝萨帕发布了《科技创新项目管理办法》，进一步完善了科技创新体系，为科技创新引领企业发展奠定了基础。

五、党的建设

强化党的领导和政治核心地位，企业党委进一步完善了基层党组织，建立健全了“三重一大”集体决策制度和重大经营决策的前置程序，为企业持续发展奠定了良好的政治基础和组织保障。积极学习宣传党的十九届四中全会精神，党委领导班子带头讲好党课。积极开展学习《习近平谈治国理政》第三卷内容，切实把学习成效转化为应对风险挑战、推动企业发展的治理能力和工作水平。

根据企业发展需要对相关部门组织机构进行了调整，提升了业务部门工作效率，同时为日趋激烈的市场竞争储备了优秀的销售与技术人才。优化了营销队伍，以提升中铝萨帕工业材市场份额；对企业内部技术人员队伍进行了调整，通过“师带徒”等方式对年轻的技术人才进行培养，进一步提升公司新产品开发能力，助力企业市场开发。

撰稿 / 赵功名

中铝资本控股有限公司

一、基本情况

中铝资本控股有限公司（简称中铝资本）成立于 2015 年 5 月 18 日，注册资本 81.25 亿元，员工总数（在岗）269 人，资产总额 457.43 亿元，资产负债率 74.64%。

主营业务范围：投资管理；项目投资；资产管理；投资咨询；企业管理咨询。办公地址：北京市西城区文兴街 1 号院 1 号楼。

2020 年，中铝资本在集团党组坚强有力领导下，全面贯彻落实集团各项决策部署，以全要素对标和提质增效为抓手，优服务防风险，全面完成年度绩效目标和创新发展任务，实现了“十三五”圆满收官。

（一）重点专项扎实推进，成效显著

全面完成六大模块 28 项指标，增收降本控险，成费比 58%，优于年度预算 3 个百分点；顺利完成云冶财务清算注销及中铝财务云南分公司设立，创造了央企财务公司整合新标杆。

（二）业务拓展迎难而上，稳中向好

资金集中管理水平全面提升。首次实现成员企业境内外、本外币账户实时监控。扩大资金归集平台容量，上市公司存款限额提高到 198 亿元。上线现金池二期和资金计划模块，企业支付计划准确率提高到 90%。

信贷服务质量效率明显提高。完成集团主要产业研究报告，强化了主业服务能力。在贷款利率同比下降 30 基点的情况下，实现了营收 6.38 亿元，同比增长 12%。

资金运营效益效能显著提升。全年总交易量进入财务公司行业前六名，入围“银行间本币市场交易 300 强”，获“最佳进步奖”。

供应链业务创新转型提档升级。围绕集团主业精准发力，租赁、保理业务全年项目投放额、市场化创收、利润总额同比实现稳步增长，上线 E 信融系统，为成员企业拓宽收付渠道提供了有效工具。

基金投资业务稳健有序推进。溢价转让中企云链，投资收益率 50%；成功退出 XPT 项目，投资收益率 35%，完成了新设立的 3 支产业基金签约出资。引入萨帕混改意向投资 3.1 亿元，获上海联交所“融资策划奖”；为东轻设计并购整合方案；协助制定集团基金管理制度。基金投资业务初步具备了股权基金全流程专业运作能力。

经纪业务保驾护航能力得到增强。深挖统保业

务，节约保费1000余万元；为铝加工企业争取新材料保费补贴600万元。高效办结赔案715起，为企业争取超额赔款2400万元。提升产权经纪服务价值，实现资产处置溢价2730万元。期货经纪业务日均客户权益13.8亿元，创历史新高。获批沥青、国际铜做市商资格，做市业务排名稳居前列。落地云南省塑料行业首单基差贸易，获评"大商所企业风险管理计划"优秀项目。

（三）管理赋能纵深推进，质效提升

战略"智库"作用更好发挥。圆满承办国资委大型专题论坛，建立央企同行智库资源交流互动平台；协助农银汇理获得上期所开发铝期货ETF授权，扩大了中铝金融影响力。

风险预判防控更为有效。改革两级业审会组织，优化业务审查审批流程和风控合规制度。强化风险预判，成功拦截高风险项目。完成离任审计、资金管理专项检查和内控评价。实现法律审核两个全覆盖和2020年度案件零新增、零未结，财务公司监管评级升至2A。

信息科技保障更有力度。开发升级软硬件13项，财务公司核心业务系统处理能力大幅提升。上线租赁、保理核心系统，完成保险经纪系统三期建设。完成机房大规模搬迁，保障了业务处理的妥善衔接。

财务经营管控更加有力。加强预算动态管理，财务公司业务规模预算准确率100%。精准价值管理，搭建了ROE对标、归因模型以及金融财务管理体系，制定了多主体资金转移定价模式；建立新金融工具信用损失模型，解决了业绩评价、激励和信用风险量化难题，新旧金融工具准则实现平稳转换。

人才机制建设更加完善。完成首批优秀年轻干部重点培养对象选拔入库。市场化激励约束体系覆盖了六个业务单元。动态管控工资总额，人工成本监控更加科学。争取疫情防控期间社保减免返还近千万元。

行政运转支撑更加高效。修订完善决策权限制度，决策机制和流程更加清晰优化。精准完成集团重点督办任务，集团督办考核确保零失分。把握重大工作节点，新闻宣传工作成效明显。做好办公楼运营服务，行政保障能力明显提高。

二、生产经营

主要经济指标一览表

表1

项目	单位	2019年	2020年	增长（%）
资产总额	亿元	424.49	457.43	7.76
工业产值	亿元	—	—	—
营业收入	亿元	13.95	14.97	7.31
利润总额	亿元	8.99	9.47	5.36
净利润	亿元	6.99	7.24	3.47
税收贡献	亿元	3.14	3.11	−0.96
全员劳动生产率	万元/人·年	795.64	777.32	−2.30
资产负债率	%	72.25	74.64	2.39
净资产收益率	%	8.11	6.54	−1.57
总资产报酬率	%	1.42	1.64	0.22
研发投入强度	%	—	—	—

三、安全环保

（一）扎实做好安全管理工作

深入开展安全隐患检查，定期组织安全教育培训，不断提升安全管理水平，全年无安全事故发生。

（二）顺利启用环保智能大楼

正式启用中铝金融大厦，打造了铝材及绿色环保全铝家具应用样板工程，为集团全面推广铝应用、拓展国内外市场打下坚实基础。

（三）积极打造绿色金融品牌

发挥特色产业金融平台作用，将绿色金融作为重点研究方向，深挖集团产业链上下游业务，加强对集团绿色低碳发展的金融信贷支持，高效服务集团绿色转型发展。

四、科技创新

顺利投入使用新一代节能降耗微模块机房，核心网络带宽迈入万兆时代。信息科技与业务融合走向深入，以中铝 E 信融、融资租赁核心系统等为代表的业务创新融合基础平台相继上线运行，信息化支撑业务创新能力不断增强。

五、改革发展

（一）深入推进战略规划改革专项

科学编制“十四五”规划，形成“三步走”战略增长阶梯实现路径和具体落地措施。统筹制定国企改革三年行动方案，推动改革任务落地见效。

（二）高效完成资金运营管理改革

强化战略单元资金运营能力建设，制定资金集约运营实施方案，统筹需求、统编计划、统管渠道、统一议价，实现人员集中、操作集中，显著降低了融资成本，有力保障了业务资金需求，为集团资金管理体系建设做出了有益尝试。

六、党建与企业文化

（一）同频共振，推动党建经营融合

认真落实党委中心组读书班和党员轮训任务，实现党员全覆盖。创新推动党建业务双向融合，党建经营融合主题月系列活动取得显著成效，“两带两创”项目累计创造利润过亿元。疫情防控期间“双基提升在线云培训”创新案例，被集团选报国务院国资委。严格执行“三重一大”事项党委会前置审议程序，党委的把关定向作用有效发挥。加强典型选树宣传，深化工团联动机制，全年党建群团工作累计获得各类荣誉 27 项，品牌影响力进一步提升。

（二）驰而不息，加强党风廉政建设

着力推动“大监督”体系制度化、流程化，做到纪检工作与审计、风险、法律等工作的有机衔接。按时保质完成集团巡视各项任务。完成中铝租赁年度巡察任务，督促云晨期货巡察问题整改落地。完成存量问题线索处置并依规开展问责。创新组织“廉洁故事会”。

七、履行社会责任

修订常态化社会责任管理模块机制，在公司治理、员工权益、环境保护、公平运营、社区支持五大领域的履责成效逐年提升。

为湖北企业及时办理延期还本付息业务，向集团各企业投放低息“疫情贷”53 亿元。免费将新冠肺炎纳入集团保险范围，保额 560 亿元，惠及 14 万人。抗击疫情捐款 500 万元。

助力打赢脱贫攻坚，帮扶云南香格里拉格咱乡中心小学学生 600 余人。组织开展“衣”起行动融公益项目，为贫困地区捐赠衣物 120 余件。

撰稿 / 申江涛

【荣誉篇】

List of Honors

集体荣誉

【国家级荣誉】

全国文明单位

云铝文山

全国示范性劳模和工匠人才创新工作室

“刘永刚创新工作室”（西南铝）

“耿家盛创新工作室”（中国铜业）

全国五四红旗团委

驰宏锌锗团委

全国模范职工之家

云铜锌业工会

广西华银氧化铝厂工会

西南铝压延厂硬片班工会小组

遵义铝业氧化铝厂溶出车间丙班工会小组

全国厂务公开民主管理先进单位

彝良驰宏矿业有限公司

全国文明家庭

陈丽芳家庭（西南铝）

全国最美家庭

刘宏家庭（宁夏能源）

全国家庭工作先进集体

中国铜业工会

全国五好家庭

张杰家庭（贵州矿业公司）

全国 119 消防先进集体

宁夏能源王洼煤业救护中队

【省部级荣誉】

中央企业信访工作先进集体

中铝集团信访办公室

中央企业第二批基层示范党支部

云铝阳宗海动力部党支部

中央企业五四红旗团委

云铝股份团委

中铝材料院团委

中央企业五四红旗团支部

广西工服团总支

宁夏银星发电设备维护团支部

六冶云南分公司宁永项目团支部

中央企业青年文明号

山铝环境新材料生产运行部烧成工段

西南铜业安全环境健康部安全管理组

青海铝板带公司生产管理部冷轧班

中州铝业第二氧化铝厂磨浮车间磨浮甲班

兰州铝业机修厂导杆维修班

中央企业抗击新冠肺炎疫情先进集体

中铝海外发展有限公司

中央企业智库联盟“十佳理事单位”称号

中铝集团

2020 联合国全球契约企业最佳实践奖

中铝集团

【集团级荣誉】

2020 年度中国铝业集团有限公司先进基层党组织

中铝股份科技与发展部党支部

中铝股份广西分公司氧化铝厂党委

中州铝业营销采购中心党总支

中州铝业新材料科技有限公司烧成车间党支部

山西华兴党委电解铝生产部第一党支部

广西华昇装备保障中心党支部

青海分公司电解厂党总支

青海分公司炭素厂党总支

兰州铝业机修厂党总支

山西华圣炭素厂成型车间党支部

抚顺铝业财务部党支部

遵义铝业热电厂直属党支部

甘肃华鹭生产运营中心焙烧工区党支部

中铝股份连城分公司电解厂输料净化党支部

云铝涌鑫铝业有限公司党委

鹤庆溢鑫铝业有限公司综合党支部

云铝股份阳宗海电解二部电解第二党支部

郑州研究院质检中心党支部

宁夏银星能源股份有限公司党委

宁夏能源六盘山热电厂发电党支部

中铝国际贸易集团中铝新材料党总支

中铝物流中部国际陆港集装箱公司党支部

中铝物流甘肃有限公司铁路运输党支部

包头铝业动力厂供电运行区党支部

易门铜业有限公司党委

中铝秘鲁矿业公司第一党支部

楚雄滇中有色金属有限责任公司党委

驰宏（香港）国际矿业海外党支部

中铜矿产资源有限公司呼伦贝尔分公司党支部

西南铜业分公司精炼分厂党总支

洛阳铜加工熔铸厂三工区党支部

玉溪矿业选厂党总支

中铜国贸第五党支部

云铜股份西南铜业分公司营销中心党支部

新巴尔虎右旗荣达矿业有限责任公司党委

中铜投资有限公司直属党支部

中铜东南铜业电解厂党支部

云南驰宏国际锗业有限公司党支部

昆明冶金研究院有限公司选矿党支部

凉山矿业选矿厂党支部

驰宏实业发展（上海）有限公司党支部

云铜股份西南铜业分公司硫酸分厂党支部

云南金鼎锌业有限公司采矿一厂党总支

中铜（昆明）铜业有限公司生产党支部

云南冶金昆明重工有限公司装备制造党支部

广西国盛稀土新材料有限公司党支部

中铝江苏稀土党委直属党支部

中铝四川稀土有限公司党支部

沈阳院电解室党支部

贵阳院冶金工程分院党支部

长沙院矿山事业部党支部

中色科技佛阳公司党支部

长勘院深圳公司党总支

六冶一公司（工装公司）党委

九冶第一工程公司韩城区域项目党支部

昆明有色院党支部

昆勘院实验中心党支部

山东工程信息技术中心党总支
中铝国际（天津）建设第五分公司党支部
中铝投资党支部
中铝工业服务党支部
中铝财务党支部
中铝融资租赁党支部
西南铝业锻造厂党委
东轻中厚板厂党总支
西北铝动力保障部党总支
中铝瑞闽采购党支部
洛阳铝加工热轧车间党支部
东轻特材公司锻压工区党支部
西南铝挤压厂技术开发科党支部
中铝萨帕生产党支部
陇西西北铝铝箔营销财务党支部
中铝沈加板带制造中心党支部
中铝瑞闽装备保障党支部
中铝海外几内亚党支部
中铝材料院轻合金材料研究所党支部
中铝山东新材料有限公司党委
山东山铝环境新材料品质部党支部
中铝山东第二氧化铝厂沉降党支部
中铝山东氧化铝厂生产二区党支部
中铝山东动力厂供电车间党支部
中铝矿业热电厂党委
河南长铝工业服务有限公司党委
中铝矿业氧化铝厂配料车间党支部
长城铝业保卫消防中心民警队党支部
中铝矿业生产指挥保障中心化验检测党支部
河南长兴实业有限公司塑编党支部
贵州铝厂有限责任公司党委
贵州华仁新材料有限公司党委
贵州铝厂职业教育学院教师党支部
贵州分公司合金化事业部生产党支部
贵州贵铝现代城市服务有限公司党委
中铝山西新材料有限公司党委
山西新材料电解厂党委
山西新材料炭素事业部焙烧二车间联合党支部
山西新材料第一氧化铝厂分解工区党支部
山西晋铝冶炼设备技术公司党支部
山西新材料生活服务中心叠翠项目部党支部
中铝集团办公室、综合保障中心党支部
中铝集团法律合规部党支部

2020 年度中国铝业集团有限公司五四红旗团委

山东铝业团委
青海分公司团委
包头铝业团委
连城分公司团委
东南铜业团委
呼伦贝尔驰宏团委
长沙院团委
中色科技团委
西南铝团委
中铝瑞闽团委

2020 年度中国铝业集团有限公司五四红旗团支部

中铝山东研究院团支部
山西新材料精细氧化铝事业部团支部
广西华磊电解铝厂团总支
中州铝业能源管理中心团总支
贵铝工服团支部
青海分公司炭素厂团总支
包头铝业建安工程有限责任公司直属团支部
兰州铝业扁锭事业部团支部
遵义铝业综合团支部

云铝文山生产集控中心第一团支部

宁夏银星煤业综采一队团支部

华中铜业生产团支部

驰宏荣达矿业甲乌拉矿团支部

贵阳院冶金工程分院团支部

长勘院深圳公司团支部

昆明有色院联合第二团支部

六冶云南分公司弥玉团支部

西南铝技术中心团总支

西北铝深加工中心团支部

中铝材料院第二团支部

2020 年度中国铝业集团有限公司青年文明号

山西新材料建安公司起重设备维修车间自控维护班

包头铝业内蒙古华云二厂生产运行模块

兰州铝业铝合金事业部生产安全环保管理办公室

云铝润鑫“铝践先行”青年创新工作站

宁能银星能源新能源检修中心电气班

中铜资源昭通项目部

九冶中国电子西安创新产业园及公共服务区工程项目部

中铝瑞闽制造一部汽车板班

中铝沈加熔炼制造中心钛扁锭炉班组

中铝开投绿萝美巢设计中心

2020 年度中国铝业集团有限公司优秀青年志愿服务队

中铝山东“新力量”志愿服务队

贵铝“一铝阳光”志愿服务队

山西华兴质量计量部志愿服务队

云铝溢鑫青年志愿服务队

郑州研究院国家轻金属质量监督检验中心青年志愿服务队

宁能王洼煤业王洼煤矿团总支志愿服务队

玉溪矿业检验检测中心志愿服务队

华中铜业青年志愿服务队

驰宏综合利用志愿服务队

西南铝大学生宿舍团委志愿服务队

个人荣誉

【国家级荣誉】

全国劳动模范

汲洪民 （宁夏银仪）

董　文 （青海分公司）

李其贵 （遵义铝业）

刘永刚 （西南铝）

缪沅振 （玉溪矿业）

于　健 （东南铜业）

王建伟 （中铝工服）

全国五一劳动奖章

黄秋霜 （广西分公司）

全国职工职业道德建设标兵

徐成东 （驰宏综合利用）

全国优秀工会工作者

贯　山 （贵州铝厂）

全国优秀共青团员

毛煦铭 （西南铝）

全国青年岗位能手

何希家 （西南铝）

全国家庭工作先进个人

罗建军 （西南铝）

全国脱贫攻坚先进个人

郭康安 （长城铝业）

都　吉 （藏族）（中国铜业）

【省部级荣誉】

云南省劳动模范

张旭东 （迪庆有色）

陆国雄 （西南铜业）

陶汝云 （易门铜业）

汤家兴 （玉溪飞亚）

杨旭荣 （云铜科技）

晏华钎 （云铝文山）

李学文 （云铝涌鑫）

朱汝群 （云铝源鑫）

甘肃省劳动模范

向金泉 （西北铝）

内蒙古自治区劳动模范

于国海 （赤峰云铜）

云南省“五一劳动奖章”

韩国荣 （云铝文山）

云南省青年五四奖章

刘　伟 （西南铜业）

云南省扶贫先进工作者

罗　太 （迪庆有色）

云南省最美云岭国企人

缪沅振 （玉溪矿业）

中央企业优秀共青团员

周　凡 （贵州分公司）

季鹏辉 （云铝涌鑫）

姜传龙 （东轻）

陆红德 （中铝瑞闽）

中央企业优秀共青团干部

吴中越 （中国铜业）

时　萌 （贵阳院）

田琳琳 （西南铝）

中央企业青年岗位能手

杜佩玉 （山西新材料）

侯　峰 （内蒙古华云）

唐　勇 （遵义铝业）

童放放 （华中铜）

中央企业抗击新冠肺炎疫情先进个人

栾书伟 （中铝秘鲁矿业）

李宁忠 （云南冶金医院医疗部社区卫生服务组）

【集团级荣誉】

2020年中国铝业集团有限公司党员标兵

项鹏飞 中铝股份综合部业务经理

张中云 中铝股份广西分公司装备能源部党支部书记、经理

李亚帮 中铝股份广西分公司炭素厂阳极组装车间党支部书记、主任

黄宝贵 广西分公司氧化铝厂原料车间技术员

王国宾 中州新材料科技有限公司成品一车间副主任

王俊峰 中州铝业有限公司第二氧化铝厂溶出车间副主任

郑小儒 山西中润电解铝生产部铸造车间临时负责人

黄志敏 广西华昇生产 （技术）管控中心卸矿业务主管

冯生强 青海分公司铸造厂作业一区维修班副班长

李润生 青海分公司动力厂生产管理一部高压电气检修班班长

陈善永 内蒙古华云新材料有限公司电解一厂副厂长

萨茹拉 （女）包头铝业高纯铝事业部副经理、工会主席

成　荣 兰州铝业扁锭事业部检修维护部主管

赵万林 兰州铝业动力厂供电作业区二厂运行四班值班长

陈小马 山西华圣机械厂综合科主管

李树国 抚顺铝业煅烧部维修班班长

田应勋 遵义铝业阳极组装厂组装二工区工区长

曲铁军 甘肃华鹭生产运营中心成型工区生产班班长

齐　铭 连城分公司装备能源部党支部书记、经理

可金川 云南文山铝业副总经理

肖燕华 云南浩鑫铝箔铸轧事业部铸轧机长

周风江 郑研院氧化铝研究所二级助理工程师

马元忠 宁夏银星煤业有限公司综采一队队长

李波波 宁夏银星能源贺兰山运维区域运维班班长

呼得喜 宁夏王洼煤业王洼选煤厂技术装备科主任

赵继伟 中铝国贸香港有限公司总经理

李怀林　中铝物流集团甘肃有限公司党委书记、执行董事、总经理

刘　富　中铝香港综合部副经理、中铝几内亚安全环保与公共关系部副经理

张体富　易门铜业党委副书记、执行董事、副总经理

张兴荣　云南驰宏资源综合利用有限公司制液厂硫化一班班长

强桂林（女）秘鲁矿业综合部职员

赵　璧　凉山矿业股份有限公司冶炼厂厂长助理

朱连明　驰宏锌锗会泽分公司资产处置和环境治理部环保技术员

李正章　中铜资源普朗项目部经理、羊拉铜矿项目部经理

邱国民　玉溪矿业选厂安全值班长、碎矿工段长

苟太文　云南云铜锌业股份有限公司电解一工区长

吕　敏　华中铜市场营销部华南销售组主管

周兴文　楚雄滇中有色金属有限责任公司综合管理部主管

杨新川　云南永昌铅锌股份有限公司勐糯冶炼厂沸腾硫酸工序101班班长

白　杨（女）中铜国际贸易集团有限公司财务金融部核算会计

杨承瑞　迪庆有色选矿厂选矿工段副工段长

刘祥顺　彝良驰宏矿业机修动力厂外线工序长

李燕美（女）中铜投资业务部副经理、云南冶金股权投资基金管理有限公司副总经理

陈朝辉　赤峰云铜有色金属有限公司火法厂党支部书记、副厂长

孟祥军　新巴尔虎右旗荣达矿业选矿厂检修班班长

梁溢强　昆明冶金研究院选矿研究所、驰宏会泽分公司院企共建车间实验室负责人

熊国海　楚雄滇中有色金属有限责任公司熔炼分厂首席技师

李　波　云南驰宏锌锗D铜矿股份有限公司综合管理部部长

樊　怡（女）云南铜业房地产开发有限公司团委书记、综合管理部副主任

邓戈云　云铜西南铜业分公司生产运行部主任

李　昆　中国铜业综合部（董事会办公室）副总经理

陆瑞龙　中铝江苏稀土安全副总监

张黎军　中铝广西稀土矿山事业部花山项目第一水冶车间主任

张国斌　沈阳院中铝国际白音华总承包项目部总经理

黄　俊　贵阳院创新公司高级业务经理

王日泉　长沙院冶金事业部冶金工艺专业工程师

许冠浩　中色科技工艺设计室高级工程师

何　明　长勘院郑州分公司经理

马鹏亮　九冶第五工程公司总经理助理、南昌京东项目党支部书记

渠育智　十二冶安装公司赤几巴塔二期工程项目总工

汤晓波　中铝国际市场开发部业务经理

罗　芬（女）北京中铝联合物业管理金融项目部经理

崔　达　中铝润滑科技有限公司营销中心负

责人

王光伟　中铝保险经纪（北京）股份有限公司总经理

阳佳良　中铝资本计划财务部业务经理

袁　丹（女）中铝财务云南分公司综合管理部、计划财务部负责人

孟菲菲（女）西南铝熔铸厂生产计划科主管

邹　纯　东轻营销中心轨道交通业务部业务经理

凌　江　西南铝压延厂第一制造部轧机主操、特二级技师

李　静（女）西北铝质量监督部管材检验工

谢汉青　中铝瑞闽循环经济办公室主任

戴　山　中铝沈加技术质量中心主任

郭　维　洛阳铝加工精整车间检修工

王鹏辉　洛阳铝箔营销部业务员

石　礼　云南科力环保股份公司大气事业部营销业务主管

王军强　中铝材料院仿真技术研究所主管工程师

王眉眉（女）中铝材料院试验检验中心测试工程师

牟世波　山东山铝环境新材料有限公司党委书记、总经理

阎长春　中铝山东热电厂党委书记、厂长

巩庆刚　山东铝业氯碱厂党委书记、厂长

祝培全　中铝山东新材料微粉一区四万吨微粉班班长

孟令利　中铝山东研究院一级研究员

李　峰　中铝山东第二氧化铝厂溶出车间党支部书记、主管

李　鹏　长城铝业水泥厂质量管理中心技术员

赵金荣（女）中铝矿业矿山事业部技术资源部资源管理主办

李　杰　河南中铝建设工程有限公司土建公司负责人

郭西乾　赤壁长城炭素制品有限公司生阳极工区副主任

冯　悦　河南长铝工业服务有限公司综合部经理

孙瑞民　中铝矿业热电厂生产技术科主任

杨世宏　贵州华锦高压电气检修班班长

夏井平　贵州分公司企业管理部副经理，党支部书记

邓　铭　贵州铝厂保安分公司经理

李　海　中铝贵州工业服务有限公司电力承装事业部经理

晋　祥　贵州分公司矿业公司猫场铝矿采掘班班长

卢世昌　山西新材料电解厂电解二车间主任

贾建军　山西新材料工贸公司设备材料部经理

裴　京　山西新材料第二氧化铝厂焙烧工区作业长

景付岗　山西新材料石灰石矿事业部采剥工区运输班班长

刘　智　山西铝业销售中心销售一科副科长

聂常青　中铝集团安全环保健康部安全职业健康处经理

2020 年中国铝业集团有限公司优秀党务工作者

杜小明　中铝香港党总支书记、董事长、总裁

曾建军　广西分公司热电厂造气车间党支部书记

陈合林　广西分公司氧化铝厂机关党支部书记、综合科副主管

张瀚榕　广西中铝工业服务有限公司检修一车间党支部书记、副主任

张素霞　（女）中州铝业生产管理中心第一党支部书记

胡春琴　（女）山西华兴质量计量部化验车间党支部副书记

宁春生　山西华兴矿产资源部黄辉头矿党支部书记

唐桂莉　（女）广西华昇纪委工作审计部党支部书记、经理

张玉平　青海分公司炭素厂党总支书记

陈富川　青海分公司青海中铝工业服务有限公司党总支书记

马　勇　包头铝业电解二厂党委书记、副厂长、工会主席

樊晓旸　（女）包头铝业党群工作部业务主管

吕　乐　内蒙古华云电解二厂生产运行工作室党支部书记、主任

李　军　兰州铝业电解二厂党总支书记、副厂长

王　伟　抚顺铝业财务部党支部书记、经理

刘宽明　遵义铝业电解铝厂党总支书记

乔亚峰　甘肃华鹭党群行政部副经理、工会副主席

李　翔　连城分公司设备拆迁部党总支书记

黄　河　曲靖浥鑫铝业电解部党总支书记、电解部工会主席、副部长

张文学　云铝润鑫铝业有限公司电解一支部书记、电解部副主管

张营三　文山铝业设备保障中心党支部书记、副经理

石　磊　郑州研究院质检中心党支部委员

赵娟娟　（女）宁夏能源党委工作部副主任、机关党委副书记

张　晏　宁夏银星煤业运输队党支部书记、副队长

史建涛　宁夏银星发电有限责任公司发电党支部书记、副主任

张　涛　宁夏王洼煤业有限公司王洼煤矿党总支副书记、生产副矿长

高　娣　（女）中铝国贸人力资源部（党群工作部）总经理

郑　健　（女）中铝物流内蒙古综合党群部副经理

张　辉　中铝物流中部国际陆港集装箱公司党支部书记、经理

李召前　云铜股份西南铜业分公司电解分厂党总支书记、工会主席、副厂长

孙亚民　驰宏实业（发展）上海有限公司党支部书记、工会主席

徐韶涵　中国铜业机关第十一党支部委员

谢云飞　玉溪矿业工会副主席、党群工作部副主任、团委书记、机关第一党支部副书记

许绍龙　彝良驰宏矿业党政办公室党总支书记、主任

崔　璐　（女）洛阳铜业党群工作部业务副主管

暴立业　云南铜业赤峰云铜有色金属有限公司总经理助理、电解厂党支部书记、厂长

张利平　云南云铜锌业股份电解分厂党支部书记、厂长

龚　斌　中铜（上海）铜业党委工作部副

主任

蒋绍康　云南驰宏资源综合利用组织人力资源部第二党支部书记、部长

丁潞颖　（女）中铜国贸党群工作部（人力资源部）员工

刘远洋　玉溪矿业充填工区党支部书记

周　宇　呼伦贝尔驰宏矿业有限公司党群工作部副部长

高　芳　（女）中铜投资工会主席、直属党支部书记、云南冶金集团进出口物流股份党支部书记

陆国光　云铜股份西南铜业分公司质检中心党总支书记、工会主席、副主任

高国成　彝良驰宏矿业有限公司党群工作部部长、工会主席

刘英波　昆明冶金研究院质检站党支部书记、副站长、分析测试中心主任

鲁文荣　玉溪矿业党群工作部业务主管

王晓东　新巴尔虎右旗荣达矿业甲乌拉矿党支部书记

李玉姬　（女）云南冶金昆明重工党群工作部（人力资源部）主任

宋银生　易门铜业有限公司质检车间党支部书记、主任

王朝娣　（女）驰宏科技工程股份有限公司党支部书记、工会主席

韩　静　（女）洛阳铜加工电子带厂成品工区党支部书记

梁　壮　广西国盛稀土党支部组织委员、总经理助理、综合管理部经理

张书凯　中稀依诺威（山东）磁性材料有限公司党支部书记、总经理

时　萌　（女）贵阳院党群工作部副部长

段进超　长沙院矿山事业部党支部副书记、主任工程师

赵冬琴　（女）中色科技党群工作部部长、工会副主席

王列学　六冶云南分公司宁永项目总承包管理部党支部书记

谢光娜　（女）昆明有色冶金设计研究院市政工程设计院党支部组织委员

杜力立　昆勘院测绘分院党支部书记、院长

杨怀国　天津建设第一分公司党支部书记

姜　峰　中铝国际党委工作部副总经理

任丹莉　（女）中铝工业服务综合管理部（党群工作部）负责人

于诗璐　（女）中铝资产本部党支部委员

张翔宇　中铝保险党支部书记、董事长

李旻昊　云晨期货有限责任公司党支部书记、总经理

张司邈　（女）中铝资本党委工作部业务经理

周元平　东轻党群工作部主任、工会副主席

周　敏　（女）西北铝机关第一党支部纪检委员、纪委副书记、纪委工作部主任

彭燕飞　（女）西南铝党委组织部（人力资源部、机关党委）干部管理主管

李　冬　（女）西南铝压延厂机关党支部书记、党政办公室主管

王洪军　东轻特材公司锻压工区党支部书记、副作业长

陈秋霞　（女）中铝瑞闽制造二部党总支党务干事、热熔党支部书记

周　明　中铝铝箔党群财务党支部宣传纪检委员、党群工作部干事

王启仙　（女）贵州中铝彩铝科技综合党群部党建主管
杨　柳　（女）中铝萨帕机关党支部书记、市场运营总监
李　伟　（女）中铝材料院人力资源部（党群工作部）高级主管
莫永达　中铝材料院铜合金材料研究所党支部书记
杜树宇　山东铝业总经理助理、山东铝业职业学院党委书记、常务副院长
王　磊　中铝山东有限公司功能材料厂党委书记、厂长
张　凯　山东铝业综合管理部党支部书记、经理
王栋一　山东铝业党委工作部组织室主管、文秘室主管
徐拥军　山东铝业矿业公司压滤车间党支部书记、副主管
郝跃鹏　中铝矿业氧化铝厂党委书记、厂长
高　扬　中国长城铝业有限公司水泥厂党委书记、厂长
孟繁胜　长城铝业党委工作部党建组织板块副主管（主持工作）
郭　进　中铝矿业矿山事业部郑州区域事业部供矿项目部党支部书记
姜新文　长城铝业后勤服务管理中心机关党支部书记
刘　英　（女）贵州分公司矿业公司党群工作部副主任、机关第二党支部副书记
陈　鸿　（女）贵州贵铝华颐房地产开发机关党支部书记
华　东　贵铝现代城市服务有限公司党群工作部主任
王洪峰　贵州华仁新材料电解运行中心党支部书记
苏海峰　贵州铝厂党委巡察办主管助理、机关党委党务主管助理
赵建平　山西新材料党委工作部部长、机关党委书记
姜　涛　（女）山西新材料电解厂机关党支部书记、政工科副科长
胡海啸　山西新材料精细氧化铝事业部拟薄水铝石二工区党支部书记、工区长
胡　涛　山西新材料矿业公司采剥工区党支部书记、副主任
李建洲　山西新材料建安公司氧化铝设备维修车间党支部书记、主任
武　霞　（女）山西新材料热电分厂机关党支部书记
任尚清　（女）中铝铁矿党支部组织委员、综合部业务经理

中国铝业集团有限公司青年岗位能手

刘瑶瑶　（女）长城铝业水泥厂制成车间钳工班安全员
刘　鹏　山西中铝工服压力容器（焊培中心）分公司一班副班长
张燕红　贵铝职教学院专职教师
吴经美　遵义铝业热电厂熔盐车间值班长
蒋发鹏　连城分公司电解厂四厂房一工区工区长
杨　辉　宁夏银星发电设备维护部热控班检修组长
葛淮康　华中铜业精整作业区副区长助理
代学斌　凉山矿业动力厂电修班班长

程克忠　六冶风控与成本管理部科员

刘　帅　东轻熔铸厂熔铸老线熔铸工

中国铝业集团有限公司优秀共青团员

李洪建　山铝环境新材料生产运行部技术员

杨　壮　长城铝业财务部税政会计

郝启帆　山西新材料装备能源部机械管理科科员

涂悦远　广西分公司氧化铝厂选铁车间选铁工

郭恒恒　中州铝业第二氧化铝厂溶出车间高压溶出工

郭宇杰　山西华兴矿产资源部奥家湾二号矿安全环保科员

徐　杰　贵州铝厂合金化事业部合金圆铸锭生产工序工艺工程师

杨富荣　兰州铝业机修厂土建维修作业区技术员

刘浩男　抚顺铝业成型部成型工

杨福保　云铝海鑫电解部电解工

周兴伦　郑州研究院自动化所助理研究员

姜　楠　中国铜业投资综合部业务员

魏　菊　西南铜业稀贵分厂劳资员

谭笑天　贵阳院创新公司技术员

张　俊　昆勘院恒基岩土工程公司职员

王　钊　九冶钢结构科技分公司西安钢构厂技术员

宋　婷　中铝资本金融市场部交易员

文　韬　西南铝质量管理中心探伤质检站综合检查班班长

李　怡　东轻技术中心制造部化学分析工

白依可　（女）中铝材料院铜合金材料研究所工程师

中国铝业集团有限公司优秀共青团干部

沈娟娟　（女）中铝矿业热电厂团支部书记

卢鹏博　山西铝业武装保卫部团支部书记

陆　鹭　（女）广西分公司炭素厂直属团支部组织委员

温超平　中州铝业第二氧化铝厂团总支书记

陈社丽　（女）山西华兴质量计量部团总支书记

张燕珍　（女）青海分公司质量物资管控中心直属团支部书记

李　广　包头铝业团委组织委员

雷织荣　遵义铝业电解厂团支部书记

胡　斌　宁能宁夏光伏发电团总支书记

史　宇　呼伦贝尔驰宏团委书记

李绍文　洛铜技术中心化学分析室团支部书记

孔　晔　沈阳院电解室团支部书记

冉　盈　（女）长沙院第三团支部书记

刘　政　中色科技概预算团支部书记

徐娅娅　（女）天津建设团委委员

胡　清　中铝资本第三团支部书记

吴梦媛　（女）西南铝锻造厂团委书记

刘登峰　东轻中厚板厂团总支书记

边永奇　西北铝挤压制造部团总支书记

卢当福　中铝瑞闽制造一部团总支书记

中国铝业集团有限公司优秀青年志愿者

施光宇　中铝山东氧化铝厂团委干事

赵庆风　中州新材料烧成车间化灰机工

纪嘉宁　抚顺铝业团委书记、学雷锋志愿服务队负责人

王　红　连城分公司炭素厂团总支书记

孔　敏　云铝阳宗海电解分公司团委干事

谢庚彪　郑州研究院氧化铝功能材料厂生产技

术科技术员
钱　睿　易门铜业熔炼分厂业务主办
和春武　金鼎锌业综合办职员
张司邈（女）中铝资本党委工作部业务经理
孙　兰（女）东轻志愿者服务队负责人

中国铝业集团有限公司专项劳动竞赛青年岗位能手

高　超　中铝山东热电厂南区技术员
王志红　广西华磊发电厂设备管理业务副主管
单杰果　中州铝业能源管理中心炉机车间副主任
王　峰　山西华兴矿产资源部生产调度员
薛　田　山西华兴氧化铝热电动力部锅炉车间司炉工
白征坪　山西华兴电解四工区操作负责人
金　垚　青海分公司电解厂技术员
王禹博　青海分公司营销采购部主办
吴亲涛　遵义铝业热电厂炉机主控
李卫祥　云铝文山生产集控中心动力区丁班作业长
向学立　云铝文山生产集控中心商产区丁班作业长
管彦苍　云铝润鑫电解 240kA 副班长
马建秋　云铝源鑫多功能行车工
许　松　贵州华锦管控中心焙烧工序主管
陈焕新　宁夏王洼煤业安装检修公司安装一班副班长
刘越鹏　东轻中厚板厂精整工区拉伸机丁班班长、区域技师

【人物篇】

F i g u r e s

全国劳动模范、全国五一劳动奖章获得者

【全国劳动模范　汲洪民】

汲洪民，男，生于1976年4月，山东菏泽人，中共党员，“全国劳动模范”，宁夏银仪电力工程有限公司工程专责，助理工程师。他十几年如一日追求工匠精神，带领团队在外委项目、降本增效、技术服务等方面取得丰硕成果。

20多年的焊工职业生涯，伴随他的是高温、高压、高噪声、煤尘和粉尘的工作环境，他始终保持勤奋敬业状态，时时刻刻高标准严要求自己，充分发挥劳动模范的带头作用。多年来，他始终做到耐心讲解和疑难解惑，为企业培养了一大批专业焊工和20多名电气（机械）+焊接“一专多能”的优秀焊接骨干，并全部取得焊接职业资格证书，为企业节省了大笔培训费用，为企业发展做出了突出贡献。2014年、2015年分别获得中铝宁夏能源集团“劳动模范”称号、自治区“技术标兵”和“技术能手”称号；2016年获得自治区国资委“优秀共产党员”称号、中国铝业集团公司“劳动模范”称号；2019年获得“中央企业劳动模范”称号；2020年获得“全国劳动模范”称号。

【全国劳动模范　董　文】

董文，男，生于1967年2月，山东济南人，中共党员，“全国劳动模范”，青海分公司阴极事业部经理，工程师。他政治坚定、敢于担当、勤于钻研、严于律己、清正廉洁，是职工队伍的好带头人。

2016年10月，临危受命，主持阴极生产线复产工作，盘活了多年呆滞固定资产1129万元。从阴极复产至今，他带领团队不断优化生产工艺，使阴极产品由单一的普通阴极炭块，拓展到高石墨质、异型阴极、500千安以上大规格阴极炭块及各种侧角块，突破技术封锁研制出常温糊和冷捣糊，至此，阴极事业部成为中铝集团唯一一家具备阴极完整产业链的单位。2020年，他带领的阴极事业部通过与市场全要素对标，积极落实各项对标措施，产量、质量达到阴极投产以来的历史最好水平，实现盈利200万元，真正意义地立足于市场。阴极产品发往18家国内知名电解铝企业，电解槽运行平稳、质量优异，得到用户的一致好评认可。2020年获得“全国劳动模范”称号。

【全国劳动模范　缪沅振】

缪沅振，男，生于1983年2月，云南新平人，毕业于中南大学采矿工程专业，中共党员，“全国劳动模范”，担任玉溪矿业有限公司选厂磨选工段工段长，选矿技术员。用20年如一日的坚守和热爱，总结提出浮选岗位“三辨”“四调”和“稳当先”的操作方法，练就了仅凭肉眼就能分辨铜精矿品位的过硬本领，在平凡的岗位上，为企业发展做出了突出贡献。

先后引进橡胶衬板、磁性衬板及新型起泡剂等新材料，完成了球磨机、浮选机等技改项目，降低生产成本1230余万元；组织开展“提高一选厂111系选矿综合指标”“米底莫区域矿石选矿回收率技术攻关实验研究”等技术攻关，带出20多个“徒弟”，组建一支高素质的选矿团队。他带领的班组中先后涌现出2名省级“巾帼标兵”、3名省级“选矿技术能手”。他先后荣获全国优秀农民工，云南省劳动模范、“五一劳动奖章”、浮选工技能比武大赛技术状元，第二期“最美中铝人”“感动云铜十大人物”等荣誉，2019年，他领衔的工作室被命名为中铝集团技能大师工作室，2020年获得“全国劳动模范”称号。

【全国劳动模范　王建伟】

王建伟，男，生于1976年，山西临汾尧都区人，中共党员，“全国劳动模范”，中铝山西铝业工业服务有限公司焊接研究培训中心二班班长，高级技师。多年来，王建伟凭借实战经验和精心钻研，成为集高压溶出压煮器、蒸发器、锅炉等设备检修为一体的“全能技术干将”。为企业高质量发展做出了突出贡献。

他自主发明的“子弹头引管器”，解决了12米长钢管横穿隔板难题，成功攻克蒸发器卧式检修法的核心技术难题，使工期由原来的60天缩减至30天，创造直接经济效益300多万元/年。先后完成了“一种柱形罐体防倾倒装置”“一种水冷壁管排吊装装置”“一种焊剂回收装置”等六项创新课题，提升了生产效率和安全生产系数。他用普通焊机完成了自动焊机才能完成的焊接工艺，成功攻克1.2毫米不锈钢板片连续焊接技术难关，突破国外技术垄断，实现了检修国产化；在进口铝合金油冷器检修中，他成功突破铝合金焊接瓶颈，实现进口油冷器检修国产化，填补国内有色金属行业技术空白。2019年被山西省人民政府授予“特级劳动模范”，2020年荣获“全国劳动模范”称号。

【全国劳动模范　刘永刚】

刘永刚，男，生于1963年3月，重庆沙坪坝人，中共党员，“全国劳动模范”，西南铝业（集团）有限责任公司职工、首席技师，模锻高级技师。为国家军工保障事业做出了突出贡献。

刘永刚同志自参加工作以来，先后参与完成“世界第一环”、大飞机新材料、“长征”系列火箭、“神舟”系列飞船、“嫦娥”工程以及鲲鹏运-20铝合金锻件材料等几百项新产品的研制生产任务，为国家军工保障做出了贡献。由于工作突出，刘永刚劳模创新工作室荣获2020年“全国示范性劳模和工匠人才创新工作室”。多年来，他兢兢业业、创新实干，体现了工人主人翁和工匠精神，2009年获“重庆市第三届劳动模范”，2012年获“全国技术能手”，2013年获“全国职工职业道德建设先进个人”，2014年获“中华技能大奖”，2019年获重庆市“巴渝大工匠”，2020年荣获“全国劳动模范”荣誉称号。

【全国劳动模范　于　健】

于健，男，生于1962年2月，山东淄博人，中共党员，中铜东南铜业有限公司党委书记、董事长、总经理，高级工程师。参加工作38年来，从铝行业转战铜行业，始终以信仰为根，以忠诚为基。敢于担责、勇于攻坚、冲得上、打得赢，为企业高质量发展做出了积极贡献。

2015年10月，他肩负着中铝集团党组重托，南下福建开启了宁德40万吨铜冶炼基地项目。从蓝图到落地，从一片滩涂到建成投产，他用智慧和汗水树立并谱写了对党忠诚、艰苦奋斗、大孝大义、久久为功的“新时代南下精神”。他身为领导干部，始终冲锋在前、敢为人先，甘于奉献、勤奋敬业，保持状态、奋起勃发是他几十年来的工作常态，他身上的拼搏不息、奋斗不止的精神之光和内心之火，不断影响和鼓舞着身边的每一个人。获得山东省富民兴鲁劳动奖章、获评福建省劳动模范，2020年获“全国劳动模范”荣誉称号。

【全国劳动模范　李其贵】

李其贵，生于1966年9月1日，贵州修文人，中共党员，现任遵义铝业股份有限公司技术研发中心副主任、公司副总经理、安全总监。

他针对公司生产上的难题，积极开展研究工作，解决了熔盐炉浇注料频繁烧垮、草酸钠爆发析出、高压溶出机组频繁磨漏、分解槽开裂等技术问题；并与国内研究院和大学合作，开展“高硫铝土矿生产氧化铝综合技术”和“湿法氧化脱硫脱碳技术”系列研究，获得中国有色金属工业科学技术奖一等奖；开展氧化铝产品粒度攻关，公司氧化铝 −45μm 粒度从20%降低到14%，获中铝集团表彰；开展“高效强化拜耳法技术推广应用”“提高分解率降温工艺研究应用”“溶出乏汽利用”“原料磨和隔膜泵攻关及改造”“提高溶出机组运转率”“降低系统碳碱”等项目攻关，氧化铝产品单位能耗降低34%，产能提升30%（30万吨），显著提高经济效益。

李其贵始终谨记习近平总书记“发展决不能以牺牲人的生命为代价”的安全理念，以如履薄冰的姿态，精细抓实抓牢安全生产工作。在遵义铝业转型升级和改革发展的征程中，还带出了一大批钻技术、懂业务、积极奉献的干部员工队伍，出色地发挥了党员先锋模范作用。

【全国五一劳动奖章获得者　黄秋霜】

黄秋霜，男，生于 1991 年 4 月，广西来宾人，中共党员，全国五一劳动奖章获得者，广西分公司炭素厂阳极焙烧车间技术员，作为炭素厂“黄秋霜劳模（金牌工人）创新工作室”领衔人，带领员工开展自主改善、创新创效、“两带两创”、QC 小组等活动，多次获得国家、省部级荣誉称号，树立了新时代企业员工形象。

他是炭素厂“黄秋霜劳模（金牌工人）创新工作室”领衔人，他带领员工围绕企业生产任务的难点，积极开展自主改善、创新创效、“两带两创”、QC 小组等活动，实现焙烧车间天然气单耗降低 5.37 立方米 / 吨炭块，焙烧块靠墙废块率降低到 0.13%，焙烧块外观合格率提高到 99.62%，累计创效约 657 万元。先后获得“中国铝业杯”第十三届全国有色金属行业职业技能竞赛（国家级二类）铝电解工（铝电解用炭素焙烧方向）第一名、广西五一劳动奖章，获有色金属行业技术能手等荣誉称号，2020 年获得全国五一劳动奖章。

【附 录】

Appendices

中国铝业集团有限公司所属企业规范简称（2019 年 3 月修订）

表 1

一、各板块事业部及直管单位

序号	企业类别	企业（单位）全称	规范简称
1	铝板块	中国铝业股份有限公司	中铝股份
2	铜板块	中国铜业有限公司	中国铜业
3	稀土板块	中国稀有稀土股份有限公司	中国稀有稀土
4	工程板块	中铝国际工程股份有限公司	中铝国际
5	资产板块	中铝资产经营管理有限公司	中铝资产
6	金融板块	中铝资本控股有限公司	中铝资本
7	铝加工	铝加工事业部	铝加工事业部
8	直管单位	中铝环保节能集团有限公司	中铝环保
9		中铝创新开发投资有限公司	中铝开投
10		中铝海外发展有限公司	中铝海外
11		中铝智能科技发展有限公司	中铝智能
12		中国铝业集团有限公司中央研究院	中铝中央研究院
13		中铝材料应用研究院有限公司	中铝材料院
14		中铝铁矿控股有限公司	中铝铁矿

二、中国铝业股份有限公司

序号	企业（单位）全称	规范简称
1	中铝山东有限公司 *	中铝山东
2	中铝矿业有限公司 *	中铝矿业
3	中铝山西新材料有限公司 *	山西新材料
4	中国铝业广西分公司 *	广西分公司
5	中铝中州铝业有限公司 *	中州铝业
6	中国铝业重庆分公司	重庆分公司
7	山西华兴铝业有限公司 *	山西华兴
8	广西华昇新材料有限公司 *	广西华昇
9	中国铝业贵州分公司 *	贵州分公司
10	中国铝业青海分公司 *	青海分公司
11	包头铝业有限公司 *	包头铝业
12	兰州铝业有限公司 *	兰州铝业
13	山西华圣铝业有限公司 *	山西华圣
14	抚顺铝业有限公司 *	抚顺铝业

续表 1

序号	企业（单位）全称	规范简称
15	遵义铝业股份有限公司 *	遵义铝业
16	山东华宇合金材料有限公司 *	山东华宇
17	甘肃华鹭铝业有限公司 *	甘肃华鹭
18	中国铝业连城分公司 *	连城分公司
19	山西中铝华润有限公司 *	山西中润
20	广西华磊新材料有限公司	广西华磊
21	云南铝业股份有限公司 *	云铝股份
22	中铝（云南）华江铝业有限公司	云南华江
23	中国铝业郑州有色金属研究院有限公司 *	郑州研究院
24	中铝宁夏能源集团有限公司 *	宁夏能源
25	中铝国际贸易集团有限公司［中铝（上海）有限公司］	中铝国贸集团（中铝上海）
26	中铝能源有限公司 *	中铝能源
27	中国铝业香港有限公司 *	中铝香港
28	中铝物流集团有限公司 *	中铝物流
29	中铝物资有限公司 *	中铝物资
30	中铝山西吕梁矿业有限公司	吕梁矿业
31	甘肃华阳矿业开发有限责任公司	甘肃华阳
32	中铝山西工作推进办公室	山西推进办
33	北方沿海铝工业基地项目筹建工作组	北方沿海工作组
34	中铝股份山西区域铝土矿采购统筹协调工作组	山西区域工作组
35	广西华银铝业有限公司	广西华银
36	贵州华锦铝业有限公司	贵州华锦
37	中铝集团山西交口兴华科技股份有限公司	兴华科技
38	贵州华仁新材料有限公司	贵州华仁

三、中国铜业有限公司

序号	企业（单位）全称	规范简称
1	云南铜业股份有限公司 *	云铜股份
2	中铝矿业国际 *	中矿国际
3	中铝矿产资源有限公司	中铝资源
4	中铜国际贸易有限公司	中铜国贸
5	中铝洛阳铜业有限公司 *	洛阳铜业
6	中铝上海铜业有限公司 *	上海铜业

续表 1

序号	企业（单位）全称	规范简称
7	中铝华中铜业有限公司 *	华中铜业
8	中铝洛阳铜加工有限公司	洛阳铜加工
9	中铜（昆明）铜业有限公司	昆明铜业
10	云南铜业房地产开发有限公司	云铜地产
11	云南铜业科技发展股份有限公司	云铜科技
12	云南铜业矿产资源勘查开发有限公司	云铜勘查
13	中国云南国际经济技术合作有限公司	云南国际
14	云南铜业（集团）钛业有限公司	云铜钛业
15	云南驰宏锌锗股份有限公司	驰宏锌锗
16	云南金鼎锌业有限公司	金鼎锌业
17	云南冶金新立钛业有限公司	新立钛业
18	云南冶金云芯硅材股份有限公司	云芯硅材
19	云南文山斗南锰业股份有限公司	斗南锰业
20	云南永昌硅业股份有限公司	永昌硅业
21	云南冶金昆明重工有限公司	昆明重工
22	昆明有色冶金设计研究院股份公司	昆明有色院
23	昆明冶金研究院	昆明冶研院
24	云南冶合集团财务有限公司	云冶财务
25	云南冶合资源股份有限公司	云冶资源
26	云南冶金集团投资有限公司	云冶投资
27	云南冶金集团金水资产经营有限公司	金水资产
28	云南冶金仁达信息科技产业有限公司	云冶仁达信息
29	云南冶金高级技工学校	云南冶会技校

四、中国稀有稀土股份有限公司

序号	企业（单位）全称	规范简称
1	中铝稀土（江苏）有限公司	中铝江苏稀土
2	中铝广西有色稀土开发有限公司	中铝广西稀土
3	中铝四川稀土有限公司	中铝四川稀土
4	中铝山东稀土有限公司	中铝山东稀土
5	中稀国际贸易有限公司	中稀国贸
6	中铝山东依诺威强磁材料有限公司	中铝依诺威

五、中铝国际工程股份有限公司

序号	企业（单位）全称	规范简称
1	沈阳铝镁设计研究院有限公司 *	沈阳院
2	中铝国际工程股份有限公司沈阳分公司	中铝国际沈阳分公司
3	贵阳铝镁设计研究院有限公司 *	贵阳院
4	中铝国际工程股份有限公司贵阳分公司	中铝国际贵阳分公司
5	长沙有色冶金设计研究院有限公司 *	长沙院
6	中铝国际工程股份有限公司长沙分公司	中铝国际长沙分公司
7	中色科技股份有限公司 *	中色科技
8	中铝国际工程股份有限公司洛阳分公司	中铝国际洛阳分公司
9	中国有色金属长沙勘察设计研究院有限公司	长勘院
10	中铝国际工程股份有限公司长勘分公司	中铝国际长勘分公司
11	中国有色金属工业昆明勘察设计研究院有限公司	昆勘院
12	中铝国际工程股份有限公司昆明分公司	中铝国际昆明分公司
13	中国有色金属工业第六冶金建设有限公司 *	六冶
14	九冶建设有限公司 *	九冶
15	中色十二冶金建设有限公司 *	十二冶
16	中铝西南建设投资有限公司	西南公司
17	中铝国际（天津）建设有限公司	天津建设
18	中铝山东工程技术有限公司	山东工程
19	中铝招标有限公司 *	中铝招标

六、中铝资产经营管理有限公司

序号	企业（单位）全称	规范简称
1	山东银业有限公司 *	山东铝业
2	中国长城铝业有限公司 *	长城铝业
3	贵州铝厂有限责任公司	贵州锡厂
4	中铝山西铝业有限公司	山西铝业
5	平果铝业有限公司	平果铝业
6	河南中州铝厂有限公司	中州铝厂
7	青海铝业有限责任公司	青海铝业
8	包头铝业（集团）有限责任公司	包铝集团
9	兰州铝厂有限公司	兰州铝厂
10	兰州连城铝业有限责任公司	连城铝业
11	郑州轻金属研究院有限公司 *	郑研院
12	沈阳华汇资产管理有限公司	沈阳华汇

续表 1

序号	企业（单位）全称	规范简称
13	贵阳铝镁资产管理有限公司	贵阳铝镁
14	珠海长冶资产经营管理有限责任公司	珠海长冶
15	洛阳有色金属加工设计研究院有限公司 *	洛阳院
16	湖南长勘商贸发展有限公司	长勘商贸
17	郑州中铝建设开发有限公司	郑州中铝建
18	山西十二冶资产管理有限公司	十二冶资产
19	中铝润滑科技有限公司	中铝润滑
20	中铝工业服务有限公司	中铝工服
21	中铝投资发展有限公司	中铝投资
22	中铝河南铝业有限公司	河南铝业
23	中铝科学技术研究院有限公司	中铝科学院
24	苏州有色金属研究院有限公司	苏研院

七、中铝资本控股有限公司

序号	企业（单位）全称	规范简称
1	中铝财务有限责任公司 *	中铝财务
2	中铝融资租赁有限公司	中铝租赁
3	中铝商业保理（天津）有限公司	中铝商业保理
4	中铝保险经纪（北京）股份有限公司	中铝保险经纪
5	中铝建信投资基金管理（北京）有限公司	中铝建信基金
6	中铝创新发展股权投资基金管理（北京）有限公司	中铝创投基金
7	云晨期货有限责任公司	云晨期货

八、铝加工事业部

序号	企业（单位）全称	规范简称
1	西南铝业（集团）有限责任公司 *	西南铝
2	东北轻合金有限责任公司 *	东轻
3	西北铝业有限责任公司 *	西北铝
4	中铝瑞闽股份有限公司 *	中铝瑞闽
5	中铝铝箔有限公司 *	中铝铝箔
6	中铝萨帕特种铝材（重庆）有限公司	中铝萨帕
7	中铝河南洛阳铝加工有限公司	洛阳铝加工
8	中铝沈阳有色金属加工有限公司 *	中铝沈加
9	中建铝新材料有限公司	中建铝

说明：集团党组管理正职或全班子的单位，标注“*”号

2001—2020 年中国铝业集团有限公司主要经济指标表

表 2

序号	年份 / 指标名称	2001	2002	2003	2004	2005	2006	2007	2008	2009	2010	2011	2012	2013	2014	2015	2016	2017	2018	2019	2020
1	氧化铝产量（万吨）	469.70	541.00	604.70	681.00	787.00	962.00	1046.00	1100.00	846.67	1089.75	1179.40	1273.00	1372.00	1374.00	1454.30	1469.67	1437.00	1969	1719	1771
2	电解铝产量（万吨）	70.70	75.10	96.40	106.70	142.00	297.00	356.00	340.00	346.67	431.73	442.50	421.95	422.00	384.00	362.20	303.37	360.70	574.7	613	652
3	铝加工材产量（万吨）	1.41	17.20	20.00	27.60	41.00	56.00	79.80	93.00	58.00	71.79	68.80	84.50	73.00	100.50	102.46	146.31	167.70	178	186	138.3
4	矿山铜金属含量（万吨）	—	—	—	—	—	—	—	8.95	9.52	9.18	9.08	9.40	9.40	8.60	26.79	24.92	27.98	31.82	30.38	130.9
5	精炼铜产量（万吨）	—	—	—	—	—	—	—	38.40	29.08	32.99	43.74	45.00	44.00	52.00	53.90	58.31	62.68	68.04	111.51	32.7
6	铜加工材产量（万吨）	—	—	—	—	—	—	—	—	—	—	16.52	31.00	31.00	32.00	29.10	26.23	30.41	28.52	28.55	32.9
7	铅精矿产量（万吨）	—	—	—	—	—	—	—	—	—	—	—	—	—	—	—	—	—	9.47	11.5	11.3
8	锌精矿产量（万吨）	—	—	—	—	—	—	—	—	—	—	—	—	—	—	—	—	—	27.48	36.6	35.4
9	电锌产量（万吨）	—	—	—	—	—	—	—	—	—	—	—	—	—	—	—	—	—	53.76	59.3	11.7
10	电铅产量（万吨）	—	—	—	—	—	—	—	—	—	—	—	—	—	—	—	—	—	7.57	9.8	60.6
11	稀土分离产品产量（万吨）	—	—	—	—	—	—	—	—	—	—	—	0.45	0.45	0.66	0.71	0.60	0.67	—	1.35	0.25
12	稀土矿产量（万吨）	—	—	—	—	—	—	—	—	—	—	—	0.08	0.07	0.07	0.19	0.25	0.25	—	0.11	1.27
13	稀土磁材（万吨）	—	—	—	—	—	—	—	—	—	—	—	—	—	—	—	—	0.19	0.16	0.17	0.14
14	销售收入（亿元）	169.45	207.92	310.04	465.53	611.78	1031.22	1063.60	1291.21	1356.07	1954.33	2317.02	2449.40	2794.19	2800.08	2387.79	2675.80	3155.15	3002	3568.17	3670.2
15	上缴税金（亿元）	26.20	25.15	37.48	63.84	94.12	183.64	138.93	180.15	67.94	70.08	87.70	84.30	79.94	75.61	74.51	81.68	104.44	108.38	120	122.87
16	利润总额（亿元）	21.55	12.24	43.49	99.53	150.13	225.05	166.82	−67.57	−72.51	20.96	29.06	−96.60	−65.47	−197.46	−44.27	1.67	20.50	50.39	50.62	67.83
17	净利润（亿元）	−10.59	2.08	11.55	32.05	58.35	76.43	132.65	−68.16	−69.67	12.32	18.20	−99.86	−78.86	−212.16	−50.49	−5.80	0.0012	29.55	30.25	41.88
18	资产总额（亿元）	431.84	502.03	563.84	834.85	1078.52	1523.99	1776.46	3465.90	3548.50	3742.19	3966.20	4284.15	4662.85	4864.49	4868.44	5218.31	5313.37	6413.14	6544.11	6345.72
19	资产负债率（%）	52.37	49.68	47.66	48.47	46.08	46.43	50.01	75.83	78.70	79.63	80.35	83.25	84.94	88.57	85.62	83.88	63.26	66.52	64.04	64.13
20	净资产收益率（%）	−8.52	1.57	8.06	20.71	22.71	22.10	15.39	−8.35	−8.81	14.82	2.37	−13.33	−11.11	−34.38	−8.53	−0.75	0.00	1.44	1.34	3.64
21	工业总产值（亿元）	174.58	285.29	404.85	496.24	682.33	1096.12	1208.54	1427.77	1049.36	1406.88	1439.67	1614.01	1682.29	1664.31	1543.12	1411.67	2134.14	2162.4	2783.58	3035.47
22	国有资本保值增值率（%）	—	—	107.60	118.40	—	126.60	113.10	82.70	86.10	93.00	96.80	74.10	70.30	18.00	12.50	135.35	77.60	130.18	113.60	100.64

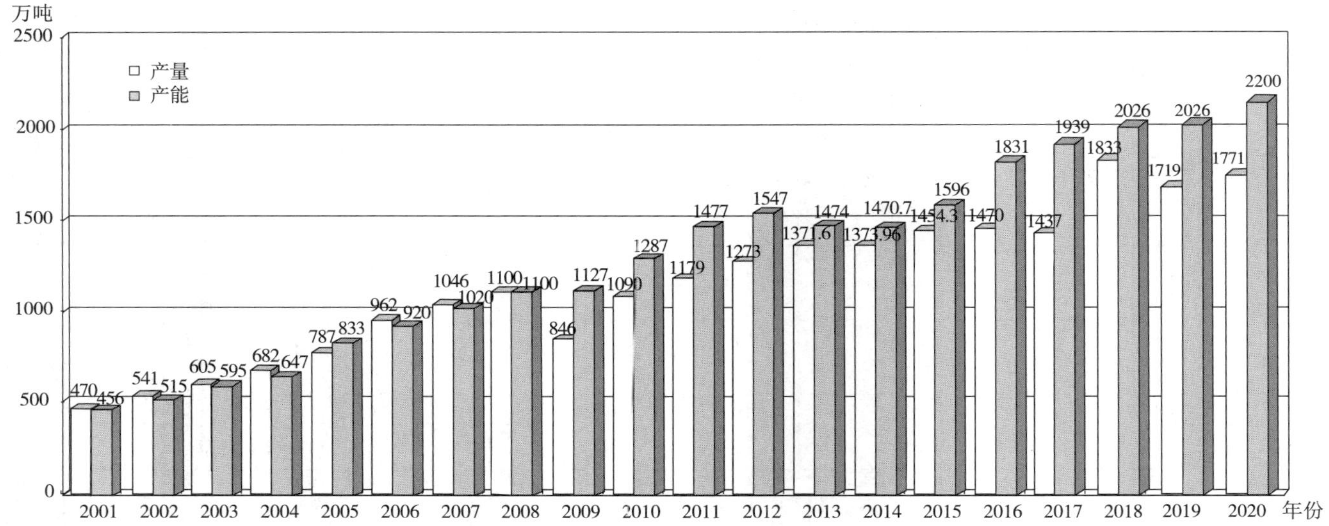

（a）氧化铝

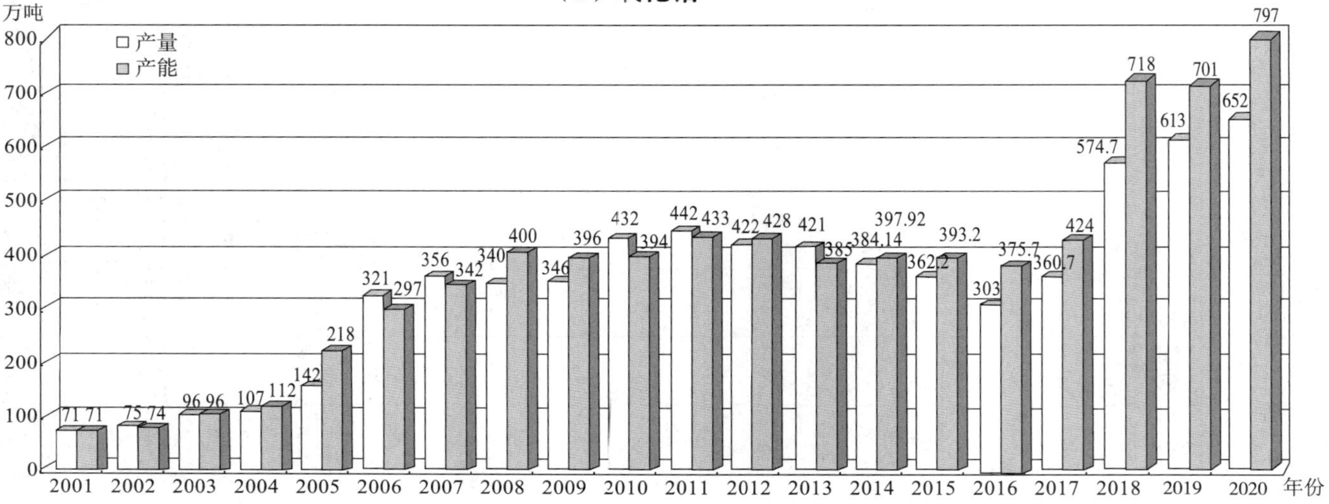

（b）电解铝

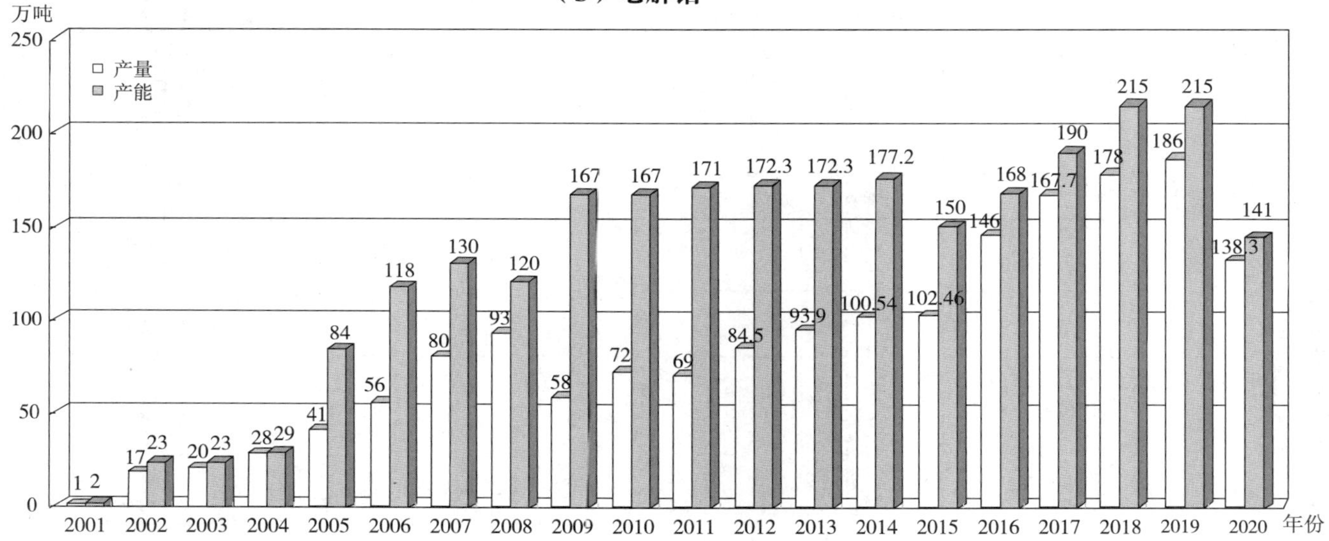

（c）铝加工材

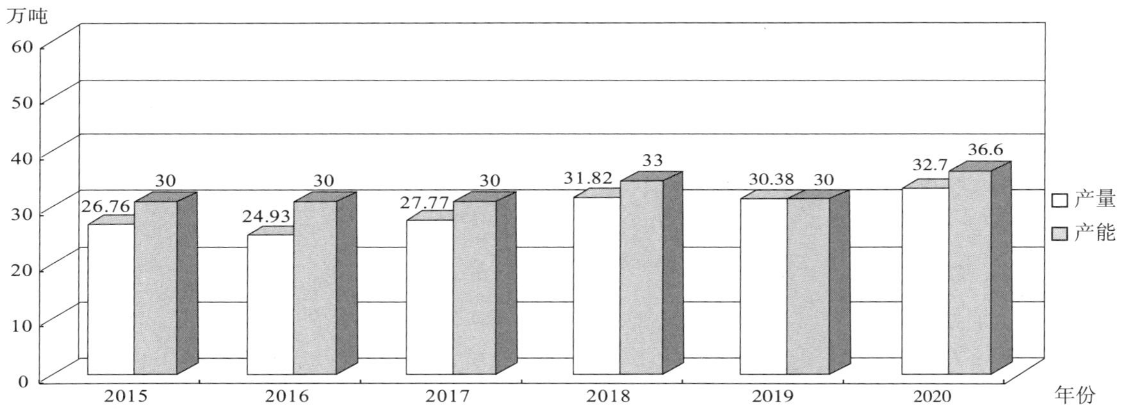

（d）铜精矿

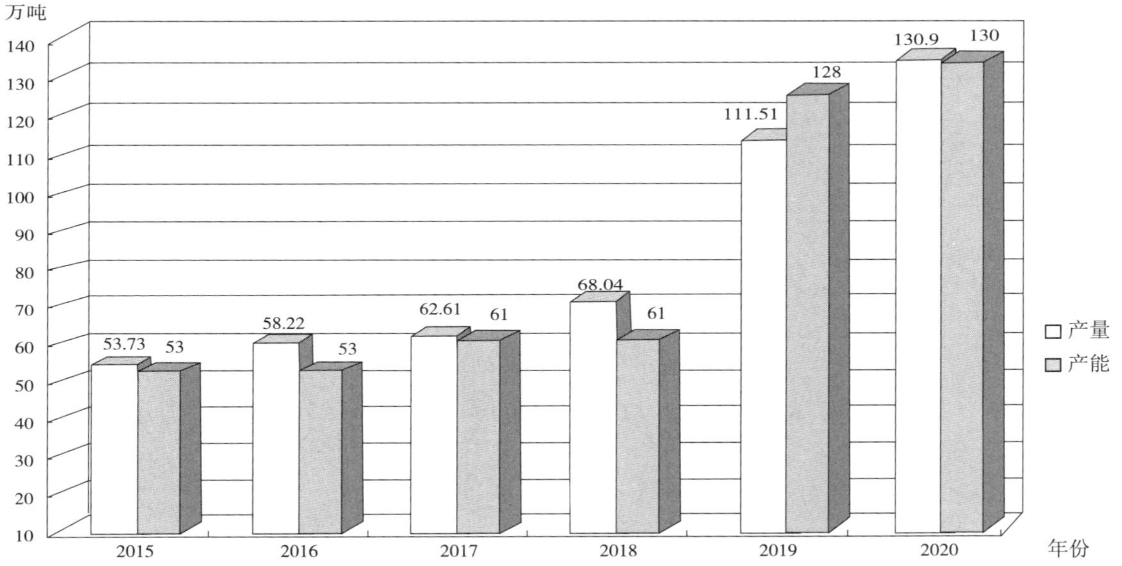

（e）电铜

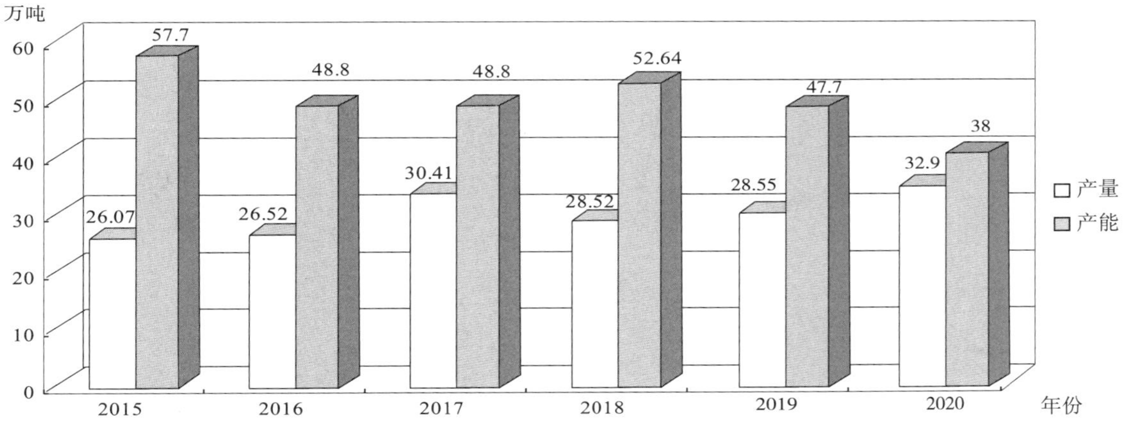

（f）铜加工材

图 1　中国铝业集团有限公司主要产品产能、产量图（2001—2020 年）

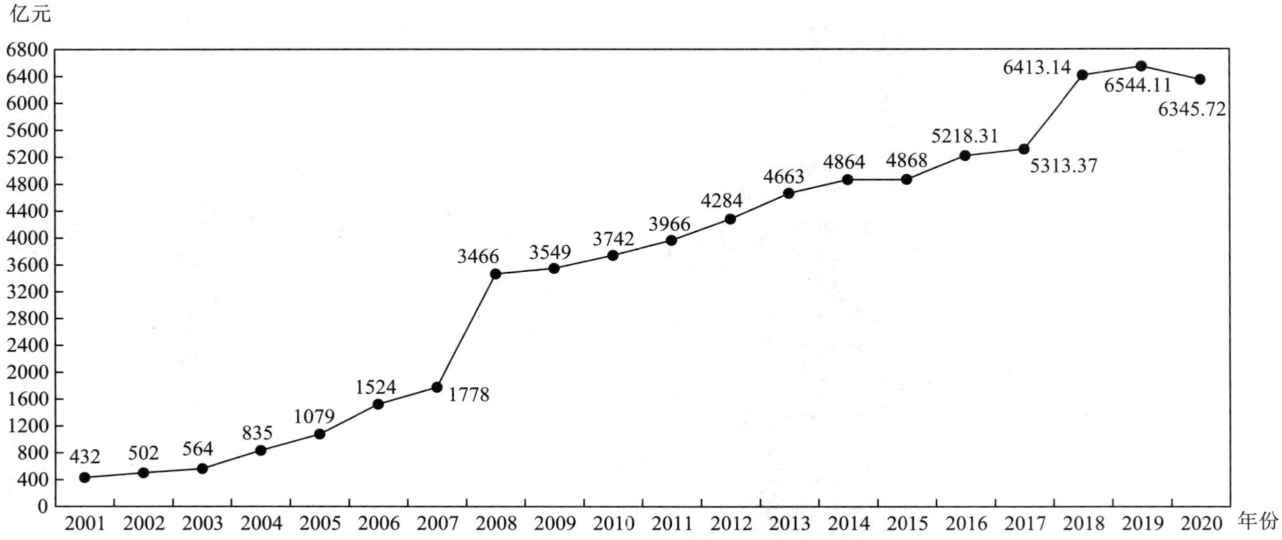

（a）资产总额

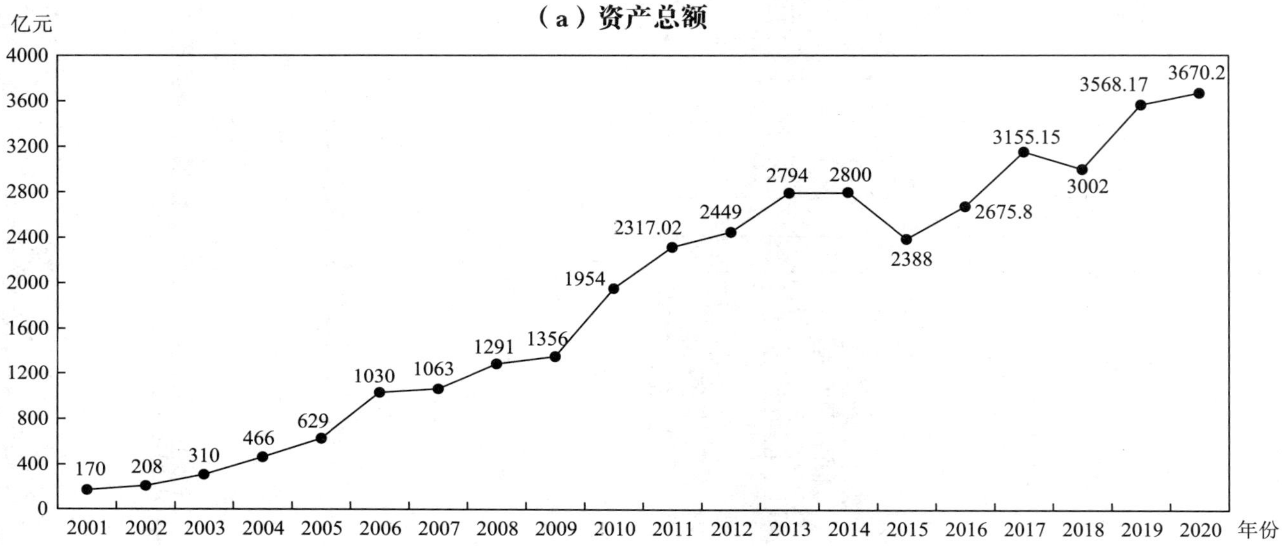

（b）销售收入

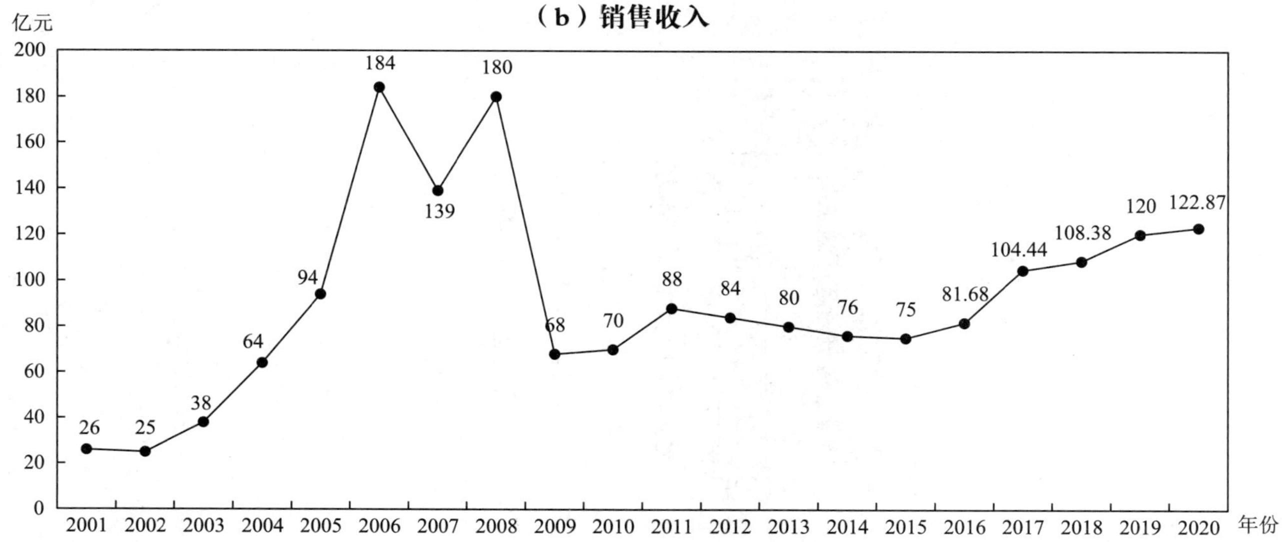

（c）上缴税金

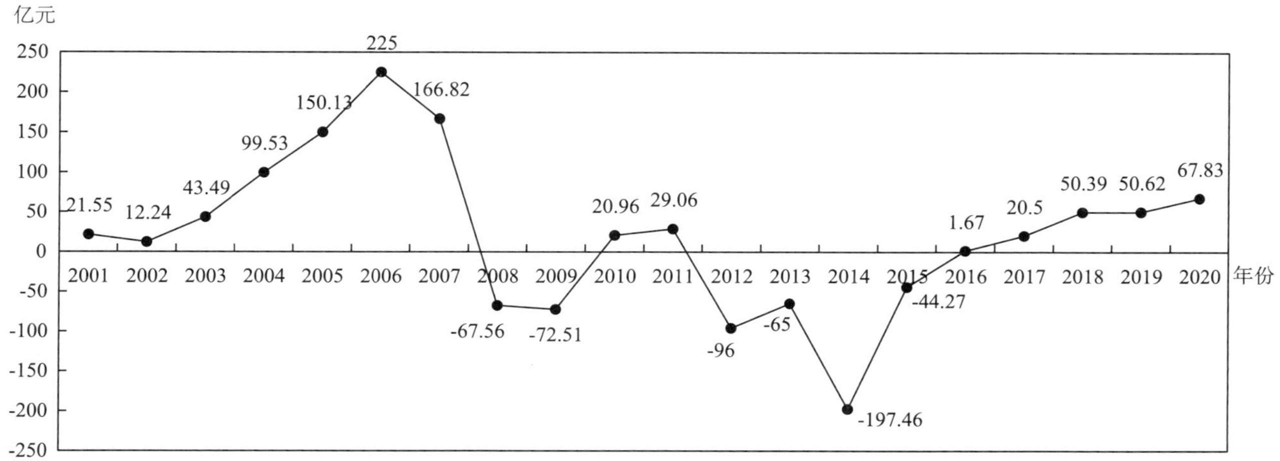

（d）利润总额

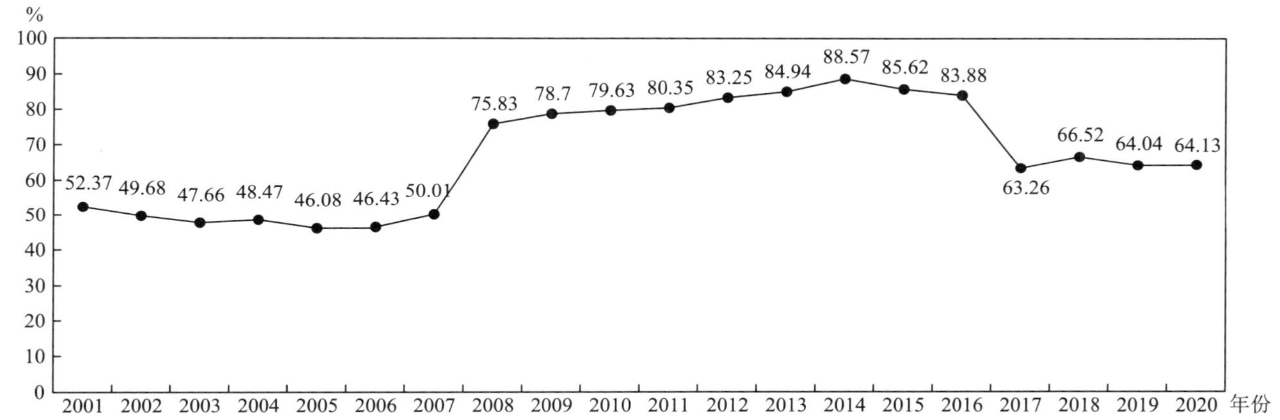

（e）资产负债率

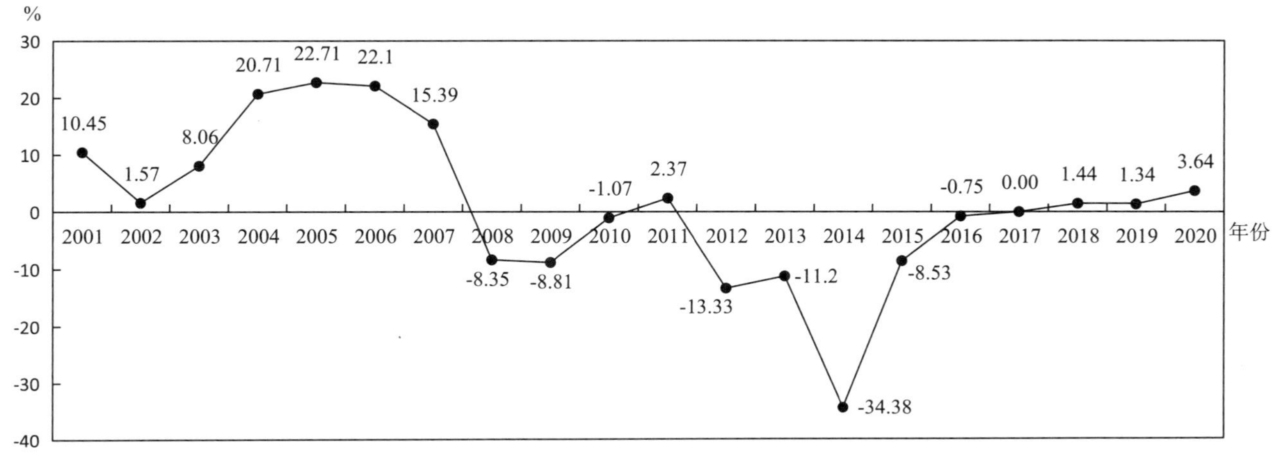

（f）净资产收益率

图 2　中国铝业集团有限公司主要经济指标图（2001—2020 年）

1953—2020 年全国氧化铝、电解铝、铝加工材产量表

表 3　　　　单位：万吨

年份	氧化铝	电解铝	铝加工材	年份	氧化铝	电解铝	铝加工材
1953	—	0.04	—	1987	113.51	61.62	37.4
1954	2.66	0.19	0.016	1988	126.48	71.81	41.61
1955	5，12	2.07	0.02	1989	131.81	75.83	42.69
1956	6.39	2.16	0.55	1990	146.38	85.43	39.38
1957	9.07	2.92	1.23	1991	152.22	96.25	50.51
1958	10.98	4.85	3.93	1992	158.3	109.64	65.74
1959	18.51	7.14	3.44	1993	182.39	125.45	77.26
1960	18.24	12.06	4.28	1994	184.69	149.84	85.52
1961	12.45	6.62	1.7	1995	219.94	186.97	174.23
1962	16.81	7.73	2.21	1996	254.62	190.07	162.01
1963	19.5	9.01	4.08	1997	293.61	217.85	176.12
1964	21.75	10.78	5.23	1998	334	243.53	147.15
1965	27.71	13.21	5.72	1999	383.74	280.89	176.55
1966	45.76	16.84	3.55	2000	432.81	298.92	217.15
1967	43.39	18.93	4.22	2001	474.65	357.58	234.16
1968	29.45	12.32	3.81	2002	544.96	451.11	298.79
1969	38.69	18.34	6.09	2003	611.21	596.2	399.74
1970	52.73	23.52	6.76	2004	699	669	440
1971	63.02	28.77	7.45	2005	851	781	596
1972	70.88	28.65	7.99	2006	1369.98	935.84	814.78
1973	60.13	28.56	8.67	2007	1945.65	1257.11	1176
1974	32.88	21.4	7.34	2008	2278.41	1317.66	1427.41
1975	56.37	22.13	7.09	2009	2379.23	1296.43	1650.35
1976	40.75	21.61	7.3	2010	2895.91	1619.45	2026.05
1977	55.86	21.46	8.13	2011	3407	1755.5	2345.5
1978	77.87	30.01	10.56	2012	3769.8	2026.7	3039.5
1979	80.43	36.6	13.63	2013	4460.48	2264.02	4086.53
1980	85.45	39.92	18.14	2014	4777.42	2438.2	4845.52
1981	85.94	39.5	24.16	2015	5897.84	3151.81	4426.9
1982	92.28	40.13	25.65	2016	6090.73	3187.32	5706.09
1983	95.03	44.48	28.14	2017	6901.67	3227.33	5832.39
1984	98.01	47.97	30.26	2018	7253.06	3580.19	4554.61
1985	102.49	52.47	30.98	2019	7247.4166	3504.3604	5252.2426
1986	106.55	56.15	33.54	2020	7285.13	3725.30	4452.42

1953—2020 年全国铜精矿、电铜、铜加工材产量表

表 4 单位：万吨

年份	铜精矿	电铜	铜加工材	年份	铜精矿	电铜	铜加工材
1953	0.06	0.04	1.08	1987	27.82	51.64	44.39
1954	0.74	4.68	1	1988	28.18	52.5	44.26
1955	1.26	4.91	0.7	1989	29.91	56.16	44.33
1956	1.67	7.03	2.41	1990	29.59	55.87	45.19
1957	2.45	5.28	2.63	1991	30.4	56	47.45
1958	3.78	7.11	5.65	1992	33.42	65.92	61.59
1959	5.61	11.69	8.16	1993	34.57	73.03	72.04
1960	8.74	10.03	8.29	1994	39.56	73.61	77.82
1961	4.21	5.34	3.4	1995	44.52	107.97	157.19
1962	4.48	5.84	2.84	1996	43.91	111.91	135.1
1963	5.75	7.83	3.53	1997	49.55	111.94	146.32
1964	7.23	10.58	4.73	1998	48.68	121.13	125.2
1965	9.7	13.31	6.82	1999	52.01	117.42	128.19
1966	12.89	15.9	8.49	2000	59.26	137.11	159.66
1967	8.05	10.42	7.55	2001	58.74	152.33	184.88
1968	4.85	7.51	7.62	2002	56.81	163.25	251.16
1969	10.37	12.58	11.02	2003	60.44	183.63	319.6
1970	14.58	16.53	13.25	2004	74.22	219.87	471.61
1971	19.07	20.69	16.5	2005	76.16	260.04	502.48
1972	19.25	24.12	16.14	2006	87.29	300.32	532.44
1973	18.95	27.23	17.76	2007	92.8	349.94	630.21
1974	15.41	23.47	17.38	2008	93.08	377.93	748.6
1975	18.02	25.77	15.57	2009	96.74	411.08	888.42
1976	15.63	23.68	14.83	2010	115.58	457.35	1009.27
1977	17.65	26.45	15.15	2011	127.2	517.9	1028.2
1978	21.34	29.89	18.28	2012	162.6	582	1153.9
1979	21.7	33.71	21.15	2013	181.97	699.81	1573.96
1980	22.13	38.36	22.85	2014	192.33	795.86	1783.58
1981	19.84	38.62	23.03	2015	166.71	796.89	1618.83
1982	19.65	35.13	26.87	2016	185.07	843.63	2095.99
1983	19.8	37	26	2017	165.64	888.948	1861.67
1984	21.39	39.23	31.61	2018	150.6	902.86	1715.54
1985	23.97	41.26	38.38	2019	162.7751	978.4238	2017.1856
1986	25.35	45.6	42.74	2020	167.33	1003.10	1842.55